业财一体化设计与应用

主　编　陈旭明　李良霄
副主编　黄文菁　朱捡发　唐建民
参　编　何　林　温世杰　张　靖　赖　程
　　　　王砾苑　余文明　王建义　熊　梅

北京理工大学出版社
BEIJING INSTITUTE OF TECHNOLOGY PRESS

内 容 简 介

本教材是专为适应业财一体信息化应用职业技能标准而精心编写的书证融通型教材,是财务会计类专业校企"双元"合作开发的新形态教材。本教材基于财政部最新企业会计准则和相关税法等法规和制度的要求,依托最新修订的高等职业教育财务会计类专业简介和专业教学标准,依据职业院校大数据与会计专业人才培养方案和课程标准修订而成。

本教材以企业真实业务为内容,遵循业财一体化处理进程,设置工作环境准备、期初数据处理、日常工作处理、期末工作处理四个阶段,分为七个工作领域,涵盖二十七个工作任务,并在工作领域七增设一套"脱敏化"处理的企业真实账套,让学员在掌握前面所学技能的基础上自主完成,以强化学员的业财一体化综合处理能力。

本教材配有教学课件、教案、技能训练操作视频、实训备份账套等教学资源,便于教师理实一体化授课和实训,还配套建设在线开放课程,供师生线上互动学习。

本教材内容全面,案例为企业"脱敏化"处理真实案例,适用于应用型本科和高职院校财务会计类专业学生学习,也适合企业技能培训使用。

版权专有 侵权必究

图书在版编目(CIP)数据

业财一体化设计与应用 / 陈旭明,李良霄主编.
北京:北京理工大学出版社,2025.1.
ISBN 978-7-5763-4834-7
Ⅰ.F232
中国国家版本馆 CIP 数据核字第 20255VV262 号

责任编辑: 王晓莉　　**文案编辑:** 王晓莉
责任校对: 周瑞红　　**责任印制:** 施胜娟

出版发行 /	北京理工大学出版社有限责任公司
社　　址 /	北京市丰台区四合庄路 6 号
邮　　编 /	100070
电　　话 /	(010)68914026(教材售后服务热线)
	(010)63726648(课件资源服务热线)
网　　址 /	http://www.bitpress.com.cn

版 印 次 /	2025 年 1 月第 1 版第 1 次印刷
印　　刷 /	三河市天利华印刷装订有限公司
开　　本 /	787 mm×1092 mm　1/16
印　　张 /	24
字　　数 /	587 千字
定　　价 /	120.00 元

图书出现印装质量问题,请拨打售后服务热线,负责调换

前　言

国务院《国家职业教育改革实施方案》（国发〔2019〕4号）中明确指出，要遴选认定一大批职业教育在线精品课程，建设一大批校企"双元"合作开发的国家规划教材，倡导使用新型活页式、工作手册式教材并配套开发信息化资源。《职业教育专业目录（2021年版）》于2021年正式发布并执行，同时课程思政全面深入推动，作为财务会计类专业核心课程的"业财一体信息化应用"迫切需要在内容上和体例上进行革新。

随着大数据、人工智能等技术的发展与应用，会计行业正在逐步实现数据化和智能化，会计基础性岗位的需求正在逐渐减少，而更多的需求将集中到业财融合、数据分析、财务共享服务与管理会计等方面。随着自动化、智能化技术的发展，财务与业务之间的联系更加紧密，财务人员需要更加深入地了解业务运作，提供更加精准的财务分析和决策支持。这使得会计工作的范围更加广泛，也要求财务人员具备更高的综合素质和技能。

本教材以习近平新时代中国特色社会主义思想为指导，贯彻落实党的二十大精神，以培养德技并修的复合型、管理型、高素质技术技能会计人才为目标，基于德育培养和数据化及智能化背景下会计行业的现代化发展进行修订。在编写过程中，我们将党的二十大提出的"育人的根本在于立德。全面贯彻党的教育方针，落实立德树人根本任务，培养德智体美劳全面发展的社会主义建设者和接班人"等精神融入理实一体化教学内容、教学案例和仿真实操中，根据岗位内容精心萃取道德元素，以实现立德树人根本目标。

本教材旨在针对业财一体信息化应用课程的教学特点，结合行业企业真实案例，提供一种系统化、模块化的教学内容和案例企业背景，帮助学员掌握业财融合工作领域的基本知识，加深对业财一体信息化的理解，提升动手操作的能力。

本教材以企业真实完整的账务处理（经"脱敏化"处理）为主线，根据业财融合工作进程设置工作环境准备、期初数据处理、日常工作处理、期末工作处理四个阶段，分为七个工作领域，涵盖二十七个工作任务。

1. **工作环境准备**

工作环境准备主要涵盖业财一体信息化基本知识和运行平台所需软硬件环境的配置，是实现业财一体信息化的关键因素，为企业运营提供准确的财务信息支持，以提高企业的运营效率和竞争力。

2. **期初数据处理**

期初数据处理主要涵盖业财一体信息化平台的系统管理和期初数据维护。

系统管理包括操作员管理、账套管理、财务分工和账套备份等方面，为企业业务流程和财务流程的顺畅进行提供保障，以提高企业的运营效率和竞争力。

期初数据包括公用基础档案的维护、业财各模块的初始维护和期初数据的维护等方面，确保了平台的正常运行与基础数据的完整性和准确性，为企业日常业务的处理提供强有力的支撑。

3. 日常工作处理

日常工作处理主要涵盖业财一体信息化平台的财务处理和业务处理。

财务处理包括总账管理、固定资产管理和薪资管理等模块的日常财务数据处理，为企业提供准确、完整和及时的财务信息，以帮助企业做出更加科学、合理的决策。

业务处理包括日常采购业务和销售业务的处理，涉及采购管理、销售管理、库存管理、存货核算、应收款管理与应付款管理等多模块协同一体操作，通过这些模块的集成应用，可以有效地处理企业的日常采购和销售业务，为企业提供准确的财务数据和经营分析报告，以帮助企业做出更加科学、合理的决策，提高运营效率和竞争力。

4. 期末工作处理

期末工作处理主要涵盖业财一体信息化平台的期末业财账务处理和报表编制处理。

期末业财账务处理包括期末业务处理、期末账务处理和结账处理，为企业提供准确、完整和合规的财务数据，以帮助企业做出更好的经营决策，并为企业的长期发展提供有力支持。

报表编制处理包括调用模板编制常用报表和自定义编制盈利能力分析表，为企业提供更为全面和准确的财务信息，以帮助企业做出更加科学、合理的决策。报表编制处理也是企业实现财务管理现代化的重要手段之一，可以提高企业的财务管理效率和信息化水平。

同时在工作领域七增设一套"脱敏化"处理的企业真实账套，让学员在掌握前面所学技能的基础上自主完成，以强化学员的业财一体化综合处理能力。

本教材旨在为高职及职业本科院校财务会计类专业的业财一体信息化应用课程的理实一体化教学提供可操作性强、实用性强的教学内容和案例，以财务各岗位任务信息化处理为基石，对接业财一体信息化应用职业技能等级标准，依据职业院校教学规律和学员特点，由校企"双元"合作编写，帮助学员更好地理解业财一体化平台的运行机制和实际操作过程，提高数字化应用能力和实战能力，从而更好地适应数字化转型的趋势。

本教材的编写过程中，我们注重教材的系统性和模块化——其全面覆盖了业财一体化综合实训的内容。同时，我们还为每个工作任务提供了详细的操作指导和步骤，方便学员学习和实践操作。此外，我们还为教师提供了相应的教学指导，方便教师在教学过程中更好地引导学员，提高教学效果。

本教材由江西应用技术职业学院的陈旭明和李良霄担任主编，江西应用技术职业学院的黄文菁和朱捡发、江西威特科技有限公司的唐建民担任副主编，江西应用技术职业学院的何林、温世杰、张靖、赖程、王砾苑和余文明参与编写，新疆工业职业技术学院的王建义和新道科技股份有限公司的熊梅参与编写。

本教材使用案例及配套账套资料由江西威特科技有限公司提供。

我们相信，本教材将为高职及职业本科院校财务会计类专业的业财一体化课程的教学提供有力支持，有助于学员掌握数字化应用能力和实战能力，为未来的职业发展打下坚实的基础。同时，我们也希望本教材能够为职业本科及高职院校的教学改革和课程创新提供借鉴和参考，推动数字化教育的发展，提高学员的数字化素养。

本教材在编写过程中参考了大量文献和资料，在此向相关编者表示衷心的感谢！在编写过程中，我们力求表述准确、结构严谨。但限于水平，谬误之处在所难免，恳请专家学者不吝指正，诚表谢意。

二维码资源列表

一、准备工作环境二维码

步骤 1		步骤 2	
步骤 3		步骤 4	

二、工作领域二维码

创建账套操作步骤		修改账套财务步骤	
备份及恢复账套操作步骤		管理权限操作步骤	
客商档案操作步骤		存货档案操作步骤	
财务档案操作步骤		收付结算操作步骤	
业务档案操作步骤		财务模块初始设置操作步骤（1）	
财务模块初始设置操作步骤（2）		业务模块初始设置操作步骤	

续表

财务模块期初数据操作步骤（1）		财务模块期初数据操作步骤（2）	
维护库存管理模块期初数据操作步骤		处理总账管理业务操作步骤	
处理固定资产管理业务操作步骤		处理薪资管理业务操作步骤	
处理采购业务操作步骤		处理销售业务操作步骤（1）	
处理销售业务操作步骤（2）		处理业务模块期末业务操作步骤	
处理业务模块结账操作步骤		处理财务模块结账操作步骤	
处理总账期末业务操作步骤		工作领域七编制报表操作步骤	

目录 Contents

▶▶ 背景知识

▶▶ 工作领域一　准备工作环境
工作任务1　配置运行环境 ································· 9
工作任务2　调试平台 ····································· 15

▶▶ 工作领域二　系统管理
工作任务1　管理操作员 ··································· 19
工作任务2　管理账套 ····································· 24
工作任务3　管理权限 ····································· 35

▶▶ 工作领域三　维护基础档案
工作任务1　维护机构人员档案 ····························· 41
工作任务2　维护客商档案 ································· 47
工作任务3　维护存货档案 ································· 55
工作任务4　维护财务档案 ································· 61
工作任务5　维护收付结算 ································· 72
工作任务6　维护业务档案 ································· 76
工作任务7　维护数据权限 ································· 83

▶▶ 工作领域四　维护业财档案
工作任务1　维护财务模块初始设置 ························· 88
工作任务2　维护业务模块初始设置 ························· 108
工作任务3　维护财务模块期初数据 ························· 116
工作任务4　维护业务模块期初数据 ························· 133

▶▶ 工作领域五　处理日常业务
工作任务1　处理总账管理业务 ····························· 147
工作任务2　处理固定资产管理业务 ························· 172
工作任务3　处理薪资管理业务 ····························· 183
工作任务4　处理采购业务 ································· 201
工作任务5　处理销售业务 ································· 237

目录 Contents

工作领域六　处理期末业务

工作任务 1　处理业务模块期末业务 …………………………………… 267
工作任务 2　处理业务模块结账 …………………………………………… 276
工作任务 3　处理财务模块结账 …………………………………………… 279
工作任务 4　处理总账期末业务 …………………………………………… 284

工作领域七　编制报表

工作任务 1　编制常用报表 ………………………………………………… 311
工作任务 2　编制盈利能力分析表 ………………………………………… 319

附录　综合模拟实训

参考文献 …………………………………………………………………… 373

背景知识

基本知识

一、相关概念

（一）会计信息化（Accounting Informatization）

会计信息化，是指企业利用计算机、网络通信等现代信息技术手段开展会计核算，以及利用上述技术手段将会计核算与其他经营管理活动有机结合的过程。它涵盖了多个方面，包括会计信息系统的设计、开发和实施，数据采集、处理和分析的方法和技术，以及网络和通信技术的应用。

（二）会计软件（Accounting Software）

会计软件，是一种计算机程序，是企业使用的专门用于会计核算和财务管理的计算机软件、软件系统或者其功能模块，它旨在帮助企业和组织管理其财务信息和账户。

常见的会计软件包括用友财务软件、金蝶财务软件、各种云财务软件等。企业可以根据其需求和预算来选择适合自己的会计软件。

（三）会计信息系统（Accounting Information System，AIS）

会计信息系统，是指将计算机技术和会计原理相结合，以完成企业财务信息处理、管理决策支持、内部控制等多个方面的信息系统。

会计信息系统可以提高财务信息处理的效率和准确性，同时提供更加全面、准确的财务报表和管理报告，帮助企业进行更好的管理决策。此外，会计信息系统还可以实现内部控制的目的，保证企业资产的安全和防止财务失误的发生。

（四）企业资源计划（Enterprise Resource Planning，ERP）

企业资源计划，简称ERP。ERP系统是一种集成化的信息系统，它通过整合企业内部各个部门的业务数据和流程，实现对企业资源的统一管理和协调。

ERP系统可以将企业各个部门的信息集成到一个系统中，实现信息的共享和流通，有效提高企业资源的利用效率。通过对企业各个部门的数据进行整合和分析，ERP系统可以为企业的决策提供更为准确和及时的支持，帮助企业更好地应对市场竞争和变化。此外，ERP系统还可以通过内部控制机制保证企业信息的安全性和完整性，从而有效地防范企业风险。

（五）业财一体化（Integration of Business and Finance，IBF）

业财一体化，是指将企业业务管理和财务管理有机结合起来，实现信息的共享和协同，以提高企业的绩效和竞争力。

业财一体化的目的是通过整合企业各个部门的数据和流程，实现信息的共享和协同，以减少重复工作和错误，提高工作效率和精度。同时，通过与财务管理的有机结合，可以实现企业内部的成本控制、资金管理和利润分析等功能，从而更好地支持企业的经营决策和战略规划。

实现业财一体化的关键在于建立信息系统和流程，将财务管理的流程和业务管理的流程有机结合，实现数据的无缝对接和共享。常见的实现方法包括 ERP 系统、CRM 系统等企业级信息系统，以及各种流程自动化工具和数据分析工具等。

（六）业财一体信息化平台

业财一体信息化平台是一种集成化的企业信息系统，它将业务管理和财务管理有机结合起来，实现信息的共享和协同，以提高企业的绩效和竞争力。

业财一体信息化平台的建设需要企业全面考虑业务管理和财务管理的需求，以确保系统的完整性和有效性。同时，平台的建设需要对企业的业务流程和财务流程进行深入分析和设计，以确保系统能够准确地反映企业的实际情况。

（七）可扩展商业报告语言（eXtensible Business Reporting Language，XBRL）

XBRL 是一种用于数字财务报告和数据交换的国际标准语言。它的主要作用是将企业财务信息以电子化的方式表达出来，并且可以进行智能化的分析和处理。

XBRL 采用 XML 语言格式，可以将企业财务信息以标准化的方式进行描述和传输。与传统的财务报告格式相比，XBRL 可以提供更为准确、可靠和高效的财务信息，有利于各方进行财务分析和决策。

XBRL 的应用范围广泛，包括企业财务报告、税务报告、证券监管、银行监管等领域。同时，XBRL 还可以与其他信息技术进行集成，如数据挖掘、人工智能等，以提高财务信息的智能化处理能力。

值得注意的是，XBRL 标准的应用需要企业和相关机构共同推进，才能实现财务信息标准化和数字化的目标。

二、发展历程

1954 年，美国通用电气公司首次利用计算机计算职工薪金的举动，开创了利用计算机进行会计数据处理的新纪元，引起了会计数据处理技术的变革，电算化会计也应运而生。

在我国，将计算机应用于会计数据处理的工作起步较晚。

1979 年，第一汽车制造厂大规模信息系统的设计与实施，成为我国电算化会计发展过程中的一个里程碑。

1981 年 8 月，在财政部、原第一机械工业部、中国会计学会的支持下，中国人民大学和第一汽车制造厂联合召开了"财务、会计、成本应用电子计算机问题讨论会"，第一次正式提出了"电子计算机在会计工作中的应用"的问题，引入了"会计电算化"的概念。

20 世纪 80 年代，随着计算机在全国各个领域的应用、推广和普及，计算机在会计领域的应用也得以迅速发展。概括起来，可以分为以下几个阶段：

（一）初期阶段（1983 年以前）

这个阶段起始于 20 世纪 70 年代少数企事业单位单项会计业务的电算化，计算机技术应用会计领域的范围十分狭窄，涉及的业务十分单一，最普遍的是工资核算的电算化。在这个阶段，计算机技术刚刚兴起，会计软件处于萌芽阶段，只有最基础的账务处理功能，操作复杂，用户体验不佳。因此，会计电算化的发展比较缓慢。

（二）自发发展阶段（1983—1987 年）

从 1983 年下半年起，在全国掀起了一个应用计算机的热潮，微型计算机在国民经济各个领域得到了广泛的应用。然而，应用电子计算机的经验不足，理论准备与人才培训不够，管理水平跟不上，这造成在会计电算化过程中出现许多盲目的低水平重复开发的现象，浪费了许多人力、物力和财力。

1987年11月中国会计学会成立了会计电算化研究组，为有组织地开展理论研究做好了准备。

（三）普及与提高阶段（1987—1998年）

这一阶段相继出现了以开发经营会计核算软件为主的专业公司，而且业务发展很快，逐步形成了会计软件产业。由于受我国经济发展水平的影响和计算机技术发展的限制，会计电算化的演进具有多态性。

（四）会计信息化阶段（1998—2015年）

1998年，中国软件行业协会举办的"向ERP进军"发布会，拉开了我国会计核算软件向管理软件转型的序幕，管理型软件开始受到企业的关注。

1999年深圳市财政局和金蝶软件有限公司联合举办的"新形势下会计软件市场管理暨会计信息化理论专家座谈会"首次提出会计信息化的概念。由美国加特纳（Gartner）咨询公司在1993年首先提出，20世纪90年代末推出的以财务为中心的企业资源计划系统，是一套整合了企业管理理念、业务流程、基础数据、人力物力、计算机硬件和软件于一体的企业资源管理系统。

2000年开始用友和金蝶分别推出了自己的网络会计软件服务，我国进入了网络财务阶段。

我国加入世界贸易组织后，企业在国际化进程中财务管理出现了效率低下、成本上升、管控难度增加等问题。基于此，自2005年开始，以中兴通讯为代表的大型集团企业开始建立财务共享服务中心。

经济一体化使全球经济规则、技术规则趋同，会计信息化标准成为企业解决财务管理问题的关键技术，2008年XBRL中国地区组织成立，我国会计信息化进入了标准化阶段。

（五）会计智能化阶段

大数据时代的到来要求企业具有经营管理敏捷性和信息决策实时性，现代企业以数据驱动来带动业务发展，需要从大数据环境下获取决策信息。企业借助人工智能技术智能化地处理会计工作，挖掘数据背后隐含的秘密，让数据通过洞察变成信息和知识，辅助管理决策。2016年德勤会计师事务所和Kira Systems联手宣布将人工智能引入会计、税务、审计等工作中，标志着我国进入了会计智能化阶段。

三、平台构成

（一）硬件

硬件指进行会计数据输入、处理、存储及输出的各种电子设备，如输入设备有键盘、扫描仪等；数据处理设备有计算机主机等；存储设备有磁盘、光盘等；输出设备有打印机、显示器等。

（二）软件

软件包括系统软件和应用软件两类。系统软件主要包括操作系统、数据库管理系统及其他系统软件；应用软件主要包括常规应用软件和会计软件。

（三）人员

人员指从事系统研制开发、使用、维护和管理的人员。包括系统开发人员、维护人员、管理人员、操作人员、会计档案保管人员、财务分析人员、会计主管等。

（四）运行规程

运行规程是指保证系统正常运行的各种制度和控制程序，如硬件管理制度、数据管理制度、会计人员岗位责任制度、内部控制制度、会计制度等。

案例企业背景

【企业基本情况】

九州华问服装有限公司由华问集团有限公司于2019年1月投资创建，是一家集服装批发、零售、电商等多元化业务为一体的企业。

该公司的注册类型为有限责任公司（自然人投资或者控股），成立于2019年1月6日，注册资本为100万元，统一社会信用代码为91660188739510178P，注册地址为九州市南京中路168号，法定代表人为李佳华，服务电话011-86668866，开户银行为华夏银行南京分理处，银行账号为428805919666227，经营范围为销售服装、鞋帽、服饰、劳保用品等。

该公司产品销往我国广州、浙江、江西等多个省份。公司设立了自营品牌专卖店及多家分销机构，并引进了O2O电子商务的商业模式，在淘宝、京东、有赞等平台创下不菲佳绩。公司现有员工30余人，年销售量8万余件，其产品主要包括劳保工作服、T恤衫、商务职业套装等，其服务客户涉及星级酒店、外资企业、房地产公司等多个领域。

公司成立以来，一直以"品质保证、服务专业、顾客满意"为经营理念，坚持以优质的产品、实惠的价格和全面的售后服务回馈客户，使之短时间内在九州地区成为客户信赖的企业。

【公司组织构架】

公司组织构架如图0-1所示。

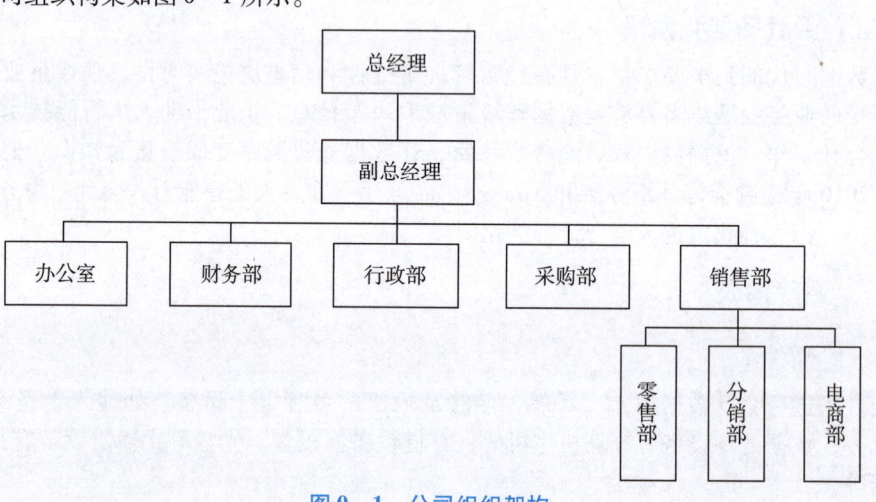

图0-1 公司组织架构

相关管理制度

一、资金管理制度

（一）现金管理

（1）出纳应保证库存现金的日清日结，月末应编制银行存款余额调整表，以保证现金日记账、银行日记账账实相符。货款现金必须送存银行，不准坐支。

（2）出纳库存现金定额核定为30 000元，如有多余费用现金应该及时送存银行，保证现金安全，门店备用金定额核定为3 000元，每日营业收入必须及时报送公司财务。

（3）会计应定期、不定期对出纳库存现金进行监盘，每月至少监盘3次，并审核出纳编制的"库存现金盘点表"；编制"银行存款余额调节表"，核对是否有差异，并对未达事项进行落实。出纳应定期、不定期对门店现金进行监盘，每月至少监盘3次，并审核"门店库存现金盘点表"，如有差异必须查明原因，并进行相应处罚。

（二）支票管理

凡不能用现金收付款的各项业务，应一律通过银行转账进行结算。

（1）公司支票的购买由出纳负责，并填写支票备查簿，支票备查簿由公司财务经理保管。

（2）空白支票由出纳负责保管，签发支票所需的财务章由财务经理保管，法人私章由出纳保管。

（3）现金支票只能由出纳从银行提取现金时使用，公司与其他单位之间金额在结算起点以上的经济业务往来，一律使用转账支票。

（4）各部门或个人因工作需要领用支票时，应填制规定的借款单，由部门经理、财务经理及副总经理审核签字，并报总经理批准后，由出纳签发。借款人应在支票领用之日起，10日内到财务部办理报销手续，其程序与现金支出报销程序一样。支票领用人应妥善保管已签发的支票，如有丢失应立即通知财务部门并对造成的后果承担责任。

（5）出纳不得签发不确定日期的支票，不得签发任何种类的空白支票。

（6）财务人员不得在支票签发前预先加盖签发支票的印章，签发支票时必须按编号顺序使用，对签错的支票或退票必须加盖"作废"戳，并与存根一起保管。

（三）借支制度

公司员工借支应该根据需要核定额度，填写借款单，3 000元以下由部门经理、财务经理和副总经理审批，3 000元以上需上报总经理审批。上一笔借支未清账，不得再次借支。公司员工出差借支时需注明出差地点及出差事由。借支费用，原则上不允许跨月冲销，特殊情况由部门经理及副总经理审批后方可冲销。

二、往来账管理制度

为了进一步规范销售，减少经营风险，保证公司的财产安全，最大限度地减少呆账、坏账，对应收账款的管理作出如下规定：

零售、电商客户采取"现款现货、款到发货"的原则，分销客户采取"月结"的原则，本月货款必须在次月月末前结清。

三、固定资产管理制度

（一）会计政策

固定资产的入账原则及折旧政策如表0-1所示。

表 0–1　固定资产的入账原则及折旧政策

固定资产类别	预计净残值率/%	预计使用年限	年折旧率/%
电子设备	5	3	31.67
运输设备	5	4	23.75

注：各项固定资产均按照历史成本计价，不论市价是否变动，一般不调整账面价值。

（二）管理部门

公司及各门店的固定资产由财务部统一管理。固定资产取得后，即由财务部门依其类别及会计科目予以分类编号并粘贴标签。

（三）移交

对于固定资产应按所列使用部门详细列清册办理移交。

（四）盘点

公司及各门店固定资产应由财务部门会同使用部门每年盘点一次。财务部门对于盘盈或盘亏应查明原因，并根据盘盈盘亏原因做出相应处理。

（五）购置审批程序及相关手续

公司及各门店若需购置，必须向公司财务部申请，经公司副总经理及总经理批准后购置。

（六）报废

公司及各门店固定资产报废需向财务部申报，提出申请报废资产的报告，填报有关《固定资产报废申请单》，提交报废资产的名称、数量、规格、单价、损失价值清册，以及鉴定资料和对非正常损失责任的处理意见，经审批后方可处理。填写《固定资产报废申请单》时，必须登记资产标签"编号"，以便账目调整。

四、发票管理制度

为加强公司购、销货发票的管理，制定发票管理制度。

（一）对外销售开具发票的规定

（1）根据税法等有关规定，由公司财务专人办理发票的领购、开具和保管业务。

（2）如客户需开具增值税专用发票，根据增值税发票相关管理要求，需要对方提供企业基本信息，信息主要包括：企业名称、纳税人识别号、地址、电话、开户行及账号，以及一般纳税人资格证明。

（3）增值税专用发票的开具对象仅限于具有一般纳税人资格的公司，对一般纳税人以外的任何单位和个人不得开具增值税专用发票。

（4）对于增值税发票上记载事项有变动的，客户要及时提供变更证明，以利业务结算；变更证明要及时作附件入账或归档管理。

（二）接受发票的管理规定

（1）接受发票要严格按照国家关于《违反发票管理的处罚》的条款进行审核。

（2）接受的发票要依实际交易的金额为准，票面要整洁，项目填写齐全，字迹清楚，盖章清晰，手续齐备，计算准确，并与所附的其他资料相符。

（3）根据业务性质和实际情况尽量取得增值税专用发票。

五、存货管理制度

（一）直营店及分销商要货申请

（1）直营店的库存管理应坚持"库存合理、加快周转"的原则，尽可能降低库存风险。

（2）直营店在要货时须根据销售计划，结合实际需求，合理安排要货次数及数量，在合理库存内保证销售的需要。

（3）分销客户要货可先在系统中填写《采购订单》，《采购订单》审核后协同生成公司《销售出库单》，经销售部和财务部审核无误后，再办理发货程序。

（二）存货入库流程

根据批准的采购申请表验收入库并填制《采购入库单》，《采购入库单》至少包括下列内容：存货编码、存货名称、尺码、颜色、数量、单价、金额、供应商名称、仓库名称。

入库单至少一式三份：第一联为存根，第二联为库房留存，第三联为财务核算。入库时要求严把质量关，做好各项记录，以备查用。财务部门根据《采购入库单》和其他相关单据入账。

（三）存货出库流程

存货出库的方式主要有两种：内部调拨、销售出库。销售出库单（或销货单）至少有下列内容：客户名称、仓库名称、收款方式、部门、商品编码、品名货号、规格、单价、数量、金额、折扣、实收金额。

销售出库单（或销货单）一式四份：第一联，存根；第二联，仓库留存；第三联，财务核算；第四联，客户留存。仓管人员做好出库质量管理，严防破损，做好数量记录，核实品种、数量和提单。

（四）存货盘点

公司财务人员每月月底要协同仓管员对库存商品进行一次盘点，对于盘盈、盘亏、毁损等要查明原因，上报财务经理及副总经理进行相应处理，金额较大的需上报总经理处理。

（五）其他

（1）库存商品要摆放整齐，保持库房干净、整洁，杜绝"三乱"：乱堆、乱放、乱压。同时做好库房商品三区管理，即：正常销售商品区、退货区、残损区。

（2）发货一定要坚持先进先出原则。

（3）库存商品不足及库存积压商品应及时上报公司领导，避免缺货或积压给公司带来损失，保持正常的库存。

工作领域一

准备工作环境

本工作领域致力于根据案例企业的实际情况,构建业财平台所需的工作环境,为企业全面实现信息化管理奠定坚实的基础。在此过程中,实施人员需对企业现有的软硬件资源进行全面梳理、深入分析、必要补充及优化调整。具体工作涵盖运行环境的配置以及平台的调试。

详细工作内容如下:

(一)配置运行环境

主要任务是根据业财平台运行的具体环境要求,合理配置软硬件环境。

在软硬件配置完成后,需严格遵循平台安装步骤,逐步、有序且正确地安装业财一体化平台。

(二)调试平台

核心任务是在平台安装完成后,对其进行全面调试,以确保平台能够正常运行并满足企业需求。

会计职业道德规范

坚持诚信

牢固树立诚信理念,以诚立身、以信立业,严于律己、心存敬畏。

会计职业道德故事

曾子杀猪

【出处】

《韩非子·外储说左上》:"曾子之妻之市,其子随之而泣。其母曰:'女还,顾反为女杀彘。'妻适市来,曾子欲捕彘杀之。妻止之曰:'特与婴儿戏耳。'曾子曰:'婴儿非与戏也。婴儿非有知也,待父母而学者也,听父母之教。今子欺之,是教子欺也。母欺子,子而不信其母,非所以成教也。'遂烹彘也。"

【概述】

曾子的妻子要去集市,她的小儿子哭闹着也要跟着去。妻子哄儿子说:"你就乖乖在家等着,我回来杀猪给你吃。"小儿子听到后,就不哭闹了。妻子从集市回来后,见曾子正要杀猪,就赶忙上前阻止道:"我只是跟孩子开个玩笑罢了。"曾子说:"小孩子是不能和他开玩笑的。小孩子没有思考和判断能力,等着向父母学习,听从父母给予的正确教导。现在你欺骗他,这就是教孩子骗人啊!母亲欺骗儿子,儿子就不再相信自己的母亲了,这不是正确教育孩子的方法啊。"于是曾子就把猪杀了，煮了肉给孩子吃。

【思考】

曾子杀猪的故事以其深刻的内涵和生动的情节，向我们展示了坚持诚信的价值和意义。我们应该从中汲取启示：时刻保持诚信意识，用实际行动践行诚信原则。

工作任务1　配置运行环境

职业知识目标

通过学习，学员能掌握业财平台所需环境要求；

通过学习，学员能掌握平台安装步骤。

职业技能目标

通过训练，学员能根据业财平台运行所需的环境要求配置软硬件环境；

通过训练，学员能根据业财平台安装向导逐步、有序、正确地安装；

通过训练，学员具备独立安装业财平台的能力，达到胜任基于信息化平台管理员岗位职责的目标。

职业素养目标

通过学习和训练，学员具备行业自信和全局思维；

通过学习和训练，学员具备信息化环境下选配合适财务软件的能力；

通过学习和训练，学员具备爱岗敬业、诚实守信的会计职业道德。

工作情景

九州华问服装有限公司是一家集服装批发、零售、电商等多元化业务为一体的企业，公司自成立以来，不断改进产品质量，拓展营销渠道，资产规模逐步扩大。目前公司一直使用手工账进行财务处理核算，为适应公司战略发展需要，提高企业信息化管理水平，公司决定在11月购买业财一体化平台，并于12月将会计核算由手工会计处理转为信息化处理。

该公司将安装业财一体化平台（以用友ERP-U8V10.1为例），安装完毕后需调试以保证能正常运用。

财人微语

"君子义以为质，礼以行之，孙以出之，信以成之。君子哉！"

——《论语·卫灵公》

任务1.1　配置安装环境

工作内容

2021年12月，九州华问服装有限公司平台管理员根据业财一体化平台安装环境要求配置软硬件环境。

工作要求

根据业财一体化平台安装环境的要求配置软硬件。

工作流程

1. 硬件配置；
2. 软件配置。

工作岗位

平台管理员（admin）。

工作时间

2021-12-01前。

操作规范

步骤一：硬件配置

1. 服务器配置。
主流品牌，适用于通用机房环境，支持标准机柜，标准2U服务器，主流处理器，64G左右内存，2.4TB左右固态硬盘。
2. 客户端配置。
处理器I5及以上，内存8G及以上，200G及以上固态硬盘，带电脑还原和同传功能。

步骤二：软件配置

1. 操作系统。
Windows7及以上版本。
2. 数据库。
Microsoft SQL Server 2008 R2。
3. 浏览器。
支持微软IE浏览器IE6.0+SP1和以上版本（IE7、IE8、IE9）使用U8V10.1的WEB产品。
4. Internet信息服务（IIS）。
如果选择安装应用服务器或文件服务器，请先安装IIS，否则将导致Windows.NET Framework 2.0不能在IIS上成功注册文件映射关系和系统组件，需要手工完成IIS文件映射配置和 aspnet_isapi.dll 的注册。

5. 微软.NET 运行环境。

.NET Framework 2.0 Service Pack 1。

.NET Framework 3.5 Service Pack 1。

财人微语

"丈夫一言许人，千金不易。"

——《资治通鉴》

任务1.2 安装平台

工作内容

2021年12月，九州华问服装有限公司平台管理员根据安装指引安装业财一体化平台。

工作要求

根据安装指引正确安装业财一体化平台。

工作流程

1. 安装 IIS；
2. 安装数据库；
3. 安装平台。

工作岗位

平台管理员（admin）。

工作时间

2021—12—01 前。

操作规范

步骤一：安装 IIS

1. 进入"设置"—"应用"—"可选功能"—"更多 Windows 功能"，进入启用或关闭 Windows 功能设置页面，选择 Interenet Information Services，勾选所需增加功能，单击"确定"等待安装成功即可，如图 1-1-1 所示。

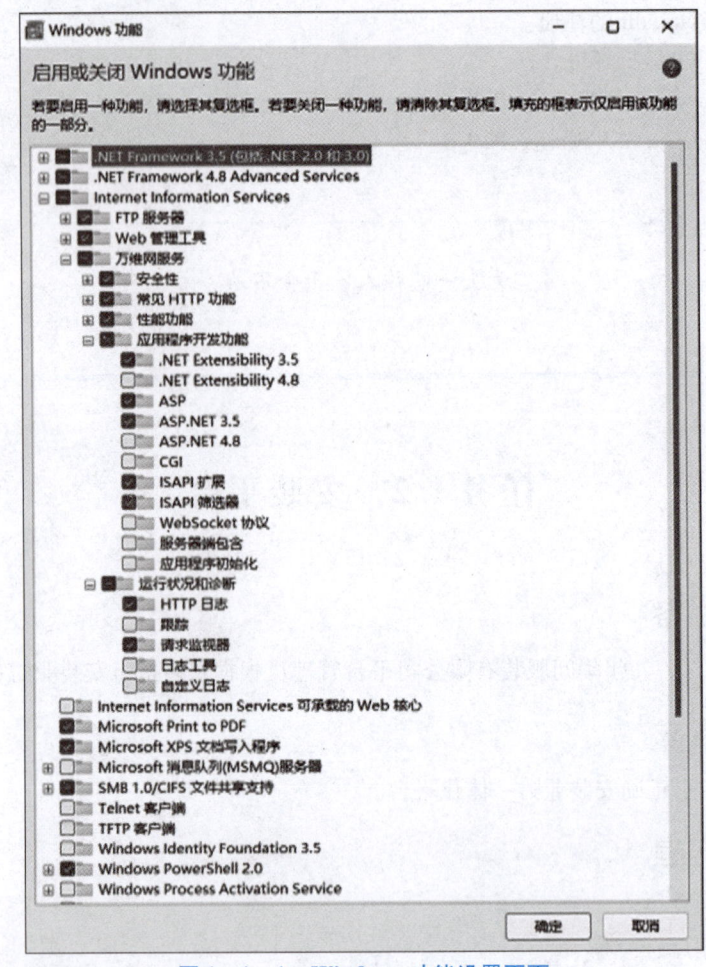

图1-1-1　Windows 功能设置页面

步骤二：安装数据库

1. 鼠标右键单击 SQL 安装文件夹中的"Setup"程序，在快捷菜单中选择"以管理员身份运行"，进入安装中心。

2. 单击"安装"—"全新安装或向现有安装添加功能"，进入 SQL Server 2008 R2 安装程序界面。

3. 单击"确定"—"下一步"，在"服务器配置"界面，选择账户名栏下拉列表的第一个账户名。

4. 单击"下一步"进入"数据库引擎配置"界面，选择"混合模式"，设置数据库系统管理员密码（建议：123456），单击"添加当前用户"按钮以指定数据库管理员。

5. 单击"下一步"进入"Analysis Services 配置"界面，单击"添加当前用户"按钮指定当前用户具有 Analysis Services 的管理权限。

6. 单击"下一步"进入下一步骤，默认选择。直到安装成功，单击【关闭】按钮即完成数据库的安装，如图1-1-2所示。

7. 给数据库打补丁：鼠标右键单击用友 ERP-U8V10.1 安装文件夹"3rdprogram"子文件夹中的"SQLServer2005_BC_x64"补丁程序，在快捷菜单中单击"安装"，在弹出的安装界面根据提示安装即可，如图1-1-3所示。

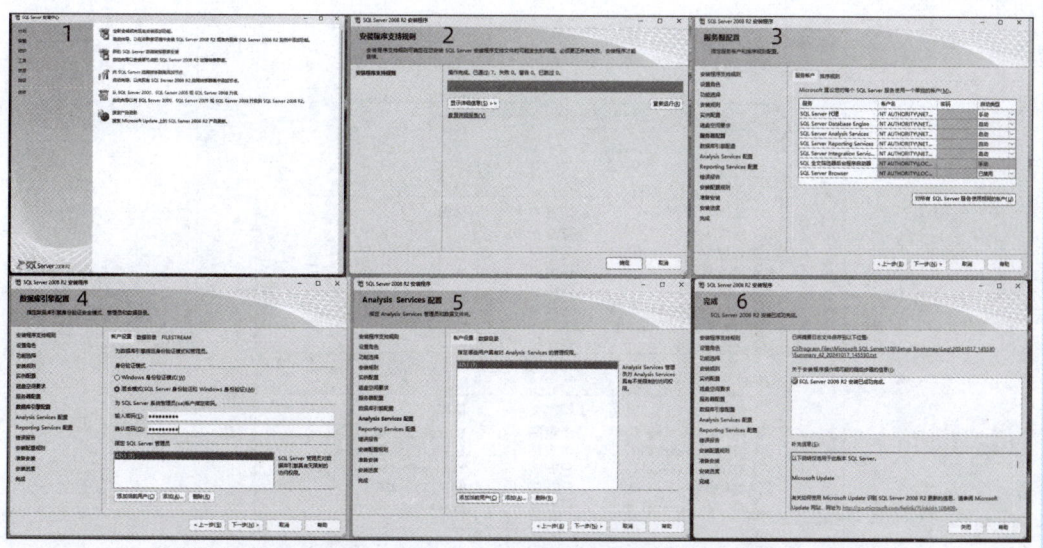

图1-1-2　安装数据库

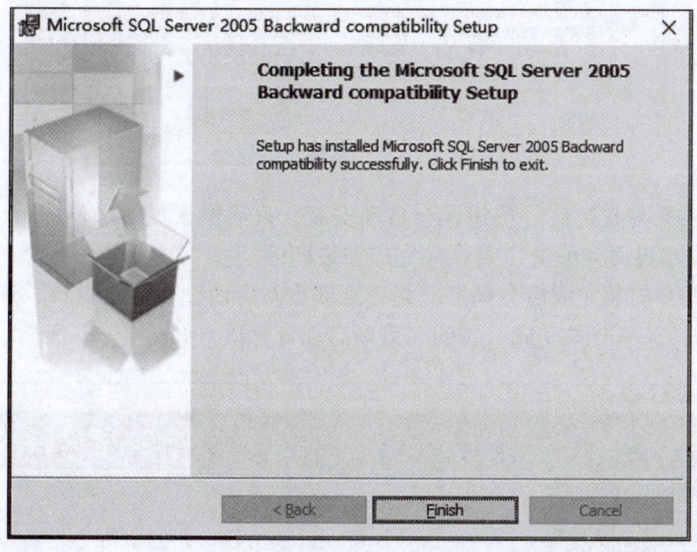

图1-1-3　安装SQL Server补丁程序

步骤三：安装平台

1. 鼠标右键单击用友ERP-U8V10.1安装文件夹中的"setup"安装程序，在弹出的快捷菜单中选择"以管理员身份运行"命令。

　　在"安装欢迎"界面，单击"下一步"；

　　在"许可证协议"界面，选择"我接受许可证协议中的条款"，单击"下一步"；

　　在"客户信息"界面，输入用户名和公司名称，单击"下一步"；

　　在"选择目的地位置"界面，按照默认路径，不得变动，单击"下一步"；

　　在"安装类型"界面，选择"全产品"，其他默认，单击"下一步"；

在"检测"界面,单击"检测"按钮,弹出"系统环境检查"窗口,如图1-1-4所示。

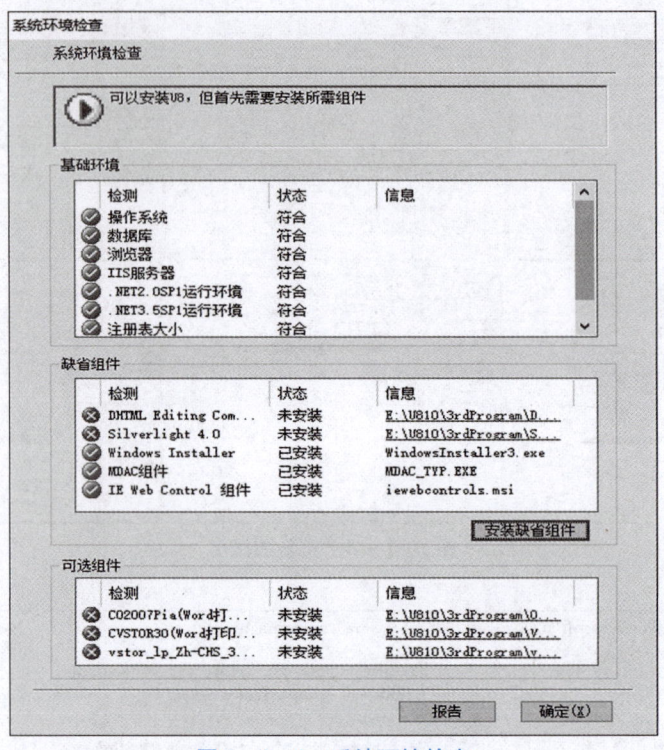

图1-1-4 系统环境检查

2. 单击"安装缺省组件"按钮,会自动安装,只需根据提示操作即可,单击"确定"按钮回到软件安装界面,单击"安装"完成安装即可。

3. 重启电脑:安装完成后会弹出"是否立即重新启动计算机"窗口,选择"是,立即重新启动计算机",单击"完成"按钮,重新启动计算机,如图1-1-5所示。

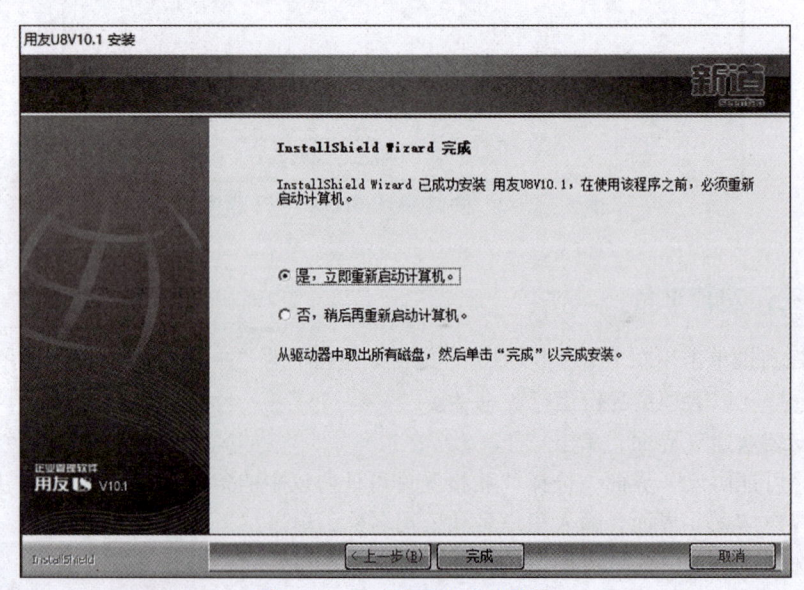

图1-1-5 重新启动计算机

工作任务 2　调试平台

职业知识目标

通过学习，学员能掌握平台调试方法；
通过学习，学员能掌握平台调试技巧。

职业技能目标

通过训练，学员能对平台进行调试，使之能正常运行；
通过训练，学员能解决安装过程中基于软件环境出现的简单问题；
通过训练，学员具备独立维护业财一体化平台正常运行的能力，达到胜任基于信息化平台管理员岗位职责的目标。

职业素养目标

通过学习和训练，学员具备灵活处理财务软件安装问题的能力；
通过学习和训练，学员具备爱岗敬业、诚实守信的会计职业道德；
通过学习和训练，学员具备执着专注、精益求精的工匠精神。

工作情景

九州华问服装有限公司是一家集服装批发、零售、电商等多元化业务为一体的企业，公司自成立以来，不断改进产品质量，拓展营销渠道，资产规模逐步扩大。目前，公司使用手工账进行财务处理核算。为适应公司战略发展需要，提高企业信息化管理水平，公司决定在11月购买业财一体化平台，并于12月将会计核算由手工会计处理转为信息化处理。

该公司将安装业财一体化平台（以用友 ERP - U8V10.1 为例）全产品，安装完毕后需调试以保证能正常运用。

财人微语

"小信诚则大信立。" ——《韩非子·外储说左上》

任务 2.1　调试平台

工作内容

2021年12月，九州华问服装有限公司平台管理员安装成功后对平台进行调试使之能正常运行。

工作要求

调试平台使之能正常运行。

🗒 工作流程

配置数据源。

工作岗位

平台管理员（admin 系统管理员）。

工作时间

2021－12－01 前。

操作规范

1. 软件安装完成并重启计算机后，弹出"正在完成最后的配置"的数据源配置界面，数据库输入"127.0.0.1"（"localhost"或本机 IP 地址或本机计算机名），SA 口令输入 SQL 数据库密码，单击"测试连接"按钮，弹出"测试成功"提示，单击"确定"按钮，再单击"完成"结束配置数据源，如图 1－2－1 所示。

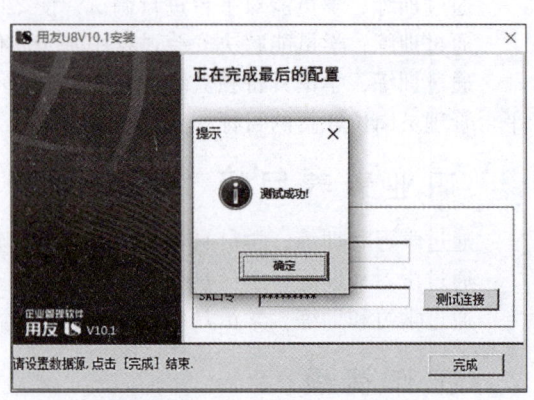

图 1－2－1　正在完成最后的配置

2. 单击弹出的远程注册提示框的"取消"按钮（备注：适用院校版），弹出"你现在需要初始化数据库吗?"提示，单击"是"按钮，系统将初始化数据库，初始化成功后会弹出系统管理"登录"界面。

"登录到"确认是"127.0.0.1"（或本机计算机名），"操作员"输入"admin"，"密码"为空，"账套"选择"default"（备注：此为自带虚拟账套），单击"登录"按钮，如图 1－2－2 所示。

图 1－2－2　登录界面

项目评价

项目名称			评价时间	
学生姓名		项目类型	理论/理实一体/实操/其他_____	
实现方式	实操/讨论/合作/其他_____	项目成果	作品/报告/方案/其他_____	
项目任务	项目目标	项目评价		
^	^	优点	缺点	建议
1. 配置运行环境	1.1 配置安装环境 根据平台安装环境要求配置软硬件			
^	1.2 安装平台 正确安装业财一体化平台			
2. 调试平台	2.1 调试平台 调试平台使之能正常运行			

个人评价：

总结与展望：

工作领域小结

本工作领域主要聚焦于根据案例企业的实际情况，构建业财一体化平台所需的工作环境，为企业全面实施信息化管理奠定坚实基础。在此过程中，实施人员需对企业现有的软硬件资源进行全面梳理及深入分析，并进行必要的补充与优化。其主要工作职责涵盖两大方面：

1. 配置运行环境。

具体任务是根据业财一体化平台运行的环境要求，合理配置企业的硬件和软件资源。

在软硬件配置达标后，企业会指派平台管理员与平台方紧密合作，共同遵循平台安装步骤，逐步、有序、正确地完成业财一体化平台的安装。

2. 调试平台。

核心任务是在平台安装完成后，对硬件进行重启以重置数据库的数据源。

随后对平台进行数据源注册和登录，并成功链接数据库，以确保平台能够正常运行并满足企业的实际需求。

通过这一系列的操作，本工作领域为企业全面实现信息化管理提供了有力的技术支持和保障。

工作领域二

系统管理

本工作领域致力于根据案例企业的具体情况，在业财平台上执行精准的系统管理操作，旨在全方位满足企业的使用需求。工作范畴涵盖了操作员管理、账套管理、财务分工细化及账套备份恢复等关键设置。

系统管理作为企业全面实施信息化管理的基石，其构建的信息化管理平台如同一座精密的桥梁，连接着多个子模块，它们之间相互依存、数据共享、无缝融合，共同构成了财务与业务高度一体化的管理体系。

在这一体系中，系统管理的使用者——企业的信息管理人员，包括系统管理员 Admin 及账套主管，扮演着至关重要的角色。他们通过精细化的管理，确保系统的顺畅运行与数据的安全无误。

具体工作内容细化如下：

（一）操作员管理

依据企业经营管理中不同岗位的职能需求，精心构建多样化的角色体系，并逐一创建对应的操作员账户。这一过程涵盖了角色建立、操作员新增等细致操作，旨在实现岗位职责与系统权限的精准匹配。

（二）账套管理

在启用业财平台之前，首要任务是为本企业量身定制专属账套。此权限专属于系统管理员，他们需负责账套及账套库的创建、修改、备份与恢复等工作。这一系列操作确保了企业数据的独立性与安全性。

（三）权限管理

随着企业信息化的深入，业务与财务的处理逐渐从手工转向系统自动化。因此，对操作员权限的精细划分显得尤为重要。根据角色或岗位职责的不同，系统管理员需设置相应的功能权限、数据权限及金额权限，确保每位操作员仅能访问其工作所必需的信息资源。

（四）账套备份与恢复

数据安全是企业信息化管理中不可忽视的一环。系统管理员需定期或不定期地将企业数据备份至多种介质（如移动硬盘、U盘、光盘、网络磁盘等），以应对不可预见的风险。同时，掌握账套输出与删除、备份计划设置、账套引入等恢复技能，能在关键时刻迅速恢复数据，将企业损失降至最低。

会计职业道德规范

守法奉公

学法知法守法，公私分明、克己奉公，树立良好职业形象，维护会计行业声誉。

会计职业道德故事

杨震暮夜却金

【出处】

《后汉书·杨震传》:"(杨震)四迁荆州刺史、东莱太守。当之郡,道经昌邑,故所举荆州茂才王密为昌邑令,谒见,至夜怀金十斤以遗震。震曰:'故人知君,君不知故人,何也?'密曰:'暮夜无知者。'震曰:'天知,神知,我知,子知。何谓无知!'密愧而出。"

【概述】

杨震四次升迁,担任荆州刺史、东莱太守。当赴郡途中,路过昌邑时,他过去推荐的荆州秀才王密正任昌邑县令,前来拜见他,到了夜里,王密怀揣十斤黄金来送给杨震。杨震说:"我了解你,你却不了解我,这是为什么呢?"王密说:"夜里没人知道。"杨震说:"天知,神知,我知,你知。怎么说没人知道呢!"王密听后很惭愧地离开了。

【思考】

深入学习和传承杨震暮夜却金的精神,将其作为为人处世的准则,始终坚守法律底线,恪守道德原则,以实际行动践行守法奉公的理念。只有这样,我们才能真正成为一个有道德、有品格、有担当的人,为社会的繁荣和发展贡献自己的力量。

工作任务1 管理操作员

职业知识目标

通过学习,学员能了解系统管理主要功能;
通过学习,学员能掌握系统管理新增角色的操作流程;
通过学习,学员能掌握系统管理新增操作员的操作流程。

职业技能目标

通过训练,学员能在业财平台系统管理中完成角色设置操作;
通过训练,学员能在业财平台系统管理中完成新增操作员操作;
通过训练,学员具备独立设置角色和新增操作员的能力,达到胜任基于业财平台系统管理员岗位职责的目标。

职业素养目标

通过学习和训练,学员具备数据思维和科学精神;
通过学习和训练,学员具备信息化环境下的安全管理能力;
通过学习和训练,学员具备廉洁自律、客观公正的会计职业道德。

工作情景

九州华问服装有限公司决定于2021年12月1日启用新账套。
系统管理员根据公司的组织架构和人员档案信息,规划角色和用户,并在业财平台上进行设置。

> **财人微语**
>
> "奉公如法则上下平，上下平则国强。"
> ——《史记·廉颇蔺相如列传》

任务1.1 设置角色

工作内容

九州华问服装有限公司需要设置的角色及权限信息如表2-1-1所示。

表2-1-1 角色及权限信息表

角色编码	角色	权限设置
101	财务经理	公共单据、总账、应收应付管理、UFO报表、销售管理
102	财务会计	公共单据、总账、固定资产、薪资管理
103	业务会计	公共单据、总账、应收应付管理、销售管理、库存管理、存货核算
104	出纳员	总账、应收应付管理
105	仓管专员	公共单据、库存管理、存货核算
106	采购专员	采购管理
107	人事专员	公共目录设置、薪资管理
108	零售经理	销售管理

工作要求

在系统管理中完成角色设置操作。

工作流程

1. 登录："系统管理"—"系统"—"注册"；
2. 角色管理："系统管理"—"权限"—"角色"。

工作岗位

系统管理员（admin）。

工作时间

2021-12-01前。

操作规范

步骤一：登录

1. 执行"开始"—"程序"—"用友"—"系统服务"—"系统管理"命令（或双击操作系统桌面快捷图标"系统管理"），打开"系统管理"窗口。

2. 在"系统管理"窗口，执行"系统"—"注册"命令，弹出"登录"窗口，在"登录"窗口，操作员输入"admin"，密码为空，账套默认"default"，单击"登录"按钮，以系统管理员身份进入系统管理，如图2-1-1所示。

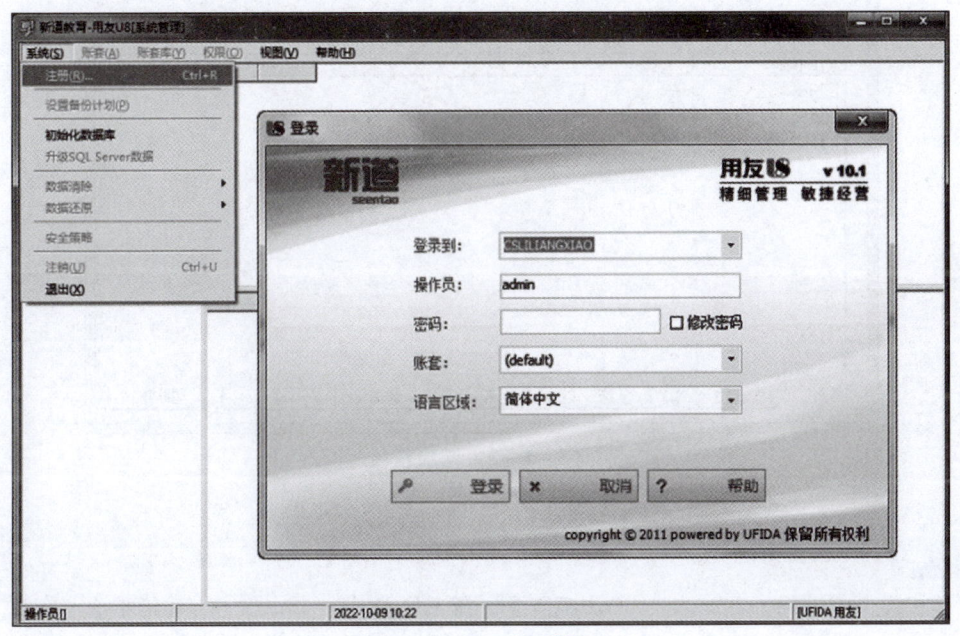

图2-1-1 注册操作

步骤二：角色管理

1. 在系统管理界面，执行"权限"—"角色"命令，打开"角色管理"窗口，如图2-1-2所示。

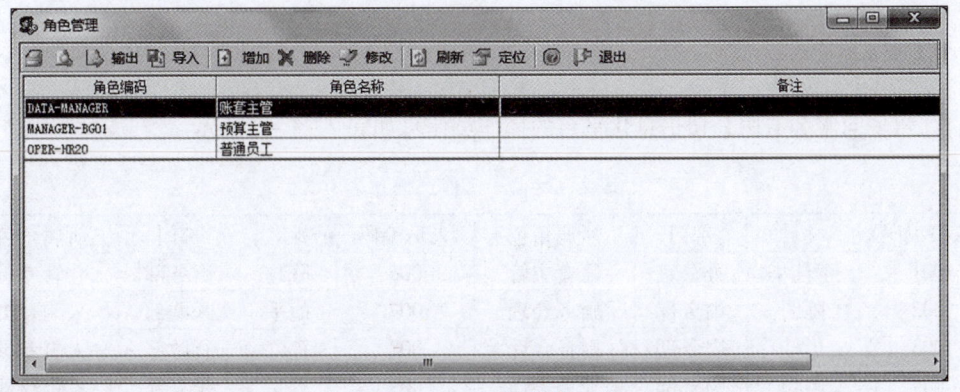

图2-1-2 角色管理

2. 在"角色管理"窗口，单击工具栏"增加"按钮，打开"角色详细情况"窗口，根据案例表1-1中的角色信息输入角色编码和角色名称，单击"增加"按钮进行其他角色信息的增加，角色增加结束后单击"角色详细情况"窗口的"退出"按钮以退出，再单击"角色管理"窗口的"取消"按钮以完成角色设置，如图2-1-3所示。

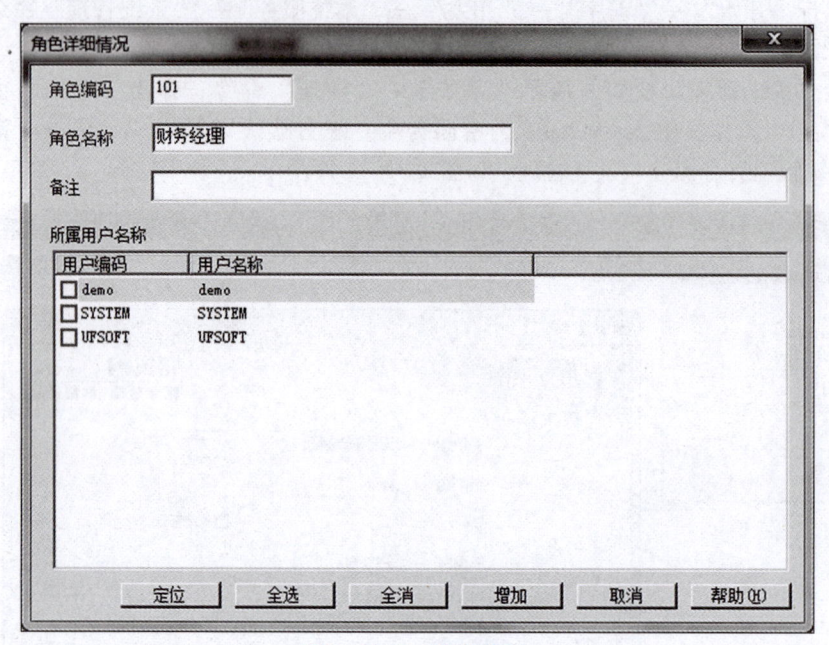

图2-1-3 增加角色

财人微语

"法不阿贵，绳不绕曲。" ——《韩非子·有度》

任务1.2 新增操作员

工作内容

九州华问服装有限公司信息化平台的操作员信息如表2-1-2所示。

表2-1-2 操作员信息表

人员编码	姓名	部门	所属角色	人员编码	姓名	部门	所属角色
001	李佳华	办公室	账套主管	006	陈越	财务部	仓管专员
002	陈明	财务部	财务经理	007	胡平	采购部	采购专员
003	彭佳	财务部	财务会计	008	孙红	行政部	人事专员
004	赵巧	财务部	业务会计	009	程义	销售部	零售经理
005	李丽	财务部	出纳员				

工作要求

在系统管理中增加操作员并设置角色。

工作流程

用户管理:"系统管理"—"权限"—"用户"。

工作岗位

系统管理员(用户名:admin)。

工作时间

2021-12-01。

操作规范

步骤一:用户管理

1. 在系统管理界面,执行工具栏的"权限"—"用户"命令,打开"用户管理"窗口,单击"用户管理"窗口工具栏的"增加"按钮,弹出"操作员详细情况"编辑框,将案例表2-1-2中的操作员信息输入,如图2-1-4所示。

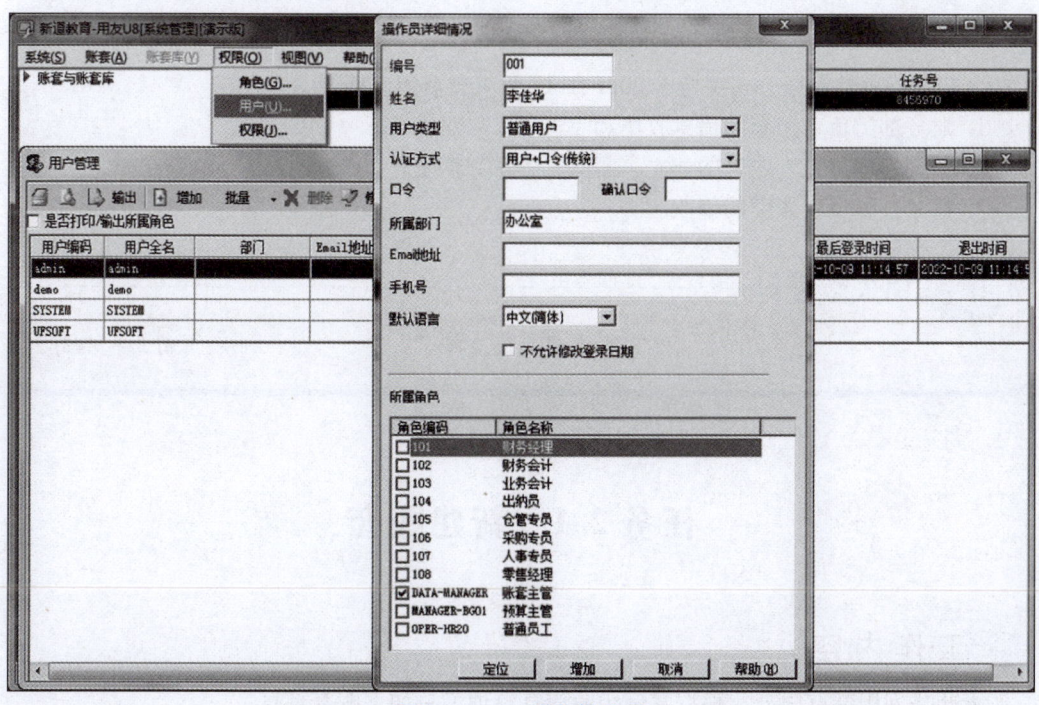

图2-1-4 增加操作员

2. 新增操作员时在"操作员详细情况"编辑框下方的所需角色中勾选角色,则用户自动拥有该角色的全部权限。

工作任务2　管理账套

职业知识目标

通过学习，学员能了解系统管理的主要功能；

通过学习，学员能掌握系统管理新建和修改账套的操作流程；

通过学习，学员能掌握系统管理备份和恢复账套的操作流程。

职业技能目标

通过训练，学员能完成新建和修改账套操作；

通过训练，学员能完成备份和恢复账套操作；

通过训练，学员具备独立管理账套的能力，达到胜任基于信息化平台系统管理员和账套主管岗位职责的目标。

职业素养目标

通过学习和训练，学员具有正确的世界观、人生观、价值观；

通过学习和训练，学员具备数据思维和科学精神；

通过学习和训练，学员具备信息化环境下的安全管理能力。

工作情景

九州华问服装有限公司决定于2021年12月1日启用新账套。

1. 财务部门负责账套的信息收集和完善；
2. 系统管理员负责账套的建立、删除、备份和恢复；
3. 账套主管负责账套的修改。

财人微语

"公生明，偏生暗。" ——《荀子·不苟》

任务2.1　新建账套

工作内容

九州华问服装有限公司根据案例企业信息整理汇总如下账套信息：

1. 建账信息。

账套号：999；账套名称：九州华问服装有限公司；启用会计期间：2021年12月。

2. 单位信息。

单位名称：九州华问服装有限公司；单位简称：华问服装；单位地址：九州市南京中

路168号；统一社会信用代码：91660188739510178P；法人代表：李佳华；联系电话：011-86668866。

3. 核算类型。

该企业记账本位币：人民币（RMB）；企业类型：商业；行业性质：2007年新会计制度科目；账套主管：李佳华；按行业性质预置科目。

4. 基础信息。

该企业无外币核算，需要对存货、客户、供应商分类。

5. 分类编码方案。

科目：4-2-2-2；部门：2-3；客户分类：2-2；供应商分类：2-2；存货分类：3-3；收发类别：1-2；结算方式：2-2。

6. 设置数据精度：

默认。

7. 启用的系统及启用日期。

2021年12月1日分别启用总账、销售管理、采购管理、存货核算管理、库存管理、应收款管理、应付款管理、固定资产管理、薪资管理等模块。

工作要求

在系统管理中完成新建账套操作。

工作流程

建账："账套"—"建立"—"向导一　建账方式"—"向导二　账套信息"—"向导三　单位信息"—"向导四　核算类型"—"向导五　基础信息"—"向导六　准备建账"—"向导六　编码方案"—"向导六　数据精度"—"向导六　启用系统"。

工作岗位

系统管理员（用户名：admin）。

工作时间

2021-12-01前。

操作规范

1. 以admin（密码为空）身份于"2021-12-01"登录系统管理。

2. 执行"账套"—"建立"命令，打开创建账套向导一"建账方式"窗口。

第一次建账默认选择"新建空白账套"，单击"下一步"按钮进入向导二，如图2-2-1所示。

3. 创建账套向导二"账套信息"窗口。

账套号输入"999"，账套名称输入"九州华问服装有限公司"；

账套路径默认或者单击"修改路径"按钮去修改需保存路径，启用会计期间输入或者单击"会计期间设置"选择"2021年12月"，输入完成后，单击"下一步"按钮进入向导三，如图2-2-2所示。

4. 创建账套向导三"单位信息"窗口。

继续输入单位信息，输入完成后，单击"下一步"按钮进入向导四，如图2-2-3所示。

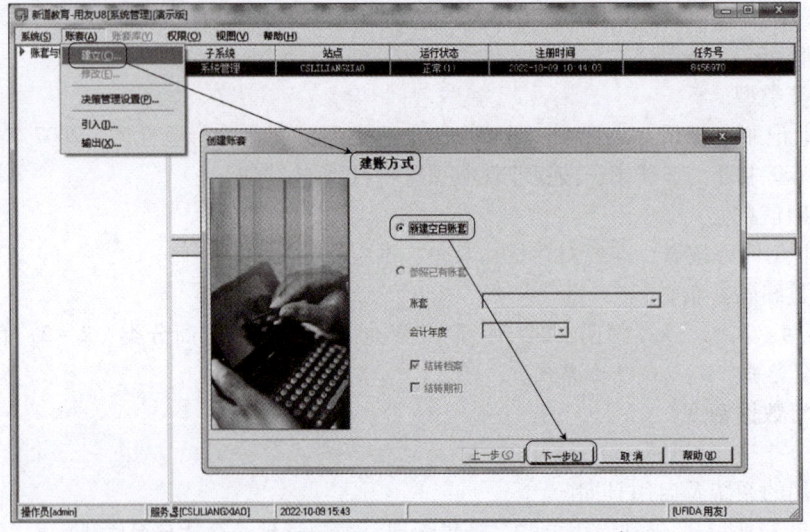

图 2-2-1　建账方式

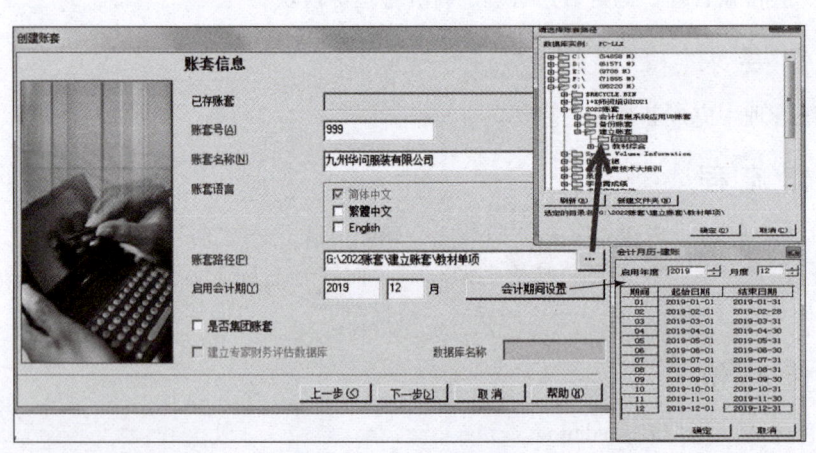

图 2-2-2　账套信息

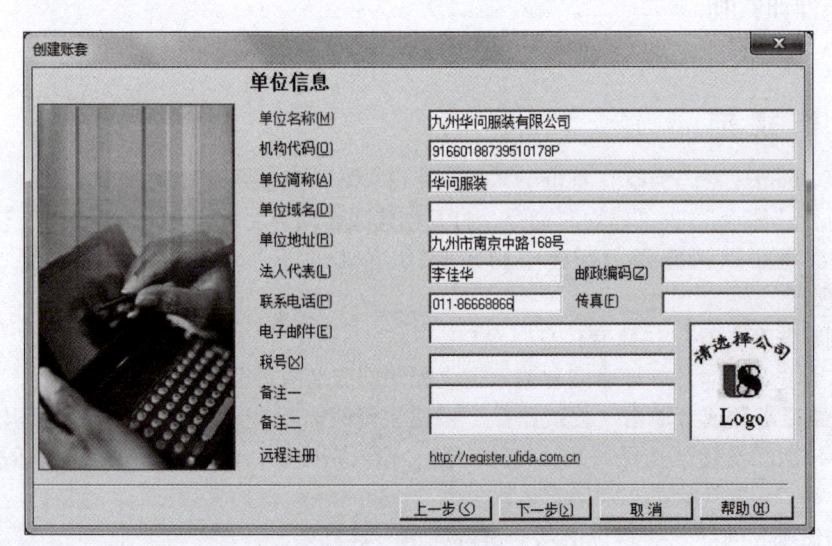

图 2-2-3　单位信息

5. 创建账套向导四"核算类型"窗口。

本币代码默认"RMB",本币名称默认"人民币",企业类型选择"商业",行业性质选择"2007年新会计制度科目",科目预置语言默认,账套主管选择"[001]李佳华",选择"按行业性质预置科目",单击"下一步"按钮进入向导五,如图2-2-4所示。

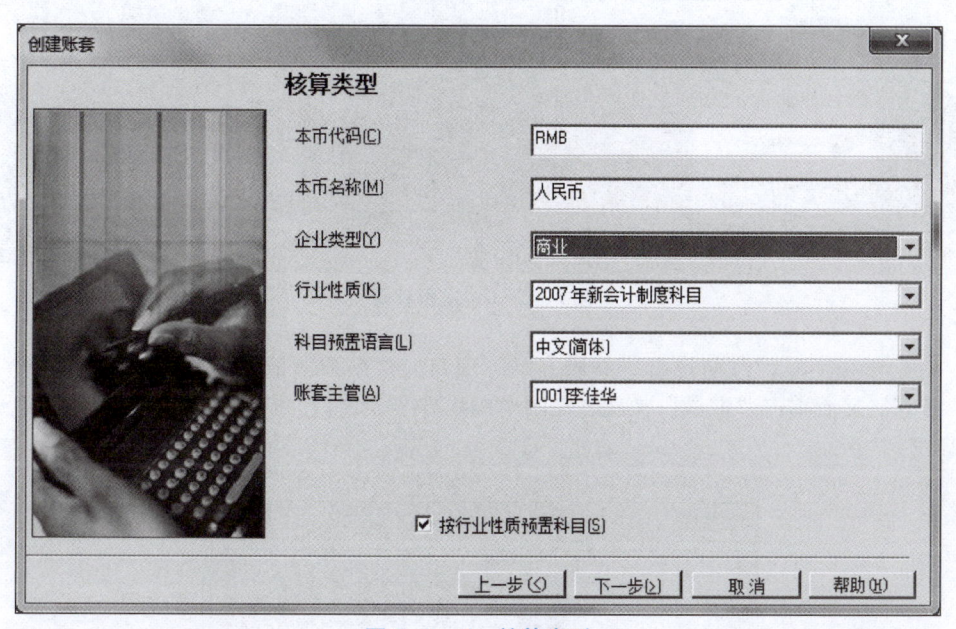

图2-2-4 核算类型

6. 创建账套向导五"基础信息"窗口。

根据案例要求,选中"存货是否分类""客户是否分类""供应商是否分类"3个复选框,单击"下一步"按钮进入向导六,如图2-2-5所示。

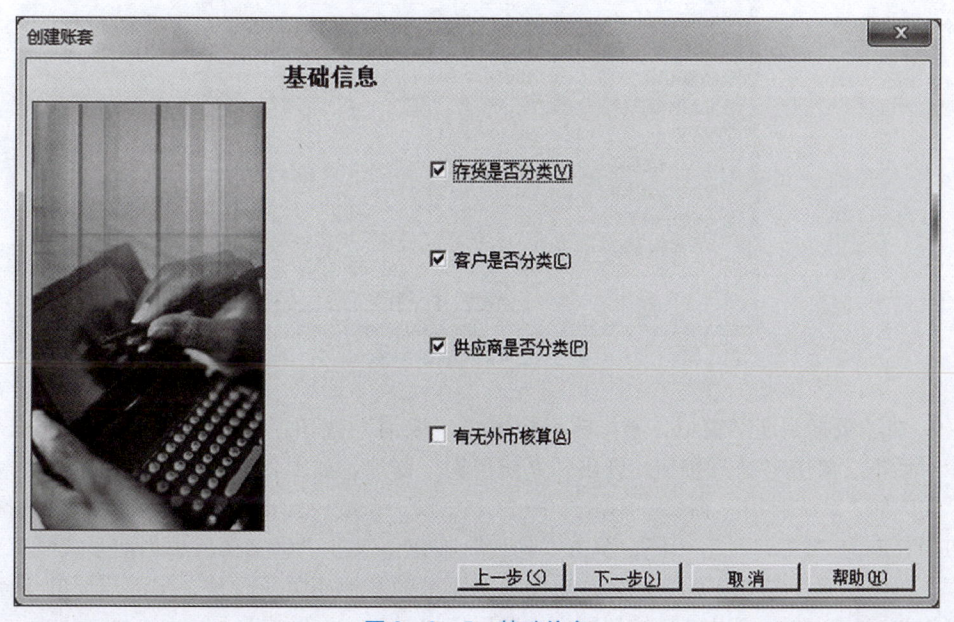

图2-2-5 基础信息

7. 进入创建账套向导六"开始"窗口，单击"完成"按钮，弹出"可以创建账套了么？"提示框，单击"是"按钮，开始建账，如图2-2-6所示。

图2-2-6 准备建账

8. 建账完毕后，自动弹出"编码方案"窗口，根据案例信息修改默认值，单击"确定"按钮，接着单击"取消"按钮，关闭"编码方案"窗口并打开"数据精度"窗口，如图2-2-7所示。

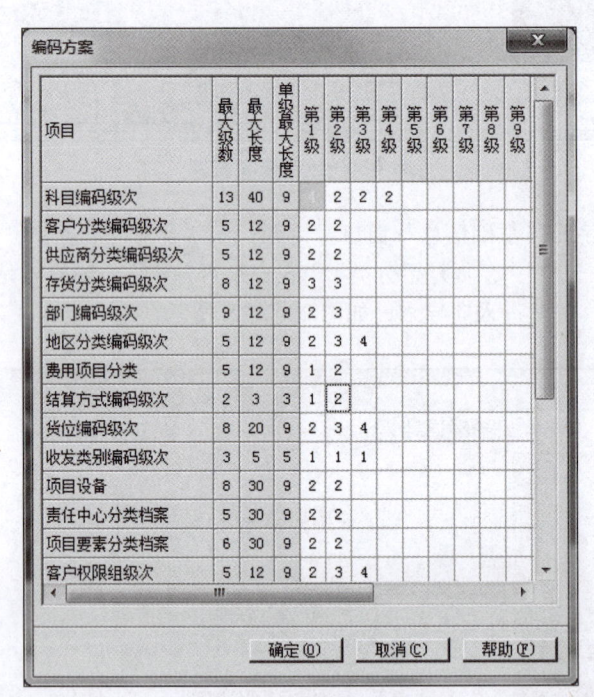

图2-2-7 编码方案

9. 在"数据精度"窗口，不修改直接单击"取消"按钮，弹出"［999］建账成功"提示对话框，单击"是"按钮，弹出"系统启用"窗口，如图2-2-8所示。

10. 在"系统启用"窗口，单击选中"GL总账"系统，弹出"日历"对话框，选择系统启用日期为"2021-12-01"，单击"确定"按钮，弹出"确实要启用当前系统吗？"提示框，单击"是"按钮返回。同理，启用案例要求的其他相关子模块，全部需要的子模块均启用成功后，单击"退出"按钮即完成启用，如图2-2-9所示。

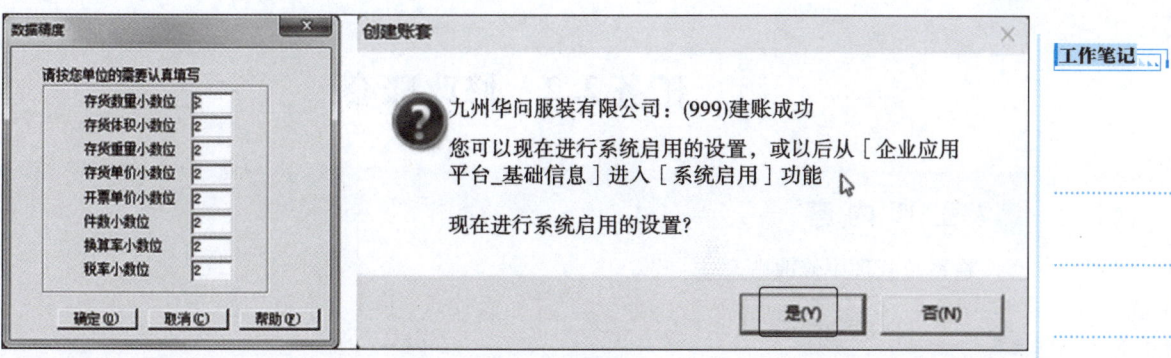

图2-2-8　数据精度

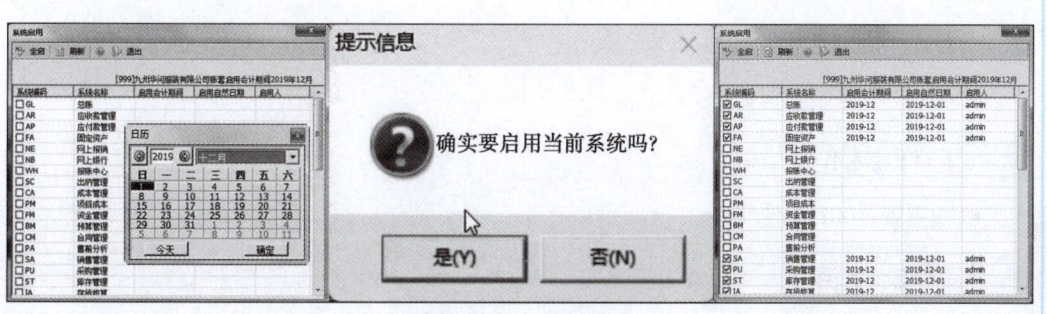

图2-2-9　启用系统

11. 完成启用返回创建账套向导六"开始"窗口，单击"退出"按钮，系统提示"请进入企业应用平台进行业务操作"，单击"确定"按钮即可，如图2-2-10所示。

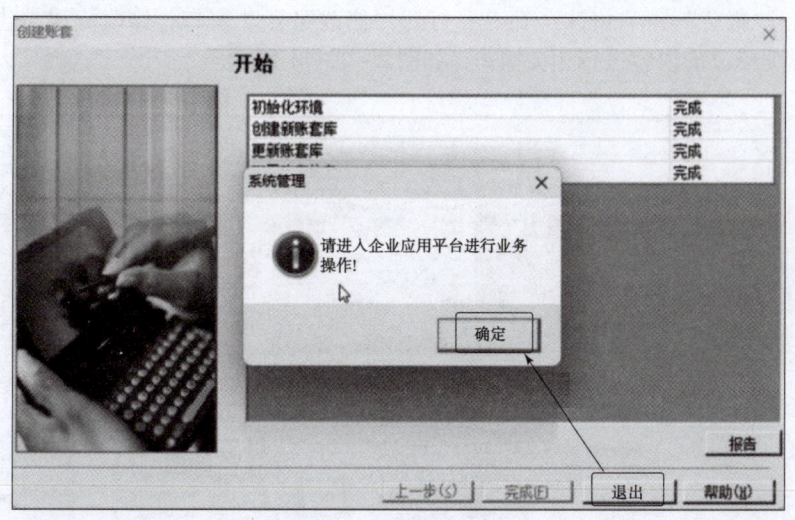

图2-2-10　完成建账

财人微语

"公正则民服，偏私则民不服。"　——《左传·昭公四年》

任务2.2　修改账套

工作内容

在系统管理中修改账套。

工作要求

在系统管理中完成修改账套操作。

工作流程

修改:"账套"—"修改"。

工作岗位

账套主管:001 李佳华。

工作时间

2021-12-01。

操作规范

1. 以"001"身份于"2021-12-01"登录系统管理。

2. 执行"账套"—"修改"命令,打开"修改账套"窗口,修改流程与建账流程相同,根据需要修改的内容进行相关操作,如图2-2-11所示。

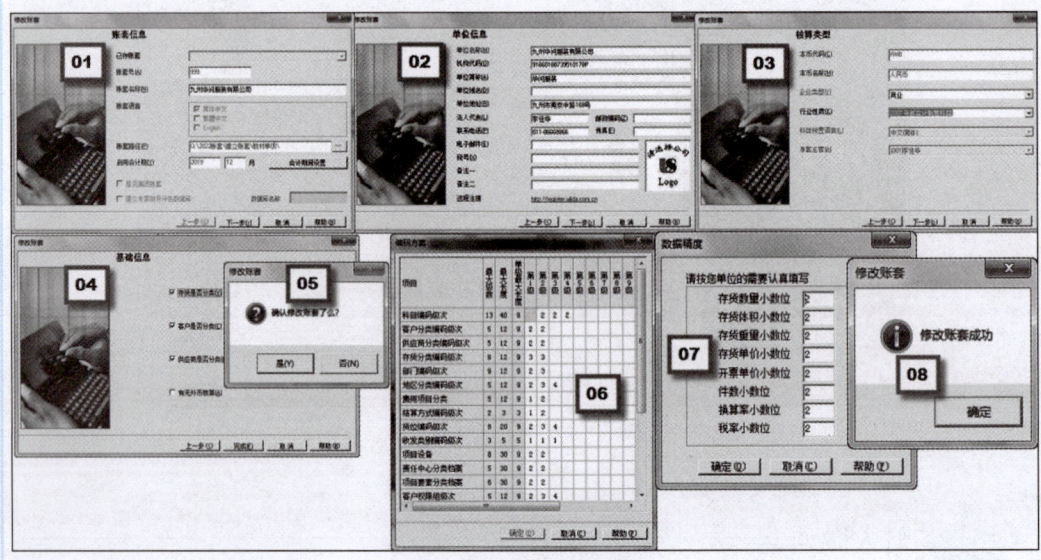

图2-2-11　修改账套

财人微语

"其身正，不令而行；其身不正，虽令不从。"

——《论语·子路》

任务2.3　备份和恢复账套

工作内容

九州华问服装有限公司对企业财务电子档案严格管理，定期或不定期备份账套。

工作要求

系统管理员定期将信息化平台的账套数据输出并保存在适当的储存介质中。

工作流程

1. 输出："账套"—"输出"；
2. 引入："账套"—"引入"。

工作岗位

系统管理员（用户名：admin）。

工作时间

备份或恢复时间。

操作规范

步骤一：输出

1. 在非系统盘中新建"备份账套"文件夹。
2. 以 admin 身份于操作日期"登录"系统管理。
3. 在"系统管理"窗口，执行"账套"—"输出"命令，打开"账套输出"窗口，从"账套号"处选择需要输出的账套，从"输出文件位置"处单击【…】按钮，弹出"请选择账套备份路径"窗口。

若想删除当前输出账套，可勾选"删除当前输出账套"单选框，如图 2-2-12 所示。

4. 在"请选择账套备份路径"窗口，选择输出文件位置，单击"确定"按钮，返回"账套输出"窗口，再单击"确认"按钮，完成输出。

若选择了删除当前输出账套，会提示是否确认删除账套，单击"确定"即可删除，如图 2-2-13 所示。

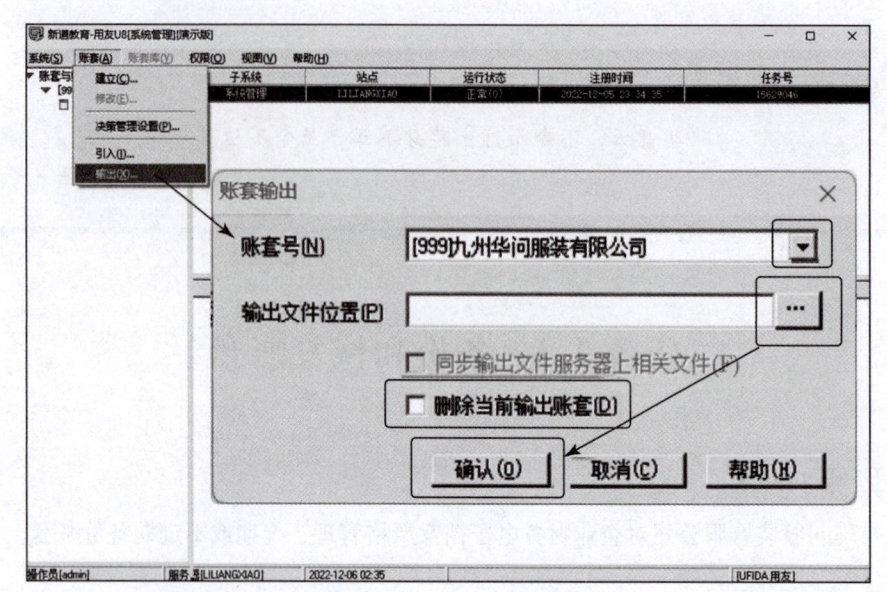

图 2-2-12　输出账套

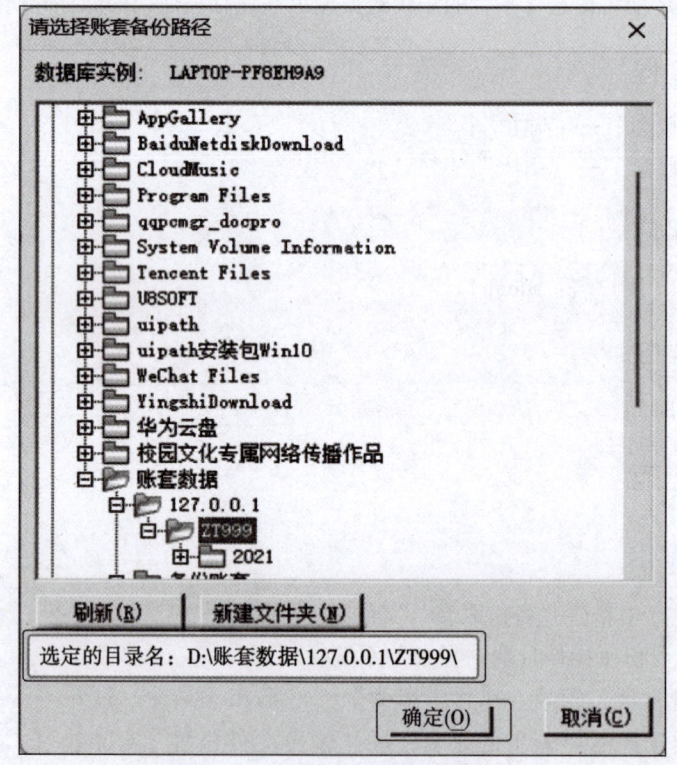

图 2-2-13　选择账套备份路径

步骤二：引入

1. 在"系统管理"窗口，执行"账套"—"引入"命令，打开"请选择账套备份文件"窗口，选择要引入的账套数据备份文件和引入路径，单击"确定"按钮，如图 2-2-14 所示。

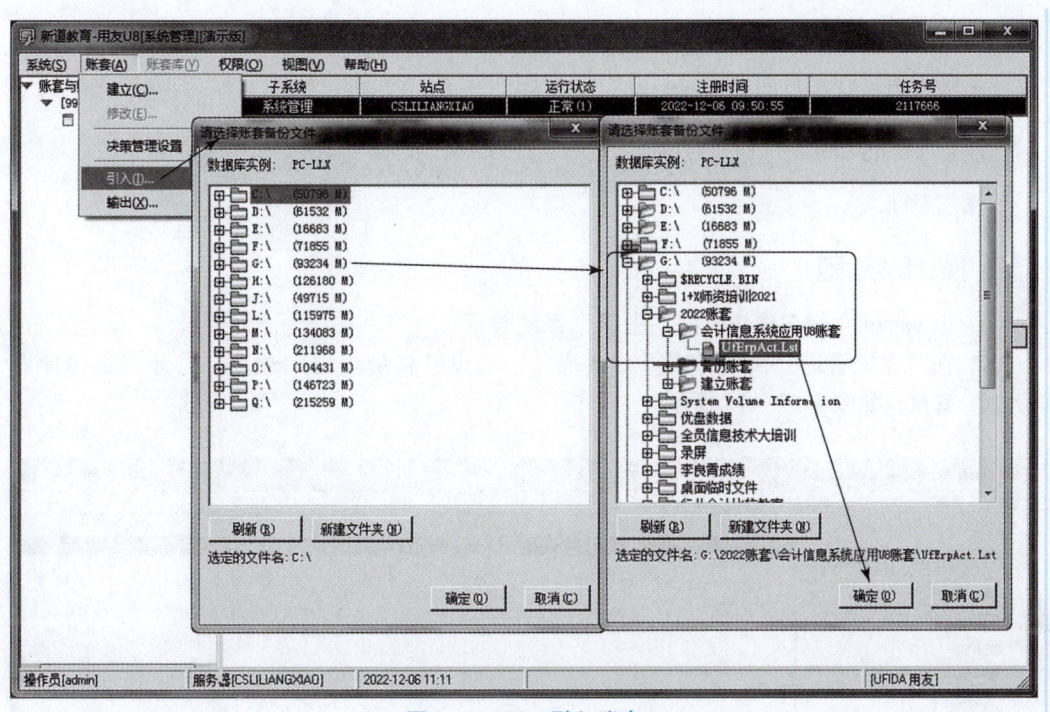

图 2-2-14 引入账套

> 财人微语
>
> "天下为公，亿兆己任。" ——《魏书》

任务 2.4 设置自动备份计划

工作内容

九州华问服装有限公司根据企业实际情况设置账套自动备份计划，要求每周周五 12：00 自动备份一次，有效触发时间为 2 小时，保留天数为 15 天，备份类型选择账套备份。

工作要求

在信息化平台系统管理中设置自动备份计划。

工作流程

备份计划："系统"—"设置备份计划"。

工作岗位

系统管理员（用户名：admin）。

工作时间

操作时间。

操作规范

1. 以 admin 身份于操作时间"登录"系统管理。

2. 在"系统管理"窗口，执行"系统"—"设置备份计划"命令，打开"备份计划设置"窗口，如图 2-2-15 所示。

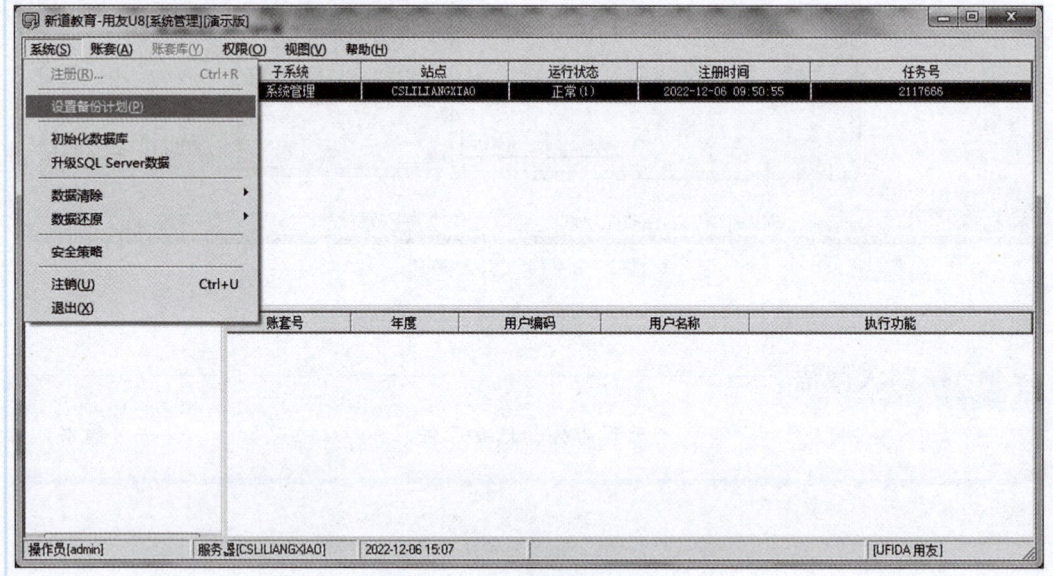

图 2-2-15 备份计划设置

3. 在"备份计划设置"窗口，单击"增加"按钮，打开"备份计划详细情况"窗口，根据企业实际情况输入相关计划编号、计划名称、备份类型、发生频率、发生天数、开始时间、有效触发和保留天数等信息，单击右上方"增加"按钮，选择输出文件位置，选择账套和年度，单击右下方"增加"按钮完成增加，如图 2-2-16 所示。

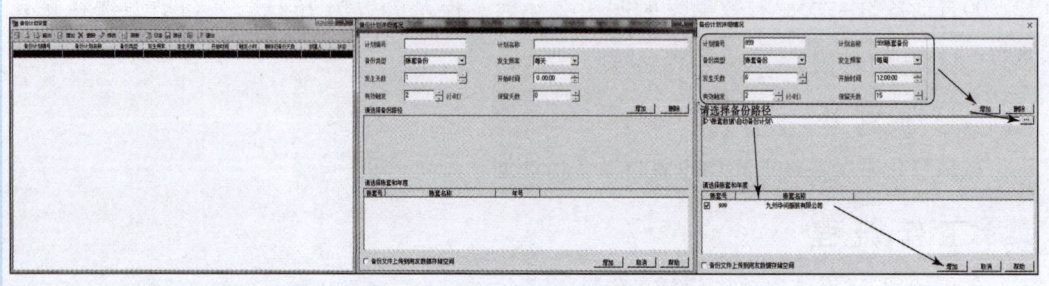

图 2-2-16 设置自动备份计划

工作任务 3　管理权限

职业知识目标

通过学习，学员能掌握系统管理角色权限设置的操作流程；

通过学习，学员能了解操作员与角色的权限关系。

职业技能目标

通过训练，学员能在信息化平台系统管理中完成角色权限设置操作；

通过训练，学员具备独立完成财务分工的能力，达到胜任基于信息化平台系统管理员和账套主管岗位职责的目标。

职业素养目标

通过学习和训练，学员具备数据思维和科学精神；

通过学习和训练，学员具备信息化环境下的安全管理能力；

通过学习和训练，学员具备一丝不苟、追求卓越的工匠精神。

工作情景

九州华问服装有限公司已于 2021 年 12 月 1 日建立新账套。

系统管理员根据公司的组织架构和人员档案信息，规划角色及操作员所属权限，并在信息化平台上进行设置。

> **财人微语**
>
> "政者，正也。子帅以正，孰敢不正？"　　——《论语·颜渊》

任务 3.1　设置权限

工作内容

九州华问服装有限公司需要设置的角色权限如表 2-3-1 所示。

表 2-3-1　操作员权限及岗位职责信息表

人员编码	姓名	所属角色	权限设置	岗位职责
001	李佳华	账套主管	"账套主管"	修改账套，有限授权，年度账管理；基础档案维护，初始维护，期初数据维护；审核购销存业务单据

续表

人员编码	姓名	所属角色	权限设置	岗位职责
002	陈明	财务经理	公共单据、总账、应收应付管理、UFO报表、销售管理	总账：审核凭证，对账，结账；UFO报表：编制会计报表，财务分析表；应收应付管理：审核销售发票，审核收付款单；销售管理：审核零售日报
003	彭佳	财务会计	公共单据、总账、固定资产、薪资管理	总账：填制凭证，记账；固定资产：增减变动，计提折旧，制单；薪资管理：制单
004	赵巧	业务会计	公共单据、总账、应收应付管理、销售管理、存货核算	应付管理：审核采购发票，制单；存货核算：单据记账，制单；库存管理：审核调拨单，审核其他出入库单；销售管理：开销售发票并复核，复核日报；应收管理：转账处理，核销处理，制单
005	李丽	出纳员	总账、应收应付管理	总账：出纳签字，银行对账；应收管理：填制收款单（红字）；应付管理：填制付款单（红字）
006	陈越	仓管专员	公共单据、库存管理、存货核算	填制入库单（红字），审核出库单（红字），资产盘点等
007	胡平	采购专员	采购管理	填制询价单，填制采购订单，填制到货单（红字），录入采购发票（红字），填制代管挂账确认单，采购结算等
008	孙红	人事专员	公共目录设置、薪资管理	薪资分摊设置，人员增减变动，薪资变动等
009	程义	零售经理	销售管理	填制销售报价单，填制销售订单，填制发货单，填制零售日报等

工作要求

在系统管理中完成权限设置。

工作流程

权限："系统管理"—"权限"—"权限"。

工作岗位

系统管理员（用户名：admin）。

工作时间

2021-12-01。

操作规范

1. 以 admin 身份于"2021-12-01"登录系统管理。

2. 执行"权限"—"权限"命令，打开"操作员权限"对话框，在左侧角色和操作员选择框中选择需要修改权限的角色，单击工具栏"修改"命令，右侧权限选择框进入可选状态，如图2-3-1所示。

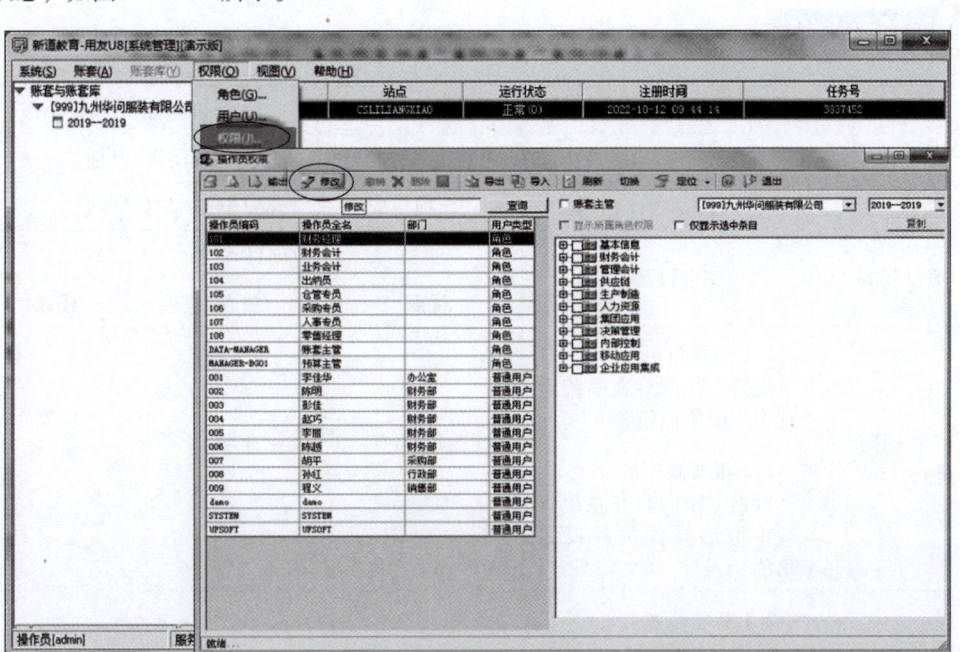

图2-3-1 操作员权限

3. 在右侧权限选择框中根据相关权限设置要求设置角色权限，设置完成并确认无误后，单击工具栏"保存"命令，如图2-3-2所示。

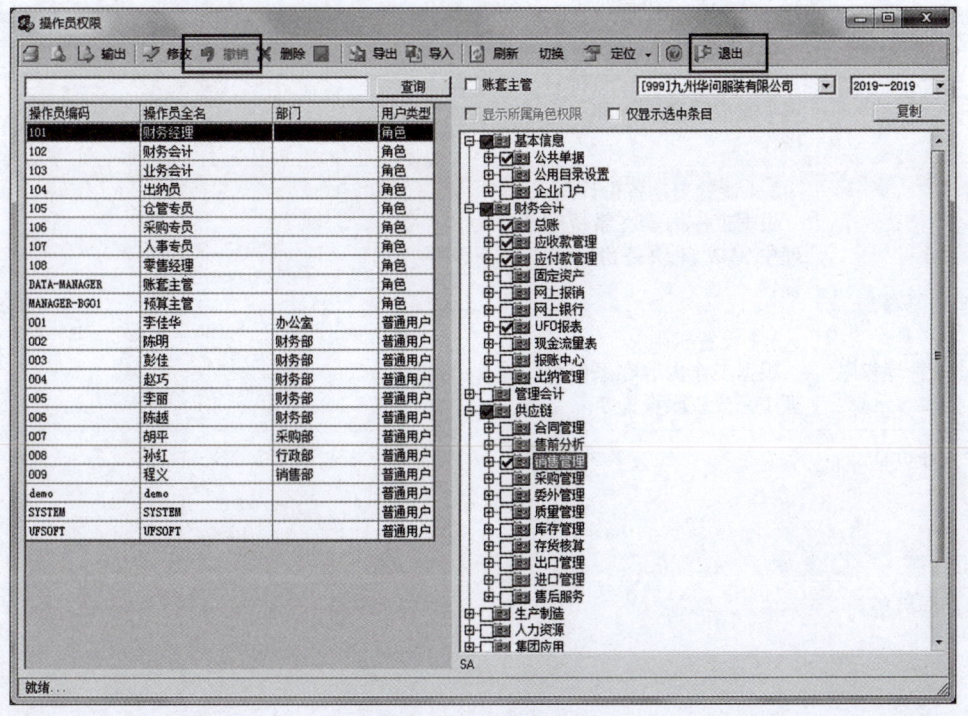

图2-3-2 设置权限

4. 全部角色或者操作员设置完成后，单击工具栏"退出"即可。操作员会自动获得相对应角色的权限，不需要另外设置。

项目评价

项目名称				评价时间	
学生姓名			项目类型	理论/理实一体/实操/其他_____	
实现方式	实操/讨论/合作/其他_____		项目成果	作品/报告/方案/其他_____	
项目任务	项目目标	项目评价			
		优点	缺点	建议	
1. 管理操作员	1.1 设置角色 根据工作内容在系统管理中完成角色设置				
	1.2 新增操作员 根据工作内容在系统管理中增加操作员并设置角色				
2. 管理账套	2.1 新建账套 根据工作内容在系统管理中完成新建账套操作				
	2.2 修改账套 根据工作内容在系统管理中完成修改账套操作				
	2.3 备份和恢复账套 根据工作内容在系统管理中完成账套输出和引入操作				
	2.4 设置自动备份计划 根据工作内容在系统管理中完成自动备份计划设置				
3. 管理权限	3.1 设置权限 根据工作内容在系统管理中完成权限设置				

个人评价：

总结与展望：

工作领域小结

本工作领域聚焦于案例企业业财一体化平台初建阶段的系统管理优化，涵盖角色与用户的增设、账套的构建与管理、财务职责的明确划分以及账套的定期备份与恢复等核心任务。

作为企业信息化的基石，系统管理维护的首要任务是对企业现有的营业信息、信息平台操作员角色及其财务职责进行全面梳理、深入分析，并在此基础上进行必要的补充与优化，最终将这些关键要素按照信息化平台的标准模板固化并精准导入系统。

在系统管理的角色分配上，系统管理员、账套主管及拥有相应权限的用户共同构成了操作团队的中坚力量。其中，系统管理员扮演着至关重要的角色，他们负责全面管理角色与用户体系，精准设定角色与用户的访问权限，主导新账套的创建与旧账套数据的妥善处理（包括删除与输出），规划并执行账套的自动备份计划，确保数据的安全性与可恢复性。同时，系统管理员还负责解决系统异常，包括清除异常任务、全面或选择性清除任务队列、管理站点登录状态以及解锁被锁定的单据等，以维护系统的稳定运行。

而账套主管则专注于账套库的日常管理，包括账套信息的更新与维护、账套结构的调整与优化，以及为普通角色和用户分配合理的权限，确保每位用户都能在其职责范围内高效工作，共同推动企业财务与业务的一体化进程。

工作领域三

维护基础档案

本工作领域紧密契合案例企业的核心战略需求,在现有的账务初始化架构之上,精心策划并执行了一项全方位、多维度的共用基础档案维护与管理项目,旨在为企业运营的每一个环节构筑起坚实的数据基石。

该项目涵盖了一系列深度与广度并重的内容构建措施,具体包括:

(一) 机构与人员档案精细化管理

深度重塑部门架构档案,细化人员分类维度,精准录入每位员工的详尽信息及辅助资料,确保组织架构的清晰呈现与人力资源信息的动态管理,促进团队协同与资源高效配置。

(二) 客商关系档案优化

对地区与客商(供应商及客户)实施精细分类,构建详尽且实时的供应商与客户档案体系,辅以全面的辅助信息管理,以增强供应链透明度和客户关系管理的深度与效率,为市场洞察与策略调整提供有力支持。

(三) 存货档案系统化建设

系统化地建立存货分类体系,精确定义计量单位组与具体计量单位,细致管理每一个存货条目,为库存精准控制、成本核算及采购决策奠定坚实的数据基础。

(四) 财务档案动态管理

实施会计科目的动态调整策略,包括新增、修改与适时删除操作,精准指定会计科目,优化凭证类别与项目目录设置,同时维护其他关键财务档案,确保财务信息的规范统一与高度准确性,为企业财务管理与决策分析提供有力保障。

(五) 收付结算档案精细配置

精细设计结算方式与付款条件,构建全面覆盖的银行档案系统,为企业的资金流转与结算业务打造便捷、高效且安全的操作平台,促进资金管理的精细化与风险控制。

(六) 业务档案标准化维护

详尽维护仓库档案,明确收发类别、采购与销售类型等关键业务参数,以及单据编号规则,为物流、采购、销售等核心业务流程构建标准化的管理框架,促进业务流程的标准化与自动化。

(七) 数据权限严谨管理

严格执行数据权限的设置与分配机制,确保信息访问的安全合规性,同时促进企业内部信息的有效流通与协同共享,为企业的数据安全与业务决策提供双重保障。

在整个基础档案维护与管理过程中,我们秉持全局观念,深入剖析各数据元素间的内在逻辑与相互关联,力求构建一个既高效协同又灵活适应的企业信息管理体系,为案例企业的长远发展注入强大的数据动力与决策智慧。

会计职业道德规范

坚持准则

严格执行准则制度，保证会计信息真实完整。

会计职业道德故事

伯夷叔齐不食周粟

【出处】

《史记·伯夷列传》："武王已平殷乱，天下宗周，而伯夷、叔齐耻之，义不食周粟，隐于首阳山，采薇而食之。及饿且死，作歌，其辞曰：'登彼西山兮，采其薇矣。以暴易暴兮，不知其非矣。神农、虞、夏忽焉没兮，我安适归矣？于嗟徂兮，命之衰矣！'遂饿死于首阳山。"

【概述】

武王伐纣后，建立了周朝，天下诸侯都归顺了周朝。而伯夷、叔齐认为武王伐纣是以暴制暴，是可耻的，因此他们坚持不臣服于周朝，也不吃周朝的粮食。他们隐居在首阳山上，靠采摘薇菜充饥。

随着时间的推移，薇菜越来越难找到，伯夷和叔齐的身体也越来越虚弱。但他们仍然坚守着自己的信念，不肯屈服。当即将饿死的时候，他们唱起了歌，歌词表达了对神农、虞、夏等古代圣王的怀念，也表达了对现实的不满和对自己命运的无奈。最终，他们饿死在了首阳山上。

【思考】

伯夷、叔齐不食周粟的故事告诉我们，在面对各种挑战和诱惑时，我们应该坚守自己的信仰和原则，不为私欲所动，保持清醒的头脑和坚定的立场。

工作任务1　维护机构人员档案

职业知识目标

通过学习，学员能了解信息化平台基础档案维护的主要内容；

通过学习，学员能理解基础档案维护在整个信息化平台中的地位；

通过学习，学员能掌握基础档案维护的技巧和方法。

职业技能目标

通过训练，学员能依据企业情况在信息化平台企业门户基础设置的基础档案中完成机构档案维护、人员类别维护及人员档案维护等操作；

通过训练，学员能够完成机构人员档案维护、客商信息维护、存货信息维护、财务信息维护、收付结算维护、业务基础维护等操作；

通过训练，学员具备独立维护企业基础档案的能力，达到胜任基于信息化平台账套主管或财务主管职责的目标。

职业素养目标

通过学习和训练，学员具备规范意识和规范化管理意识；

通过学习和训练，学员具备坚持准则、提高技能的会计职业道德；

通过学习和训练，学员具备执着专注、一丝不苟的工匠精神。

工作情景

九州华问服装有限公司于2021年12月1日启用业财一体信息化平台，对公司的资金流、信息流、物流进行信息化建设，集成业务数据、财务数据、税务数据，实现业财税一体化管理。

公司在信息化平台上已经成功启用总账、固定资产、薪资管理、应收管理、应付管理、销售管理、采购管理、存货管理、库存管理模块。各模块均于2021年12月1日启用。

总经理带领的内部信息化实施团队开始逐一和各部门的业务主管沟通基础档案的整理汇总，并将整理汇总的结果在信息化平台上进行配置。

财人微语

"大学之道，在明明德，在亲民，在止于至善。" ——《大学》

任务1.1 维护机构档案

工作内容

九州华问服装有限公司部门档案信息如表3-1-1所示。

表3-1-1 部门档案信息表

部门编码	部门名称	部门编码	部门名称
01	办公室	05	销售部
02	财务部	05001	零售部
03	行政部	05002	分销部
04	采购部	05003	电商部

工作要求

在企业应用平台的基础档案中完成机构档案维护。

工作流程

机构档案："基础设置"—"基础档案"—"机构人员"—"部门档案"。

工作岗位

账套主管（001 李佳华）。

工作时间

2021-12-01。

操作规范

1. 以"001"身份于"2021-12-01"登录企业应用平台。

2. 双击执行"基础设置"—"基础档案"—"机构人员"—"部门档案"命令，打开"部门档案"窗口，单击工具栏的"增加"按钮，可增加一条空白部门档案。

在"部门档案"编辑界面输入部门编码、部门名称和其他信息，单击工具栏的"保存"按钮即可，如图3-1-1所示。

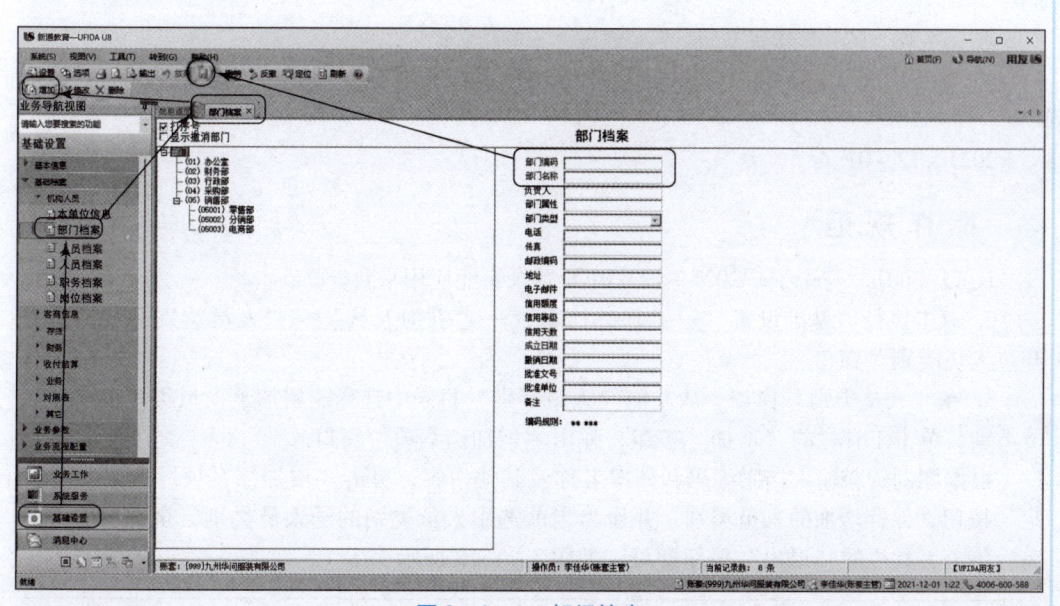

图3-1-1 部门档案

任务1.2 维护人员类别档案

工作内容

九州华问服装有限公司人员类别档案信息如表3-1-2所示。

表3-1-2 人员类别档案信息表

类别编码	人员类别名称	类别编码	人员类别名称
101	正式工	10105	仓管人员
10101	管理人员	10106	其他人员
10102	财务人员	102	合同工

续表

类别编码	人员类别名称	类别编码	人员类别名称
10103	采购人员	103	实习生
10104	销售人员		

工作要求

在企业应用平台的基础档案中完成人员类别档案维护。

工作流程

1. 人员类别:"基础设置"—"基础档案"—"机构人员"—"人员类别"。

工作岗位

账套主管（001 李佳华）。

工作时间

2021－12－01。

操作规范

1. 以"001"身份于"2021－12－01"登录企业应用平台。

2. 双击执行"基础设置"—"基础档案"—"机构人员"—"人员类别"命令，打开"人员类别"窗口。

3. 在"人员类别"窗口，从左侧"人员类别"目录中选择需增加子人员类别的一级人员类别，单击工具栏的"增加"按钮，弹出"增加档案项"窗口。

根据案例资料输入档案编码和档案名称及其他内容，单击"增加档案项"窗口的"确定"按钮，保存增加的人员类别，并作为当前选中人员类别的子人员类别，全部资料维护完后单击工具栏的"退出"按钮即可，如图3－1－2所示。

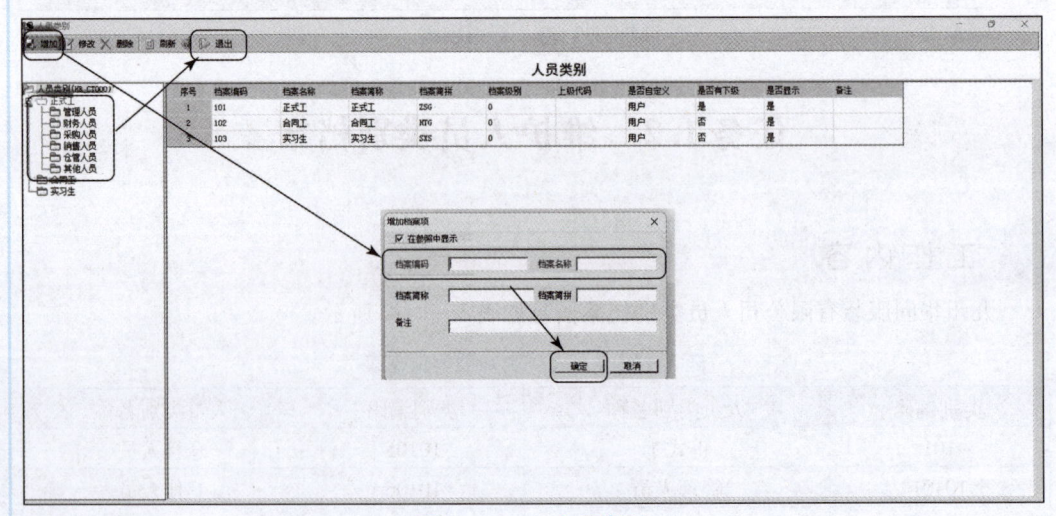

图3－1－2 人员类别

任务1.3 维护人员档案

工作内容

九州华问服装有限公司人员档案信息如表3-1-3所示。

表3-1-3 人员档案信息表

人员编码	姓名	性别	所属部门	职位	人员类别	雇佣状态	银行名称	银行账号	是否操作员	是否业务员
01	李佳华	男	办公室	总经理	管理人员	在职	华夏银行	428805919666001	是	是
02	刘超	男	办公室	副总经理	管理人员	在职	华夏银行	428805919666002	否	是
03	陈明	男	财务部	财务经理	财务人员	在职	华夏银行	428805919666003	是	是
04	彭佳	女	财务部	财务会计	财务人员	在职	华夏银行	428805919666004	是	是
05	赵巧	女	财务部	业务会计	财务人员	在职	华夏银行	428805919666005	是	是
06	李丽	女	财务部	出纳员	财务人员	在职	华夏银行	428805919666006	是	是
07	陈越	女	财务部	仓管专员	仓管人员	在职	华夏银行	428805919666007	是	是
08	孙红	女	行政部	人事专员	管理人员	在职	华夏银行	428805919666008	是	是
09	胡平	男	采购部	采购专员	采购人员	在职	华夏银行	428805919666009	是	是
10	程义	男	零售部	零售经理	管理人员	在职	华夏银行	428805919666010	是	是
11	陈晨	男	零售部	店长	管理人员	在职	华夏银行	428805919666011	否	是
12	赵琳	女	零售部	收银员	销售人员	在职	华夏银行	428805919666012	否	是
13	王娟	女	零售部	销售员	销售人员	在职	华夏银行	428805919666013	否	是
14	胡丹丹	女	零售部	销售员	销售人员	在职	华夏银行	428805919666014	否	是
15	王红梅	女	零售部	销售员	销售人员	在职	华夏银行	428805919666015	否	是
16	曹丽娜	女	零售部	店长	管理人员	在职	华夏银行	428805919666016	否	是
17	罗莹	女	零售部	收银员	销售人员	在职	华夏银行	428805919666017	否	是
18	徐丹	女	零售部	销售员	销售人员	在职	华夏银行	428805919666018	否	是
19	周倩	女	零售部	销售员	销售人员	在职	华夏银行	428805919666019	否	是
20	林立	男	零售部	销售员	销售人员	在职	华夏银行	428805919666020	否	是
21	孙国平	男	分销部	分销经理	管理人员	在职	华夏银行	428805919666021	否	是
22	李超	男	分销部	销售员	销售人员	在职	华夏银行	428805919666022	否	是
23	王斌	男	分销部	销售员	销售人员	在职	华夏银行	428805919666023	否	是
24	徐海	男	电商部	电商经理	管理人员	在职	华夏银行	428805919666024	否	是
25	王聪	男	电商部	销售员	销售人员	在职	华夏银行	428805919666025	否	是
26	张蕾	女	电商部	销售员	销售人员	在职	华夏银行	428805919666026	否	是

工作要求

在企业应用平台的基础档案中完成人员档案维护。

工作流程

人员档案:"基础设置"—"基础档案"—"机构人员"—"人员档案"。

工作岗位

账套主管(001 李佳华)。

工作时间

2021-12-01。

操作规范

1. 以"001"身份于"2021-12-01"登录企业应用平台。

2. 双击执行"基础设置"—"基础档案"—"机构人员"—"人员档案"命令,打开"人员档案"窗口,如图3-1-3所示。

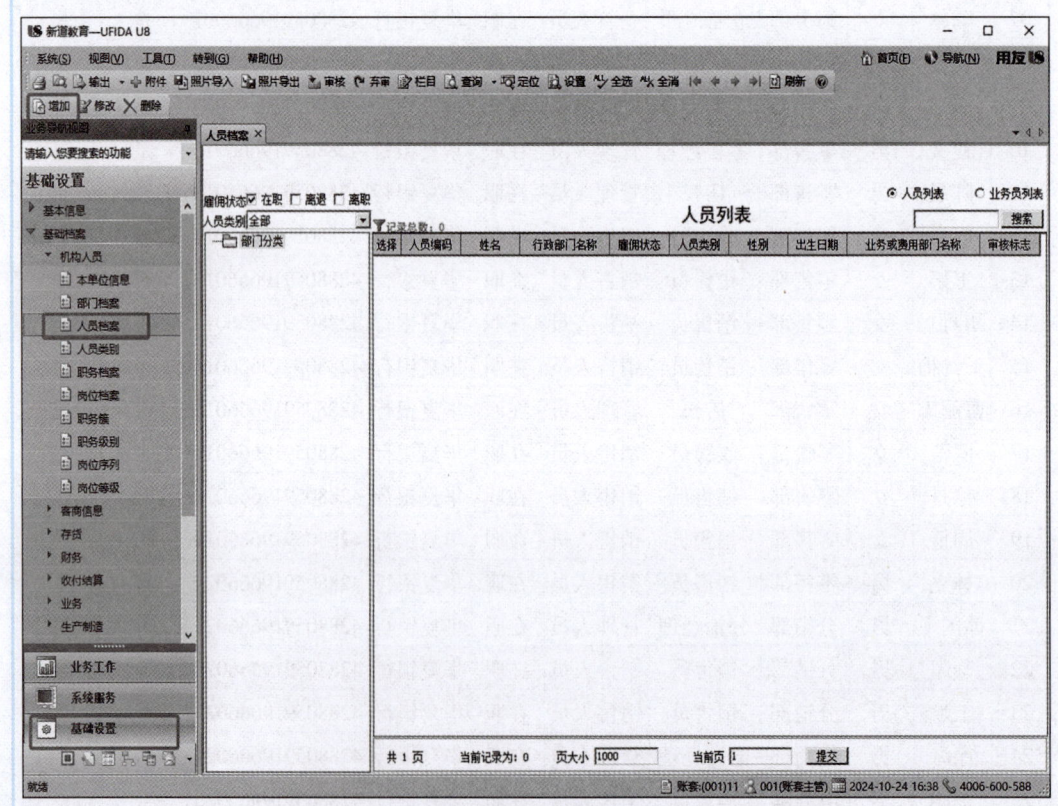

图3-1-3 人员档案界面

3. 在"人员档案"窗口,从左侧部门目录中选择要增加人员的末级部门,单击工具栏的"增加"按钮,显示"添加职员档案"空白页。

根据案例表3-1-3在相应栏目中输入正确内容,单击工具栏的"保存"按钮,再维护其他职员档案，全部维护完毕并保存后，单击工具栏的"退出"按钮即可，如图3-1-4所示。

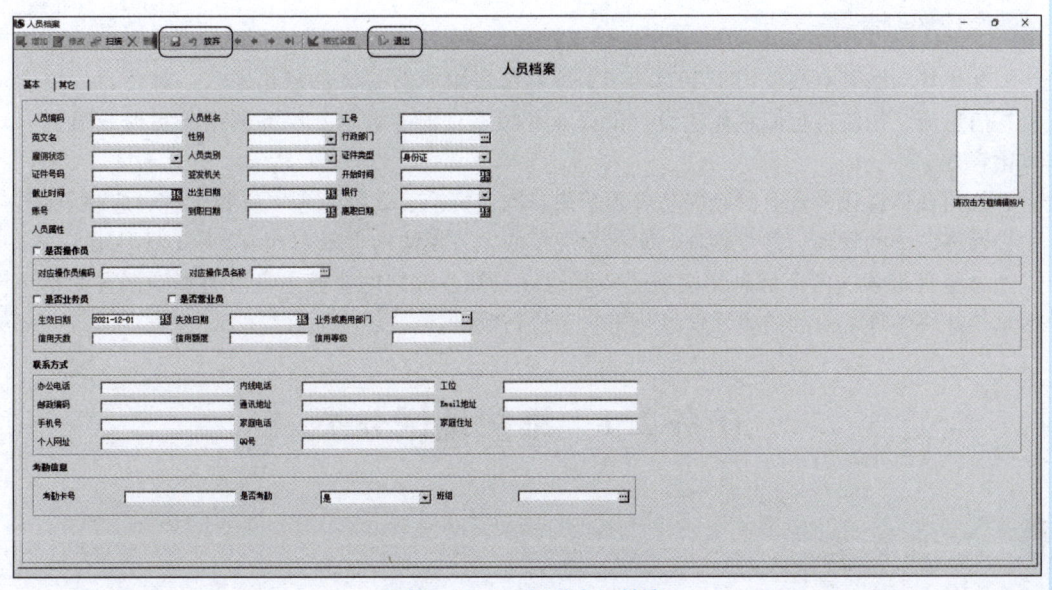

图3-1-4 新增人员档案

财人微语

"君子喻于义，小人喻于利。" ——《论语·里仁》

工作任务2　维护客商档案

职业知识目标

通过学习，学员能了解信息化平台基础档案维护的主要内容；

通过学习，学员能掌握基础档案维护的技巧和方法。

职业技能目标

通过训练，学员能依据企业情况在信息化平台企业门户基础设置的基础档案中完成地区分类维护、供应商分类维护、供应商档案维护等操作；

通过训练，学员能依据企业情况在信息化平台企业门户基础设置的基础档案中完成客户分类维护、客户档案维护等操作；

通过训练，学员具备独立维护企业基础档案的能力，达到胜任基于信息化平台账套主管或财务主管职责的目标。

职业素养目标

通过学习和训练，学员具备规范意识和规范化管理意识；

通过学习和训练，学员具备坚持准则、提高技能的会计职业道德；

通过学习和训练，学员具备执着专注、一丝不苟的工匠精神。

工作情景

九州华问服装有限公司于 2021 年 12 月 1 日启用业财一体信息化平台，对公司的资金流、信息流、物流进行信息化建设，集成业务数据、财务数据、税务数据，实现业财税一体化管理。

公司在信息化平台上已经成功启用总账、固定资产、薪资管理、应收管理、应付管理、销售管理、采购管理、存货管理、库存管理模块。各模块均于 2021 年 12 月 1 日启用。

总经理带领的内部信息化实施团队开始逐一和各部门的业务主管沟通基础档案的整理汇总，并将整理汇总的结果在信息化平台上进行配置。

任务 2.1　维护地区分类

工作内容

九州华问服装有限公司地区分类档案信息如表 3-2-1 所示。

表 3-2-1　地区分类档案信息表

地区分类编码	地区名称	地区分类编码	地区名称
01	九州	05	广州
02	上海	06	中山
03	浙江	07	江西
04	深圳	08	其他

工作要求

在企业应用平台的基础档案中完成地区分类维护。

工作流程

地区分类："基础设置"—"基础档案"—"客商信息"—"地区分类"。

工作岗位

账套主管（001 李佳华）。

工作时间

2021-12-01。

操作规范

1. 以"001"身份于"2021-12-01"登录企业应用平台。

2. 双击执行"基础设置"—"基础档案"—"客商信息"—"地区分类"命令,打开"地区分类"窗口。

3. 在"地区分类"窗口,单击工具栏的"增加"按钮,在"地区分类"编辑界面,输入类别编码和类别名称,单击工具栏的"保存"按钮。

再维护其他地区分类档案,全部维护完毕并保存后,单击工具栏的"退出"按钮即可,如图 3-2-1 所示。

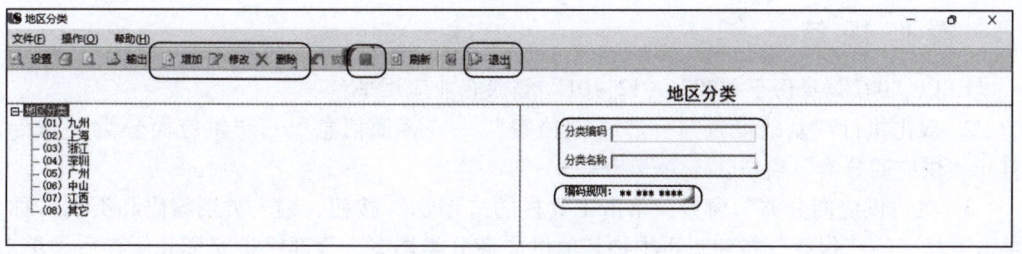

图 3-2-1　地区分类

任务2.2　维护供应商分类

工作内容

九州华问服装有限公司供应商分类档案信息如表 3-2-2 所示。

表 3-2-2　供应商分类档案信息表

供应商分类编码	供应商分类名称	供应商分类编码	供应商分类名称
01	产品供应商	10	审计供应商
02	配送供应商	11	修理供应商
03	差旅供应商	12	劳务供应商
04	促销品供应商	13	物业供应商
05	快递服务供应商	14	包装物供应商
06	广告供应商	15	其他供应商
07	办公用品供应商	16	受托代销供应商
08	房租供应商	17	代管供应商
09	劳保用品供应商		

工作要求

在企业应用平台的基础档案中完成供应商分类档案维护。

工作流程

供应商分类:"基础设置"—"基础档案"—"客商信息"—"供应商分类"。

工作岗位

账套主管（001 李佳华）。

工作时间

2021-12-01。

操作规范

1. 以"001"身份于"2021-12-01"登录企业应用平台。

2. 双击执行"基础设置"—"基础档案"—"客商信息"—"供应商分类"命令，打开"供应商分类"窗口。

3. 在"供应商分类"窗口，单击工具栏的"增加"按钮，输入类别编码和类别名称，单击工具栏的"保存"按钮，再维护其他供应商分类档案，全部维护完毕并保存后，单击工具栏的"退出"按钮即可，如图3-2-2所示。

图3-2-2 供应商分类

任务2.3 维护供应商档案

工作内容

九州华问服装有限公司供应商档案信息如表3-2-3所示。

表 3－2－3　供应商档案信息表

供应商编码	供应商名称	简称	地区	所属分类	统一社会信用代码	开户银行	银行账号	电话	地址
220201	浙江琪琪服装厂	琪琪服装	03	01	911012816 4951017YP	招行银行义乌分行	23748191 9669174	0579－85683188	义乌市西街道西方村 19 号
220202	深圳美姿服装有限公司	美姿服装	04	01	915011006118181RYT	工商银行罗湖分行	62220218 9110886	0755－21966666	深圳市罗湖区白马市场 B 区 301 号
220203	广东天语服装有限公司	天语服装	06	01	9110843449 511065PV	华夏银行中山分行	10630218 9153572	0755－28888888	中山八路 88 号大马站商业中心 2 层
220204	九州星辉房地产置业有限公司	九州星辉	01	15	9113030555 685373X	华夏银行闸北支行	62263711 89577856	010－83421166	九州市朝阳区会展路 116 号
220205	浙江朝歌配饰有限公司	朝歌配饰	03	16	9115431222 145612CG	工商银行义乌市城上城支行	62211205 1868713	0579－85471076	浙江省义乌市城上城 98 号

工作要求

在企业应用平台的基础档案中完成供应商档案维护。

工作流程

供应商档案："基础设置"—"基础档案"—"客商信息"—"供应商档案"。

工作岗位

账套主管（001 李佳华）。

工作时间

2021－12－01。

操作规范

1. 以"001"身份于"2021－12－01"登录企业应用平台。

2. 双击执行"基础设置"—"基础档案"—"客商信息"—"供应商档案"命令，打开"供应商档案"窗口。

3. 在"供应商档案"窗口，从左边的树型列表中选择一个末级的供应商分类（如果您在建立账套时设置供应商不分类，则不用进行选择），单击工具栏的"增加"按钮，进入增加状态，输入供应商档案后单击"保存"或"保存并新增"按钮，如图 3－2－3 所示。

图 3-2-3　供应商档案

任务2.4　维护客户分类

工作内容

九州华问服装有限公司客户分类档案信息如表3-2-4所示。

表3-2-4　客户分类档案信息表

客户分类编码	客户分类名称
01	电商零售客户
02	实体零售客户
03	批发销售客户

工作要求

在企业应用平台的基础档案中完成客户分类维护。

工作流程

客户分类:"基础设置"—"基础档案"—"客商信息"—"客户分类"。

工作岗位

账套主管（001 李佳华）。

工作时间

2021-12-01。

操作规范

1. 以"001"身份于"2021 – 12 – 01"登录企业应用平台。

2. 双击执行"基础设置"—"基础档案"—"客商信息"—"客户分类"命令,打开"客户分类"窗口。

3. 在"客户分类"窗口,选择要增加客户分类的上级分类,单击工具栏的"增加"按钮,在"客户分类"编辑区输入分类编码和名称等分类信息,单击"保存"按钮。

再进行其他客户分类维护,全部客户分类维护结束后单击"退出"按钮即可,如图 3 – 2 – 4 所示。

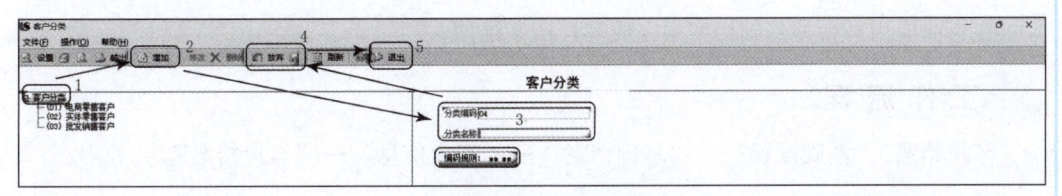

图 3 – 2 – 4 客户分类

任务 2.5 维护客户档案

工作内容

九州华问服装有限公司客户档案信息如表 3 – 2 – 5 所示。

表 3 – 2 – 5 客户档案信息表

客户编码	客户名称	客户简称	所属分类	所属地区	统一社会信用代码	住所	电话	开户银行	银行账号
112201	深圳华威科技有限公司	华威科技	01	04	918801666018900F6D	深圳市福田区梅林村 1690 号	0755 – 21836502	华夏银行福田分行	622208150600221
112202	九州运恒电子有限公司	运恒电子	01	01	9112310830220051DK	九州市顺外路 188 号	011 – 83838001	北京银行顺外支行	913000123802556
112203	广州昌达花纸有限公司	昌达花纸	02	05	91068404MA5831YU8K	广州市番禺区富华东路 105 号	0755 – 21808806	招商银行番禺分行	235601169207030
112204	上海华奇外贸有限公司	华奇外贸	03	02	91188060114355T37H	宝山区宝杨路 99 号	021 – 85605533	建设银行宝山支行	310583612222000
112205	广州创鑫服装有限公司	创鑫服装	02	05	91110188355401738	天河商城 6 层 602 号	0755 – 28601801	招商银行天河分行	235601198043752
112206	上海云飞贸易有限公司	云飞贸易	03	02	911115934564886201P	北京西路 101 号	021 – 86075388	工商银行北京西路支行	310626581004506
112207	江西莎莎服饰有限公司	莎莎服饰	02	07	910735561960606FE5K	江西省南昌市洪城大市场 101 号	0791 – 85556845	工商银行洪城支行	622307658012509

续表

客户编码	客户名称	客户简称	所属分类	所属地区	统一社会信用代码	住所	电话	开户银行	银行账号
112208	浙江美琳服装有限公司	美琳服装	02	03	911776690MA6R01F5G	杭州市四季青商城103号	0579-85676058	工商银行华南支行	600153086189330
112209	零售客户	零售客户	02	01	—	—	—	—	—

工作要求

在企业应用平台的基础档案中完成客户档案维护。

工作流程

客户档案:"基础设置"—"基础档案"—"客商信息"—"客户档案"。

工作岗位

账套主管（001 李佳华）。

工作时间

2021-12-01。

操作规范

1. 以"001"身份于"2021-12-01"登录企业应用平台。

2. 双击执行"基础设置"—"基础档案"—"客商信息"—"客户档案"命令，打开"客户档案"，选中客户分类，再单击"增加"按钮即可打开新增客户档案窗口。

3. 在"增加客户档案"窗口，根据案例表3-2-5维护客户档案，单击"保存并新增"按钮，再依次维护其他客户档案，全部客户档案维护结束后单击"保存"按钮并关闭"增加客户档案"窗口即可，如图3-2-5所示。

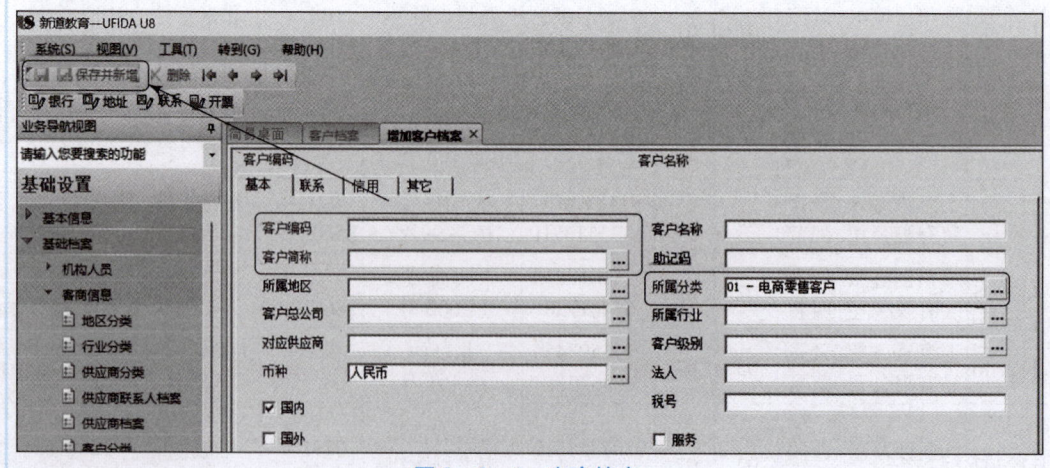

图3-2-5 客户档案

财人微语

"志士仁人，无求生以害仁，有杀身以成仁。"

——《论语·卫灵公》

工作任务 3　维护存货档案

职业知识目标

通过学习，学员能了解信息化平台基础档案维护的主要内容；

通过学习，学员能掌握基础档案维护的技巧和方法。

职业技能目标

通过训练，学员能依据企业情况在信息化平台企业门户基础设置的基础档案中完成存货分类维护、计量单位维护、存货档案维护等操作；

通过训练，学员具备独立维护企业基础档案的能力，达到胜任基于信息化平台账套主管或财务主管职责的目标。

职业素养目标

通过学习和训练，学员具备规范意识和规范化管理意识；

通过学习和训练，学员具备坚持准则、提高技能的会计职业道德；

通过学习和训练，学员具备执着专注、一丝不苟的工匠精神。

工作情景

九州华问服装有限公司于2021年12月1日启用业财一体信息化平台，对公司的资金流、信息流、物流进行信息化建设，集成业务数据、财务数据、税务数据，实现业财税一体化管理。

公司在信息化平台上已经成功启用总账、固定资产、薪资管理、应收管理、应付管理、销售管理、采购管理、存货管理、库存管理模块。各模块均于2021年12月1日启用。

总经理带领的内部信息化实施团队开始逐一和各部门的业务主管沟通基础档案的整理汇总，并将整理汇总的结果在信息化平台上进行配置。

任务 3.1　维护存货分类

工作内容

九州华问服装有限公司存货分类档案信息如表3-3-1所示。

表 3-3-1 存货分类档案信息表

存货分类编码	存货分类名称	存货分类编码	存货分类名称
101	劳保工作服-艳兰	108	西服女套装-V领
102	劳保工作服-灰色	109	西服女套装-立领
103	户外运动衫	110	女衬衫-雪纺花边领
104	文化衫	111	女衬衫-拼接领
105	加厚军大衣	112	女衬衫-OL翻领
106	西服男套装	113	固定资产
107	西服女套装-西装领	114	受托代销商品

工作要求

在企业应用平台的基础档案中完成存货分类档案维护。

工作流程

存货分类:"基础设置"—"基础档案"—"存货"—"存货分类"。

工作岗位

账套主管(001 李佳华)。

工作时间

2021-12-01。

操作规范

1. 以"001"身份于"2021-12-01"登录企业应用平台。

2. 双击执行"基础设置"—"基础档案"—"存货"—"存货分类"命令,打开"存货分类"窗口。

3. 在"存货分类"窗口,选择要增加存货分类的上级分类,单击工具栏的"增加"按钮,在"存货分类"编辑区输入分类编码和名称等分类信息,单击工具栏的"保存"按钮即可保存。

若放弃新增,单击"放弃"按钮。

若继续增加,单击工具栏的"增加"按钮继续新增其他存货分类,全部维护结束并保存后单击"退出"按钮即可,如图 3-3-1 所示。

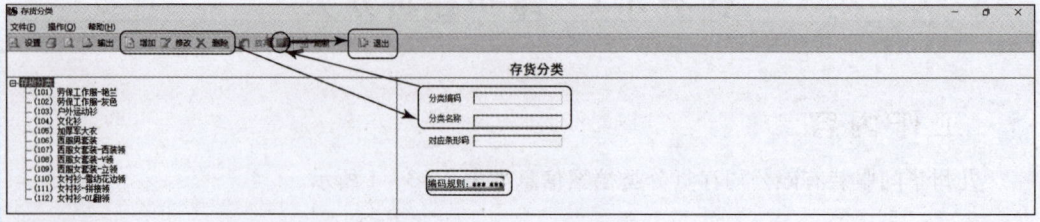

图 3-3-1 存货分类

任务3.2 维护计量单位

工作内容

九州华问服装有限公司计量单位组和存货计量单位如表3-3-2、表3-3-3所示。

表3-3-2 计量单位组

计量单位组编码	计量单位组名称	计量单位组类别
01	无固定换算率	无换算率

表3-3-3 存货计量单位

计量单位编码	计量单位名称	计量单位组编码
0101	件	01
0102	平方米	01
0103	条	01
0104	个	01

工作要求

在企业应用平台的基础档案中完成计量单位组和计量单位的维护。

工作流程

计量单位:"基础设置"—"基础档案"—"存货"—"计量单位"。

工作岗位

账套主管(001 李佳华)。

工作时间

2021-12-01。

操作规范

1. 以"001"身份于"2021-12-01"登录企业应用平台。

2. 双击执行"计量单位"命令,打开"计量单位"主窗口,单击"分组"按钮,弹出"计量单位组"窗口,单击"计量单位组"窗口工具栏的"增加"按钮,根据案例表3-3-2录入信息,单击工具栏的"保存"按钮完成新增,计量单位组维护结束后单击工具栏的"退出"返回"计量单位"主窗口,如图3-3-2所示。

3. 在"计量单位"窗口,选中要增加单位的计量单位组,单击工具栏的"单位"按钮,弹出"计量单位"编辑窗口,在"计量单位"编辑窗口单击工具栏的"增加"按钮,根据案例表3-3-3录入计量单位编码和计量单位名称,再单击工具栏的"保存"按钮进行保存，再依次录入其他计量单位并保存，计量单位维护结束后单击工具栏的"退出"按钮返回"计量单位"主窗口，如图3-3-3所示。

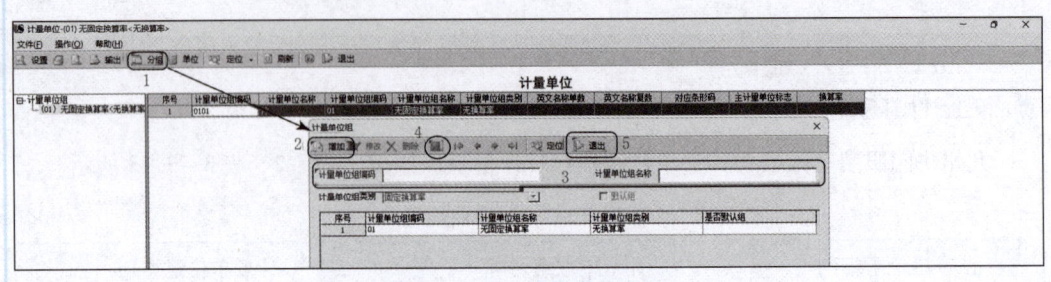

图3-3-2 计量单位分组

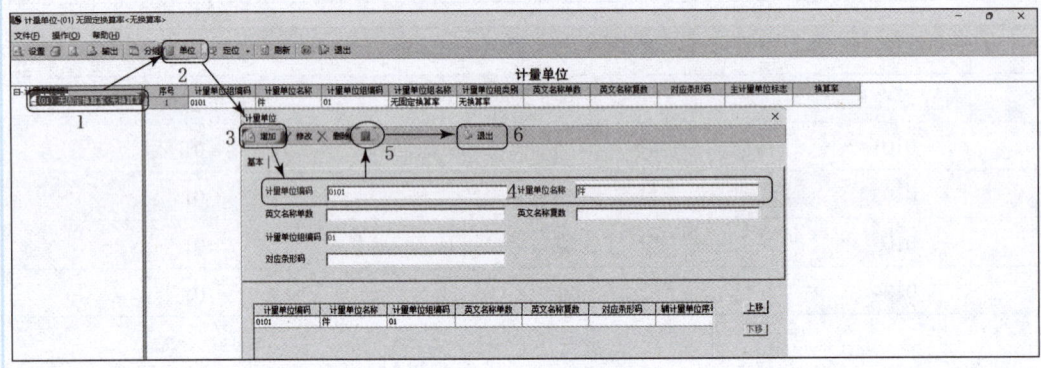

图3-3-3 计量单位

任务3.3 维护存货档案

工作内容

九州华问服装有限公司存货档案信息如表3-3-4所示。

表3-3-4 存货档案信息表

编码	存货名称	规格型号	单位	存货分类	税率%	存货属性（先进先出法）
101001	劳保工作服套装	艳兰-160	件	101	13	外购、内销、外销
101002	劳保工作服套装	艳兰-165	件	101	13	外购、内销、外销
101003	劳保工作服套装	艳兰-170	件	101	13	外购、内销、外销
101004	劳保工作服套装	艳兰-175	件	101	13	外购、内销、外销
101005	劳保工作服套装	艳兰-180	件	101	13	外购、内销、外销
102001	劳保工作服套装	灰色-160	件	102	13	外购、内销、外销
102002	劳保工作服套装	灰色-165	件	102	13	外购、内销、外销
102003	劳保工作服套装	灰色-170	件	102	13	外购、内销、外销

续表

编码	存货名称	规格型号	单位	存货分类	税率%	存货属性（先进先出法）
102004	劳保工作服套装	灰色-175	件	102	13	外购、内销、外销
102005	劳保工作服套装	灰色-180	件	102	13	外购、内销、外销
103001	户外运动衫	迷彩-均码	件	103	13	外购、内销、外销
104001	文化衫	均码	件	104	13	外购、内销、外销
105001	加厚军大衣	均码	件	105	13	外购、内销、外销
106001	西服男套装	黑色-S	件	106	13	外购、内销、外销
106002	西服男套装	黑色-M	件	106	13	外购、内销、外销
106003	西服男套装	黑色-L	件	106	13	外购、内销、外销
106004	西服男套装	黑色-XL	件	106	13	外购、内销、外销
106005	西服男套装	黑色-XXL	件	106	13	外购、内销、外销
107001	西服女套装-西装领	白+黑-S	件	107	13	外购、内销、外销
107002	西服女套装-西装领	白+黑-M	件	107	13	外购、内销、外销
107003	西服女套装-西装领	白+黑-L	件	107	13	外购、内销、外销
108001	西服女套装-V领	白+黑-S	件	108	13	外购、内销、外销
108002	西服女套装-V领	白+黑-M	件	108	13	外购、内销、外销
108003	西服女套装-V领	白+黑-L	件	108	13	外购、内销、外销
109001	西服女套装-立领	白+黑-S	件	109	13	外购、内销、外销
109002	西服女套装-立领	白+黑-M	件	109	13	外购、内销、外销
109003	西服女套装-立领	白+黑-L	件	109	13	外购、内销、外销
110001	女衬衫-雪纺花边领	S	件	110	13	外购、内销、外销
110002	女衬衫-雪纺花边领	M	件	110	13	外购、内销、外销
110003	女衬衫-雪纺花边领	L	件	110	13	外购、内销、外销
111001	女衬衫-拼接领	S	件	111	13	外购、内销、外销
111002	女衬衫-拼接领	M	件	111	13	外购、内销、外销
111003	女衬衫-拼接领	L	件	111	13	外购、内销、外销
112001	女衬衫-OL翻领	S	件	112	13	外购、内销、外销
112002	女衬衫-OL翻领	M	件	112	13	外购、内销、外销
112003	女衬衫-OL翻领	L	件	112	13	外购、内销、外销
113001	商铺	47	平方米	113	13	外购、资产
114001	领带	黑色	条	114	13	受托代销、外购、内销、外销
114002	领结	黑色	个	114	13	受托代销、外购、内销、外销

工作要求

在企业应用平台的基础档案中完成存货档案的维护。

工作流程

存货档案:"基础设置"—"基础档案"—"存货"—"存货档案"。

工作岗位

账套主管(001 李佳华)。

工作时间

2021-12-01。

操作规范

1. 以"001"身份于"2021-12-01"登录企业应用平台。

2. 双击执行"基础设置"—"基础档案"—"存货"—"存货档案"命令,打开"存货档案"窗口,在树型列表中选择一个末级的存货分类,单击工具栏的"增加"按钮,弹出"增加存货档案"窗口,如图3-3-4所示。

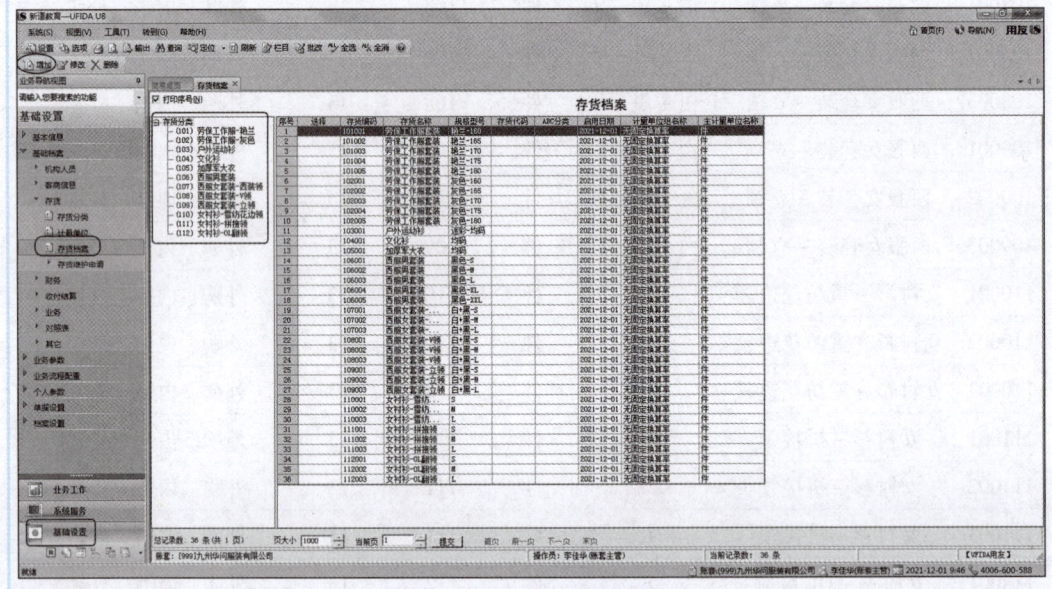

图3-3-4 存货档案界面

3. 在"增加存货档案"窗口,输入案例表3-3-4存货档案,单击"保存"或者"保存并新增"即可,如图3-3-5所示。

财人微语

"三军可夺帅也,匹夫不可夺志也。" ——《论语·子罕》

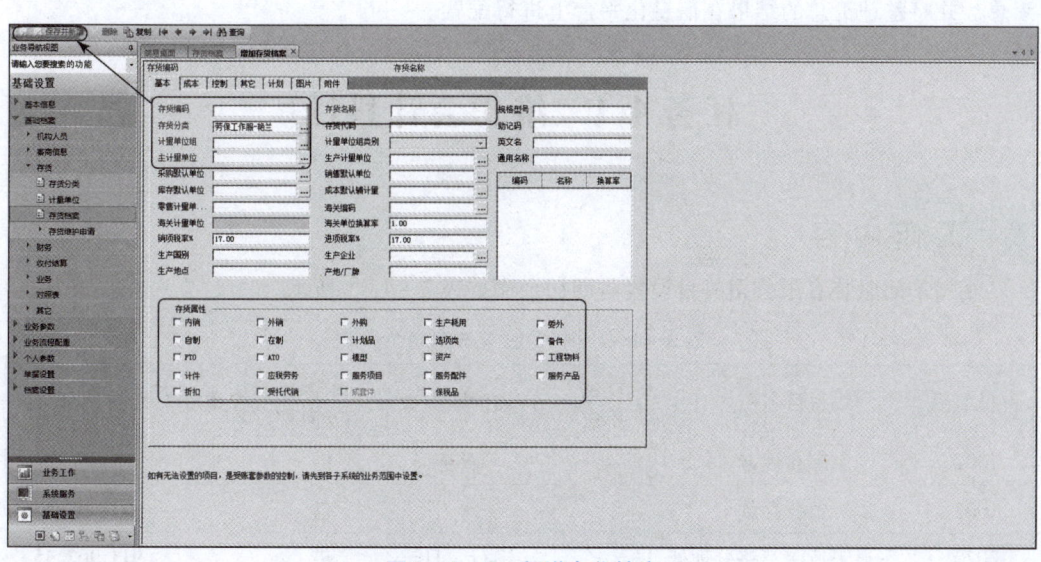

图3-3-5 新增存货档案

工作任务4 维护财务档案

职业知识目标

通过学习，学员能了解信息化平台基础档案维护的主要内容；
通过学习，学员能掌握基础档案维护的技巧和方法。

职业技能目标

通过训练，学员能依据企业情况在信息化平台企业门户基础设置的基础档案中完成会计科目维护、指定会计科目维护、凭证类别维护、项目目录维护等操作；
通过训练，学员具备独立维护企业基础档案的能力，达到胜任基于信息化平台账套主管或财务主管职责的目标。

职业素养目标

通过学习和训练，学员具备规范意识和规范化管理意识；
通过学习和训练，学员具备坚持准则、提高技能的会计职业道德；
通过学习和训练，学员具备执着专注、一丝不苟的工匠精神。

工作情景

九州华问服装有限公司于2021年12月1日启用业财一体信息化平台，对公司的资金流、信息流、物流进行信息化建设，集成业务数据、财务数据、税务数据，实现业财税一体化管理。

公司在信息化平台上已经成功启用总账、固定资产、薪资管理、应收管理、应付管理、销售管理、采购管理、存货管理、库存管理模块。各模块均于2021年12月1日启用。

总经理带领的内部信息化实施团队开始逐一和各部门的业务主管沟通基础档案的整理

汇总，并将整理汇总的结果在信息化平台上进行配置。

任务4.1 维护会计科目

工作内容

九州华问服装有限公司科目设置与期初余额如表3－4－1所示。

表3－4－1 科目设置与期初余额表

科目编码	科目名称	计量单位	辅助账类型	余额方向	受控系统	期初余额/元
1001	库存现金		日记	借		30 000.00
1002	银行存款			借		911 907.45
100201	华夏银行南京路分理处		银行、日记	借		911 907.45
1122	应收账款		客户往来	借	应收系统	344 750.00
1221	其他应收款			借		1 000.00
122101	应收个人		个人往来	借		1 000.00
1405	库存商品			借		223 508.61
140501	劳保工作服	件	项目核算	借		68 455.16
140502	户外运动衫	件	项目核算	借		1 624.14
140503	文化衫	件	项目核算	借		1 551.72
140504	加厚军大衣	件	项目核算	借		5 560.35
140505	西服男套装	件	项目核算	借		47 241.38
140506	西服女套装	件	项目核算	借		64 551.73
140507	女衬衫	件	项目核算	借		44 524.13
1409	受托代销商品			借		
1601	固定资产			借		161 100.00
1602	累计折旧			贷		38 261.28
2202	应付账款		供应商往来	贷	应付系统	152 311.00
2203	预收账款		客户往来	贷	应收系统	
2204	受托代销商品款			贷		
2211	应付职工薪酬			贷		91 206.15
221101	工资奖金			贷		70 971.91
221102	社会保险费			贷		16 854.24
22110201	基本养老保险			贷		11 388.00
22110202	基本医疗保险			贷		3 416.40

续表

科目编码	科目名称	计量单位	辅助账类型	余额方向	受控系统	期初余额/元
22110203	失业保险			贷		1 138.80
22110204	工伤保险			贷		455.52
22110205	生育保险			贷		455.52
221103	住房公积金			贷		3 380.00
221104	职工福利费			贷		—
2221	应交税费			贷		10 742.58
222101	应交增值税			贷		—
22210101	进项税额			贷		-422 117.24
22210102	销项税额			贷		431 382.20
22210103	转出未交增值税			贷		-9 264.96
222102	未交增值税			贷		9 264.96
222103	应缴城市维护建设税			贷		648.55
222104	教育附加			贷		277.95
222105	地方教育附加			贷		185.30
222106	应交个人所得税			贷		365.82
222107	应交企业所得税			贷		—
2241	其他应付款			贷		9 643.40
224101	应付代扣个人三险一金			贷		9 643.40
22410101	个人应交养老保险			贷		4 555.20
22410102	个人应交医疗保险			贷		1 138.80
22410103	个人应交失业保险			贷		569.40
22410104	个人应交住房公积金			贷		3 380.00
4001	实收资本			贷		1 000 000.00
400101	华问集团有限公司			贷		1 000 000.00
4103	本年利润			贷		380 101.65
4101	盈余公积			贷		
410101	法定盈余公积			贷		
410102	任意盈余公积			贷		
4104	利润分配			贷		
410401	未分配利润			贷		
410402	提取法定盈余公积			贷		
410403	提取任意盈余公积			贷		

续表

科目编码	科目名称	计量单位	辅助账类型	余额方向	受控系统	期初余额/元
6001	主营业务收入		部门核算	贷		
6115	资产处置收益			贷		
6401	主营业务成本		部门核算	借		
6601	销售费用			借		
660101	人工成本		部门核算	借		
660102	水电费		部门核算	借		
660103	电话费		部门核算	借		
660104	福利费		部门核算	借		
660105	差旅费		部门核算	借		
660106	折旧		部门核算	借		
660107	租金		部门核算	借		
660108	运杂费		部门核算	借		
660109	车辆费		部门核算	借		
660110	低耗品		部门核算	借		
660111	业务宣传费		部门核算	借		
660112	其他费用		部门核算	借		
6602	管理费用			借		
660201	人工成本			借		
660202	水电费			借		
660203	电话费			借		
660204	福利费			借		
660205	差旅费			借		
660206	折旧			借		
660207	租金			借		
660208	办公费			借		
660209	招待费			借		
660210	其他费用			借		
6603	财务费用			借		
660301	手续费			借		
660302	利息收入			借		
6801	所得税费			借		

工作要求

在企业应用平台的基础档案中完成会计科目维护。

工作流程

1. 增加:"基础设置"—"基础档案"—"财务"—"会计科目";
2. 修改:"基础设置"—"基础档案"—"财务"—"会计科目"。

工作岗位

账套主管(001 李佳华)。

工作时间

2021-12-01。

操作规范

步骤一:增加

1. 以"001"身份于"2021-12-01"登录企业应用平台。
2. 双击执行"基础设置"—"基础档案"—"财务"—"会计科目"命令,打开"会计科目"窗口。

可先选中(适用增加明细科目)或不选(适用增加一级科目)需增加明细科目的一级科目,再单击工具栏的"增加"按钮,打开"新增会计科目"编辑界面,根据案例表3-4-1依序新增会计科目,单击"确定"以保存,如图3-4-1所示。

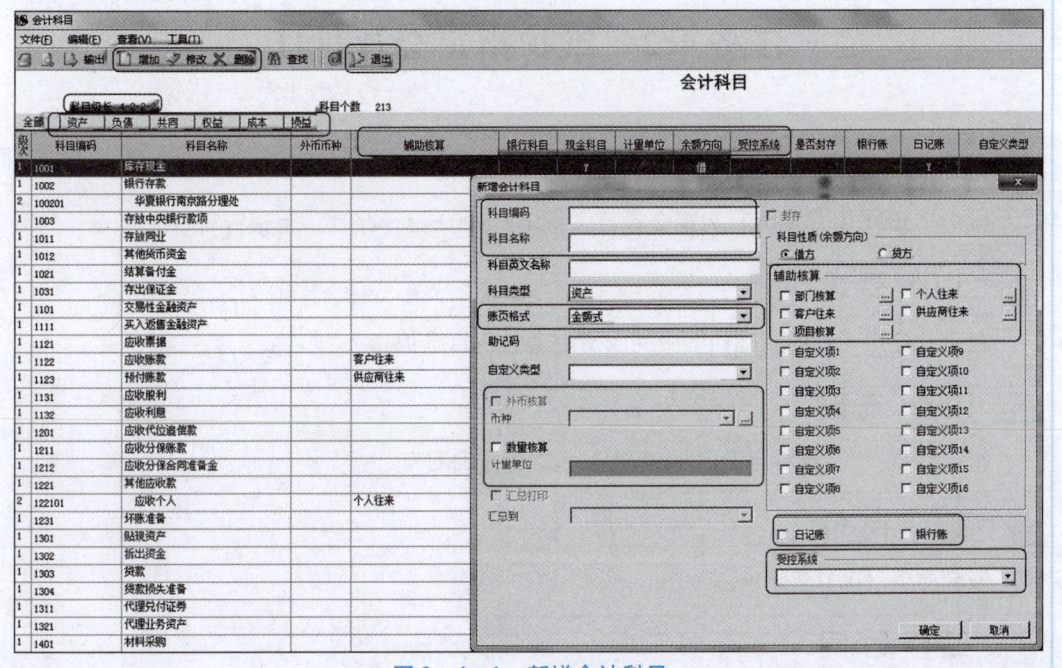

图3-4-1 新增会计科目

步骤二：修改

1. 在"会计科目"窗口，选中需要修改的会计科目，左键双击被选科目或单击工具栏的"修改"按钮，打开"会计科目_修改"界面。

2. 单击"会计科目修改"界面右下方的"修改"按钮即可进行修改，修改完成后单击右下方的"确定"按钮即可，如图3-4-2所示。

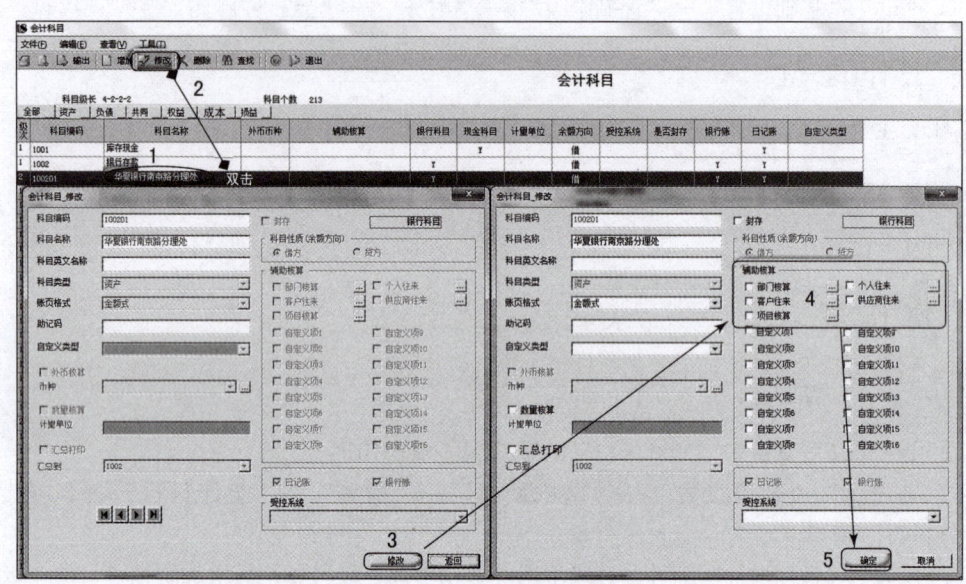

图3-4-2 修改会计科目

任务4.2 维护指定会计科目

工作内容

指定"1001 库存现金"为现金科目，指定"1002 银行存款"为银行科目。

工作要求

在企业应用平台的基础档案中完成指定会计科目维护。

工作流程

指定科目："会计科目"—"编辑"—"指定科目"。

工作岗位

账套主管（001 李佳华）。

工作时间

2021-12-01。

操作规范

1. 双击执行"基础设置"—"基础档案"—"财务"—"会计科目"命令,打开"会计科目"窗口。

2. 在"会计科目"窗口,单击执行"编辑"—"指定科目"命令,打开"指定科目"窗口。

3. 在"指定科目"窗口,选中"现金科目",从"待选科目"框中选中"1001 库存现金",单击" > "按钮移入"已选科目"框。

在"指定科目"窗口,选中"银行科目",从"待选科目"框中选中"1002 银行存款",单击" > "按钮移入"已选科目"框。

4. 维护结束后单击"指定科目"窗口右下方的"确定"按钮,然后单击"退出"按钮即可,如图 3-4-3 所示。

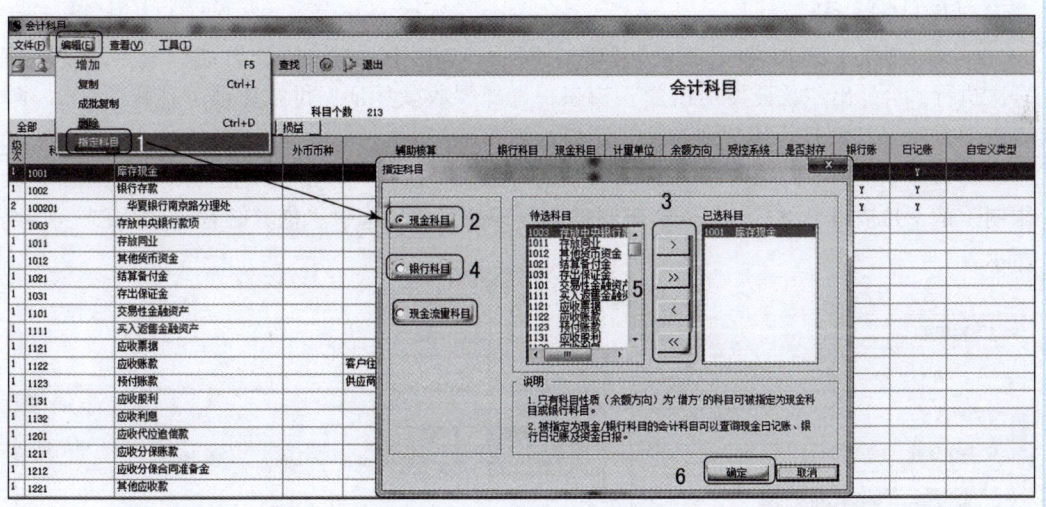

图 3-4-3　指定会计科目

任务4.3　维护凭证类别

工作内容

九州华问服装有限公司凭证类别信息如表 3-4-2 所示。

表 3-4-2　凭证类别信息表

类别字	类别名称	限制类型	限制科目
收	收款凭证	借方必有	1001,1002
付	付款凭证	贷方必有	1001,1002
转	转账凭证	凭证必无	1001,1002

业财一体化设计与应用

工作要求

在企业应用平台的基础档案中完成凭证类别维护。

工作流程

凭证类别:"财务"—"凭证类别"。

工作岗位

账套主管（001 李佳华）。

工作时间

2021-12-01。

操作规范

1. 双击执行"基础设置"—"基础档案"—"财务"—"凭证类别"命令，如果第一次执行，会弹出"凭证类别预置"窗口，选择"收款凭证、付款凭证、转账凭证"，再单击"确定"按钮打开"凭证类别"窗口，如图3-4-4所示。

2. 在"凭证类别"窗口，单击工具栏的"修改"按钮，单击收款凭证限制类型的"无限制"的下拉按钮"▼"，打开"限制类型"下拉菜单，选中"借方必有"，如图3-4-5所示。

图3-4-4 凭证类别预置

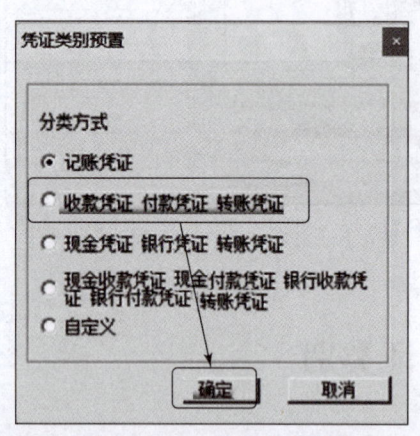

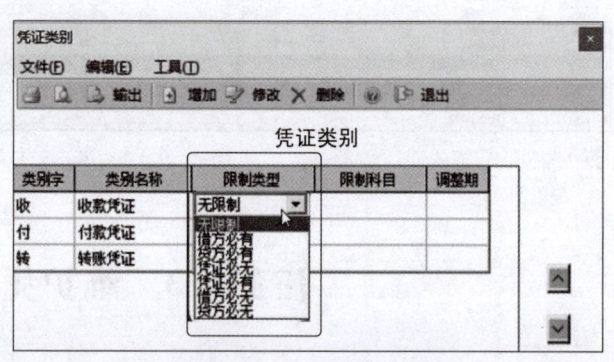

图3-4-5 设置限制类型

3. 在"凭证类别"窗口，双击收款凭证的限制科目列，单击查询按钮"..."，打开"科目参照"窗口，选择"1001"，单击"确定"按钮返回"凭证类别"窗口，再单击查询按钮"..."，打开"科目参照"窗口，选择"1002"，单击"确定"按钮返回"凭证类别"窗口，如图3-4-6所示。

4. 在"凭证类别"窗口，付款凭证的限制类型选择"贷方必有"，将收款凭证的限制科目"1001""1002"复制并粘贴到付款凭证的"限制科目"中。转账凭证的限制类型选择"凭证必无"，将收款凭证的限制科目"1001""1002"复制并粘贴到转账凭证的"限制科目"中，维护结束后单击"退出"按钮即可。

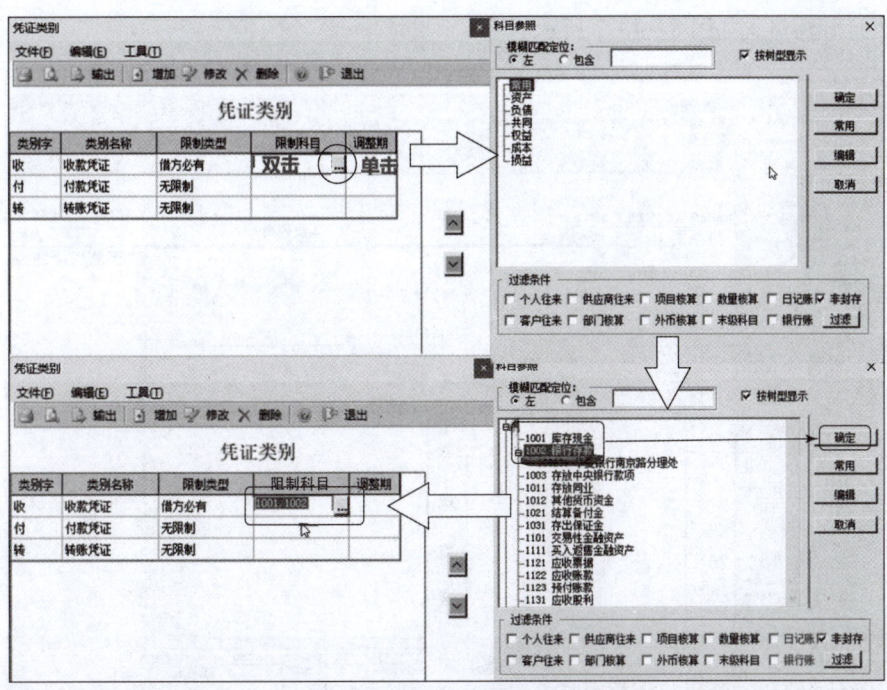

图 3-4-6 设置限制科目

任务4.4 维护项目目录

工作内容

九州华问服装有限公司对存货采用项目核算管理,由于本案例启用了存货核算系统,项目目录直接选择存货档案中已定义的存货目录作为项目进行核算管理。

工作要求

在企业应用平台的基础档案中完成项目目录维护。

工作流程

项目目录:"财务"—"项目目录"。

工作岗位

账套主管(001 李佳华)。

工作时间

2021-12-01。

操作规范

1. 双击执行"基础设置"—"基础档案"—"财务"—"项目目录"命令,打开

"项目档案"窗口，如图3-4-7所示。

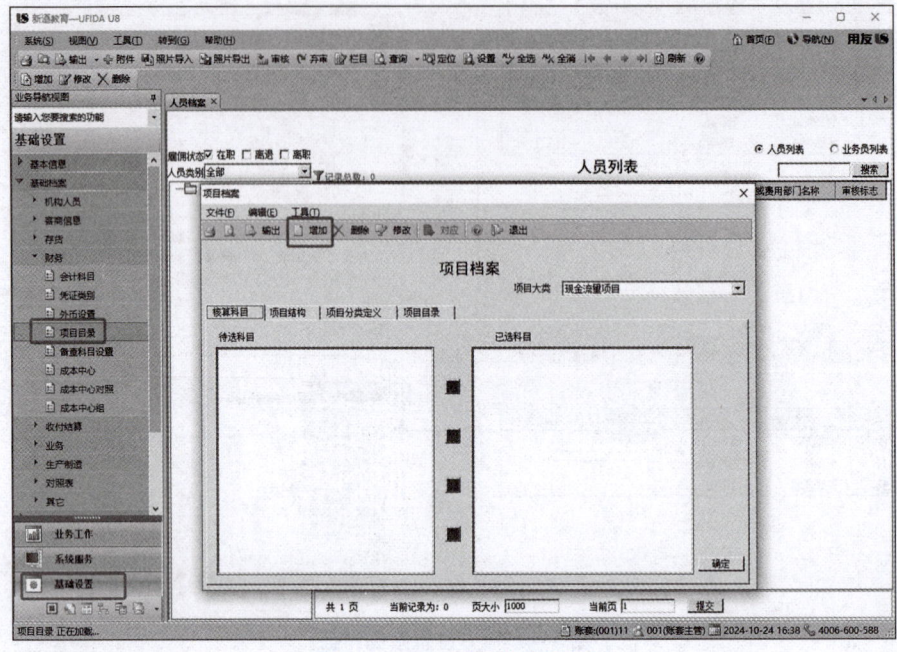

图3-4-7 项目档案界面

2. 新增项目大类：在"项目档案"窗口，单击"增加"按钮，打开"项目大类定义_增加"窗口，如图3-4-8所示。

项目大类名称：本案例由于启用了存货核算系统，故直接选择"使用存货目录定义项目"，则新项目大类名称出现"存货核算"，单击"完成"。

定义项目级次：默认设置，单击"下一步"。

定义项目栏目：默认设置，单击"完成"。

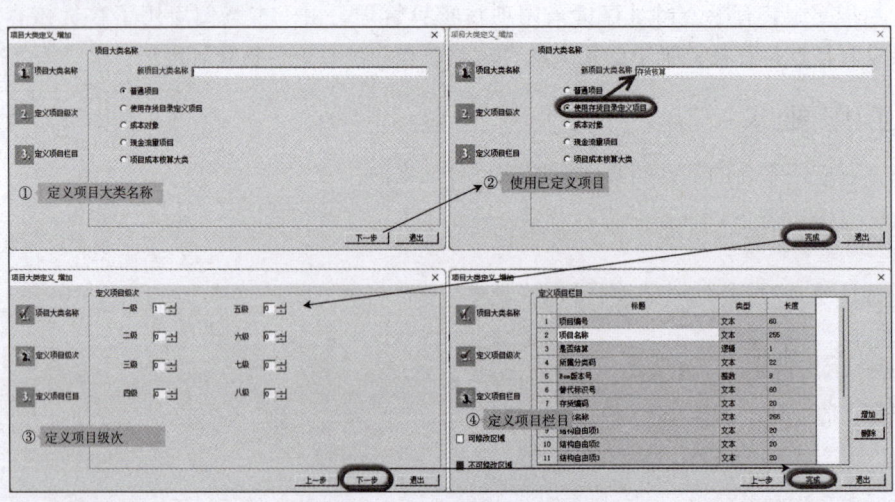

图3-4-8 新增项目大类

3. 设置核算科目：回到"项目档案"窗口，从"项目大类"下拉框中选择要设置核算科目的项目名称，单击"核算科目"页签，从"待选科目"中选择该项目需要的核算科目，移至"已选科目"，单击右下方的"确定"按钮保存设置，如图3-4-9所示。

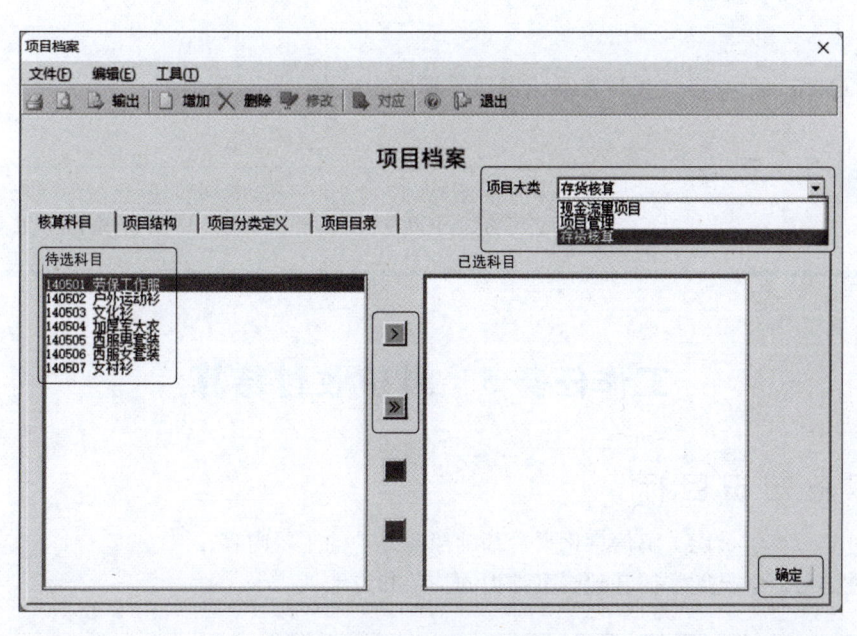

图 3-4-9 设置核算科目

4. 设置项目结构：单击"项目结构"页签，默认设置。
5. 项目分类定义：单击"项目分类定义"页签，本案例不需增加，默认设置。

如果是自定义项目大类，则选中左侧框的项目大类名称，单击右下方的"增加"按钮，在分类编码和分类名称分别输入相关内容，单击右下方的"确定"按钮即可，注意：分类编码必须符合项目编码规则，如图 3-4-10 所示。

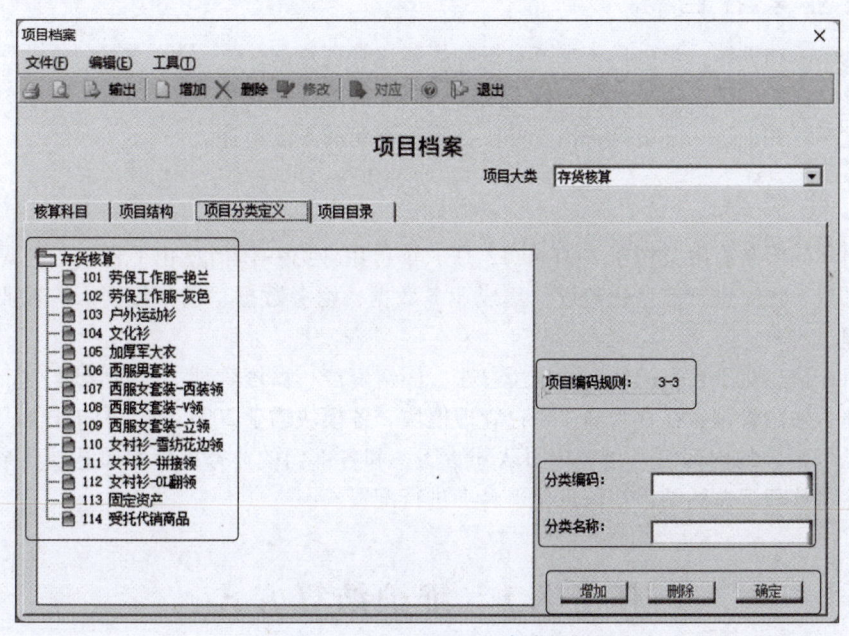

图 3-4-10 项目分类定义

6. 项目目录维护：单击"项目目录"页签，本案例不需维护，默认设置。

如果是自定义项目大类，则单击"维护"按钮，打开"项目目录维护"窗口，单击"项目目录维护"窗口工具栏的"增加"按钮，在新增的空白编辑栏输入相关资料，单击

"退出"。

7. 维护结束后单击"项目档案"窗口工具栏的"退出"按钮即可。

财人微语

"君子固穷，小人穷斯滥矣。" ——《论语·卫灵公》

工作任务 5　维护收付结算

职业知识目标

通过学习，学员能了解信息化平台基础档案维护的主要内容；

通过学习，学员能掌握基础档案维护的技巧和方法。

职业技能目标

通过训练，学员能依据企业情况在信息化平台企业门户基础设置的基础档案中完成结算方式维护、付款条件维护、开户银行维护等操作；

通过训练，学员具备独立维护企业基础档案的能力，达到胜任基于信息化平台账套主管或财务主管职责的目标。

职业素养目标

通过学习和训练，学员具备规范意识和规范化管理意识；

通过学习和训练，学员具备坚持准则、提高技能的会计职业道德；

通过学习和训练，学员具备执着专注、一丝不苟的工匠精神。

工作情景

九州华问服装有限公司于 2021 年 12 月 1 日启用业财一体信息化平台，对公司的资金流、信息流、物流进行信息化建设，集成业务数据、财务数据、税务数据，实现业财税一体化管理。

公司在信息化平台上已经成功启用总账、固定资产、薪资管理、应收管理、应付管理、销售管理、采购管理、存货管理、库存管理模块。各模块均于 2021 年 12 月 1 日启用。

总经理带领的内部信息化实施团队开始逐一和各部门的业务主管沟通基础档案的整理汇总，并将整理汇总的结果在信息化平台上进行配置。

任务 5.1　维护结算方式

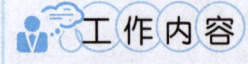

工作内容

九州华问服装有限公司结算方式档案如表 3-5-1 所示。

表3-5-1　结算方式档案表

结算方式编码	结算方式名称	是否票据管理	结算方式编码	结算方式名称	是否票据管理
01	现金	否	05	支付宝	否
02	现金支票	是	06	银行承兑汇票	是
03	转账支票	是	07	商业承兑汇票	是
04	网银转账	否	08	其他	否

工作要求

在企业应用平台的基础档案中完成结算方式维护。

工作流程

结算方式："收付结算"—"结算方式"。

工作岗位

账套主管（001 李佳华）。

工作时间

2021-12-01。

操作规范

1. 以"001"身份于"2021-12-01"登录企业应用平台。

2. 双击执行"基础设置"—"基础档案"—"收付结算"—"结算方式"命令，打开"结算方式"窗口。

3. 单击"增加"按钮，右边输入结算方式编码和结算方式名称并选择"是否票据管理"。

单击"保存"按钮，便可将本次增加的内容保存，并在左边部分的树形结构中添加和显示，如图3-5-1所示。

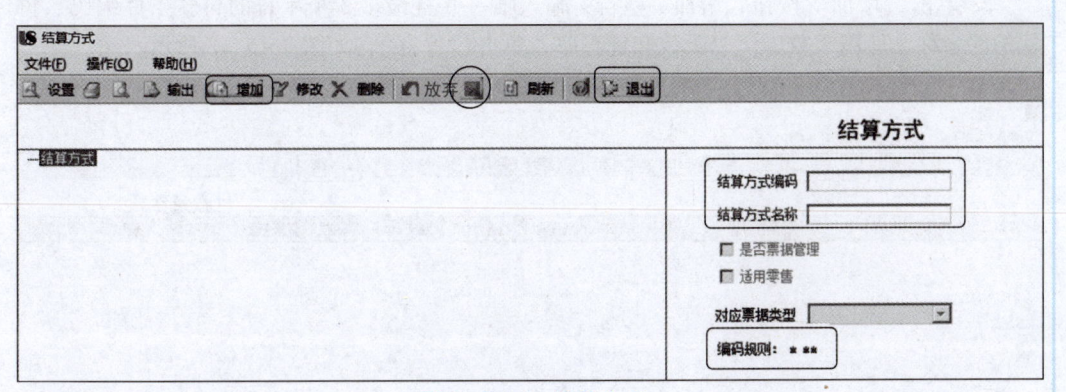

图3-5-1　结算方式

4. 维护结束后单击工具栏的"退出"按钮。

任务5.2 维护付款条件

工作内容

九州华问服装有限公司付款条件档案如表3-5-2所示。

表3-5-2 付款条件档案表

付款条件编码	付款条件名称	信用天数	优惠天数1	优惠率1	优惠天数2	优惠率2
01	2/10, n/30	30	10	2	30	0

备注：本案例的零售、电商客户采取"现款现货、款到发货"的原则，分销客户采取"月结"的原则，本月货款必须在次月月末前结清。

工作要求

在企业应用平台的基础档案中完成付款条件维护。

工作流程

付款条件："收付结算"—"付款条件"。

工作岗位

账套主管（001 李佳华）。

工作时间

2021-12-01。

操作规范

1. 双击执行"基础设置"—"基础档案"—"收付结算"—"付款条件"命令，打开"付款条件"窗口。

2. 单击"增加"按钮，增加一空行，输入唯一并且最多3个字符的付款条件编码、付款条件名称、信用天数、优惠天数和优惠率，单击"保存"，如图3-5-2所示。

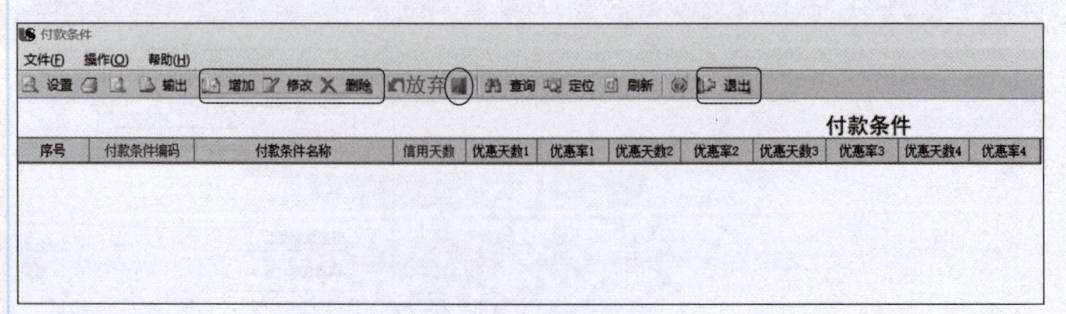

图3-5-2 付款条件

3. 维护结束后单击"退出"按钮。

任务5.3 维护开户银行

工作内容

九州华问服装有限公司开户银行信息如表3-5-3所示。

表3-5-3 开户银行信息表

编码	银行账号	账户名称	开户银行	所属银行编码
01	428805919666227	九州华问服装有限公司	华夏银行南京分理处	00004

工作要求

在企业应用平台的基础档案中完成开户银行维护。

工作流程

开户银行:"收付结算"—"本单位开户银行"。

工作岗位

账套主管（001 李佳华）。

工作时间

2021-12-01。

操作规范

1. 双击执行"基础设置"—"基础档案"—"收付结算"—"本单位开户银行"命令，打开"本单位开户银行"窗口。

2. 单击"增加"按钮，弹出"增加本单位开户银行"窗口，根据案例资料依次输入，单击"保存"按钮，完成后单击"退出"按钮，如图3-5-3所示。

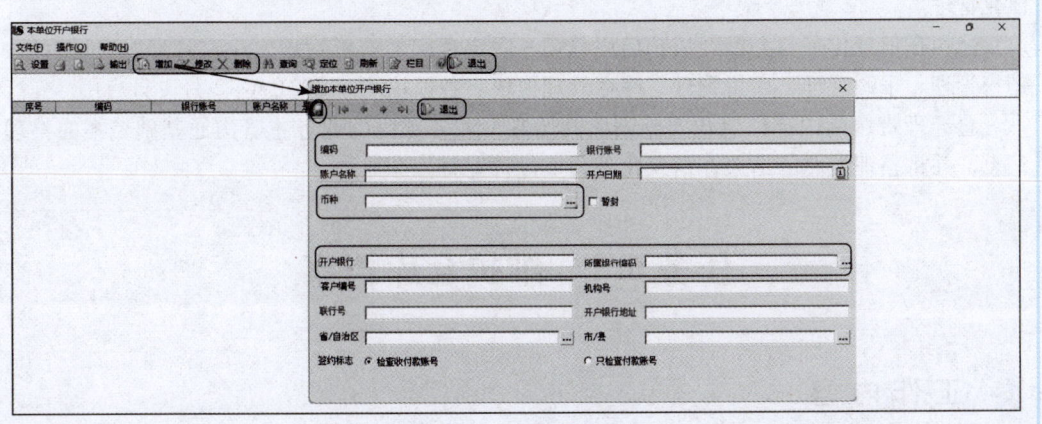

图3-5-3 开户银行

3. 维护结束后单击"退出"按钮。

> **财人微语**
>
> "富贵不能淫，贫贱不能移，威武不能屈，此之谓大丈夫。"
>
> ——《孟子·滕文公下》

工作任务 6　维护业务档案

职业知识目标

通过学习，学员能了解信息化平台基础档案维护的主要内容；
通过学习，学员能掌握基础档案维护的技巧和方法。

职业技能目标

通过训练，学员能依据企业情况在信息化平台企业门户基础设置的基础档案中完成仓库档案维护、收发类别维护、采购类型和销售类型维护、单据格式维护等操作；
通过训练，学员具备独立维护企业基础档案的能力，达到胜任基于信息化平台账套主管或财务主管职责的目标。

职业素养目标

通过学习和训练，学员具备规范意识和规范化管理意识；
通过学习和训练，学员具备坚持准则、提高技能的会计职业道德；
通过学习和训练，学员具备执着专注、一丝不苟的工匠精神。

工作情景

九州华问服装有限公司于 2021 年 12 月 1 日启用业财一体信息化平台，对公司的资金流、信息流、物流进行信息化建设，集成业务数据、财务数据、税务数据，实现业财税一体化管理。

公司在信息化平台上已经成功启用总账、固定资产、薪资管理、应收管理、应付管理、销售管理、采购管理、存货管理、库存管理模块。各模块均于 2021 年 12 月 1 日启用。

总经理带领的内部信息化实施团队开始逐一和各部门的业务主管沟通基础档案的整理汇总，并将整理汇总的结果在信息化平台上进行配置。

任务 6.1　维护仓库档案

工作内容

九州华问服装有限公司仓库档案如表 3-6-1 所示。

表 3－6－1　仓库档案表

编码	仓库名称	计价方式	仓库属性	计入成本	纳入可用量计算	MRP、ROP	资产仓
01	总仓	全月平均法	普通仓	是	是	否、否	
02	分仓1店	全月平均法	普通仓	是	是	否、否	
03	分仓2店	全月平均法	普通仓	是	是	否、否	
04	综合仓	全月平均法	普通仓	否	是	否、否	是

工作要求

在企业应用平台的基础档案中完成仓库档案维护。

工作流程

仓库档案："业务"—"仓库档案"。

工作岗位

账套主管（001 李佳华）。

工作时间

2021－12－01。

操作规范

1. 以"001"身份于"2021－12－01"登录企业应用平台。

2. 双击执行"基础档案"—"业务"—"仓库档案"命令，打开"仓库档案"窗口，单击工具栏的"增加"按钮，打开"增加仓库档案"窗口。

3. 根据案例表 3－6－1 按栏目说明输入相关内容后，单击"保存"按钮即可，如图 3－6－1 所示。

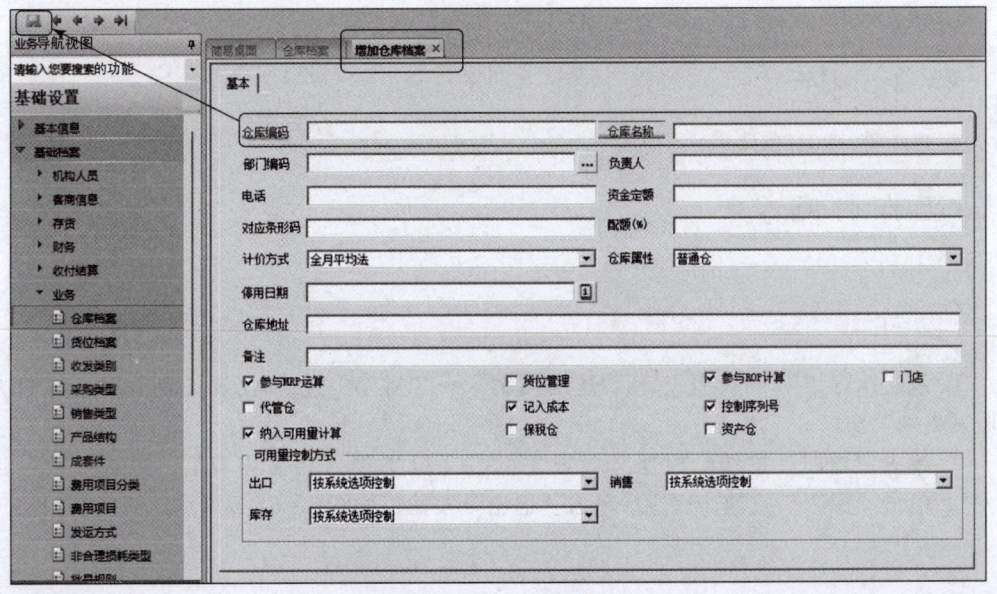

图 3－6－1　仓库档案

4. 维护结束后单击"退出"按钮。

任务6.2 维护收发类别

工作内容

九州华问服装有限公司仓库收发类别档案如表3-6-2所示。

表3-6-2 收发类别档案表

编码	收发类别名称	收发类别标志	编码	收发类别名称	收发类别标志
1	正常入库	收	3	正常出库	发
101	采购入库		301	销售出库	
102	采购退货		302	销售退货	
103	调拨入库		303	调拨出库	
104	其他入库		304	其他出库	
2	非正常入库		4	非正常出库	
201	盘盈入库		401	盘亏出库	
202	其他入库		402	其他出库	

工作要求

在企业应用平台的基础档案中完成收发类别档案维护。

工作流程

收发类别:"业务"—"收发类别"。

工作岗位

账套主管(001 李佳华)。

工作时间

2021-12-01。

操作规范

1. 双击执行"基础设置"—"基础档案"—"业务"—"收发类别"命令,打开"收发类别"窗口。

2. 单击"增加"按钮,根据案例表3-6-2分别输入相关内容后,单选"收"或"发",单击"保存"按钮,完成后单击"退出"按钮,如图3-6-2所示。

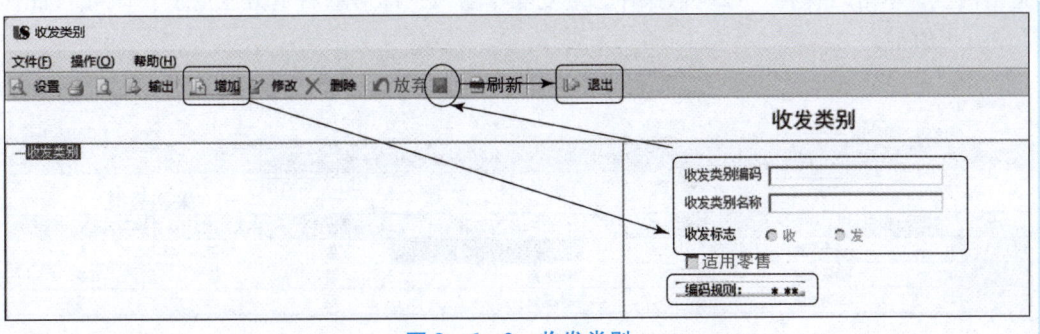

图 3-6-2　收发类别

任务6.3　维护采购类型

工作内容

九州华问服装有限公司仓库采购类型信息如表3-6-3所示。

表 3-6-3　采购类型信息表

编码	采购类型名称	入库类别
01	普通采购	101
02	受托代销	104
03	采购退回	102

工作要求

在企业应用平台的基础档案中完成采购类型维护。

工作流程

采购类型："业务"—"采购类型"。

工作岗位

账套主管（001 李佳华）。

工作时间

2021-12-01。

操作规范

1. 双击执行"基础设置"—"基础档案"—"业务"—"采购类型"命令，打开"采购类型"窗口。

2. 单击"增加"按钮，屏幕上出现一空白行，根据案例表3-6-3在相应栏目中输入适当内容,单击"保存"以确认保存,重复操作输入全部信息后单击"退出"即可,如图 3-6-3 所示。

图 3-6-3 采购类型

任务 6.4 维护销售类型

工作内容

九州华问服装有限公司仓库销售类型信息如表 3-6-4 所示。

表 3-6-4 销售类型信息表

编码	销售类型名称	出库类别
01	普通销售	301
02	委托代销	304
03	销售退回	302

工作要求

在企业应用平台的基础档案中完成销售类型维护。

工作流程

销售类型:"业务"—"销售类型"。

工作岗位

账套主管(001 李佳华)。

工作时间

2021-12-01。

操作规范

1. 双击执行"基础设置"—"基础档案"—"业务"—"销售类型"命令,打开"销售类型"窗口。

2. 单击"增加"按钮,屏幕上出现一空白行,根据案例表 3-6-4 在相应栏目中输入适当内容,单击"保存"以确认保存,重复操作输入全部信息后单击"退出"即可,如图 3-6-4 所示。

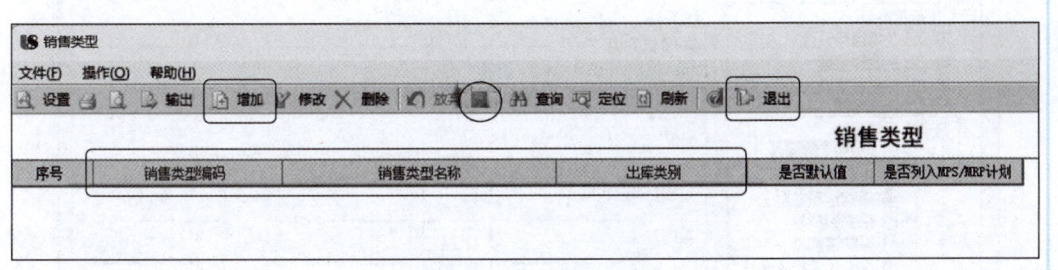

图 3-6-4 销售类型

任务6.5 维护单据格式

工作内容

将采购专用发票、销售专用发票和销售普通发票的单据编号设置修改为"手工改动,重号时自动重取"。

工作要求

在企业应用平台的基础档案中完成单据格式维护。

工作流程

单据设置:"基础设置"—"单据设置"—"单据编号设置"。

工作岗位

账套主管(001 李佳华)。

工作时间

2021-12-01。

操作规范

1. 双击执行"基础设置"—"单据设置"—"单据编号设置"命令,打开"单据编号设置"窗口。

2. 在左边目录区选择要修改的单据,单击"修改"按钮,激活修改状态,如图 3-6-5 所示。

3. 在激活修改状态,勾选"详细信息"下的"手工改动,重号时自动重取",单击"保存"按钮确认,单击"退出"按钮即可,如图 3-6-6 所示。

业财一体化设计与应用

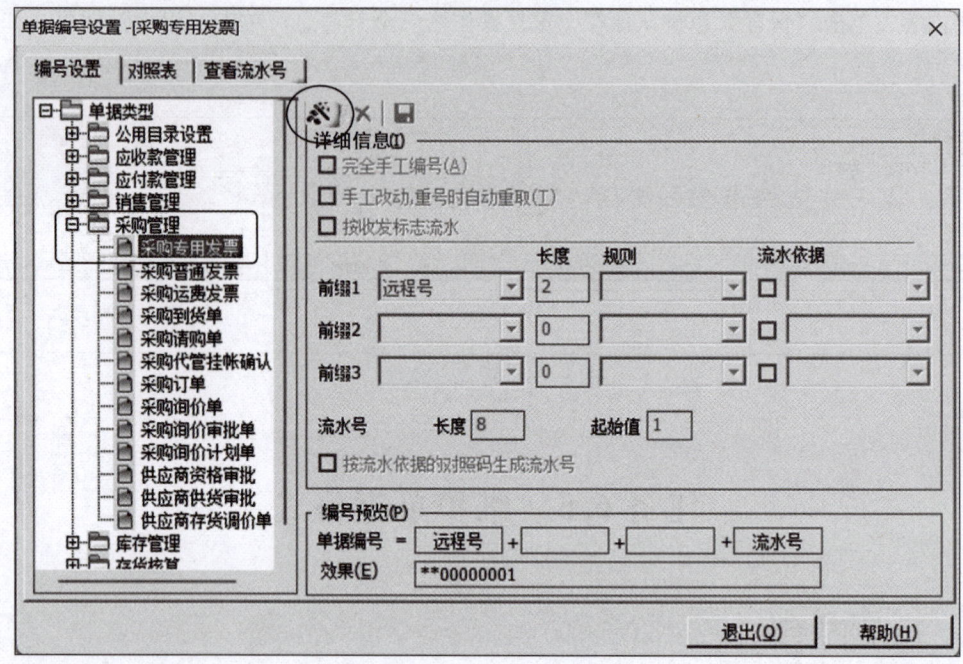

图3-6-5 修改单据编号

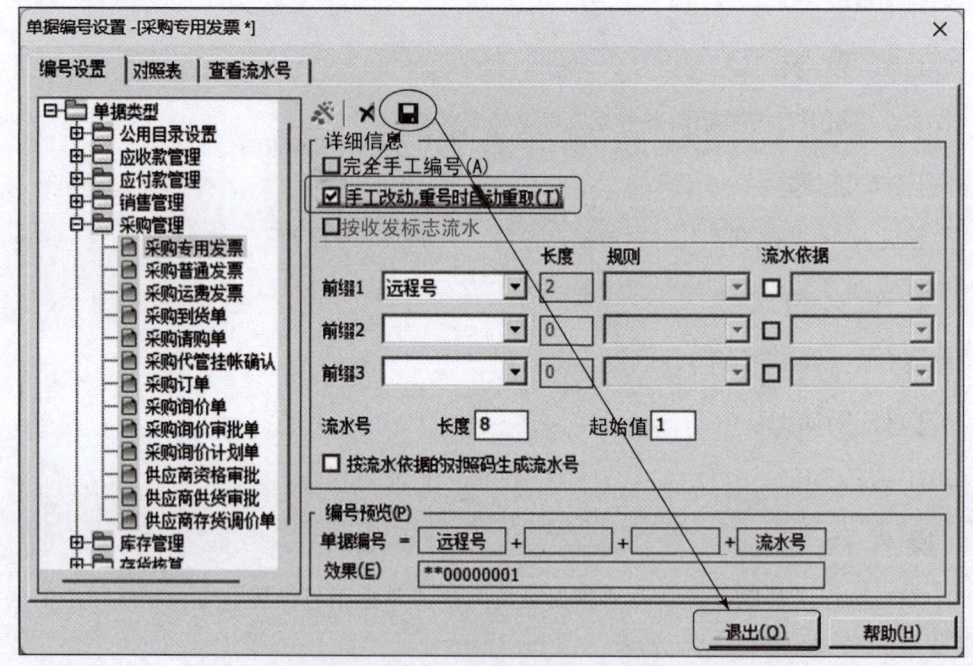

图3-6-6 保存单据编号设置修改

财人微语

"道不同，不相为谋。" ——《论语·卫灵公》

工作任务7 维护数据权限

职业知识目标

通过学习，学员能了解信息化平台基础档案维护的主要内容；

通过学习，学员能掌握基础档案维护的技巧和方法。

职业技能目标

通过训练，学员能依据企业情况在信息化平台企业门户基础设置的基础档案中完成数据权限设置和分配操作；

通过训练，学员具备独立维护企业基础档案的能力，达到胜任基于信息化平台账套主管或财务主管职责的目标。

职业素养目标

通过学习和训练，学员具备规范意识和规范化管理意识；

通过学习和训练，学员具备坚持准则、提高技能的会计职业道德；

通过学习和训练，学员具备执着专注、一丝不苟的工匠精神。

工作情景

九州华问服装有限公司于2021年12月1日启用业财一体信息化平台，对公司的资金流、信息流、物流进行信息化建设，集成业务数据、财务数据、税务数据，实现业财税一体化管理。

公司在信息化平台上已经成功启用总账、固定资产、薪资管理、应收管理、应付管理、销售管理、采购管理、存货管理、库存管理模块。各模块均于2021年12月1日启用。

总经理带领的内部信息化实施团队开始逐一和各部门的业务主管沟通基础档案的整理汇总，并将整理汇总的结果在信息化平台上进行配置。

任务7.1 设置和分配数据权限

工作内容

给彭佳、孙红分配"工资类别主管"数据权限。

工作要求

在企业应用平台的系统服务中完成数据权限分配维护。

工作流程

数据权限分配："系统服务"—"权限"—"数据权限分配"。

工作岗位

账套主管（001 李佳华）。

工作时间

2021-12-01。

操作规范

1. 双击执行"系统服务"—"权限"—"数据权限分配"命令,打开"权限浏览"窗口;

2. 在"用户及角色"区选中"003 彭佳",在"记录"页面的"业务对象"的下拉菜单中选择"工资权限";

3. 单击工具栏的"修改"按钮,出现工资权限的相关内容;

4. 勾选"工资类别主管",单击工具栏的"保存"按钮,弹出"保存成功,重新登陆门户,此配置才能生效!"提示,单击"确定"即可,如图 3-7-1 所示。

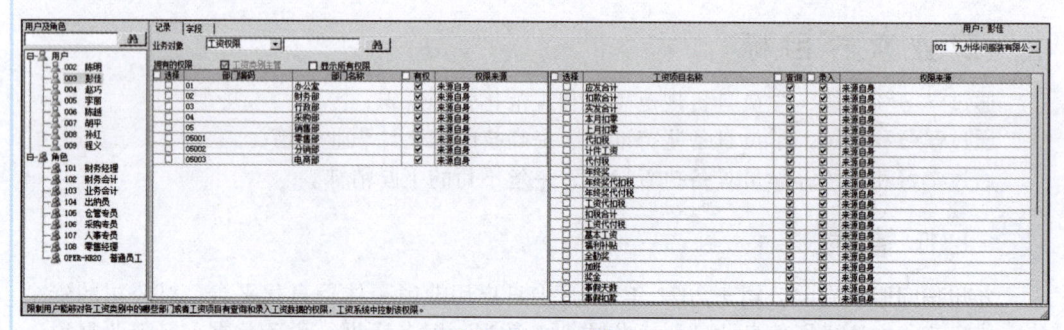

图 3-7-1 保存

5. "008 孙红"执行跟前面相同的操作,此处不再赘述。

项目评价

项目名称				评价时间	
学生姓名		项目类型	理论/理实一体/实操/其他_____		
实现方式	实操/讨论/合作/其他_____	项目成果	作品/报告/方案/其他_____		
项目任务	项目目标	项目评价			
		优点	缺点	建议	
1. 维护机构人员档案	根据工作内容在企业应用平台中分别完成部门档案、人员类别与人员档案等的维护				
2. 维护客商档案	根据工作内容在企业应用平台中分别完成地区分类、供应商分类、供应商档案、客户分类与客户档案等的维护				

续表

项目任务	项目目标	项目评价		
		优点	缺点	建议
3. 维护存货档案	根据工作内容在企业应用平台中分别完成存货分类、计量单位与存货档案等的维护			
4. 维护财务档案	根据工作内容在企业应用平台中分别完成会计科目、指定会计科目、凭证类别与项目目录等的维护			
5. 维护收付结算	根据工作内容在企业应用平台中分别完成结算方式、付款条件与开户银行等的维护			
6. 维护购销存基础档案	根据工作内容在企业应用平台中分别完成仓库档案、收发类别、采购类型、销售类型与单据格式等的维护			
7. 维护数据权限	根据工作内容在企业应用平台中完成数据权限分配的维护			

个人评价：

总结与展望：

工作领域小结

本工作领域深耕于案例企业基础档案体系的系统化构筑与精心维护，致力于通过极致的精细化管理策略与持续优化手段，为企业日常运营的稳健推进与长远战略规划铺设坚实的数据基石。通过深度介入机构人员、客商关系、存货管理、财务记录、收付结算、业务流程规范及数据权限控制等核心档案管理环节，不仅确保了信息资产的准确无误、全面完整与即时更新，还极大地促进了企业内部信息的无缝流通与高效共享，从而显著提升了整体运营效率与决策效能。

本领域工作聚焦于已完成初始财务建账的案例企业，依托企业应用平台，精准执行基础档案体系的维护与升级任务。在机构与人员档案管理上，强化了组织架构的透明度与人员信息的精确度，为企业人力资源管理决策提供了坚实的数据支撑。客商关系档案的精心构建，加深了企业与供应链伙伴间的信任与合作，进一步优化了供应链管理的效率与品质。存货档案的细致入微管理，则成了企业精准库存控制与成本核算不可或缺的信赖依据。

　　财务档案作为记录企业经济命脉的关键载体，实施了严格的维护与管理流程，确保了会计信息的真实性、完整性与合规性，为企业的财务健康保驾护航。收付结算档案的全面完善，构筑了企业资金流动的安全屏障与高效结算的绿色通道。业务档案的标准化管理，则引领企业各项业务流程迈向标准化、高效化的新高度，促进了业务执行的顺畅与协同。

　　鉴于数据权限管理对于企业信息安全与合规运营的极端重要性，对此采取了严密的数据权限配置与分配机制，确保信息访问的合法合规与高度安全性，为企业构建了坚不可摧的信息安全防线。

　　综上所述，本工作领域通过全方位、深层次的基础档案维护实践，不仅极大地提升了企业的数据治理能力与运营效能，更为其可持续发展奠定了坚如磐石的基础，从而为企业创造更为显著的价值。

工作领域四

维护业财档案

本工作领域紧密围绕案例企业的核心需求，于既有财务系统建账框架之上，精心开展业财档案的综合维护与优化工作，旨在全面贴合并提升企业的运营效能与财务管理水平。此过程涵盖了业财模块的深度初始化配置及期初数据的精准录入两大核心环节。

业财平台档案维护是一项系统工程，它要求将企业的各类财务数据与业务资料，严格遵循业财平台的信息标准化原则，进行细致的收集、整理与汇总，在业财平台中有序、准确地录入与配置，以确保数据的完整性与一致性。

具体工作可细分为以下几个关键步骤：

（一）财务模块初始设置的精心维护

该步骤专注于财务链各模块的初始化配置与选项调优，包括但不限于总账管理模块的细致初始化与个性化选项设置，应收应付款管理模块的精准配置，固定资产管理模块的全面初始化，以及人力资源薪资管理模块的细致规划与调整，确保每一环节都能精准对接企业实际需求。

（二）业务模块初始设置的全面优化

该环节专注于业务（供应）链模块群的初始化设置与选项维护工作，覆盖了销售管理、采购管理、库存管理、存货核算等关键业务环节，通过精细化的配置，促进业务流程的顺畅与高效。

（三）财务模块期初数据的严谨维护

在财务链模块群的期初数据维护阶段，严格遵循会计准则，对总账、应收款、应付款、固定资产及薪资等模块的期初数据进行逐一核对与录入，确保数据的准确无误，为后续的财务分析与管理决策提供坚实的数据基础。

（四）业务模块期初数据的精确录入

在业务链模块群期初数据的处理上，采取严谨的态度，对销售管理、采购管理、库存管理及存货核算等模块的期初数据进行全面梳理与精确录入，确保业务数据的连续性与可追溯性。

业财期初数据的录入需遵循"资产＝负债＋所有者权益"的会计恒等式原则，以保障企业财务状况的稳健与透明。

通过上述一系列专业而细致的业财档案维护工作，致力于为企业打造一个高效、精准、可靠的财务管理与业务运营平台，助力企业实现可持续发展与价值最大化。

会计职业道德规范

坚持准则

严格执行准则制度，保证会计信息真实完整。

会计职业道德故事

介子推不言禄

【出处】

《左传·僖公二十四年》：晋侯赏从亡者，介之推不言禄，禄亦弗及。推曰："献公之子九人，唯君在矣。惠、怀无亲，外内弃之。天未绝晋，必将有主。主晋祀者，非君而谁？天实置之，而二三子以为己力，不亦诬乎？窃人之财，犹谓之盗，况贪天之功以为己力乎？下义其罪，上赏其奸。上下相蒙，难与处矣。"其母曰："盍亦求之？以死，谁怼？"对曰："尤而效之，罪又甚焉。且出怨言，不食其食。"其母曰："亦使知之，若何？"对曰："言，身之文也。身将隐，焉用文之？是求显也。"其母曰："能如是乎？与汝偕隐。"遂隐而死。

晋文公求之不获，以绵上为之田，曰："以志吾过，且旌善于。"

【概述】

春秋时期，晋文公重耳在流亡国外多年后，终于回国即位。他即位后，开始赏赐那些曾经跟随他流亡的人。然而，介子推却没有主动请求赏赐，晋文公也没有主动给他。介子推认为，晋文公能够成为国君，是天意和晋国民众的选择，而非他们这些跟随者个人的功劳。他反对那些将晋文公的成功归功于自己的人，认为这是贪天之功，是虚伪和欺骗。介子推的母亲曾劝他去找晋文公请求赏赐，但他认为这样做是错误的，并且会让自己陷入更深的罪责中。最终，介子推和他的母亲选择了隐居，直到去世也没有再出现。晋文公得知后，深感愧疚，便以绵上之地作为介子推的祭田，以此来纪念他的过错，并表彰他的高尚品德。

【思考】

介子推在面对名利诱惑时，坚守自己的原则和信念，不贪功、不邀赏。他的行为体现了"坚持准则"的规范，即无论外界环境如何变化，都始终保持自己的道德标准和行为准则。在当今社会，我们也应学习介子推的这种精神，不被名利迷惑，坚守自己的信仰和原则。

财人微语

"言必信，行必果。" ——《论语·子路》

工作任务1　维护财务模块初始设置

职业知识目标

通过学习，学员能了解业财一体化平台初始维护的主要内容；

通过学习，学员能理解各模块初始维护的含义；

通过学习，学员能掌握初始维护的技巧和方法，能熟练设置各模块参数。

职业技能目标

通过训练，学员能依据企业情况在业财平台完成总账管理模块初始设置和选项维护的操作。

通过训练，学员能依据企业情况在业财平台完成固定资产管理、薪资管理、应收应付款管理等财务模块初始设置和选项维护的操作。

通过训练，学员具备独立维护企业业财平台各模块初始化操作的能力，达到胜任基于业财平台账套主管或财务主管职责的目标。

职业素养目标

通过学习和训练，学员具备规则意识和应用能力；
通过学习和训练，学员具备坚持准则、提高技能的会计职业道德；
通过学习和训练，学员具备执着专注、一丝不苟的工匠精神。

工作情景

九州华问服装有限公司已于2021年12月1日在业财一体化平台上建账成功，并成功启用总账、固定资产、薪资管理、应收管理、应付管理、销售管理、采购管理、存货管理、库存管理等模块。

总经理带领的内部信息化实施团队开始逐一和各部门的业务主管就其所管辖的业务模块沟通各模块的参数维护，并将整理汇总的结果在业财一体化平台上进行配置。

任务1.1　维护总账管理模块初始设置

工作内容

凭证：自动填补凭证断号；取消现金流量科目必录现金流量项目。
权限：出纳凭证必须经由出纳签字。
会计日历：数量小数位、单价小数位设置为2位。

工作要求

在企业应用平台的总账模块中完成选项维护。

工作流程

选项："总账"—"设置"—"选项"。

工作岗位

账套主管（001 李佳华）。

工作时间

2021-12-01。

操作规范

1. 以"001"身份于"2021-12-01"登录企业应用平台。
2. 双击执行"总账"—"设置"—"选项"命令，打开"选项"窗口，单击"编辑"按钮，进入编辑状态。

3. 单击"凭证"页鉴，勾选"自动填补凭证断号"，取消"现金流量科目必录现金流量项目"，其他默认。

单击"权限"页鉴，勾选"出纳凭证必须经由出纳签字"，其他默认。

单击"会计日历"页鉴，数量小数位与单价小数位设置为2位，其他默认。

设置完毕后，单击"确定"以保存，如图4-1-1所示。

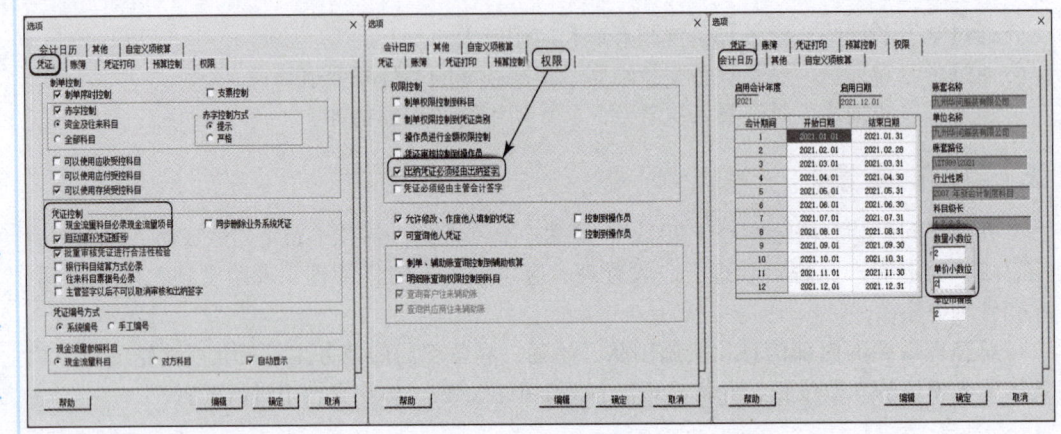

图4-1-1 选项设置

任务1.2 维护固定资产管理模块初始设置

工作内容

1. 模块初始化及选项维护

固定资产管理模块初始化及选项维护内容如表4-1-1所示。

表4-1-1 固定资产模块初始化及选项维护内容表

固定资产初始化		选项维护
约定及说明	我同意	1601 固定资产
启用月份	2021年12月	1602 累计折旧
折旧信息	本账套计提折旧；平均年限法（一）；分配周期：一个月，当"月初已计提月份=可使用月份-1"时将剩余折旧全部提足	1603 固定资产减值准备
编码方式	资产类别编码方式"2112"；编码方式："类别编码+序号"自动编码；卡片序号长度为5位	账务接口
		22210101 进项税额
账务接口	与账务系统进行对账	1606 固定资产清理
对账科目	1601固定资产、1602累计折旧；在对账不平衡情况下允许固定资产月末结账	

2. 维护固定资产类别

固定资产管理模块的固定资产类别如表 4-1-2 所示。

表 4-1-2　固定资产类别

编码	类别名称	使用年限	净残值率	计提属性	折旧方法	卡片样式
01	房屋及建筑物	20	5%	正常计提	平均年限法（一）	通用样式
02	运输设备	4	5%	正常计提	平均年限法（一）	通用样式
03	电子设备	3	5%	正常计提	平均年限法（一）	通用样式

3. 维护部门对应折旧科目

固定资产管理模块的部门对应折旧入账科目如表 4-1-3 所示。

表 4-1-3　部门对应折旧入账科目

部门	对应折旧科目	部门	对应折旧科目
办公室	660206 管理费用 - 折旧	销售部	660106 销售费用 - 折旧
财务部	660206 管理费用 - 折旧	零售部	660106 销售费用 - 折旧
行政部	660206 管理费用 - 折旧	分销部	660106 销售费用 - 折旧
采购部	660206 管理费用 - 折旧	电商部	660106 销售费用 - 折旧

4. 维护固定资产增减方式

九州华问服装有限公司固定资产增减方式如表 4-1-4 所示。

表 4-1-4　固定资产增减方式

增加方式	对应入账科目	减少方式	对应入账科目
直购	100201 银行存款 - 华夏银行南京路分理处	出售	1606 固定资产清理
投资者投入	400101 实收资本 - 华问	投资转出	1511 长期股权投资
捐赠	6301 营业外收入	捐赠转出	1606 固定资产清理
盘盈	6901 以前年度损益调整	盘亏	1901 待处理财产损溢
在建工程转入	1604 在建工程	报废	1606 固定资产清理
融资租入	2701 长期应付款	毁损	1606 固定资产清理
		融资租出	1531 长期应收款

工作要求

在企业应用平台的固定资产模块中完成初始化及选项维护。

工作流程

1. 初始化："财务会计"—"固定资产"；
2. 选项设置："固定资产"—"设置"—"选项"；
3. 资产类别："固定资产"—"设置"—"资产类别"；
4. 折旧科目："固定资产"—"设置"—"部门对应折旧科目"；
5. 增减方式："固定资产"—"设置"—"增减方式"。

业财一体化设计与应用

🧑 工作岗位

账套主管（001 李佳华）。

🧑 工作时间

2021-12-01。

🧑 操作规范

步骤一：初始化

1. 双击执行"财务会计"—"固定资产"命令，初次登录固定资产模块会提示初始化，单击"是"按钮打开初始化向导界面。

2. 初始化账套向导一"约定及说明"：详细阅读约定及说明后，选中"我同意"，单击"下一步"按钮进入向导二。

初始化账套向导二"启用月份"：启用月份默认与模块启用月份相同，不允许修改，单击"下一步"按钮进入向导三。

初始化账套向导三"折旧信息"：主要折旧方法选择"平均年限法（一）"，折旧汇总分配周期选择"1个月"，勾选"当（月初已计提月份=可使用月份-1）时将剩余折旧全部提足（工作量法除外）"，单击"下一步"按钮进入向导四。

初始化账套向导四"编码方式"：资产类别编码方式设置为"2112"，固定资产编码方式选择"自动编码方式"和"类别编码+序号"，序号长度设置为5位，单击"下一步"按钮进入向导五，如图4-1-2所示。

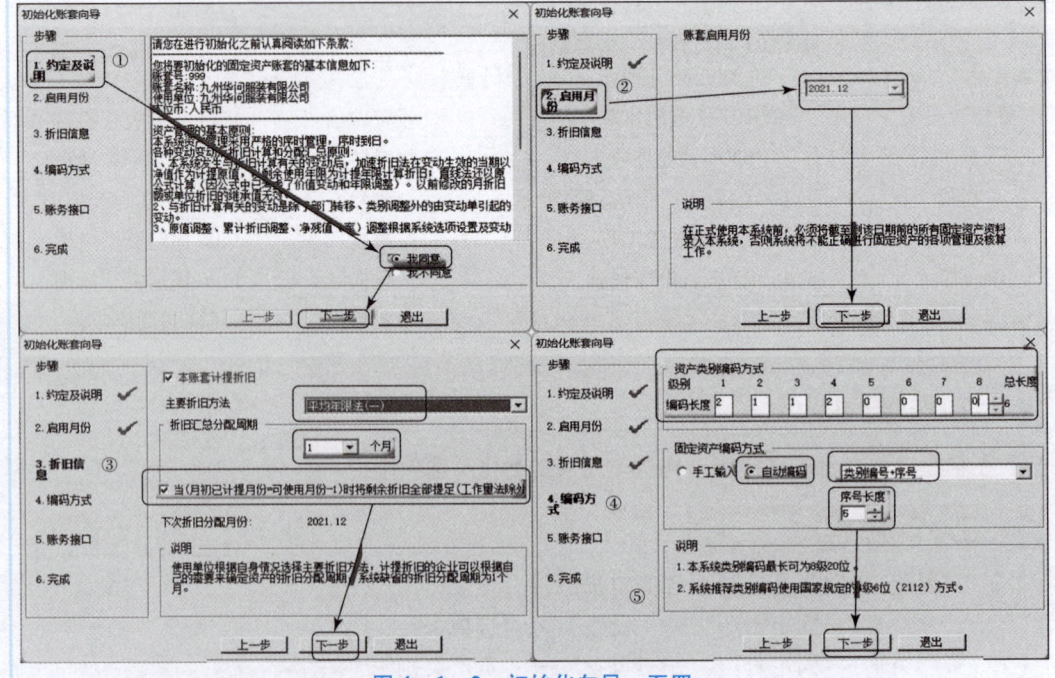

图4-1-2 初始化向导一至四

3. 初始化账套向导五 账务接口：勾选"与账务系统进行对账"和"在对账不平衡情

况下允许固定资产月末结账"。

单击"固定资产对账科目"的参照按钮，弹出"科目参照"窗口，查询选择"1601 固定资产"，单击"确定"按钮，累计折旧对账科目操作相同，对账科目设置为"1602 累计折旧"，单击"下一步"按钮进入向导六，如图 4-1-3 所示。

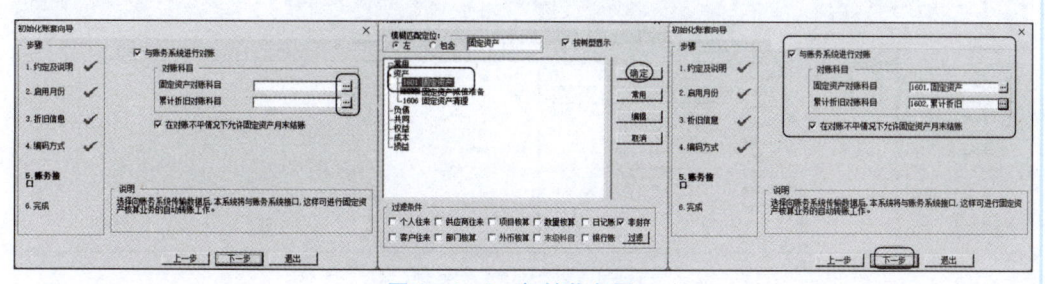

图 4-1-3　初始化向导五

4. 初始化账套向导六"完成"：仔细检查初始化是否正确。

若有误则单击"上一步"按钮进行修改。

若无误则单击"完成"按钮，会弹出确认提示窗口，再次确认无误后单击"是"按钮，弹出初始化成功提醒窗口，单击"确定"按钮即可完成初始化账套设置。

步骤二：选项设置

1. 双击执行"固定资产"—"设置"—"选项"命令，打开"选项"设置窗口。

2. 在"选项"窗口单击"编辑"按钮，单击"与账务系统接口"页鉴，根据案例资料设置，单击"科目参照"按钮，分别设置：

"固定资产"缺省入账科目为"1601，固定资产"；

"累计折旧"缺省入账科目为"1602，累计折旧"；

"减值准备"缺省入账科目为"1603，固定资产减值准备"；

"增值税进项税额"缺省入账科目为"22210101 进项税额"；

"固定资产清理"缺省入账科目为"1606 固定资产清理"；

设置结束后单击"确定"按钮即可完成退出，如图 4-1-4 所示。

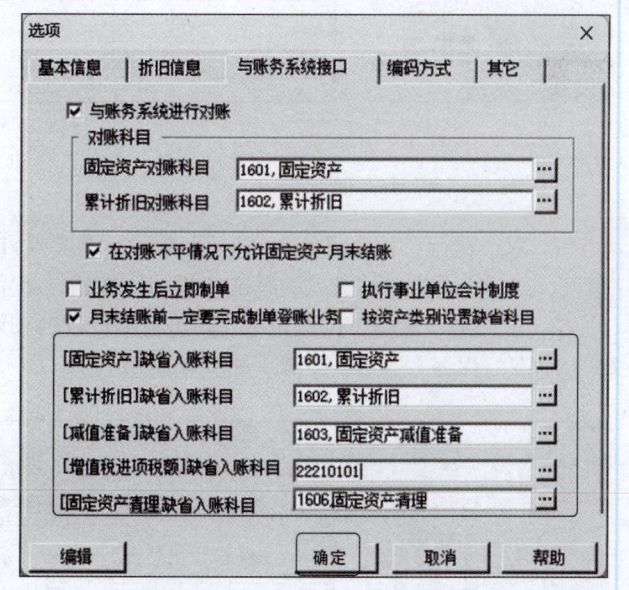

图 4-1-4　与账务系统接口设置

步骤三：资产类别

1. 双击执行"固定资产"—"设置"—"资产类别"命令，打开"资产类别"设置窗口。

在固定资产分类编码表中选择要增加类别的上一级资产类别，单击"增加"按钮，显示该类别"单张视图"。

2. 在"单张视图"的编辑区输入类别编码、类别名称、使用年限、净残值率、计量单位、计提属性、缺省入账科目等资产类别信息，单击"保存"按钮，如图4-1-5所示。

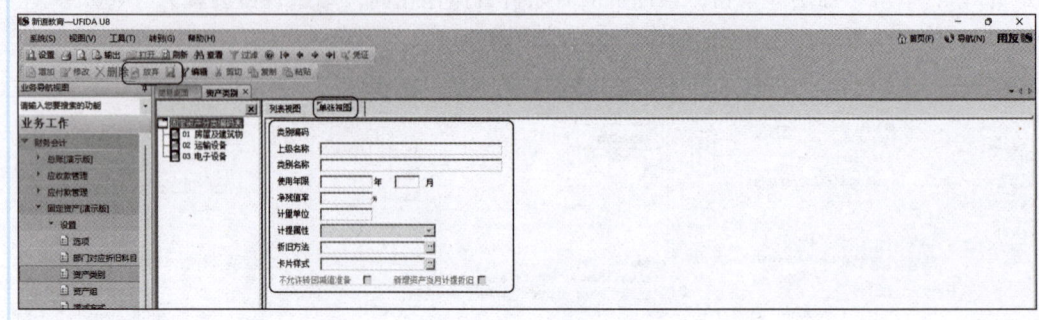

图4-1-5 资产类别

步骤四：折旧科目

1. 双击执行"固定资产"—"设置"—"部门对应折旧科目"命令，打开"部门对应折旧科目"设置窗口，选择需设置对应折旧科目的部门单击"增加"按钮，显示该部门"单张视图"。

2. 在"单张视图"的编辑区，单击折旧科目的查询按钮，选择对应折旧科目并确定即可，单击"保存"按钮，如图4-1-6所示。

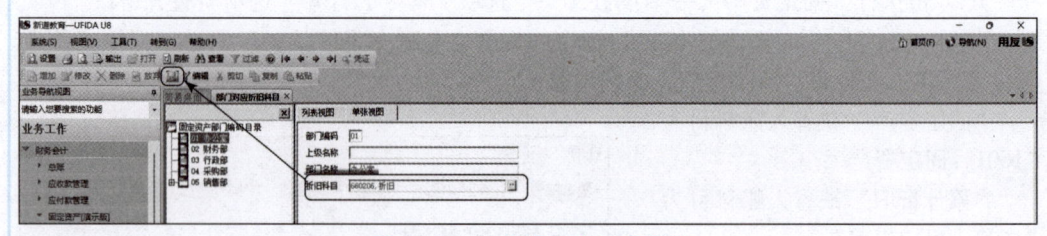

图4-1-6 部门对应折旧科目

步骤五：增减方式

1. 双击执行"固定资产"—"设置"—"增减方式"命令，打开"增减方式"设置窗口，选择需设置增减方式，单击"增加"按钮，显示该增减方式的"单张视图"。

2. 在"单张视图"的编辑区，单击折旧科目的查询按钮，选择对应折旧科目并确定即可，单击"保存"按钮，如图4-1-7所示。

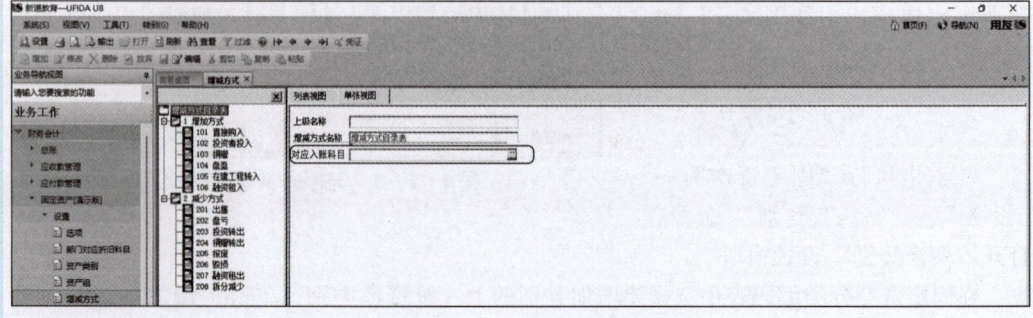

图4-1-7 资产增减方式

任务1.3 维护薪资管理模块初始设置

工作内容

(一) 初始化

九州华问服装有限公司薪资管理初始化相关参数如下：

参数设置：工资类别为单个，核算币别为人民币 RMB；扣税设置：代扣个人所得税；扣零设置：无扣零设置；人员编码：默认设置。

(二) 工资项目

九州华问服装有限公司薪资管理工资项目信息如表4-1-5所示。

表4-1-5 工资项目信息表

工资项目	类型	长度	小数	增减项	工资项目	类型	长度	小数	增减项
基本工资	数字	8	2	增项	失业保险	数字	8	2	减项
福利补贴	数字	8	2	增项	医疗保险	数字	8	2	减项
全勤奖	数字	8	2	增项	住房公积金	数字	8	2	减项
加班	数字	8	2	增项	子女教育	数字	8	2	减项
奖金	数字	8	2	增项	继续教育	数字	8	2	减项
事假天数	数字	8	2	其他	大病医疗	数字	8	2	减项
事假扣款	数字	8	2	减项	住房贷款利息	数字	8	2	减项
病假天数	数字	8	2	其他	住房租金	数字	8	2	减项
病假扣款	数字	8	2	减项	赡养老人	数字	8	2	减项
养老保险	数字	8	2	减项					

(三) 维护工资项目公式

九州华问服装有限公司薪资管理相关工资项目扣缴办法如下：

养老保险：职工工资收入高于本市上年度职工平均工资300%的，以本市上年度职工平均工资的300%为缴费基数；职工工资收入低于本市上年度职工平均工资60%的，按本市平均工资的60%为缴费基数；若职工工资在本市上年度职工平均工资60%~300%的，按实申报。其中单位缴纳20%，个人缴纳8%。

医疗保险：缴费比例根据养老保险基数缴纳，其中单位缴纳6%、个人缴纳2%。

失业保险：单位按其参加失业保险的全部职工工资总额的2%缴纳，个人按照本人工资总额的1%缴纳。

住房公积金：住房公积金缴存比例以职工本人工资总额为缴存基数，按照单位、个人各12%执行。

(四) 维护个人所得税税率

九州华问服装有限公司个人所得税税率及起征点按2021年1月1日实施的《关于修改

(中华人民共和国个人所得税法）的决定》执行，个人所得税税率如表4-1-6所示。

表4-1-6 个人所得税税率表（综合所得适用）

级数	每月应纳税所得额	税率/%
1	不超过3 000元的	3
2	超过3 000元至12 000元的部分	10
3	超过12 000元至25 000元的部分	20
4	超过25 000元至35 000元的部分	25
5	超过35 000元至55 000元的部分	30
6	超过55 000元至80 000元的部分	35
7	超过80 000元的部分	45

工作要求

在企业应用平台的薪资管理模块中完成初始设置。

工作流程

1. 初始化："业务工作"—"人力资源"—"薪资管理"；
2. 工资项目："薪资管理"—"设置"—"工资项目设置"；
3. 批增职员："薪资管理"—"设置"—"人员档案"；
4. 公式设置："薪资管理"—"设置"—"工资项目设置"；
5. 税率设置："薪资管理"—"设置"—"选项"。

工作岗位

账套主管（001 李佳华）。

工作时间

2021-12-01。

操作规范

步骤一：初始化

1. 双击执行"业务工作"—"人力资源"—"薪资管理"命令，初次登录薪资管理模块会提示建立工资套，弹出"建立工资套"向导。

向导一"参数设置"：工资类别选择"单个"，币别名称默认"人民币 RMB"，单击"下一步"按钮；

向导二"扣税设置"：选择"是否从工资中代扣个人所得税"，单击"下一步"按钮；

向导三"扣零设置"：本案例企业无扣零设置，直接单击"下一步"按钮；

向导四"人员编码"：本系统要求员工统一编码，故采用默认，不需要设置，单击"完成"按钮即可，如图4-1-8所示。

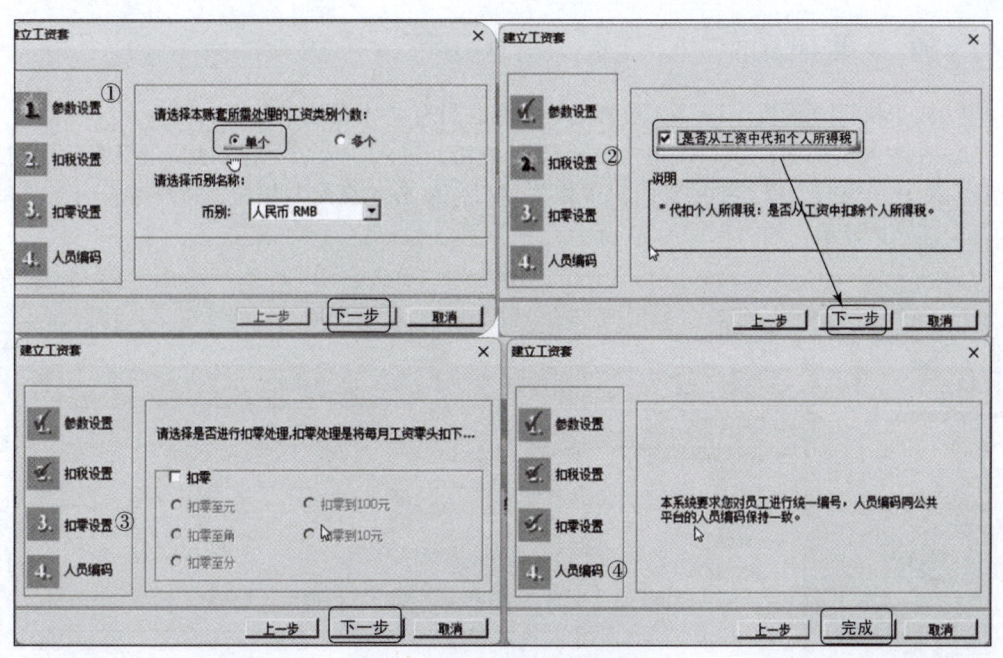

图 4-1-8 初始化工资账套

步骤二：工资项目

1. 双击执行"薪资管理"—"设置"—"工资项目设置"命令，弹出"工资项目设置"窗口；

2. 在"工资项目设置"窗口，单击"增加"按钮，在"工资项目"列表新增一空行，可从"名称参照"中选择系统预置的工资项目名称，如果无预置项目则直接在"工资项目名称"输入项目名称，设置新建工资项目的类型、长度、小数位数和工资增减项，单击"确定"保存设置，如图 4-1-9 所示。

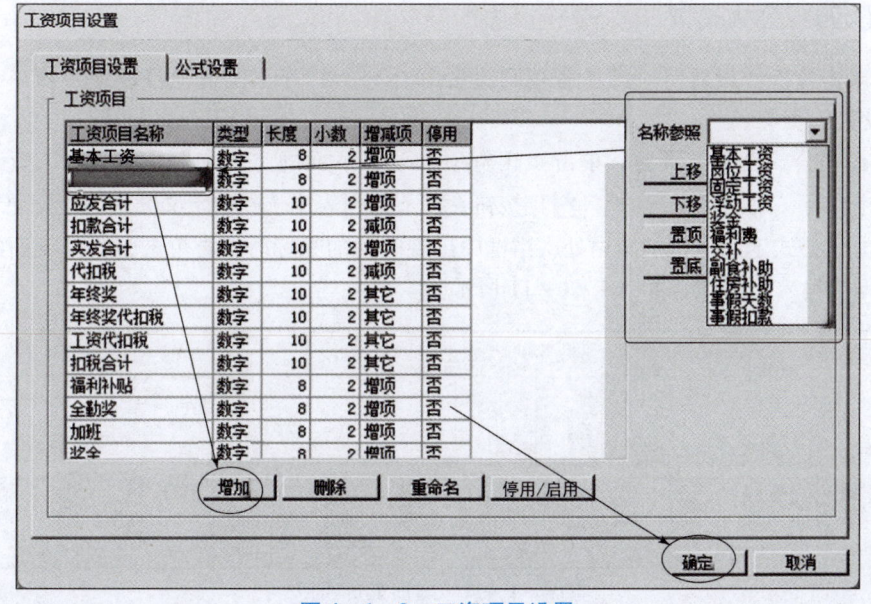

图 4-1-9 工资项目设置

步骤三：批增职员

1. 双击执行"设置"—"人员档案"命令，打开"人员档案"窗口；

2. 在"人员档案"窗口，单击"批增"按钮，进入"人员批量增加"窗口，可直接选择左侧显示当前工资类别的部门树中相关部门，单击"查询"按钮，将所有符合条件的人员全部筛选显示，如图4-1-10所示。

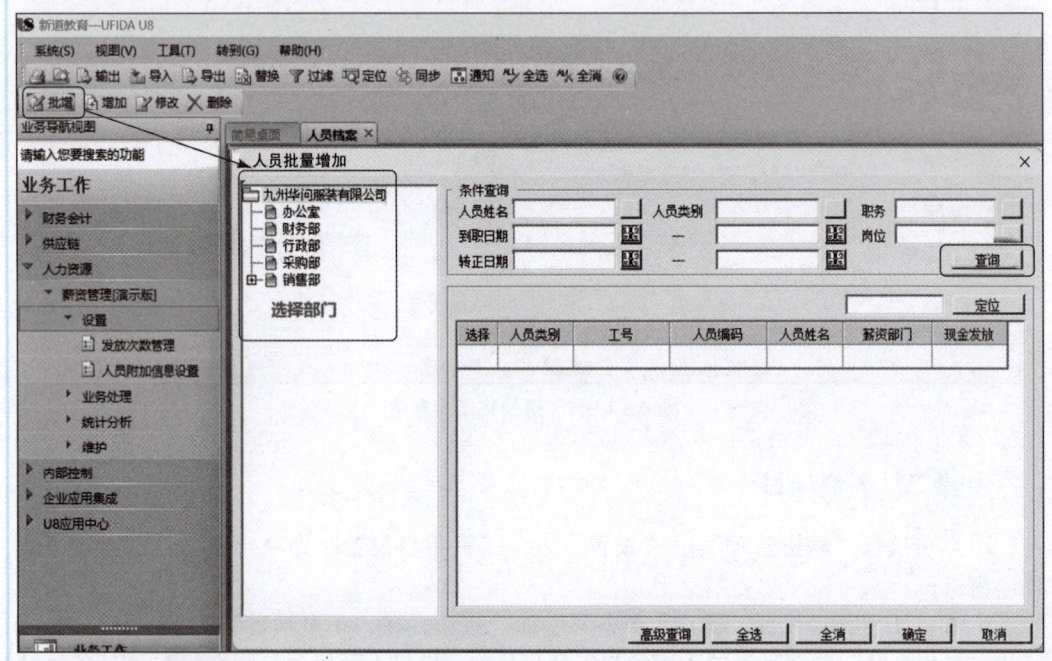

图4-1-10　人员批量增加

3. 确认人员无误后，单击"全选"按钮确认，再单击"确定"按钮。

步骤四：公式设置

1. 双击执行"设置"—"工资项目设置"命令，打开"工资项目设置"窗口，单击"公式设置"页鉴。

2. 在"公式设置"页鉴，单击"工资项目"框下面的"增加"按钮，则工资项目框新增一空白行，单击新增行的"▼"按钮，在下拉列表中选择需定义公式的工资项目。

单击"公式定义"框的空白处，当框中出现闪动的光标时，再单击公式框下面的"函数公式向导输入"按钮，如图4-1-11所示。

图4-1-11　增加工资项目

3. 在"函数向导——步骤之1"界面，在"函数名"列表中选取需要的函数，界面右侧显示了所选函数的说明及范例，单击"下一步"。

在"函数向导——步骤之2"界面，在相应栏目输入计算表达式，也可单击" 🔍 "按钮参照选择项目，设置完毕单击"完成"，则完成此函数的公式设置，之后返回公式设置页签，如图4－1－12所示。

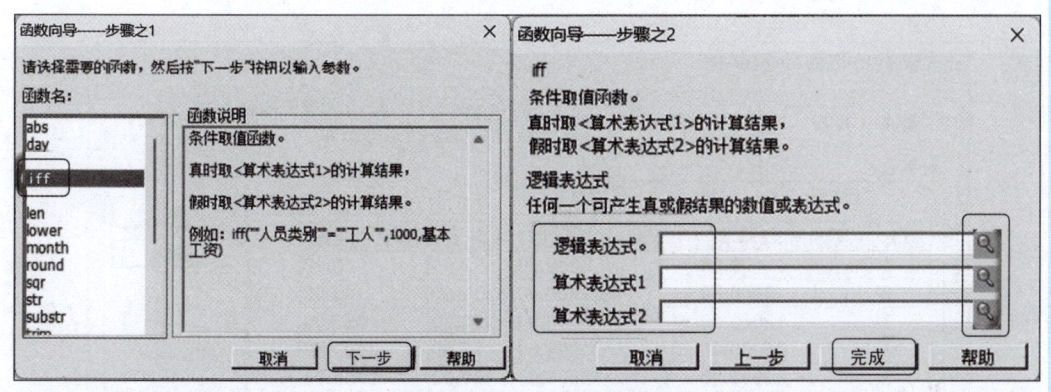

图4－1－12　函数向导

4. 在"公式设置"页鉴，继续进行公式设置，可直接输入相关项目，也可选择"公式输入参照"的相关内容，公式设置完成后，单击"公式确认"按钮，如果公式错误，会弹出错误提示，如果没有弹出提示则表明公式无误并保存公式，单击"确定"按钮以退出，如图4－1－13所示。

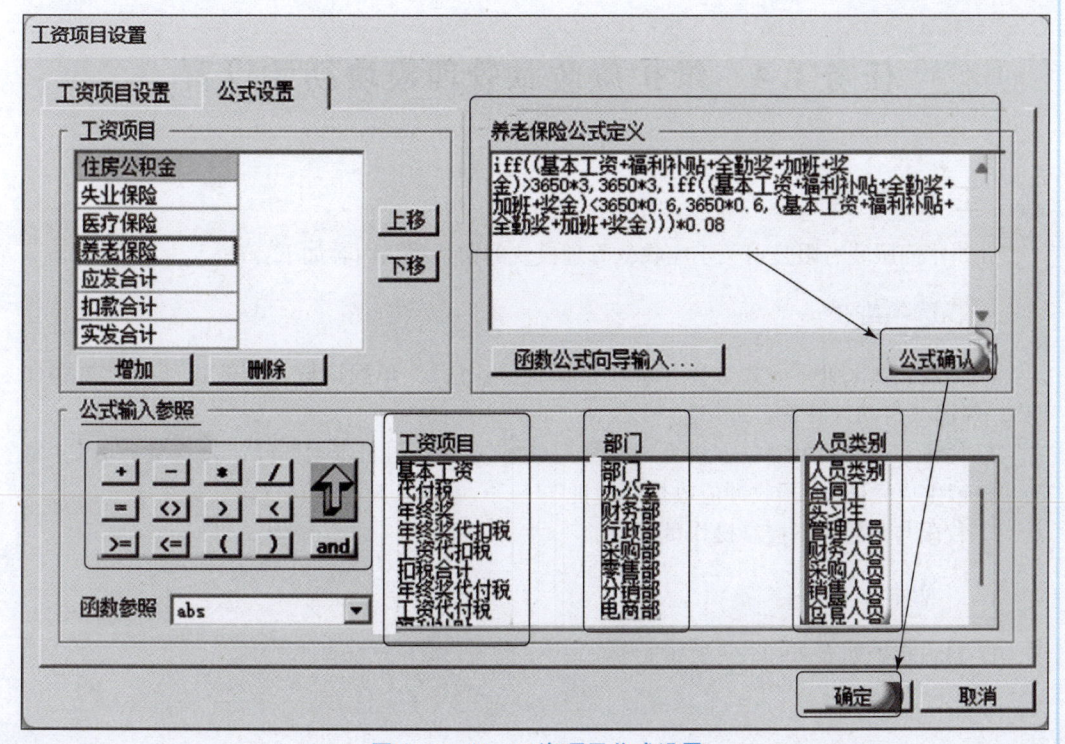

图4－1－13　工资项目公式设置

步骤五：税率设置

1. 双击执行"设置"—"选项"命令，打开"选项"窗口，单击"扣税设置"页鉴，单击"编辑"按钮，之后单击"税率设置"按钮，打开"税率表"窗口。

2. 在"税率表"窗口，根据案例资料修改，单击"确定"按钮即可，如图4-1-14所示。

图4-1-14 税率表

任务1.4 维护应收款管理模块初始设置

工作内容

九州华问服装有限公司关于应收款管理模块的初始维护内容如下：

一、选项维护

1. 常规：坏账处理方式选择"应收余额百分比法"，单据审核日期依据选择"单据日期"，勾选"自动计算现金折扣"。

2. 凭证：受控科目制单方式为"明细到单据"，销售科目依据选择"按存货分类"，勾选"核销生成凭证""预收冲应收生成凭证"。

3. 权限与预警：不控制操作员权限。

二、初始设置

1. 科目维护如表4-1-7所示。

表4-1-7　应收款科目维护表

科目类别	设置方式
基本科目	应收科目：1122 应收账款
	预收科目：2203 预收账款
	销售收入科目：6001 主营业务收入
	销售退回科目：660210 管理费用——其他管理费用
	代垫费用科目：1001 库存现金
	税金科目：22210102 应交税费——应交增值税——销项税
控制科目	应收科目：1122 应收账款
	预收科目：2203 预收账款
产品科目	销售收入科目：6001 主营业务收入
	应交增值税科目：22210102 应交税费——应交增值税——销项税
结算方式科目	现金；1001 库存现金
	现金支票；100201 银行存款——华夏银行
	转账支票；100201 银行存款——华夏银行
	网银转账；100201 银行存款——华夏银行
	支付宝；100201 银行存款——华夏银行
	银行承兑汇票；1121 应收票据
	商业承兑汇票；1121 应收票据
	其他；100201 银行存款——华夏银行

2. 坏账准备维护如表4-1-8所示。

表4-1-8　坏账准备维护表

控制参数	参数设置
提取比例	0.5%
坏账准备期初余额	0
坏账准备科目	1231（坏账准备）
对方科目	6701（资产减值损失）

3. 应收款账龄与逾期账龄区间维护如表4-1-9所示。

表4-1-9　应收款账龄与逾期账龄区间维护表

序号	起止天数/天	总天数/天
01	0~30	30
02	31~60	60
03	61~90	90

续表

序号	起止天数/天	总天数/天
04	91~120	120
05	121 以上	

4. 报警级别维护如表 4-1-10 所示。

表 4-1-10　报警级别维护表

级别	A	B	C	D	E	F
总比率	10%	20%	30%	40%	50%	
起止比率	0%~10%	10%~20%	20%~30%	30%~40%	40%~50%	50% 以上

工作要求

在企业应用平台的应收款管理中完成初始维护。

工作流程

1. 选项设置："应收款管理"—"设置"—"选项";
2. 设置科目："应收款管理"—"设置"—"初始设置";
3. 坏账准备："应收款管理"—"设置"—"初始设置";
4. 账龄区间："应收款管理"—"设置"—"初始设置";
5. 报警级别："应收款管理"—"设置"—"初始设置"。

工作岗位

账套主管（001 李佳华）。

工作时间

2021-12-01。

操作规范

步骤一：选项设置

1. 双击执行"财务会计"—"应收款管理"—"设置"—"选项"命令，打开"账套参数设置"窗口。

2. 在"账套参数设置"窗口，单击"编辑"按钮，弹出"选项修改需要重新登录才能生效"提示框，单击"确定"按钮。

单击"常规"页鉴，坏账处理方式勾选"应收余额百分比法"，单据审核日期依据选择"单据日期"，勾选"自动计算现金折扣"。

单击"凭证"页鉴，受控科目制单方式为"明细到单据"，销售科目依据选择"按存货分类"，勾选"核销生成凭证""预收冲应收生成凭证"。

单击"权限与预警"页鉴，取消"控制操作员权限"，单击"确定"按钮保存并退出，如图 4-1-15 所示。

工作领域四
维护业财档案
103

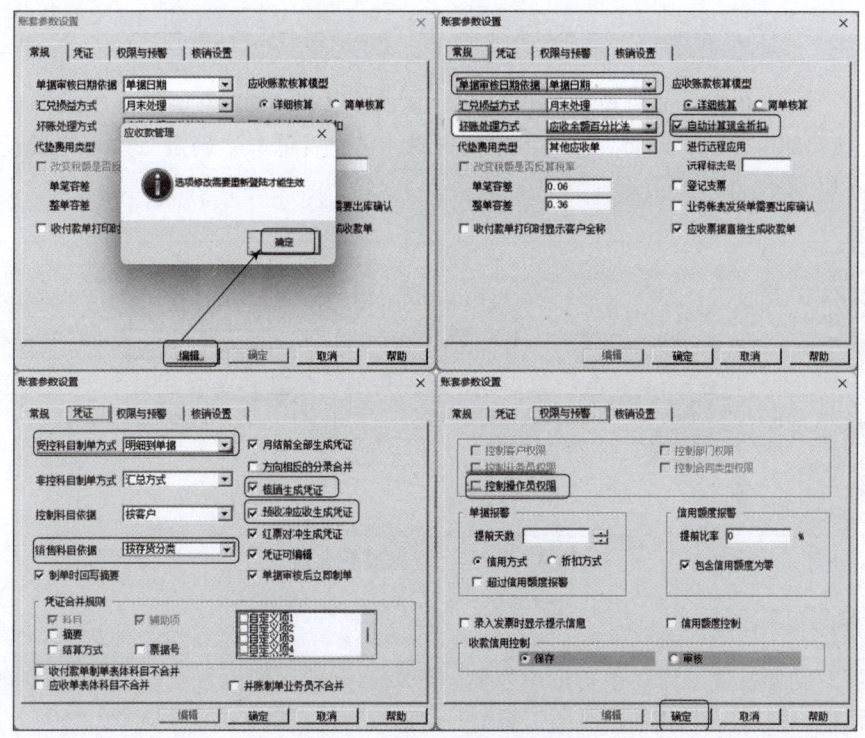

图 4-1-15 账套参数设置

步骤二：设置科目

1. 双击执行"设置"—"初始设置"命令，打开"初始设置"窗口。

2. 选中左侧"设置科目"的"基本科目设置"，单击工具栏"增加"命令，右侧新增一空白行，双击"基础科目种类"列，单击"▼"按钮。

3. 选中需设置的科目，接着双击"科目"列，单击科目参照"…"按钮，在弹出的"科目参照"窗口中选中需要的科目，单击"确定"按钮即可。

4. 其他基础科目设置相同，结算方式科目设置方法相同，如图4-1-16所示。

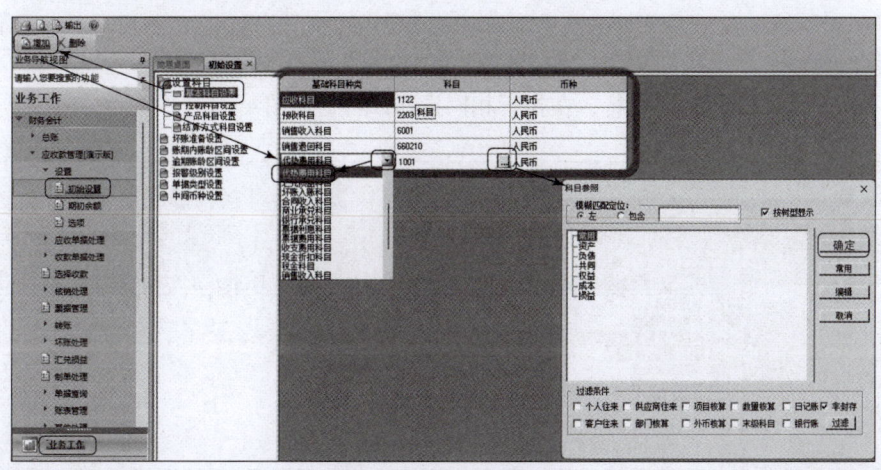

图 4-1-16 设置科目

步骤三：坏账准备

1. 在"初始设置"窗口单击选中左侧"坏账准备设置"，右侧出现编辑界面，单击"增加"按钮即可在编辑界面直接输入案例资料，完成后单击"确定"即可完成设置，如图4-1-17所示。

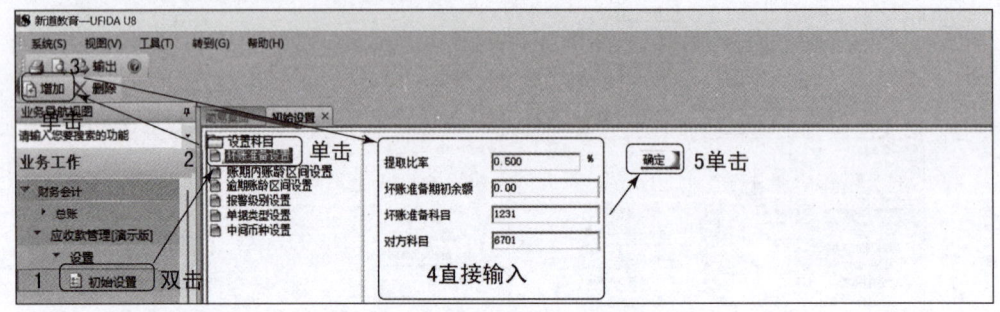

图4-1-17 坏账准备设置

步骤四：账龄区间

1. 在"初始设置"窗口单击选中左侧"账期内账龄区间设置"，右侧出现编辑界面，在"总天数"列输入"30"，"回车"新增一空白行，在"总天数"列输入"60"，"回车"再次新增一空白行，接着相同操作输入其他区间即可，如图4-1-18所示。

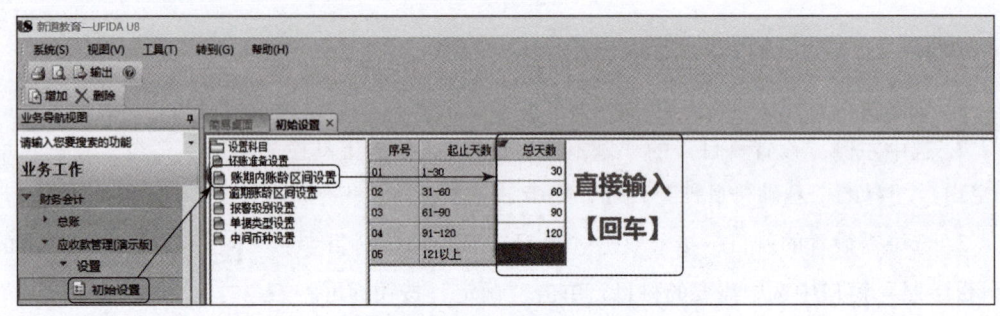

图4-1-18 账龄区间设置

2. 在"初始设置"窗口单击选中左侧"逾期账龄区间设置"，右侧出现编辑界面，在"总天数"列输入"30"，"回车"即可新增一空白行，在新增空白行的"总天数"列输入"60"，"回车"又新增一空白行，在执行相同操作即可，如图4-1-19所示。

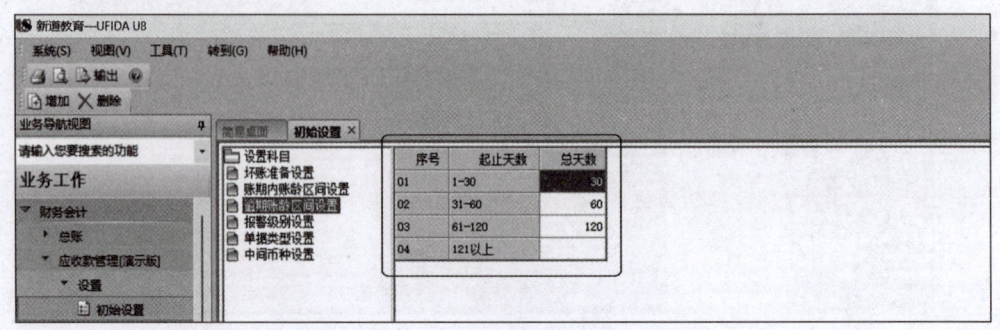

图4-1-19 逾期账龄区间设置

步骤五：报警级别

在"初始设置"窗口单击选中左侧"报警级别设置"，右侧出现编辑界面，在"级别名称"列输入相关内容，"回车"新增一空白行，接着相同操作输入其他内容即可，如图4-1-20所示。

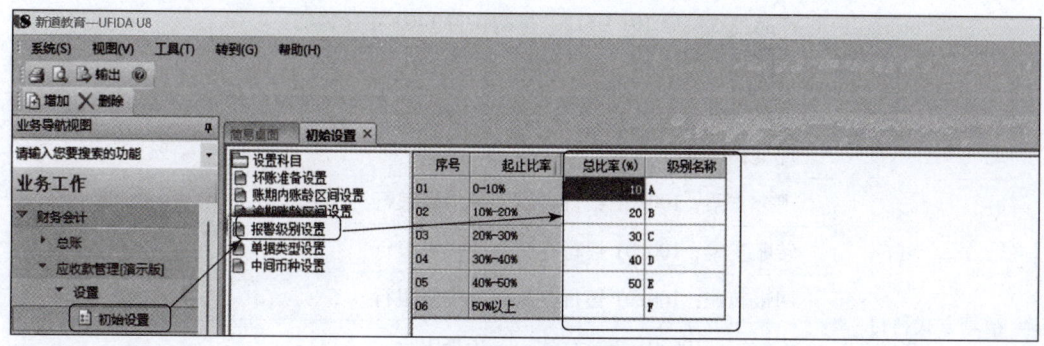

图4-1-20 报警级别设置

任务1.5 维护应付款管理模块初始设置

工作内容

九州华问服装有限公司关于应付款管理模块的初始化维护：

一、选项维护

1. 常规：单据审核日期依据选择"单据日期"。
2. 凭证：受控科目制单方式选择"明细到单据"，采购科目依据选择"按存货分类"。
3. 权限与预警：不控制操作员权限。

二、初始设置

1. 科目维护如表4-1-11所示。

表4-1-11 应付款科目维护表

科目类别	维护方式
基本科目	应付科目（本币）：2202 应付账款
	预付科目（本币）：1123 预付账款
	采购科目：1402 在途物资
	税金科目：22210101 应交税费——应交增值税（进项税额）
	固定资产采购科目：1601 固定资产

续表

科目类别	维护方式
控制科目	供应商编码 220201～220203：应付科目 2202 应付账款； 供应商编码 220205：应付科目 2204 受托代销商品款
	预付科目 1123 预付账款
产品科目	产品类别编码 101～112：采购科目 1402 在途物资； 产品类别编码 104：采购科目 1409 受托代销商品
	税金科目 22210101 应交税费——应交增值税（进项税额）
结算方式科目	现金；1001 库存现金
	现金支票；100201 银行存款——华夏银行
	转账支票；100201 银行存款——华夏银行
	网银转账；100201 银行存款——华夏银行
	支付宝；100201 银行存款——华夏银行
	银行承兑汇票；2201 应付票据
	商业承兑汇票；2201 应付票据
	其他；100201 银行存款——华夏银行

2. 应付款账龄与逾期账龄区间维护如表 4-1-12 所示。

表 4-1-12 应付款账龄与逾期账龄区间维护表

序号	起止天数/天	总天数/天
01	0～30	30
02	31～60	60
03	61～90	90
04	91～120	120
05	121 以上	

工作要求

在企业应用平台的应付款管理中完成初始维护。

工作流程

1. 选项设置："应付款管理"—"设置"—"选项"；
2. 设置科目："应付款管理"—"设置"—"初始设置"；
3. 账龄区间："应付款管理"—"设置"—"初始设置"。

工作岗位

账套主管（001 李佳华）。

工作时间

2021-12-01。

操作规范

步骤一：选项设置

1. 双击执行"业务工作"—"财务会计"—"应付款管理"进入应付款管理模块。

2. 双击执行"设置"—"选项"命令，打开"账套参数设置"窗口，在"账套参数设置"窗口单击"编辑"按钮弹出"应付款管理"提示窗口，单击"确定"按钮即可开始维护。

单击"常规"页鉴，单据审核日期依据选择"单据日期"。

单击"凭证"页鉴，受控科目制单方式选择"明细到单据"，采购科目依据选择"按存货分类"。

单击"权限与预警"页鉴，不勾选"控制操作员权限"，单击"确定"按钮即可，如图4-1-21所示。

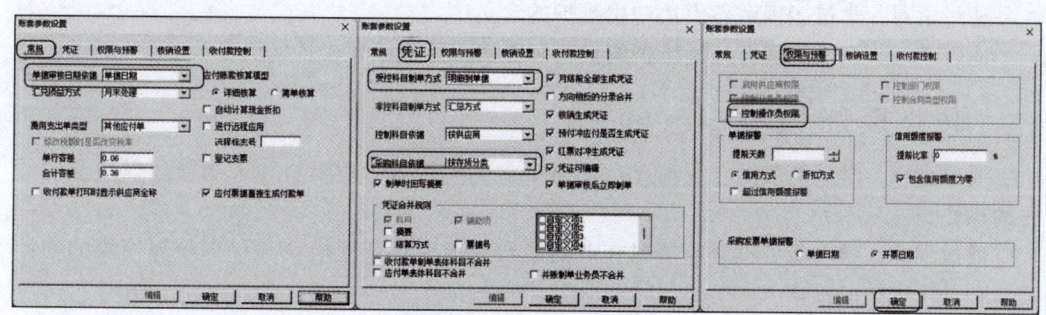

图4-1-21 选项设置

步骤二：设置科目

1. 双击执行"设置"—"初始设置"命令，打开"初始设置"窗口，由于操作跟应收款管理模块的"设置科目"相同，故此处不赘述，如图4-1-22所示。

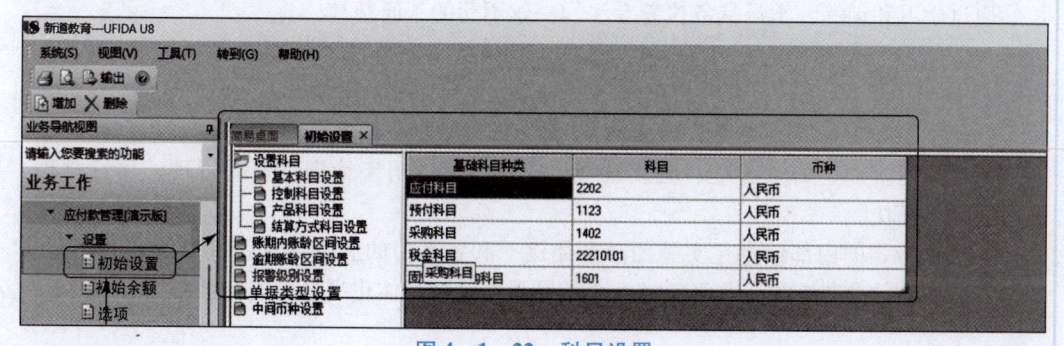

图4-1-22 科目设置

步骤三：账龄区间

在"初始设置"窗口，分别打开"账期内账龄区间设置"和"逾期账龄区间设置"，进行账龄区间设置，由于操作跟应收款管理模块的账龄区间设置相同，故此处不赘述。

> **财人微语**
>
> "志不强者智不达，言不信者行不果。"
>
> ——《墨子·修身》

工作任务 2　维护业务模块初始设置

职业知识目标

通过学习，学员能了解业财平台初始维护的主要内容；

通过学习，学员能理解各模块初始维护的含义；

通过学习，学员能掌握初始维护的技巧和方法，能熟练设置各模块参数。

职业技能目标

通过训练，学员能依据企业情况在业财平台完成销售管理模块和采购管理模块选项设置的操作；

通过训练，学员能依据企业情况在业财平台完成库存管理模块和存货核算模块的初始设置和选项维护的操作；

通过训练，学员具备独立维护企业业财平台各模块初始化操作的能力，达到胜任基于业财平台账套主管或财务主管职责的目标。

职业素养目标

通过学习和训练，学员具备规则意识和应用能力；

通过学习和训练，学员具备坚持准则、提高技能的会计职业道德；

通过学习和训练，学员具备执着专注、一丝不苟的工匠精神。

工作情景

九州华问服装有限公司已于 2021 年 12 月 1 日在业财一体化平台上建账成功，并成功启用总账、固定资产、薪资管理、应收管理、应付管理、销售管理、采购管理、存货管理、库存管理等模块。

总经理带领的内部信息化实施团队开始逐一和各部门的业务主管就其所管辖的业务模块沟通各模块的参数维护，并将整理汇总的结果在业财一体化平台上进行配置。

任务 2.1　维护销售管理模块初始设置

工作内容

九州华问服装有限公司有关销售管理参数维护的内容如下：

1. 业务控制：有"零售日报业务""委托代销业务""分期收款业务""直运销售业务""委托代销必有订单"和"允许超发货量开票"，普通销售必有订单。

2. 其他控制：新增退货单默认选择"参照订单"，新增发票默认选择"参照发货"。

3. 可用量控制：发货单/发票非追踪型存货可用量控制公式的预计出库不勾选"待发货量"；其他系统默认。

工作要求

在企业应用平台的销售管理模块中完成销售选项维护。

工作流程

选项设置："供应链"—"销售管理"—"设置"—"销售选项"。

工作岗位

账套主管（001 李佳华）。

工作时间

2021 - 12 - 01。

操作规范

1. 以"001"身份于"2021 - 12 - 01"登录企业应用平台。

2. 双击执行"业务工作"—"供应链"—"销售管理"命令，进入"销售管理"模块。

双击执行"设置"—"销售选项"命令，打开"销售选项"窗口。

3. 在"业务控制"页签，勾选"有零售日报业务""有委托代销业务""有分期收款业务"和"有直运销售业务"；勾选"允许超发货量开票"；勾选"普通销售必有订单"和"委托代销必有订单"；其他默认。

在"其他控制"页签，"新增退货单默认"选择"参照订单"，"新增发票默认"选择"参照发货"，其他默认。

在"可用量控制"页签，"发货单/发票非追踪型存货可用量控制公式"的"预计出库"不勾选"待发货量"，单击"确定"以保存，如图 4 - 2 - 1 所示。

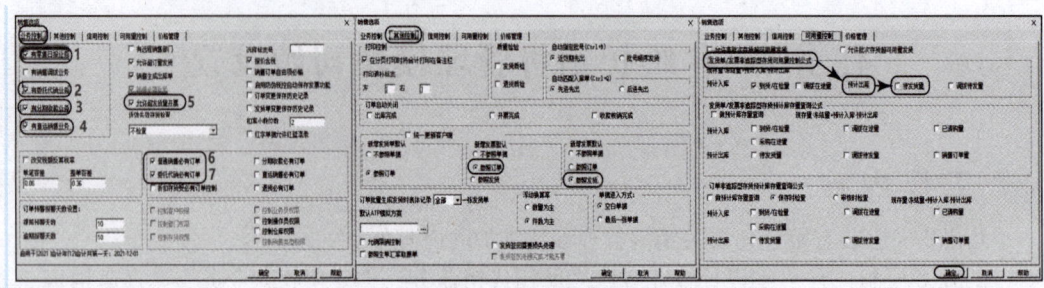

图 4-2-1 销售选项设置

任务 2.2 维护采购管理模块初始设置

工作内容

九州华问服装有限公司有关采购管理参数维护的内容如下：

1. 业务及权限控制：启用受托代销业务及代管业务，普通业务不必有订单，订单/到货单/发票单价录入方式选择取自供应商存货价格表价格。

2. 其他采用系统默认。

工作要求

在企业应用平台的采购管理模块中完成采购选项维护。

工作流程

选项设置："供应链"—"采购管理"—"设置"—"采购选项"。

工作岗位

账套主管（001 李佳华）。

工作时间

2021-12-01。

操作规范

1. 以"001"身份于"2021-12-01"登录企业应用平台。

2. 双击执行"业务工作"—"供应链"—"采购管理"命令，进入"采购管理"模块。

双击执行"设置"—"采购选项"命令，打开"采购系统选项设置"窗口。

3. 在"业务及权限控制"页鉴，在"业务选项"中取消"普通业务必有订单"，勾选"启用受托代销"和"启用代管业务"，"订单/到货单/发票单价录入方式"选择"取自供应商存货价格表价格"，维护结束单击"确定"即可，如图 4-2-2 所示。

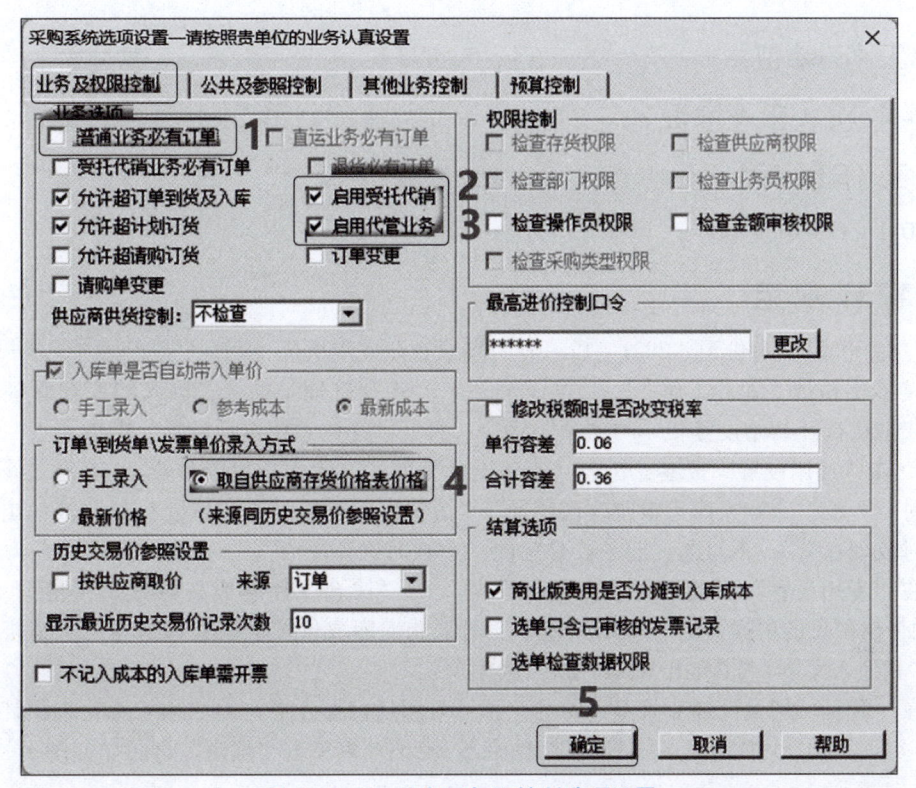

图4-2-2 业务及权限控制选项设置

任务2.3 维护库存管理模块初始设置

工作内容

九州华问服装有限公司有关库存管理参数维护的内容如下：

1. 通用设置：有委托代销业务，采购入库、销售出库和其他出入库审核时改现存量，业务校验审核时不检查货位。

2. 专用设置：仓库库存量过低或过高时系统自动预警，自动带出单价的单据包括：采购入库单（采购入库取价按采购管理选项）、销售出库单、其他入库单、其他出库单和调拨单。

3. 预计可用量设置：产品出入库时检查库存可用量，已到货和在检量未入库的货物数量纳入库存可用量的计算；其他系统默认。

工作要求

在企业应用平台的库存管理模块中完成选项维护。

工作流程

选项设置："供应链"—"库存管理"—"初始设置"—"选项"。

工作岗位

账套主管（001 李佳华）。

工作时间

2021－12－01。

操作规范

1. 以"001"身份于"2021－12－01"登录企业应用平台。

2. 双击执行"业务工作"—"供应链"—"库存管理"命令，进入"库存管理"模块，双击执行"初始设置"—"选项"命令，打开"采购系统选项设置"窗口。

3. 在"通用设置"页鉴：勾选"业务设置"的"有无委托代销业务"；勾选"修改现存量时点"的"采购入库审核时改现存量""销售出库审核时改现存量"和"其他出入库审核时改现存量"；不勾选"业务校验"的"审核时检查货位"。

在"专用设置"页鉴：勾选"预警设置"的"按仓库控制最高最低库存量"；勾选"自动带出单价的单据"的"采购入库单""采购入库取价按采购管理选项""销售出库单""其他入库单""其他出库单"和"调拨单"。

在"预计可用量设置"页鉴：勾选"预计可用量检查公式"的"出入库检查预计可用量"，勾选"预计入库量"的"到货/在检量"，维护结束单击"确定"即可，如图4－2－3所示。

图4－2－3 通用设置选项

任务2.4　维护存货核算模块初始设置

工作内容

九州华问服装有限公司有关存货核算初始维护的内容如下：

1. 参数维护

核算方式：暂估方式为单到回冲，零成本出库选择参考成本；

控制方式：结算单价和暂估单价不一致是否调整出库成本。

2. 存货科目维护如表4－2－1所示。

表 4-2-1　存货科目维护表

存货分类编码	存货分类名称	存货科目编码	存货科目名称	委托代销发出商品科目
101	劳保工作服-艳兰	140501	劳保工作服	1406 发出商品
102	劳保工作服-灰色	140501	劳保工作服	1406 发出商品
103	户外运动衫	140502	户外运动衫	1406 发出商品
104	文化衫	140503	文化衫	1406 发出商品
105	加厚军大衣	140504	加厚军大衣	1406 发出商品
106	西服男套装	140505	西服男套装	1406 发出商品
107	西服女套装-西装领	140506	西服女套装	1406 发出商品
108	西服女套装-V领	140506	西服女套装	1406 发出商品
109	西服女套装-立领	140506	西服女套装	1406 发出商品
110	女衬衫-雪纺花边领	140507	女衬衫	1406 发出商品
111	女衬衫-拼接领	140507	女衬衫	1406 发出商品
112	女衬衫-OL翻领	140507	女衬衫	1406 发出商品
114	受托代销商品	1409	受托代销商品	1406 发出商品

3. 存货对方科目维护如表 4-2-2 所示。

表 4-2-2　存货对方科目维护表

编码	收发类别名称	对方科目编码	对方科目名称	暂估科目编码	暂估科目名称
101	采购入库	1402	在途物资	2204	受托代销商品款
104	其他入库	1402	在途物资		
201	盘盈入库	1901	待处理财产损溢		
301	销售出库	6401	主营业务成本		
401	盘亏出库	1901	待处理财产损溢		

工作要求

在企业应用平台的存货核算中完成初始维护。

工作流程

1. 选项录入:"存货核算"—"初始设置"—"选项"—"选项录入";
2. 存货科目:"存货核算"—"初始设置"—"科目设置"—"存货科目";
3. 对方科目:"存货核算"—"初始设置"—"科目设置"—"对方科目"。

工作岗位

账套主管(001 李佳华)。

工作时间

2021-12-01。

操作规范

步骤一：选项录入

1. 以"001"身份于"2021-12-01"登录企业应用平台。

2. 双击执行"业务工作"—"供应链"—"存货核算"命令，进入"存货核算"模块；双击执行"初始设置"—"选项"—"选项录入"命令，打开"选项录入"窗口。

3. 在"核算方式"页签："暂估方式"勾选"单到回冲"，"零成本出库选择"勾选"参考成本"。

在"控制方式"页签，勾选"结算单价和暂估单价不一致是否调整出库成本"，单击"确定"即可，如图4-2-4所示。

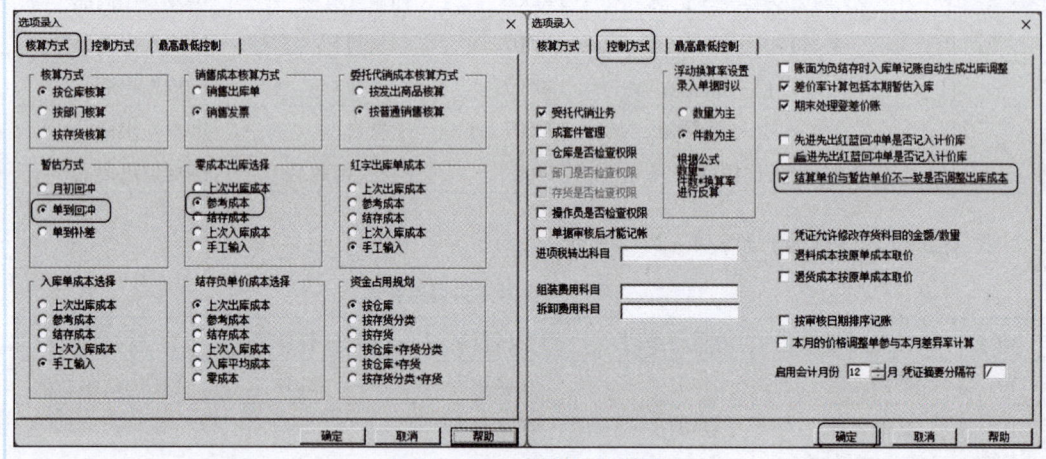

图4-2-4 核算方式设置

步骤二：存货科目

1. 双击执行"初始设置"—"科目设置"—"存货科目"命令，打开"存货科目"窗口。

2. 在"存货科目"窗口，单击"增加"命令，新增一空白行，在"存货分类编码"列，双击空白处，单击"参照"按钮，弹出"存货分类基本参照"窗口，选择需新增的存货分类，单击"确定"命令即可选中所需存货分类编码，存货分类名称自动出现，如图4-2-5所示。

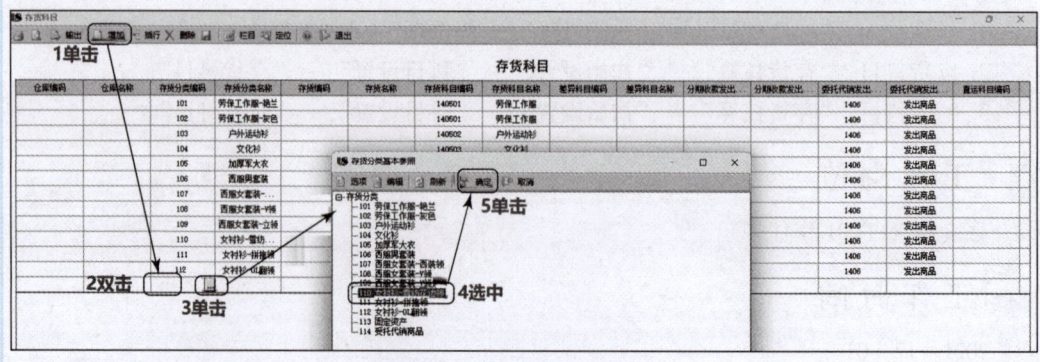

图4-2-5 增加存货科目

3. 在"存货科目编码"空白处,双击后出现"参照"按钮并单击,弹出"科目参照"窗口,在此窗口的"模糊匹配定位"框直接输入所需科目编码,在科目列表中自动出现所需科目,选中并单击"确定"即可选中所需存货科目编码,如图4-2-6所示。

图4-2-6 科目参照

4. 在"委托代销发出商品科目编码"空白处,双击出现"参照"按钮并单击,弹出"科目参照"窗口,在此窗口的"模糊匹配定位"框直接输入所需科目编码,在科目列表中自动出现所需科目,选中并单击"确定"即可选中所需存货科目编码,维护结束单击"保存"命令以保存,单击"退出"即可关闭维护窗口,如图4-2-7所示。

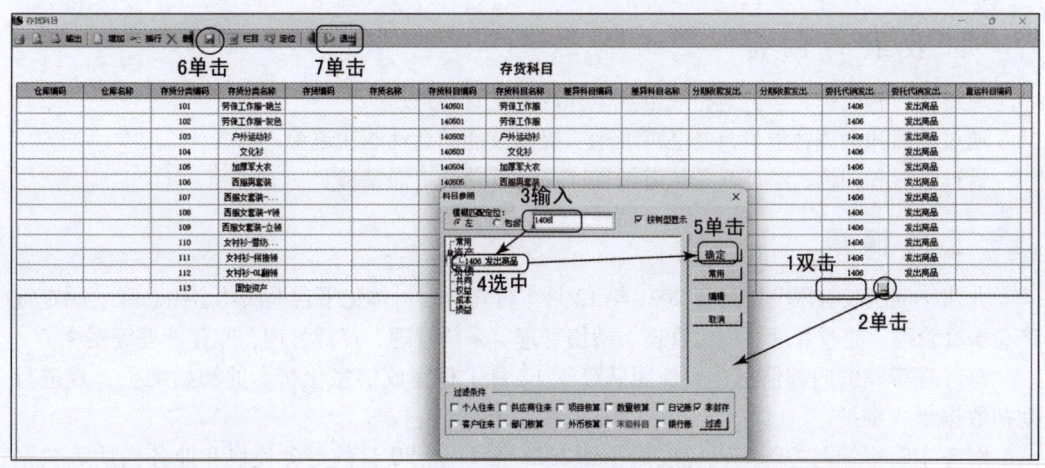

图4-2-7 保存

步骤三:对方科目

1. 双击执行"初始设置"—"科目设置"—"对方科目"命令,打开"对方科目"窗口。

2. 在"对方科目"窗口,操作步骤跟"存货科目"一致,在此不再赘述,如图4-2-8所示。

图 4-2-8 对方科目设置

工作任务 3　维护财务模块期初数据

职业知识目标

通过学习，学员能了解业财一体化平台期初数据维护的主要内容；

通过学习，学员能理解各模块期初数据维护的含义；

通过学习，学员能掌握期初数据维护的技巧和方法，能熟练设置各模块期初数据。

职业技能目标

通过训练，学员能依据企业情况在业财平台完成总账、固定资产、应收应付等财务模块期初数据的录入维护等操作；

通过训练，学员能依据企业情况在业财平台完成库存管理和存货核算等业务模块期初数据的录入维护等操作；

通过训练，学员具备独立维护企业业财平台各模块期初数据操作的能力，达到胜任基于业财一体化平台账套主管或财务主管岗位工作职责的目标。

职业素养目标

通过学习和训练，学员具备规范意识和规范化管理意识；

通过学习和训练，学员具备坚持准则、提高技能的会计职业道德；

通过学习和训练，学员具备执着专注、一丝不苟的工匠精神。

工作情景

九州华问服装有限公司已于 2021 年 12 月 1 日在业财一体化平台上成功启用总账、固定资产、薪资管理、应收管理、应付管理、销售管理、采购管理、存货管理、库存管理等模块。

总经理带领的内部信息化实施团队已于 12 月 1 日完成信息化账套的初始维护，现进行期初数据录入维护。

财务主管带领财务部门已完成截止到 2021 年 11 月 30 日的财务模块和业务模块等数据的收集与整理，需要将整理后的数据在业财一体化平台的财务模块和业务模块中进行期初数据的录入维护，并确保数据逻辑合理。

财人微语

"丈夫为志，穷当益坚，老当益壮。"——《后汉书·马援传》

任务 3.1　维护总账管理模块期初数据

工作内容

九州华问服装有限公司总账的期初数据如表 3–4–1（见 P62）、表 4–3–1、表 4–3–2、表 4–3–3、表 4–3–4 所示。

表 4–3–1　其他应收款期初余额表

业务日期	部门	个人	摘要	金额/元
2021 年 11 月 30 日	采购部	胡平	预借差旅费	1 000.00

表 4–3–2　应收账款期初余额表

业务日期	客户编码	客户名称	期初余额/元
2021 年 11 月 30 日	112201	深圳华威科技有限公司	35 190.00
2021 年 11 月 30 日	112202	九州运恒电子有限公司	28 800.00
2021 年 11 月 30 日	112203	广州昌达花纸有限公司	32 600.00
2021 年 11 月 30 日	00001	上海华奇外贸有限公司	38 100.00
2021 年 11 月 30 日	00002	广州创鑫服装有限公司	51 300.00
2021 年 11 月 30 日	00003	上海云飞贸易有限公司	60 560.00
2021 年 11 月 30 日	00004	江西莎莎服饰有限公司	55 800.00
2021 年 11 月 30 日	00005	浙江美琳服装有限公司	42 400.00
合计			344 750.00

表 4–3–3　应付账款期初余额表

业务日期	供应商编码	供应商名称	期初余额/元
2021 年 11 月 30 日	220201	浙江琪琪服装厂	43 156.00
2021 年 11 月 30 日	220202	深圳美姿服装有限公司	60 794.00
2021 年 11 月 30 日	220203	广东天语服装有限公司	48 361.00
合计			152 311.00

表 4–3–4　库存商品期初余额表

仓库	存货名称	规格型号	单位	数量	单价/元	金额/元	数量小计	金额小计/元
总仓	户外运动衫	迷彩–均码	件	65	5.17	336.21	314	1 624.14
分仓 1 店	户外运动衫	迷彩–均码	件	121	5.17	625.86		
分仓 2 店	户外运动衫	迷彩–均码	件	128	5.17	662.07		

续表

仓库	存货名称	规格型号	单位	数量	单价/元	金额/元	数量小计	金额小计/元
总仓	加厚军大衣	均码	件	43	37.07	1 593.97	150	5 560.35
分仓1店	加厚军大衣	均码	件	60	37.07	2 224.14		
分仓2店	加厚军大衣	均码	件	47	37.07	1 742.24		
总仓	劳保工作服套装	灰色-160	件	58	30.17	1 750	244	7 362.06
分仓1店	劳保工作服套装	灰色-160	件	97	30.17	2 926.72		
分仓2店	劳保工作服套装	灰色-160	件	89	30.17	2 685.34		
总仓	劳保工作服套装	灰色-165	件	51	30.17	1 538.79	220	6 637.93
分仓1店	劳保工作服套装	灰色-165	件	86	30.17	2 594.83		
分仓2店	劳保工作服套装	灰色-165	件	83	30.17	2 504.31		
总仓	劳保工作服套装	灰色-170	件	50	32.76	1 637.93	206	6 748.28
分仓1店	劳保工作服套装	灰色-170	件	90	32.76	2 948.28		
分仓2店	劳保工作服套装	灰色-170	件	66	32.76	2 162.07		
总仓	劳保工作服套装	灰色-175	件	61	32.76	1 998.28	200	6 551.72
分仓1店	劳保工作服套装	灰色-175	件	70	32.76	2 293.1		
分仓2店	劳保工作服套装	灰色-175	件	69	32.76	2 260.34		
总仓	劳保工作服套装	灰色-180	件	60	32.76	1 965.52	200	6 551.73
分仓1店	劳保工作服套装	灰色-180	件	72	32.76	2 358.62		
分仓2店	劳保工作服套装	灰色-180	件	68	32.76	2 227.59		
总仓	劳保工作服套装	艳兰-160	件	56	30.17	1 689.66	240	7 241.38
分仓1店	劳保工作服套装	艳兰-160	件	93	30.17	2 806.03		
分仓2店	劳保工作服套装	艳兰-160	件	91	30.17	2 745.69		
总仓	劳保工作服套装	艳兰-165	件	50	30.17	1 508.62	212	6 396.55
分仓1店	劳保工作服套装	艳兰-165	件	86	30.17	2 594.83		
分仓2店	劳保工作服套装	艳兰-165	件	76	30.17	2 293.1		
总仓	劳保工作服套装	艳兰-170	件	42	32.76	1 375.86	200	6 551.72
分仓1店	劳保工作服套装	艳兰-170	件	80	32.76	2 620.69		
分仓2店	劳保工作服套装	艳兰-170	件	78	32.76	2 555.17		
总仓	劳保工作服套装	艳兰-175	件	69	32.76	2 260.34	210	6 879.31
分仓1店	劳保工作服套装	艳兰-175	件	73	32.76	2 391.38		
分仓2店	劳保工作服套装	艳兰-175	件	68	32.76	2 227.59		
总仓	劳保工作服套装	艳兰-180	件	70	32.76	2 293.1	230	7 534.48
分仓1店	劳保工作服套装	艳兰-180	件	88	32.76	2 882.76		
分仓2店	劳保工作服套装	艳兰-180	件	72	32.76	2 358.62		

续表

仓库	存货名称	规格型号	单位	数量	单价/元	金额/元	数量小计	金额小计/元
总仓	女衬衫-OL翻领	L	件	53	27.59	1 462.07		
分仓1店	女衬衫-OL翻领	L	件	55	27.59	1 517.24	186	5 131.03
分仓2店	女衬衫-OL翻领	L	件	78	27.59	2 151.72		
总仓	女衬衫-OL翻领	M	件	60	27.59	1 655.17		
分仓1店	女衬衫-OL翻领	M	件	53	27.59	1 462.07	190	5 241.38
分仓2店	女衬衫-OL翻领	M	件	77	27.59	2 124.14		
总仓	女衬衫-OL翻领	S	件	85	27.59	2 344.83		
分仓1店	女衬衫-OL翻领	S	件	51	27.59	1 406.9	192	5 296.56
分仓2店	女衬衫-OL翻领	S	件	56	27.59	1 544.83		
总仓	女衬衫-拼接领	L	件	57	27.59	1 572.41		
分仓1店	女衬衫-拼接领	L	件	49	27.59	1 351.72	170	4 689.65
分仓2店	女衬衫-拼接领	L	件	64	27.59	1 765.52		
总仓	女衬衫-拼接领	M	件	51	27.59	1 406.9		
分仓1店	女衬衫-拼接领	M	件	69	27.59	1 903.45	175	4 827.59
分仓2店	女衬衫-拼接领	M	件	55	27.59	1 517.24		
总仓	女衬衫-拼接领	S	件	46	27.59	1 268.97		
分仓1店	女衬衫-拼接领	S	件	55	27.59	1 517.24	166	4 579.31
分仓2店	女衬衫-拼接领	S	件	65	27.59	1 793.1		
总仓	女衬衫-雪纺花边领	L	件	58	27.59	1 600		
分仓1店	女衬衫-雪纺花边领	L	件	61	27.59	1 682.76	192	5 296.55
分仓2店	女衬衫-雪纺花边领	L	件	73	27.59	2 013.79		
总仓	女衬衫-雪纺花边领	M	件	50	27.59	1 379.31		
分仓1店	女衬衫-雪纺花边领	M	件	63	27.59	1 737.93	183	5 048.27
分仓2店	女衬衫-雪纺花边领	M	件	70	27.59	1 931.03		
总仓	女衬衫-雪纺花边领	S	件	45	27.59	1 241.38		
分仓1店	女衬衫-雪纺花边领	S	件	55	27.59	1 517.24	160	4 413.79
分仓2店	女衬衫-雪纺花边领	S	件	60	27.59	1 655.17		

续表

仓库	存货名称	规格型号	单位	数量	单价/元	金额/元	数量小计	金额小计/元
总仓	文化衫	均码	件	66	5.17	341.38		
分仓1店	文化衫	均码	件	108	5.17	558.62	300	1 551.72
分仓2店	文化衫	均码	件	126	5.17	651.72		
总仓	西服男套装	黑色-L	件	30	86.21	2 586.21		
分仓1店	西服男套装	黑色-L	件	39	86.21	3 362.07	110	9 482.76
分仓2店	西服男套装	黑色-L	件	41	86.21	3 534.48		
总仓	西服男套装	黑色-M	件	38	86.21	3 275.86		
分仓1店	西服男套装	黑色-M	件	43	86.21	3 706.9	132	11379.31
分仓2店	西服男套装	黑色-M	件	51	86.21	4 396.55		
总仓	西服男套装	黑色-S	件	31	86.21	2 672.41		
分仓1店	西服男套装	黑色-S	件	36	86.21	3 103.45	105	9 051.72
分仓2店	西服男套装	黑色-S	件	38	86.21	3 275.86		
总仓	西服男套装	黑色-XL	件	17	86.21	1 465.52		
分仓1店	西服男套装	黑色-XL	件	42	86.21	3 620.69	98	8 448.28
分仓2店	西服男套装	黑色-XL	件	39	86.21	3 362.07		
总仓	西服男套装	黑色-XXL	件	23	86.21	1 982.76		
分仓1店	西服男套装	黑色-XXL	件	38	86.21	3 275.86	103	8 879.31
分仓2店	西服男套装	黑色-XXL	件	42	86.21	3 620.69		
总仓	西服女套装-V领	白+黑-L	件	30	56.03	1 681.03		
分仓1店	西服女套装-V领	白+黑-L	件	41	56.03	2 297.41	115	6 443.96
分仓2店	西服女套装-V领	白+黑-L	件	44	56.03	2 465.52		
总仓	西服女套装-V领	白+黑-M	件	32	56.03	1 793.1		
分仓1店	西服女套装-V领	白+黑-M	件	39	56.03	2 185.34	115	6 443.96
分仓2店	西服女套装-V领	白+黑-M	件	44	56.03	2 465.52		
总仓	西服女套装-V领	白+黑-S	件	33	56.03	1 849.14		
分仓1店	西服女套装-V领	白+黑-S	件	42	56.03	2 353.45	123	6 892.25
分仓2店	西服女套装-V领	白+黑-S	件	48	56.03	2 689.66		

续表

仓库	存货名称	规格型号	单位	数量	单价/元	金额/元	数量小计	金额小计/元
总仓	西服女套装－立领	白＋黑－L	件	60	56.03	3 362.07		
分仓1店	西服女套装－立领	白＋黑－L	件	58	56.03	3 250	171	9 581.9
分仓2店	西服女套装－立领	白＋黑－L	件	53	56.03	2 969.83		
总仓	西服女套装－立领	白＋黑－M	件	60	56.03	3 362.07		
分仓1店	西服女套装－立领	白＋黑－M	件	51	56.03	2 857.76	165	9 245.69
分仓2店	西服女套装－立领	白＋黑－M	件	54	56.03	3 025.86		
总仓	西服女套装－立领	白＋黑－S	件	37	56.03	2 073.28		
分仓1店	西服女套装－立领	白＋黑－S	件	47	56.03	2 633.62	130	7 284.49
分仓2店	西服女套装－立领	白＋黑－S	件	46	56.03	2 577.59		
总仓	西服女套装－西装领	白＋黑－L	件	30	56.03	1 681.03		
分仓1店	西服女套装－西装领	白＋黑－L	件	33	56.03	1 849.14	102	5 715.51
分仓2店	西服女套装－西装领	白＋黑－L	件	39	56.03	2 185.34		
总仓	西服女套装－西装领	白＋黑－M	件	31	56.03	1 737.07		
分仓1店	西服女套装－西装领	白＋黑－M	件	39	56.03	2 185.34	105	5 883.62
分仓2店	西服女套装－西装领	白＋黑－M	件	35	56.03	1 961.21		
总仓	西服女套装－西装领	白＋黑－S	件	34	56.03	1 905.17		
分仓1店	西服女套装－西装领	白＋黑－S	件	46	56.03	2 577.59	126	7 060.35
分仓2店	西服女套装－西装领	白＋黑－S	件	46	56.03	2 577.59		

工作要求

在企业应用平台的总账管理模块中完成期初数据维护。

工作流程

1. 期初余额："总账"—"设置"—"期初余额";

2. 试算平衡："总账"—"设置"—"期初余额"。

工作岗位

账套主管（001 李佳华）。

工作时间

2021-12-01。

操作规范

步骤一：期初余额

1. 以"001"身份于"2021-12-01"登录企业应用平台。
2. 双击执行"业务工作"—"财务会计"—"总账"命令，进入"总账"模块；双击执行"设置"—"期初余额"命令，打开"期初余额录入"窗口。
3. 在"期初余额录入"窗口，按照案例表 3-4-1 中的数据录入不带辅助核算的科目（白色框）的期初余额，如图 4-3-1 所示。

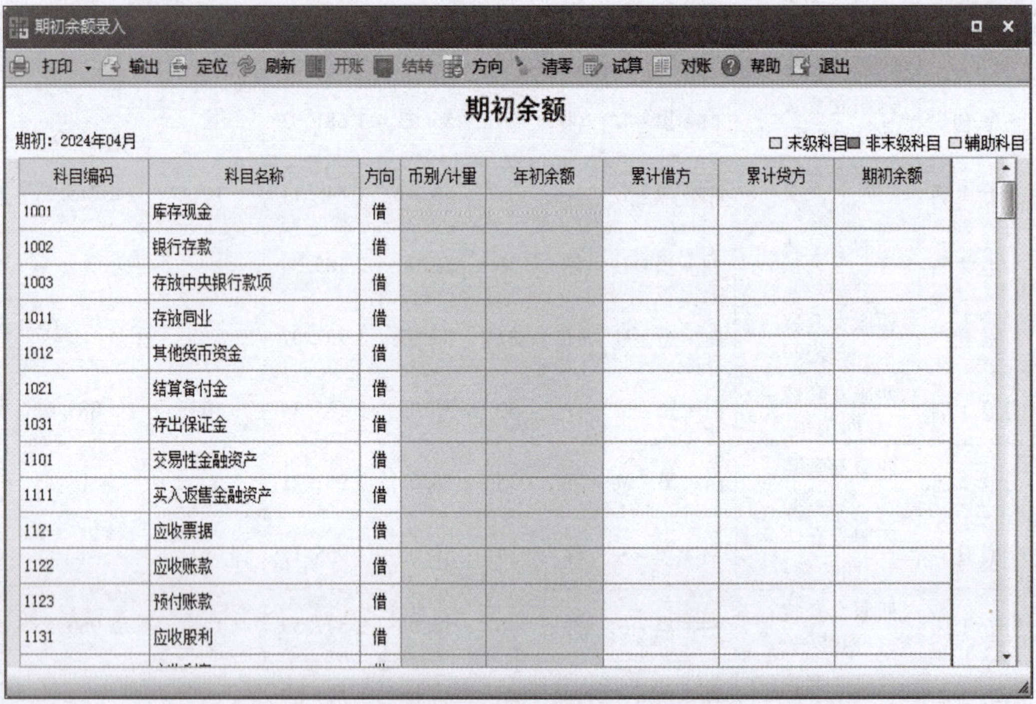

图 4-3-1 直接录入期初余额

4. 双击带辅助核算科目（黄色框），弹出"辅助期初余额"窗口，单击"往来明细"，打开"期初往来明细"窗口，如图 4-3-2 所示。

5. 在"期初往来明细"窗口，单击"增行"按钮，在编辑框新增一空白行，将案例企业的数据录入，录入完毕，单击"汇总"将数据汇总到辅助明细，单击"退出"即可保存并退出，如图 4-3-3 所示。

6. 在"辅助期初余额"窗口，单击"退出"按钮即完成。

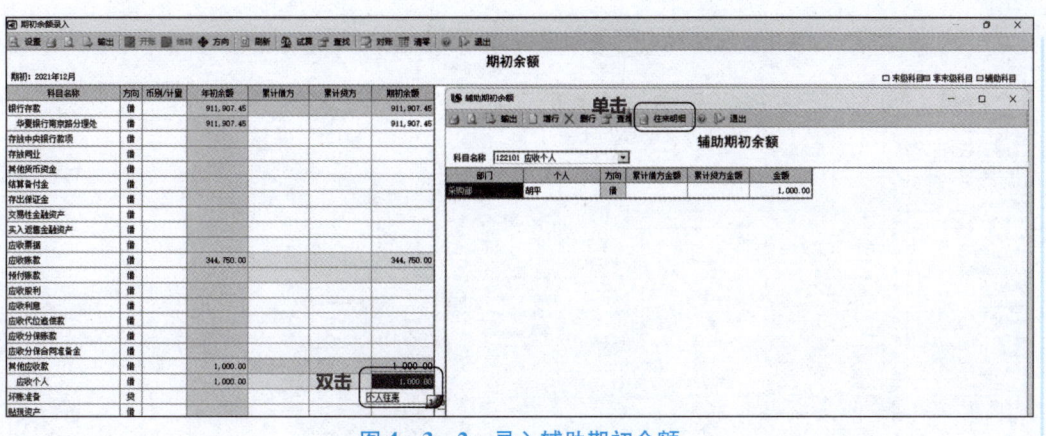

图4-3-2 录入辅助期初余额

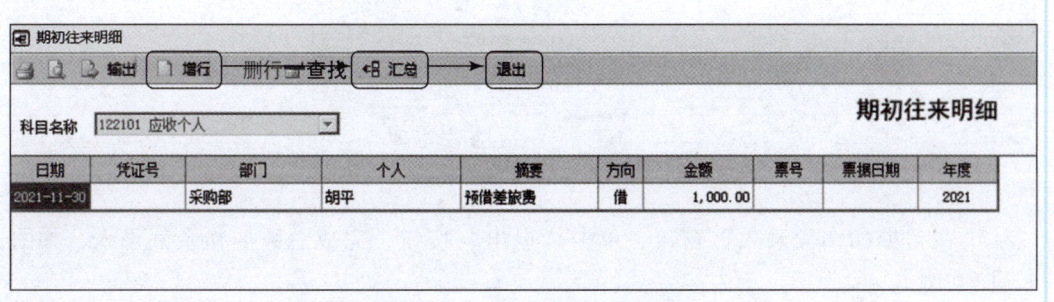

图4-3-3 录入期初往来明细

步骤二：试算平衡

1. 全部期初余额录入后，在"期初余额录入"窗口，单击"试算"按钮，可查看"期初试算平衡表"，如图4-3-4所示。

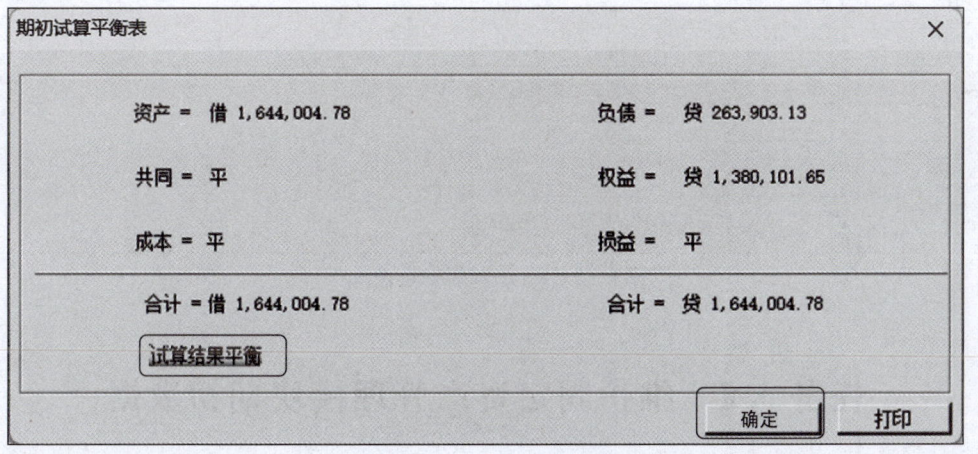

图4-3-4 期初试算平衡

2. 在"期初余额录入"窗口，也可单击"对账"按钮，弹出"期初对账"窗口，单击"开始"按钮，检查总账上下级、辅助账、明细账的期初余额是否一致，如图4-3-5所示。

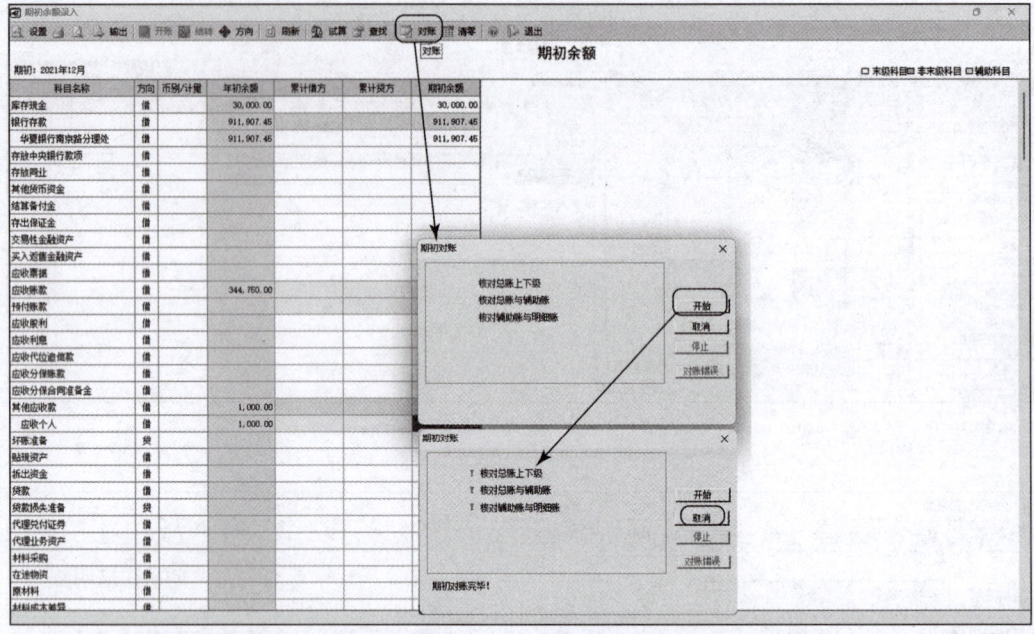

图4-3-5　期初对账

3. 在"期初余额录入"窗口，单击"退出"按钮，完成总账期初余额录入，如图4-3-6所示。

图4-3-6　完成期初余额录入

任务3.2　维护固定资产管理模块期初数据

工作内容

九州华问服装有限公司固定资产的原始卡片信息如表4-3-5所示。

表4-3-5 固定资产原始卡片   单位：元

类别	固定资产名称	规格	原值	购置日期	使用状态	增加方式	折旧年限	残值率	月折旧率	月折旧额	累计折旧	使用部门
电子设备	计算机	联想	3 500	2021.1.15	在用	直购	3	5%	2.64%	92.361	923.61	办公室
电子设备	计算机	联想	3 500	2021.1.15	在用	直购	3	5%	2.64%	92.361	923.61	办公室
电子设备	计算机	联想	3 500	2021.1.15	在用	直购	3	5%	2.64%	92.361	923.61	办公室
电子设备	计算机	联想	3 500	2021.1.15	在用	直购	3	5%	2.64%	92.361	923.61	办公室
电子设备	计算机	联想	3 500	2021.1.15	在用	直购	3	5%	2.64%	92.361	923.61	办公室
电子设备	计算机	联想	3 500	2021.1.15	在用	直购	3	5%	2.64%	92.361	923.61	办公室
电子设备	计算机	联想	3 500	2021.1.15	在用	直购	3	5%	2.64%	92.361	923.61	办公室
电子设备	计算机	联想	3 500	2021.1.15	在用	直购	3	5%	2.64%	92.361	923.61	办公室
电子设备	计算机	联想	3 500	2021.1.15	在用	直购	3	5%	2.64%	92.361	923.61	办公室
电子设备	计算机	联想	3 500	2021.1.15	在用	直购	3	5%	2.64%	92.361	923.61	办公室
电子设备	计算机	联想	3 500	2021.1.15	在用	直购	3	5%	2.64%	92.361	923.61	办公室
电子设备	计算机	联想	3 500	2021.1.15	在用	直购	3	5%	2.64%	92.361	923.61	办公室
电子设备	计算机	联想	3 500	2021.1.15	在用	直购	3	5%	2.64%	92.361	923.61	办公室
电子设备	计算机	联想	3 500	2021.1.15	在用	直购	3	5%	2.64%	92.361	923.61	办公室
电子设备	计算机	联想	3 500	2021.1.15	在用	直购	3	5%	2.64%	92.361	923.61	办公室
电子设备	打印机	惠普	2 800	2021.1.16	在用	直购	3	5%	2.64%	73.89	738.9	办公室
电子设备	打印机	惠普	2 800	2021.1.16	在用	直购	3	5%	2.64%	73.89	738.9	办公室
电子设备	打印机	惠普	2 800	2021.1.16	在用	直购	3	5%	2.64%	73.89	738.9	办公室
电子设备	空调	格力	3200	2021.2.08	在用	直购	3	5%	2.64%	84.44	760	办公室
电子设备	空调	格力	3 200	2021.2.08	在用	直购	3	5%	2.64%	84.44	760	办公室
电子设备	空调	格力	3 200	2021.2.08	在用	直购	3	5%	2.64%	84.44	760	办公室
电子设备	空调	格力	3 200	2021.2.08	在用	直购	3	5%	2.64%	84.44	760	办公室
电子设备	空调	格力	3 200	2021.2.08	在用	直购	3	5%	2.64%	84.44	760	办公室
电子设备	空调	格力	3 200	2021.2.08	在用	直购	3	5%	2.64%	84.44	760	办公室
电子设备	空调	格力	3 200	2021.2.08	在用	直购	3	5%	2.64%	84.44	760	办公室
电子设备	空调	格力	3 200	2021.2.08	在用	直购	3	5%	2.64%	84.44	760	办公室
电子设备	复印机	佳能	4 900	2021.3.13	在用	直购	3	5%	2.64%	129.31	1 034.48	办公室
运输设备	面包车	五菱之光	49 000	2021.1.28	在用	直购	4	5%	1.98%	969.79	9 697.9	零售部
合计			161 100							3 927.99	3 8261.28	

工作要求

在企业应用平台的固定资产模块中完成原始卡片数据维护。

工作流程

1. 原始卡片："固定资产"—"卡片"—"录入原始卡片";
2. 复制卡片："固定资产"—"卡片"—"录入原始卡片"。

工作岗位

账套主管（001 李佳华）。

工作时间

2021-12-01。

操作规范

步骤一：原始卡片

1. 以"001"身份于"2021-12-01"登录企业应用平台。
2. 双击执行"财务会计"—"固定资产"命令，进入"固定资产"模块。

双击执行"卡片"—"录入原始卡片"命令，弹出"固定资产类别档案"窗口，选择固定资产所属"资产类别"，单击"确定"按钮，进入固定资产卡片输入界面。

3. 在"固定资产卡片"窗口，按照案例中表 4-3-4 的信息，修改"固定资产名称"，输入"规格型号"，选择"使用部门"，选择"增加方式"和"使用状态"，输入"使用年限（月）""开始使用日期""原值""累计折旧"，其他内容会自动处理核算，单击"保存"按钮，如图 4-3-7 所示。

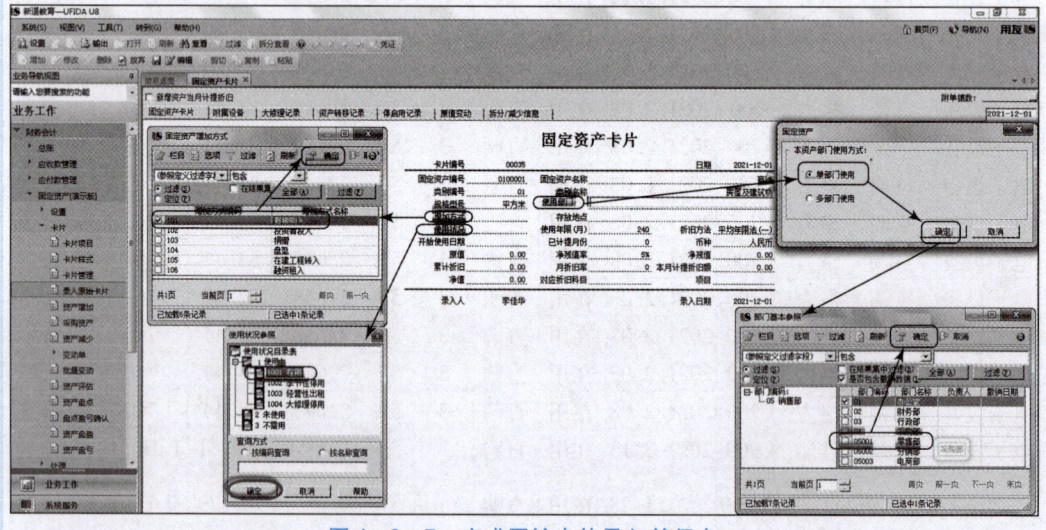

图 4-3-7 完成原始卡片录入并保存

步骤二：复制卡片

1. 在"固定资产卡片"窗口，单击"　｜◀ ◀ ▶ ▶｜　"调出需要复制的原始卡片，单击工具栏的"复制"按钮，弹出"固定资产"复制窗口。

2. 在"起始资产编号"处输入"复制资产编号+1"(比如需要复制10张原始卡片,原始卡片编号为"0300034",则"起始资产编号"输入"0300035"),在"终止资产编号"处输入"起始资产编号+复制数量"(接前例,"终止资产编号"处输入0300035+10=0300045),在"卡片复制数量"处输入需要复制的卡片数量(接前例,"卡片复制数量"输入"10"),单击"确定"按钮即可自动复制需要数量的原始卡片,如图4-3-8所示。

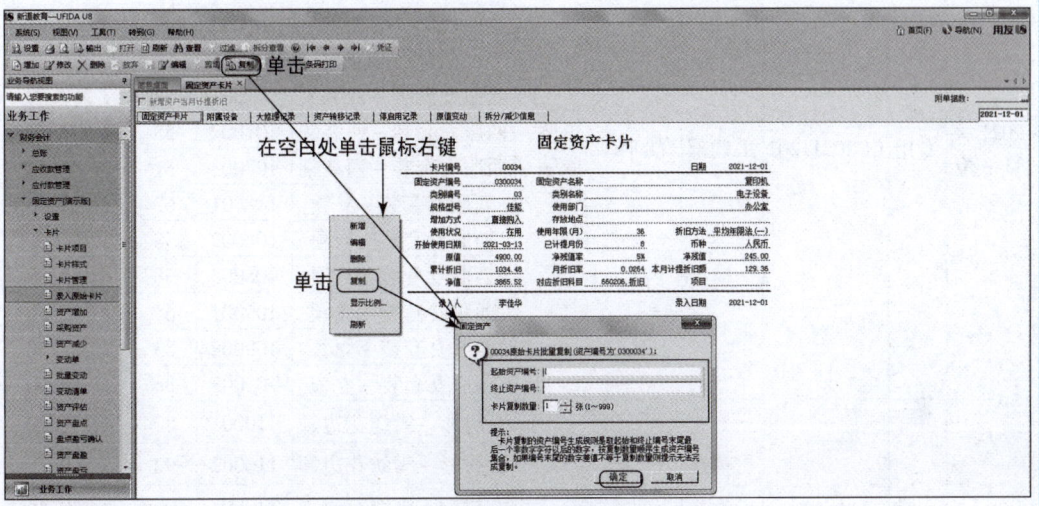

图4-3-8 复制卡片

任务3.3 维护应付款管理模块期初数据

工作内容

九州华问服装有限公司应付款管理期初数据信息如表4-3-6所示。

表4-3-6 应付账款期初余额表

开票日期	发票类型	发票号	部门	业务员	供应商	存货名称	存货编码	数量/件	价税合计/元
2021-11-30	专用	CG20211201	采购部	胡平	琪琪服装	劳保工作服套装	101001	120	4 610.40
						劳保工作服套装	101002	106	4 072.52
						劳保工作服套装	101003	100	3 842.00
						劳保工作服套装	101004	105	4 034.00
						劳保工作服套装	101005	115	4 418.30
						劳保工作服套装	102001	122	4 659.72
						劳保工作服套装	102002	110	4 226.30
						劳保工作服套装	102003	9	349.17
						劳保工作服套装	102004	100	3 842.00
						劳保工作服套装	102005	100	3 842.00
						户外运动衫	103001	157	1 064.46
						文化衫	104001	150	1 017.00
						加厚军大衣	105001	75	3 178.13

续表

开票日期	发票类型	发票号	部门	业务员	供应商	存货名称	存货编码	数量/件	价税合计/元
2021-11-30	专用	CG20211202	采购部	胡平	美姿服装	西服男套装	106001	53	5 420.05
						西服男套装	106002	66	6 707.11
						西服男套装	106003	55	5 624.58
						西服男套装	106004	49	5 010.98
						西服男套装	106005	52	5 317.78
						西服女套装－西装领	107001	63	3 559.50
						西服女套装－西装领	107002	53	2 994.50
						西服女套装－西装领	107003	51	2 881.50
						西服女套装－V领	108001	62	3 503.00
						西服女套装－V领	108002	58	3 277.00
						西服女套装－V领	108003	58	3 277.00
						西服女套装－立领	109001	65	3 672.50
						西服女套装－立领	109002	83	4 689.50
						西服女套装－立领	109003	86	4 859.00
2021-11-30	专用	CG20211203	采购部	胡平	天语服装	女衬衫－雪纺花边领	110001	80	4 791.20
						女衬衫－雪纺花边领	110002	92	5 509.88
						女衬衫－雪纺花边领	110003	96	5 749.44
						女衬衫－拼接领	111001	83	4 970.87
						女衬衫－拼接领	111002	88	5 270.32
						女衬衫－拼接领	111003	85	5 090.65
						女衬衫－OL翻领	112001	96	5 740.56
						女衬衫－OL翻领	112002	95	5 678.82
						女衬衫－OL翻领	112003	93	5 559.26

工作要求

在企业应用平台的应付款管理模块中完成期初数据维护。

工作流程

期初余额：“应付款管理”—"设置"—"期初余额"。

工作岗位

账套主管（001 李佳华）。

工作时间

2021-12-01。

操作规范

1. 以"001"身份于"2021-12-01"登录企业应用平台。
2. 双击执行"业务工作"—"财务会计"—"应付款管理"命令，进入"应付款管理"模块；双击执行"设置"—"期初余额"命令，弹出"期初余额-查询"窗口，查询条件默认，单击"确定"按钮，进入"期初余额"录入界面。

3. 单击"增加"，弹出"单据类别"选项框，单据名称选择"采购发票"，单据类型选择"采购专用发票"，方向选择"正向"，单击"确定"按钮，进入"采购发票"界面，如图4-3-9所示。

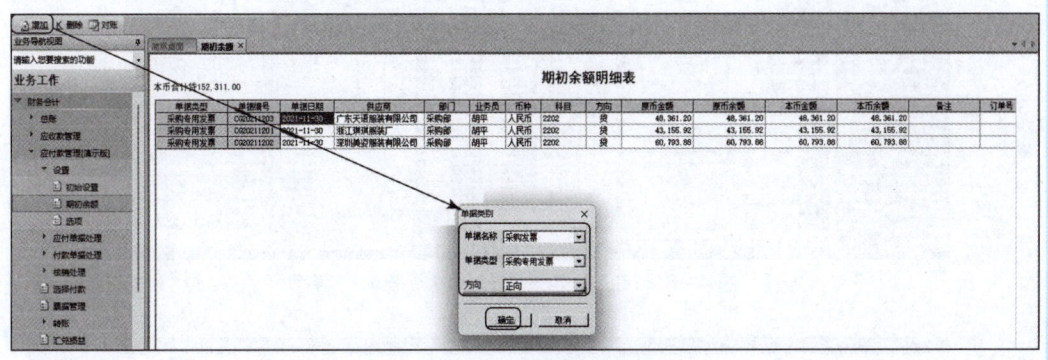

图4-3-9　选择单据类别

4. 在"采购发票"窗口，单击"增加"按钮，新增空白采购专用发票，根据案例表4-3-4中的期初发票的信息，输入"发票号"及其他蓝色字体内容，选择"开票日期""供应商""部门""业务员"，如图4-3-10所示。

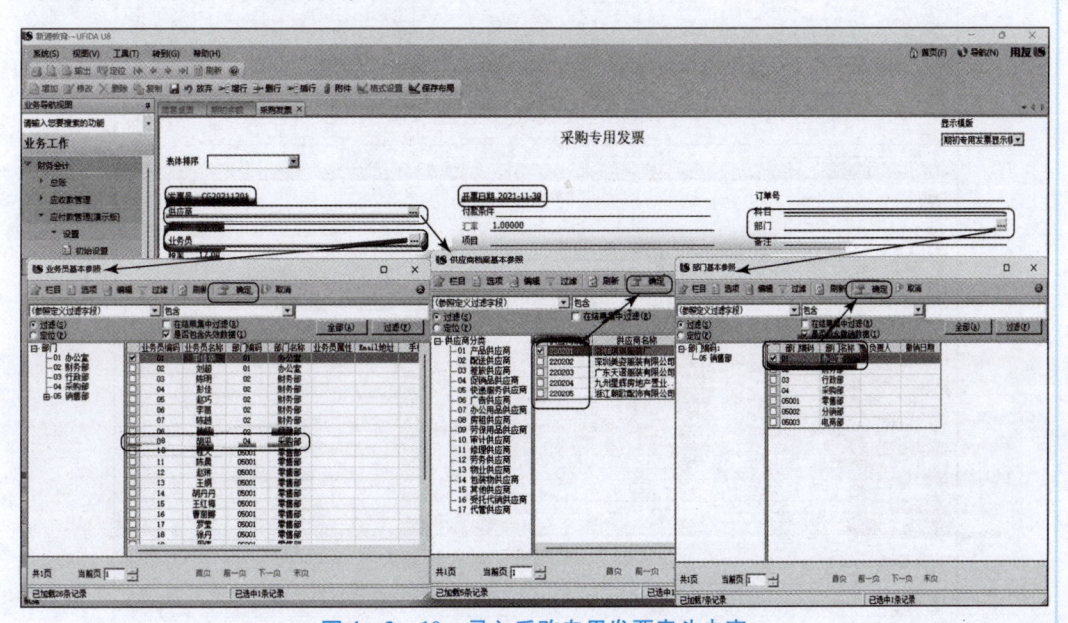

图4-3-10　录入采购专用发票表头内容

5. 在"采购发票"窗口，双击存货表的"存货编码"的第一行空白栏，单击出现的"查询"按钮，弹出"存货基本参照"窗口，根据案例表4-3-4中的"存货编码"列依次选择"存货编码"，单击"确定"即可，如图4-3-11所示。

6. 根据案例表4-3-5的存货编码依次输入对应"数量"和"原币价税合计"，其他自动折算汇总，单击工具栏"保存"按钮即可，如图4-3-12所示。

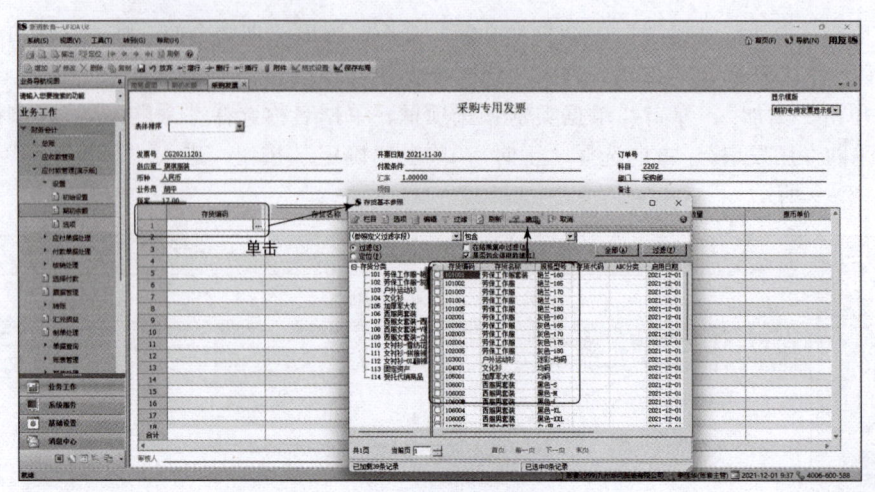

图4-3-11　录入采购专用发票表体内容

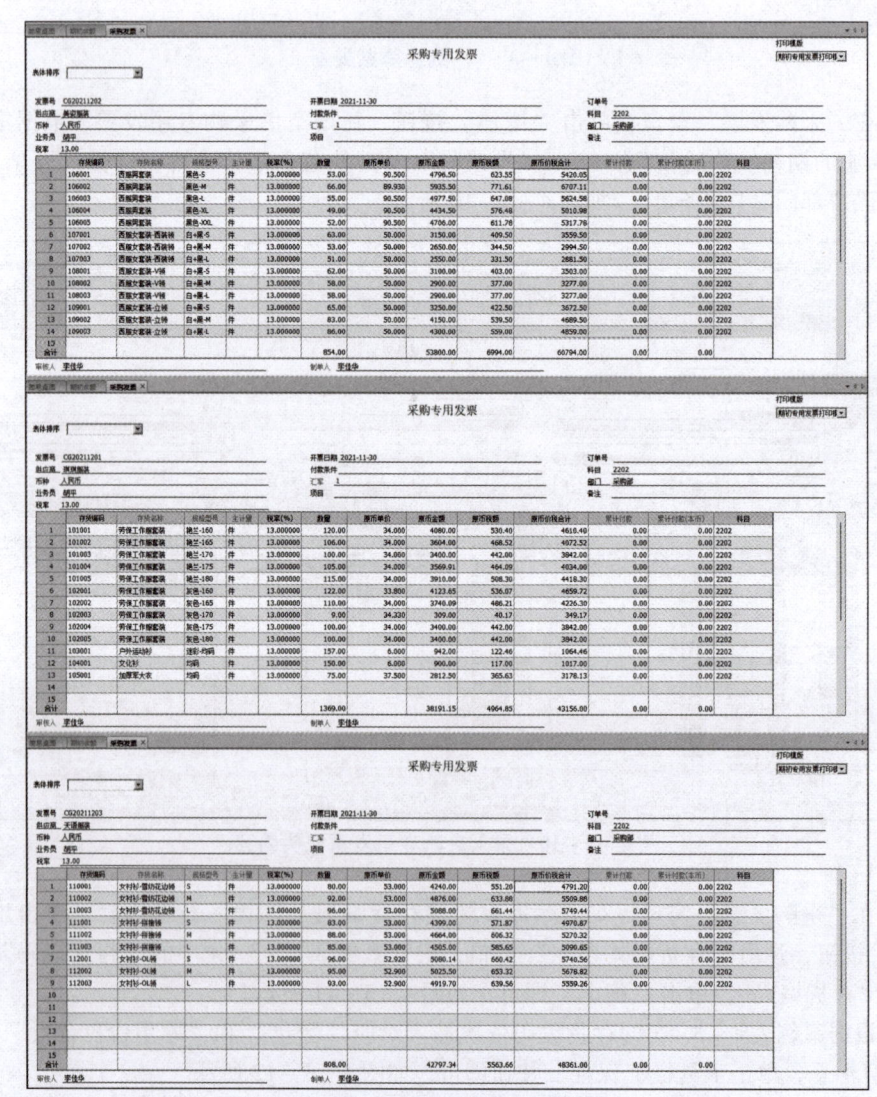

图4-3-12　期初采购专用发票

任务3.4 维护应收款管理模块期初数据

工作内容

九州华问服装有限公司应收款管理期初数据信息如表4-3-7所示。

表4-3-7 应收款管理期初数据信息

序号	开票日期	发票号	客户	部门	业务员	存货编码	数量/件	无税单价/元	税率
1	2021-11-30	XS20211201	华威科技	分销部	李超	101001	200	77.85	13%
						101002	200	77.86	13%
2	2021-11-30	XS20211202	运恒电子	分销部	李超	104001	300	15.88	13%
						106001	60	188.41	13%
						106002	50	188.39	13%
3	2021-11-30	XS20211203	昌达花纸	分销部	李超	105001	100	81.26	13%
						106001	60	188.41	13%
						106002	50	188.39	13%
4	2021-11-30	XS20211204	华奇外贸	分销部	李超	107001	120	146.64	13%
						107002	100	146.6	13%
						104001	100	14.6	13%
5	2021-11-30	XS20211205	创鑫服装	分销部	李超	108001	300	151.33	13%
6	2021-11-30	XS20211206	云飞贸易	分销部	李超	109001	200	148.86	13%
						109002	140	148.85	13%
						104001	200	14.91	13%
7	2021-11-30	XS20211207	莎莎服饰	分销部	李超	110001	300	64	13%
						110002	200	63.9	13%
						104001	160	15	13%
						101001	300	50	13%
8	2021-11-30	XS20211208	美琳服装	分销部	李超	110001	200	65.5	13%
						111001	200	66	13%
						112001	100	64.21	13%
						104001	300	16	13%

工作要求

在企业应用平台的应收款管理模块中完成期初数据维护。

工作流程

期初余额:"应收款管理"—"设置"—"期初余额"。

工作岗位

账套主管(001 李佳华)。

工作时间

2021－12－01。

操作规范

1. 以"001"身份于"2021－12－01"登录企业应用平台。

2. 双击执行"业务工作"—"财务会计"—"应收款管理"命令,进入"应收款管理"模块。

双击执行"设置"—"期初余额"命令,弹出"期初余额－查询"窗口,查询条件默认,单击"确定"按钮,进入"期初余额"录入界面。

3. 在"期初余额"录入窗口,单击"增加"按钮,弹出"单据类别"选项框,单据名称选择"销售发票",单据类型选择"销售专用发票",方向选择"正向",单击"确定"按钮,进入"期初销售发票"录入界面,如图4－3－13所示。

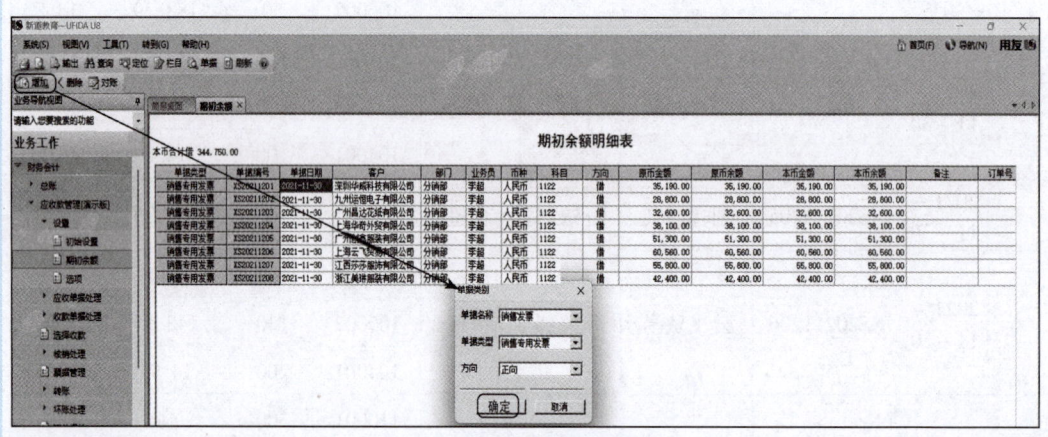

图4－3－13 选择单据类别

4. 在"期初销售发票"录入窗口,单击工具栏的"增加"按钮,新增空白期初销售专用发票,根据案例表4－3－6中的期初发票的信息,逐条输入应收信息,蓝色字体内容是必输内容,如图4－3－14所示。

财人微语

"志士仁人无求生以害仁,有杀身以成仁。"

——《论语·卫灵公》

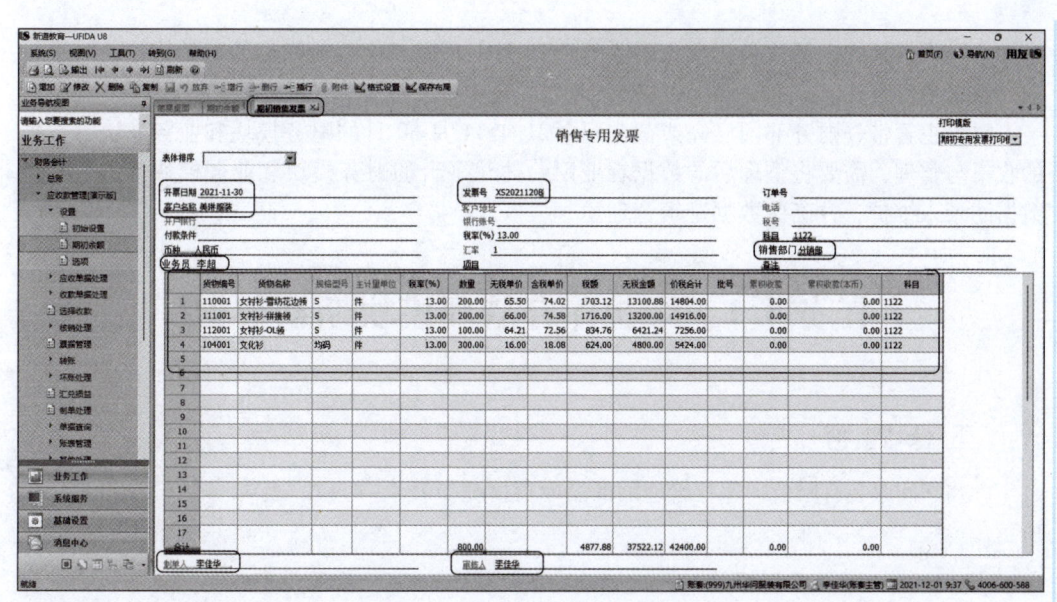

图4-3-14 录入销售专用发票

工作任务4　维护业务模块期初数据

职业知识目标

通过学习，学员能了解业财平台期初数据维护的主要内容；

通过学习，学员能理解各模块期初数据维护的含义；

通过学习，学员能掌握期初数据维护的技巧和方法，能熟练设置各模块期初数据。

职业技能目标

通过训练，学员能依据企业情况在业财平台完成库存管理模块期初数据的录入维护等操作；

通过训练，学员能依据企业情况在业财平台完成存货核算模块期初数据的录入维护等操作；

通过训练，学员具备独立维护企业业财平台各模块期初数据操作的能力，达到胜任基于业财一体化平台账套主管或财务主管岗位工作职责的目标。

职业素养目标

通过学习和训练，学员具备规则意识和应用能力；

通过学习和训练，学员具备坚持准则、提高技能的会计职业道德；

通过学习和训练，学员具备执着专注、一丝不苟的工匠精神。

工作情景

九州华问服装有限公司已于2021年12月1日在业财一体化平台上成功启用总账、固定资产、薪资管理、应收管理、应付管理、销售管理、采购管理、存货管理、库存管理等模块。

总经理带领的内部信息化实施团队已于12月1日完成信息化账套的初始维护,现进行期初数据录入维护。

财务主管带领财务部门已完成截止到2021年11月30日的财务模块和业务模块等数据的收集与整理,需要将整理后的数据在业财一体化平台的财务模块和业务模块中进行期初数据的录入维护,并确保数据逻辑合理。

任务4.1 维护库存管理模块期初数据

工作内容

九州华问服装有限公司库存管理的商品库存情况如表4-4-1、表4-4-2、表4-4-3所示。

表4-4-1 库存商品期初明细表——总仓

仓库	编码	存货名称	规格型号	单位	数量	单价/元	金额/元
总仓	101001	劳保工作服套装	艳兰-160	件	56.00	30.17	1 689.66
总仓	101002	劳保工作服套装	艳兰-165	件	50.00	30.17	1 508.62
总仓	101003	劳保工作服套装	艳兰-170	件	42.00	32.76	1 375.86
总仓	101004	劳保工作服套装	艳兰-175	件	69.00	32.76	2 260.34
总仓	101005	劳保工作服套装	艳兰-180	件	70.00	32.76	2 293.10
总仓	102001	劳保工作服套装	灰色-160	件	58.00	30.17	1 750.00
总仓	102002	劳保工作服套装	灰色-165	件	51.00	30.17	1 538.79
总仓	102003	劳保工作服套装	灰色-170	件	50.00	32.76	1 637.93
总仓	102004	劳保工作服套装	灰色-175	件	61.00	32.76	1 998.28
总仓	102005	劳保工作服套装	灰色-180	件	60.00	32.76	1 965.52
总仓	103001	户外运动衫	迷彩-均码	件	65.00	5.17	336.21
总仓	104001	文化衫	均码	件	66.00	5.17	341.38
总仓	105001	加厚军大衣	均码	件	43.00	37.07	1 593.97
总仓	106001	西服男套装	黑色-S	件	31.00	86.21	2 672.41
总仓	106002	西服男套装	黑色-M	件	38.00	86.21	3 275.86
总仓	106003	西服男套装	黑色-L	件	30.00	86.21	2 586.21
总仓	106004	西服男套装	黑色-XL	件	17.00	86.21	1 465.52
总仓	106005	西服男套装	黑色-XXL	件	23.00	86.21	1 982.76
总仓	107001	西服女套装-西装领	白+黑-S	件	34.00	56.03	1 905.17
总仓	107002	西服女套装-西装领	白+黑-M	件	31.00	56.03	1 737.07

续表

仓库	编码	存货名称	规格型号	单位	数量	单价/元	金额/元
总仓	107003	西服女套装－西装领	白＋黑－L	件	30.00	56.03	1 681.03
总仓	108001	西服女套装－V领	白＋黑－S	件	33.00	56.03	1 849.14
总仓	108002	西服女套装－V领	白＋黑－M	件	32.00	56.03	1 793.10
总仓	108003	西服女套装－V领	白＋黑－L	件	30.00	56.03	1 681.03
总仓	109001	西服女套装－立领	白＋黑－S	件	37.00	56.03	2 073.28
总仓	109002	西服女套装－立领	白＋黑－M	件	60.00	56.03	3 362.07
总仓	109003	西服女套装－立领	白＋黑－L	件	60.00	56.03	3 362.07
总仓	110001	女衬衫－雪纺花边领	S	件	45.00	27.59	1 241.38
总仓	110002	女衬衫－雪纺花边领	M	件	50.00	27.59	1 379.31
总仓	110003	女衬衫－雪纺花边领	L	件	58.00	27.59	1 600.00
总仓	111001	女衬衫－拼接领	S	件	46.00	27.59	1 268.97
总仓	111002	女衬衫－拼接领	M	件	51.00	27.59	1 406.90
总仓	111003	女衬衫－拼接领	L	件	57.00	27.59	1 572.41
总仓	112001	女衬衫－OL翻领	S	件	85.00	27.59	2 344.83
总仓	112002	女衬衫－OL翻领	M	件	60.00	27.59	1 655.17
总仓	112003	女衬衫－OL翻领	L	件	53.00	27.59	1 462.07
		合计			1 732.00		65 647.42

表4－4－2　库存商品期初明细表——分仓1店

仓库	编码	存货名称	规格型号	单位	数量	单价/元	金额/元
分仓1店	101001	劳保工作服套装	艳兰－160	件	93.00	30.17	2 806.03
分仓1店	101002	劳保工作服套装	艳兰－165	件	86.00	30.17	2 594.83
分仓1店	101003	劳保工作服套装	艳兰－170	件	80.00	32.76	2 620.69
分仓1店	101004	劳保工作服套装	艳兰－175	件	73.00	32.76	2 391.38
分仓1店	101005	劳保工作服套装	艳兰－180	件	88.00	32.76	2 882.76
分仓1店	102001	劳保工作服套装	灰色－160	件	97.00	30.17	2 926.72
分仓1店	102002	劳保工作服套装	灰色－165	件	86.00	30.17	2 594.83
分仓1店	102003	劳保工作服套装	灰色－170	件	90.00	32.76	2 948.28
分仓1店	102004	劳保工作服套装	灰色－175	件	70.00	32.76	2 293.10
分仓1店	102005	劳保工作服套装	灰色－180	件	72.00	32.76	2 358.62
分仓1店	103001	户外运动衫	迷彩－均码	件	121.00	5.17	625.86
分仓1店	104001	文化衫	均码	件	108.00	5.17	558.62
分仓1店	105001	加厚军大衣	均码	件	60.00	37.07	2 224.14

续表

仓库	编码	存货名称	规格型号	单位	数量	单价/元	金额/元
分仓1店	106001	西服男套装	黑色-S	件	36.00	86.21	3 103.45
分仓1店	106002	西服男套装	黑色-M	件	43.00	86.21	3 706.90
分仓1店	106003	西服男套装	黑色-L	件	39.00	86.21	3 362.07
分仓1店	106004	西服男套装	黑色-XL	件	42.00	86.21	3 620.69
分仓1店	106005	西服男套装	黑色-XXL	件	38.00	86.21	3 275.86
分仓1店	107001	西服女套装-西装领	白+黑-S	件	46.00	56.03	2 577.59
分仓1店	107002	西服女套装-西装领	白+黑-M	件	39.00	56.03	2 185.34
分仓1店	107003	西服女套装-西装领	白+黑-L	件	33.00	56.03	1 849.14
分仓1店	108001	西服女套装-V领	白+黑-S	件	42.00	56.03	2 353.45
分仓1店	108002	西服女套装-V领	白+黑-M	件	39.00	56.03	2 185.34
分仓1店	108003	西服女套装-V领	白+黑-L	件	41.00	56.03	2 297.41
分仓1店	109001	西服女套装-立领	白+黑-S	件	47.00	56.03	2 633.62
分仓1店	109002	西服女套装-立领	白+黑-M	件	51.00	56.03	2 857.76
分仓1店	109003	西服女套装-立领	白+黑-L	件	58.00	56.03	3 250.00
分仓1店	110001	女衬衫-雪纺花边领	S	件	55.00	27.59	1 517.24
分仓1店	110002	女衬衫-雪纺花边领	M	件	63.00	27.59	1 737.93
分仓1店	110003	女衬衫-雪纺花边领	L	件	61.00	27.59	1 682.76
分仓1店	111001	女衬衫-拼接领	S	件	55.00	27.59	1 517.24
分仓1店	111002	女衬衫-拼接领	M	件	69.00	27.59	1 903.45
分仓1店	111003	女衬衫-拼接领	L	件	49.00	27.59	1 351.72
分仓1店	112001	女衬衫-OL翻领	S	件	51.00	27.59	1 406.90
分仓1店	112002	女衬衫-OL翻领	M	件	53.00	27.59	1 462.07
分仓1店	112003	女衬衫-OL翻领	L	件	55.00	27.59	1 517.24
		合计			2 229.00		83 181.03

表4-4-3 库存商品期初明细表——分仓2店

仓库	编码	存货名称	规格型号	单位	数量	单价/元	金额/元
分仓2店	101001	劳保工作服套装	艳兰-160	件	91.00	30.17	2 745.69
分仓2店	101002	劳保工作服套装	艳兰-165	件	76.00	30.17	2 293.10
分仓2店	101003	劳保工作服套装	艳兰-170	件	78.00	32.76	2 555.17
分仓2店	101004	劳保工作服套装	艳兰-175	件	68.00	32.76	2 227.59
分仓2店	101005	劳保工作服套装	艳兰-180	件	72.00	32.76	2 358.62
分仓2店	102001	劳保工作服套装	灰色-160	件	89.00	30.17	2 685.34

续表

仓库	编码	存货名称	规格型号	单位	数量	单价/元	金额/元
分仓2店	102002	劳保工作服套装	灰色-165	件	83.00	30.17	2 504.31
分仓2店	102003	劳保工作服套装	灰色-170	件	66.00	32.76	2 162.07
分仓2店	102004	劳保工作服套装	灰色-175	件	69.00	32.76	2 260.34
分仓2店	102005	劳保工作服套装	灰色-180	件	68.00	32.76	2 227.59
分仓2店	103001	户外运动衫	迷彩-均码	件	128.00	5.17	662.07
分仓2店	104001	文化衫	均码	件	126.00	5.17	651.72
分仓2店	105001	加厚军大衣	均码	件	47.00	37.07	1 742.24
分仓2店	106001	西服男套装	黑色-S	件	38.00	86.21	3 275.86
分仓2店	106002	西服男套装	黑色-M	件	51.00	86.21	4 396.55
分仓2店	106003	西服男套装	黑色-L	件	41.00	86.21	3 534.48
分仓2店	106004	西服男套装	黑色-XL	件	39.00	86.21	3 362.07
分仓2店	106005	西服男套装	黑色-XXL	件	42.00	86.21	3 620.69
分仓2店	107001	西服女套装-西装领	白+黑-S	件	46.00	56.03	2 577.59
分仓2店	107002	西服女套装-西装领	白+黑-M	件	35.00	56.03	1 961.21
分仓2店	107003	西服女套装-西装领	白+黑-L	件	39.00	56.03	2 185.34
分仓2店	108001	西服女套装-V领	白+黑-S	件	48.00	56.03	2 689.66
分仓2店	108002	西服女套装-V领	白+黑-M	件	44.00	56.03	2 465.52
分仓2店	108003	西服女套装-V领	白+黑-L	件	44.00	56.03	2 465.52
分仓2店	109001	西服女套装-立领	白+黑-S	件	46.00	56.03	2 577.59
分仓2店	109002	西服女套装-立领	白+黑-M	件	54.00	56.03	3 025.86
分仓2店	109003	西服女套装-立领	白+黑-L	件	53.00	56.03	2 969.83
分仓2店	110001	女衬衫-雪纺花边领	S	件	60.00	27.59	1 655.17
分仓2店	110002	女衬衫-雪纺花边领	M	件	70.00	27.59	1 931.03
分仓2店	110003	女衬衫-雪纺花边领	L	件	73.00	27.59	2 013.79
分仓2店	111001	女衬衫-拼接领	S	件	65.00	27.59	1 793.10
分仓2店	111002	女衬衫-拼接领	M	件	55.00	27.59	1 517.24
分仓2店	111003	女衬衫-拼接领	L	件	64.00	27.59	1 765.52
分仓2店	112001	女衬衫-OL翻领	S	件	56.00	27.59	1 544.83
分仓2店	112002	女衬衫-OL翻领	M	件	77.00	27.59	2 124.14
分仓2店	112003	女衬衫-OL翻领	L	件	78.00	27.59	2 151.72
		合计			2 279.00		84 680.16

工作笔记

工作要求

在企业应用平台的库存管理模块中完成库存商品期初数据维护。

工作流程

1. 期初结存："库存管理"—"初始设置"—"期初结存";
2. 批量审核："库存管理"—"初始设置"—"期初结存"。

工作岗位

账套主管（001 李佳华）。

工作时间

2021-12-01。

操作规范

步骤一：期初结存

1. 以"001"身份于"2021-12-01"登录企业应用平台。

2. 双击"业务工作"—"供应链"—"库存管理",进入"库存管理"模块,双击执行"初始设置"—"期初结存"命令,打开"库存期初数据录入"窗口。

3. 在"库存期初数据录入"窗口,确认"仓库"为"总仓",单击工具栏"修改"按钮,双击"库存期初表"的"存货编码"列,单击出现的"参照"按钮,弹出"库存存货参照"窗口,根据案例表4-3-6的存货编码顺序依序选择,单击"确定"按钮即选中,如图4-4-1所示。

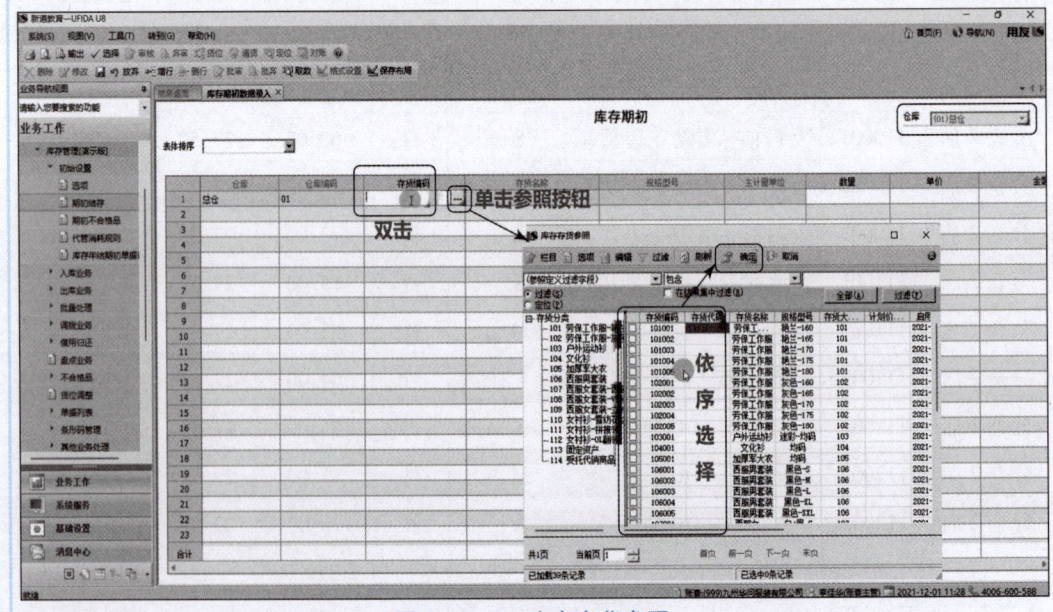

图4-4-1 库存存货参照

工作领域四
维护业财档案
139

4. 在"库存期初数据录入"窗口，根据案例表 4-4-1 的存货编码顺序依次输入"数量"和"金额"，"单价"会自动折算，单击工具栏的"保存"按钮即可，如图 4-4-2 所示。

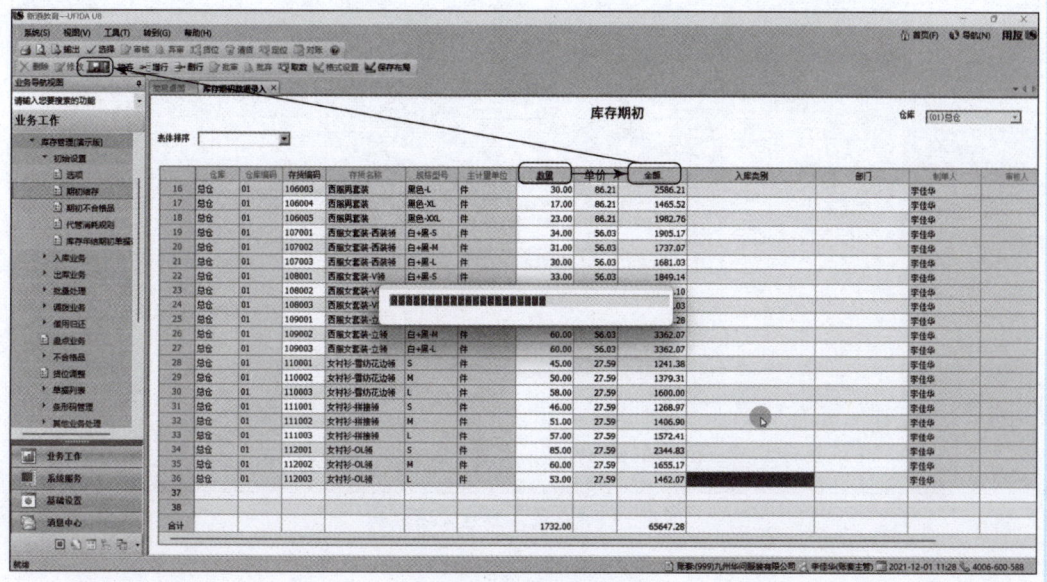

图 4-4-2 库存期初

5. 在"库存期初数据录入"窗口，仓库选择"分仓 1 店"，单击"修改"，根据案例表 4-4-2 的存货编码顺序依次选择，再依序输入"数量"和"金额"，"单价"会自动折算，单击工具栏的"保存"按钮即可，如图 4-4-3 所示。

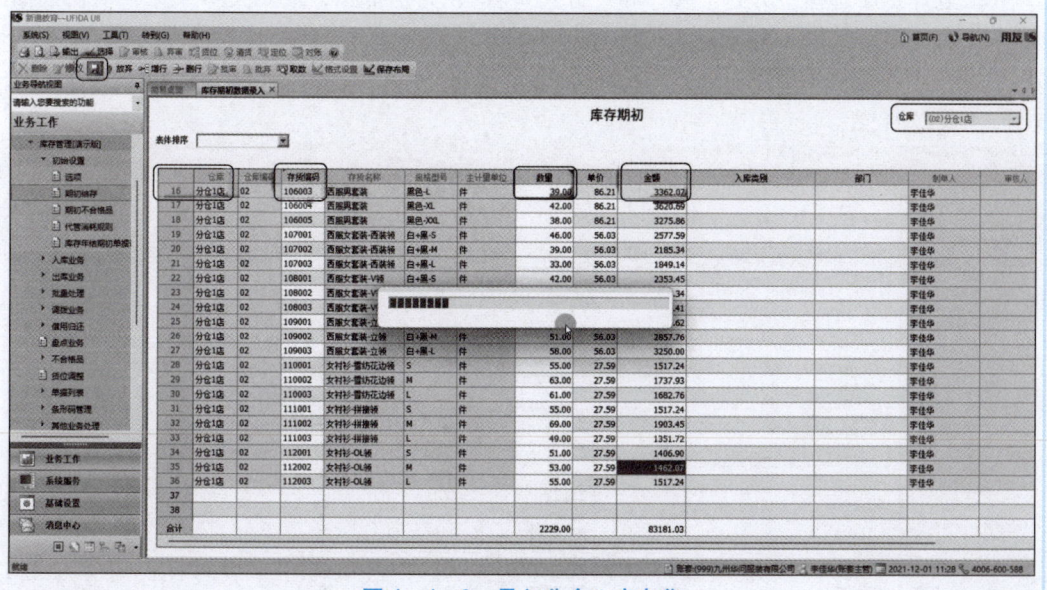

图 4-4-3 录入分仓 1 店存货

6. 在"库存期初数据录入"窗口，仓库选择"分仓 2 店"，单击"修改"，根据案例表 4-4-3 的存货编码顺序依次选择，再依序输入"数量"和"金额"，"单价"会自动折算，单击工具栏的"保存"按钮即可，如图4-4-4所示。

图4-4-4 录入分仓2店存货

步骤二：批量审核

1. 在"库存期初数据录入"窗口，录入总仓、分仓1店和分仓2店全部期初库存商品期初余额并保存后，仓库选择"总仓"，单击工具栏的"审核"按钮或单击"批审"按钮以批量审核，弹出"审核成功"提示窗口，单击"确定"即完成审核。

2. 仓库依序选择"分仓1店"和"分仓2店"，分别审核，最后关闭"库存期初数据录入"窗口即完成录入维护，如图4-4-5所示。

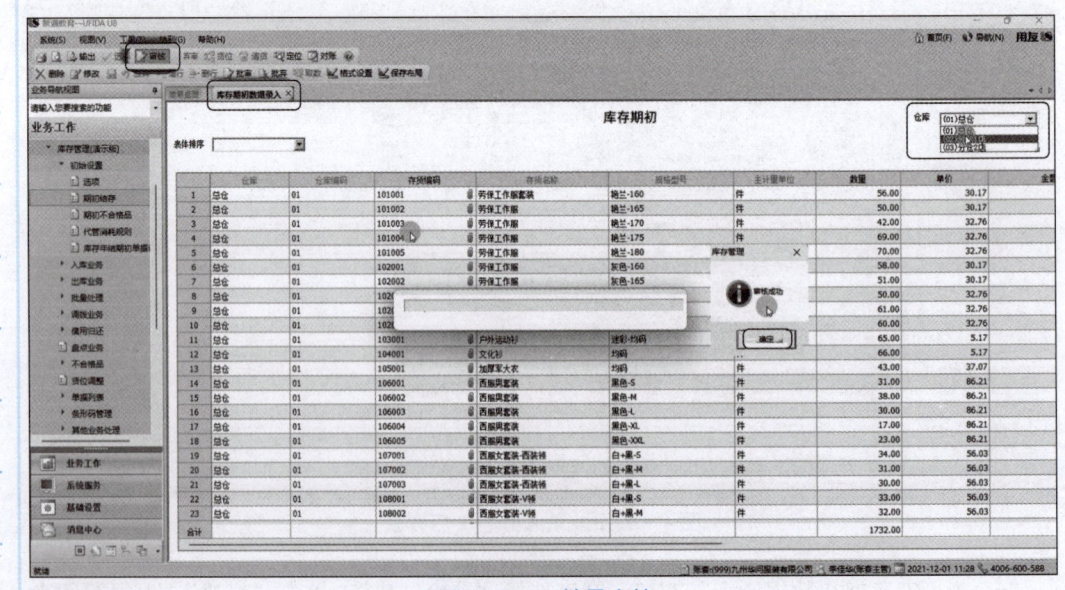

图4-4-5 批量审核

任务4.2 维护存货核算模块期初数据

工作内容

九州华问服装有限公司存货核算的商品库存情况如表4-3-6、表4-4-1、表4-4-2所示。

工作要求

在企业应用平台的存货核算模块中完成库存商品期初数据维护。

工作流程

1. 取数:"存货核算"—"初始设置"—"期初数据"—"期初余额";
2. 记账:"存货核算"—"初始设置"—"期初数据"—"期初余额"。

工作岗位

账套主管(001李佳华)。

工作时间

2021-12-01。

操作规范

步骤一:取数

1. 以"001"身份于"2021-12-01"登录企业应用平台。

2. 双击"业务工作"—"供应链"—"存货核算",进入存货核算模块,双击执行"初始设置"—"期初数据"—"期初余额"命令,打开"期初余额"窗口。

3. 在"期初余额"窗口,选择仓库为"总仓",单击工具栏的"取数"按钮,将库存管理模块中总仓的数据引入,如果取数结束单击工具栏的"退出"即可。

如果还要取其他仓库数,则选择其他仓库,再单击工具栏的"取数"按钮,直到全部仓库均取数成功,如图4-4-6所示。

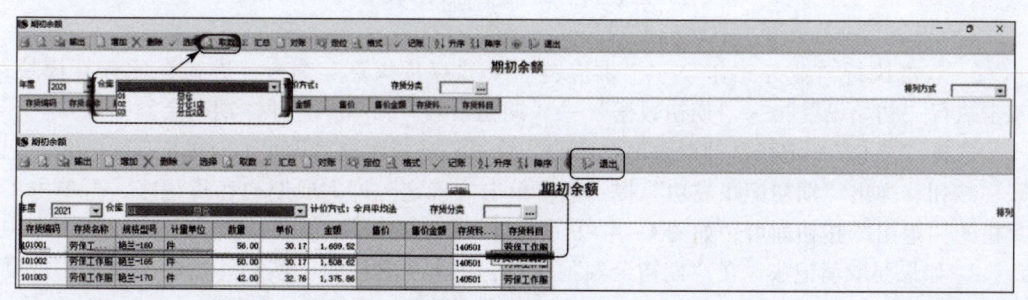

图4-4-6 取数

步骤二：记账

1. 双击执行"业务工作"—"供应链"—"采购管理"命令，进入采购管理模块。双击执行"设置"—"采购期初记账"命令，打开"期初记账"窗口，单击"期初记账"窗口的"记账"按钮，弹出"期初记账完毕！"提示框，单击"确定"即完成记账，再单击"期初记账"窗口的"退出"按钮即可，如图4－4－7所示。

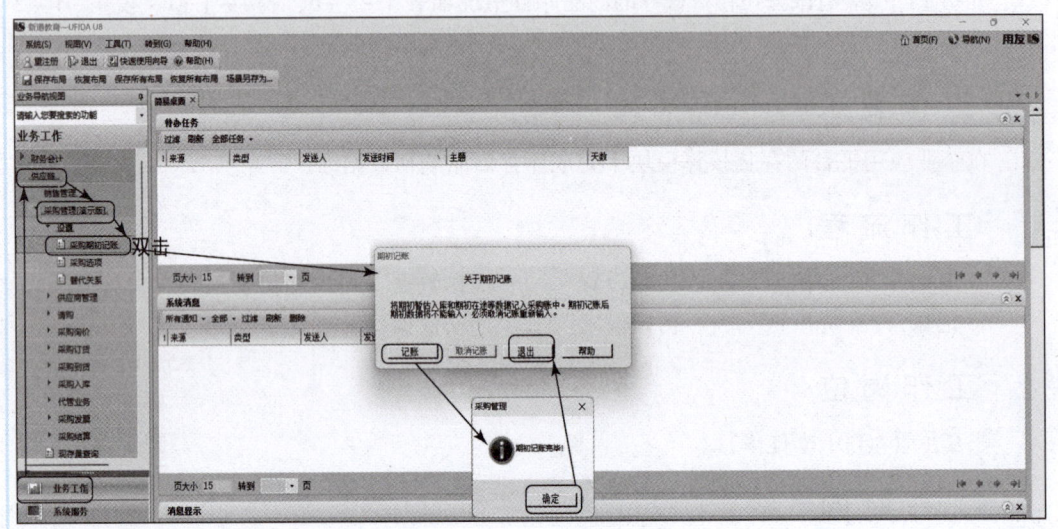

图4－4－7　采购期初记账

2. 如果要取消记账操作，在采购管理模块中双击"设置"—"采购期初记账"命令，弹出"期初记账"窗口，单击"取消记账"按钮，弹出"取消期初记账完毕"提示框，单击"确定"即可，如图4－4－8所示。

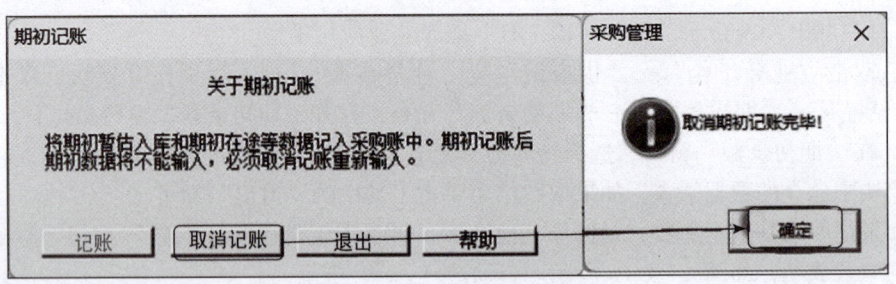

图4－4－8　取消期初记账

3. 双击执行"业务工作"—"供应链"—"存货核算"命令，进入存货核算模块；双击执行"初始设置"—"期初数据"—"期初余额"命令，打开"期初余额"窗口。

选择"总仓"（记账是针对全部仓库的，故只需选一次仓库即可），单击工具栏的"记账"按钮，弹出"期初记账成功"提示框，单击"确定"即完成期初存货记账，再单击工具栏的"退出"按钮即可，如图4－4－9所示。

4. 如果要取消记账，在"期初余额"窗口，单击工具栏的"恢复"按钮，弹出"恢复期初记账成功"提示框，单击"确定"按钮即完成取消记账操作，如图4－4－10所示。

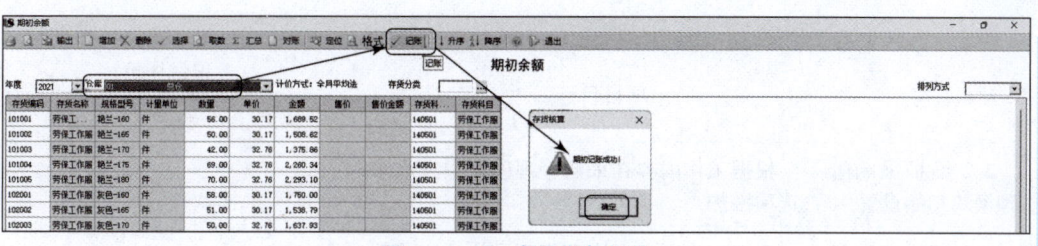

图4-4-9 存货期初记账

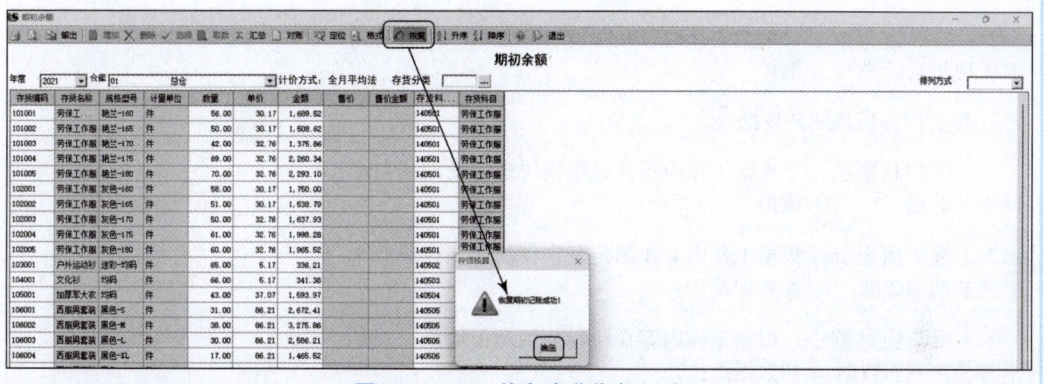

图4-4-10 恢复存货期初记账

项目评价

项目名称			评价时间		
学生姓名		项目类型	理论/理实一体/实操/其他_____		
实现方式	实操/讨论/合作/其他_____	项目成果	作品/报告/方案/其他_____		
项目任务	项目目标		项目评价		
		优点	缺点	建议	
1. 维护财务模块初始设置					
1.1 维护总账模块初始设置	根据工作内容在总账模块中完成选项维护				
1.2 维护固定资产初始设置	根据工作内容在固定资产模块中完成初始化、选项、资产类别、入账科目与增减方式等维护				
1.3 维护薪资管理初始设置	根据工作内容在薪资管理模块中完成初始化、工资项目及公式、税率等维护				
1.4 维护应收应付款模块初始设置	根据工作内容在应收应付款管理模块中完成初始维护				
2. 维护业务模块初始设置					
2.1 维护销售管理模块初始设置	根据工作内容在销售管理模块中完成销售选项维护				

续表

项目任务	项目目标	项目评价		
		优点	缺点	建议
2.2 维护采购管理模块初始设置	根据工作内容在采购管理模块中完成采购选项维护			
2.3 维护库存管理模块初始设置	根据工作内容在库存管理模块中完成选项维护			
2.4 维护存货核算模块初始设置	根据工作内容在存货核算模块中完成初始维护			
3. 维护财务模块期初数据				
3.1 维护总账模块期初数据	根据工作内容在总账模块中完成期初数据维护			
3.2 维护固定资产模块期初数据	根据工作内容在固定资产模块中完成原始卡片数据维护			
3.3 维护应付款管理模块期初数据	根据工作内容在应付款管理模块中完成期初数据维护			
3.4 维护应收款管理模块期初数据	根据工作内容在应收款管理模块中完成期初数据维护			
4. 维护业务模块期初数据				
4.1 维护库存管理模块期初数据	根据工作内容在库存管理模块中完成库存商品期初数据维护			
4.2 维护存货核算模块期初数据	根据工作内容在存货核算模块中完成库存商品期初数据维护			

个人评价：

总结与展望：

工作领域小结

本工作领域专注于业财档案的全面维护与管理,以精细化的操作确保企业财务与业务数据的准确性、完整性和时效性。通过深度参与财务模块与业务模块的初始设置工作,不仅优化了系统配置,还根据企业的实际需求进行了个性化的选项调整,从而为企业运营提供了坚实的系统支撑。

在财务模块方面,覆盖了总账管理、应收应付款管理、固定资产管理及人力资源薪资管理等关键领域,通过细致的初始化设置与期初数据维护,确保财务数据的精准无误,为企业的财务管理与决策分析奠定了坚实的基础。

在业务模块方面,聚焦于销售管理、采购管理、库存管理及存货核算等核心环节,通过精细化的数据录入与系统配置,实现了业务流程的顺畅衔接与高效运转,有效提升了企业的响应速度与运营效率。

整个工作过程中,必须始终秉持严谨、专业的工作态度,严格遵守会计准则与业务规范,确保所有操作均符合企业的实际需求与行业标准。

业财档案的维护,有效提升了企业财务与业务管理的整体水平,也为企业未来的可持续发展筑牢了基石。

以精细化的业财档案维护为核心,通过全面优化财务与业务模块的初始设置与期初数据,为企业提供了高效、可靠的财务管理与业务运营支持,助力企业实现价值最大化与可持续发展。

工作领域五

处理日常业务

本工作领域专注于案例企业日常运营的精细化管理，对财务链进行全面维护，包括总账的精准核算、固定资产的动态监控与薪资体系的高效管理，以及业务（供应）链中购销存各环节的顺畅衔接与数据处理。作为企业信息化战略的关键环节，这些日常业务处理紧密联结业财平台各大功能模块，其中总账模块犹如中枢大脑，统筹协调着全平台业财信息的集成与流转。

财务链的运作依托行政与财务部门的紧密协作，不局限于总账的细致管理，更延伸至固定资产的全生命周期监控、薪资管理的灵活调整与合规执行，以及更多财务模块的精细化操作。

业务（供应）链板块则由采购、销售及仓储等部门各司其职，高效处理从采购入库到销售出库的全链条业务，实现购销存的智能化管理。

本工作领域通过应收应付款管理与总账的无缝对接，确保了财务与业务数据的即时同步与精准核算，推动了企业业财一体化的深度发展。

具体而言，本领域工作涵盖两大核心方向：

一、财务链的日常财务管理

1. 总账管理：精准填制会计凭证，完成出纳签字、审核签字、记账等全套流程，确保账簿清晰、数据准确，支持明细账与总账的灵活查询与分析，实现凭证、明细账、总账相互间联查。

2. 固定资产管理：动态管理资产增减变动，精确计算折旧费用，保障资产账实相符，优化资产配置。

3. 薪资管理：灵活应对薪资调整，精确分摊计提，高效处理代扣代缴事务，确保员工薪酬发放准确无误。

二、业务（供应）链的日常运营管理

1. 采购业务：涵盖普通采购、受托代销等多种模式，高效处理采购款项，协同库存管理与存货核算，确保采购流程顺畅，数据流转无误，与财务链形成紧密的数据交互与核销闭环。

2. 销售业务：全面覆盖普通销售、门店零售等多元化销售场景，精准记录销售款项，自动结转销售成本，同步应收款管理与总账，实现销售流程与财务管理的无缝对接，提升业务处理效率与财务透明度。

本工作领域通过上述工作的精细实施，助力企业各部门间高效协同，不仅优化了资源配置，更显著提升了运营效率与成本控制能力，推动企业向更加智能化、高效化的管理模式迈进。

会计职业道德规范

守责敬业

勤勉尽责、爱岗敬业，忠于职守、敢于斗争，自觉抵制会计造假行为，维护国家财经纪律和经济秩序。

会计职业道德故事

大禹治水

【出处】

《史记·夏本纪》："禹乃遂与益、后稷奉帝命，命诸侯百姓兴人徒以傅土，行山表木，定高山大川。禹伤先人父鲧功之不成受诛，乃劳身焦思，居外十三年，过家门不敢入。薄衣食，致孝于鬼神。卑宫室，致费于沟淢。陆行乘车，水行乘船，泥行乘橇，山行乘檋。左准绳，右规矩，载四时，以开九州，通九道，陂九泽，度九山。令益予众庶稻，可种卑湿。命后稷予众庶难得之食。食少，调有余相给，以均诸侯。禹乃行相地宜所有以贡，及山川之便利。"

【概述】

大禹是夏朝的创始人，他继承父亲的遗志，致力于治理洪水。他亲自勘查地形，制定治水方案，并带领人们日夜劳作，疏通河道，修建堤坝。在他的带领下，人们终于战胜了洪水，过上了安居乐业的生活。大禹为了治水，三过家门而不入，这种对职责的坚守和敬业精神令人敬佩。

【思考】

大禹治水的故事深刻阐述了守责敬业的精神内涵。

它告诉我们，守责敬业是每个人应该具备的品质，也是推动社会进步的重要力量。我们应该向大禹学习，时刻保持对职责的敬畏和担当，以敬业的态度对待工作，为社会的繁荣和发展贡献自己的力量。

工作任务1　处理总账管理业务

职业知识目标

通过学习，学员能掌握财务模块的基本知识；

通过学习，学员能掌握财务模块的功能；

通过学习，学员能理解财务模块间的数据流转关系。

职业技能目标

通过训练，学员能依据企业财务数据在业财平台中完成凭证新增、修改、作废整理及红冲等操作；

通过训练，学员能依据企业财务数据在业财平台中完成出纳签字、审核签字、记账等操作，能查询明细账和总账等账簿；

通过训练，学员具备独立维护企业财务数据的能力，达到胜任基于业财一体化平台财务经理、财务会计、出纳员和人事专员等岗位职责的目标。

职业素养目标

通过学习和训练，学员具有正确的世界观、人生观、价值观；

通过学习和训练，学员具备在信息化环境下处理财务数据的能力；

通过学习和训练，学员具备坚持准则、不做假账的会计职业道德。

工作情景

九州华问服装有限公司于2021年12月1日启用业财一体企业应用平台，对公司的资金流、信息流、物流进行信息化建设，集成业务数据、财务数据、税务数据，实现业财税一体化管理。并且在企业应用平台上已经成功启用总账、固定资产、薪资管理、应收管理、应付管理、销售管理、采购管理、存货管理、库存管理模块。

同时在企业应用平台上完成公共基础档案的维护、各模块的初始维护和期初数据的录入等工作。

九州华问服装有限公司行政部协助财务部处理12月的财务数据。

必备知识

一、总账模块的功能

总账模块主要功能有初始维护、财务处理、出纳管理、账簿查询、期末处理等，如图5-1-1所示。

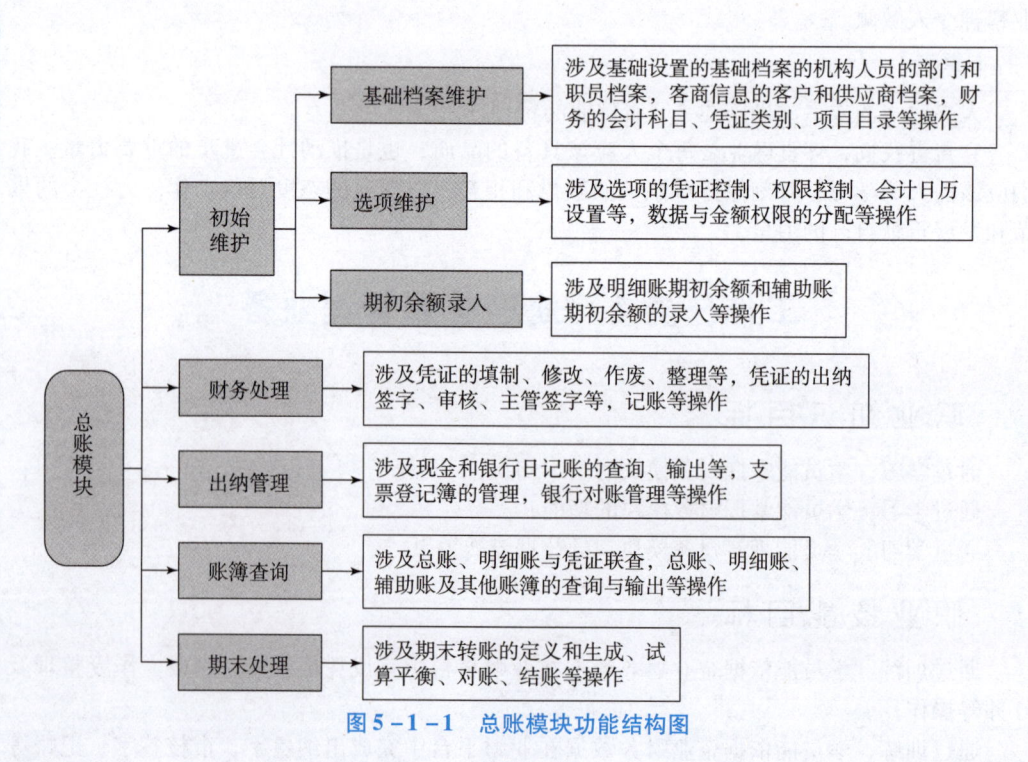

图 5-1-1 总账模块功能结构图

二、与其他模块的关系

总账模块是整个企业应用平台的基础和核心,其他财务和业务模块的数据以凭证的形式归集到总账模块中审核记账,生成各类账簿,并向财务报表和财务分析系统等提供所需数据,为企业投资者、管理人员、外部关联部门和组织提供服务。

总账模块与其他模块成并行关系,既可独立运行,也可同其他模块协同运转,如图5-1-2所示。

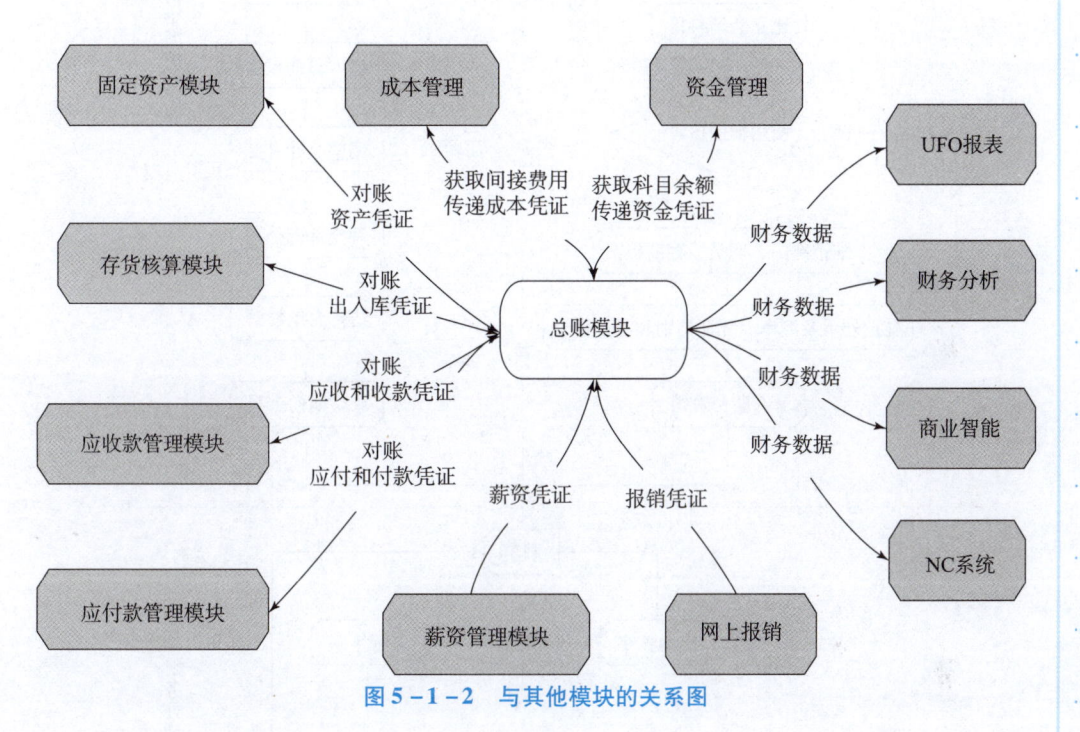

图5-1-2　与其他模块的关系图

三、总账模块的操作流程

总账模块的操作流程包括初始维护、日常财务处理与期末财务处理三部分,根据操作用户不同,分新用户和老用户操作流程,如图5-1-3所示。

财人微语

"敬事而信,虽蛮貊之邦行矣;言而不信,虽州里行乎哉?"

——《论语·卫灵公》

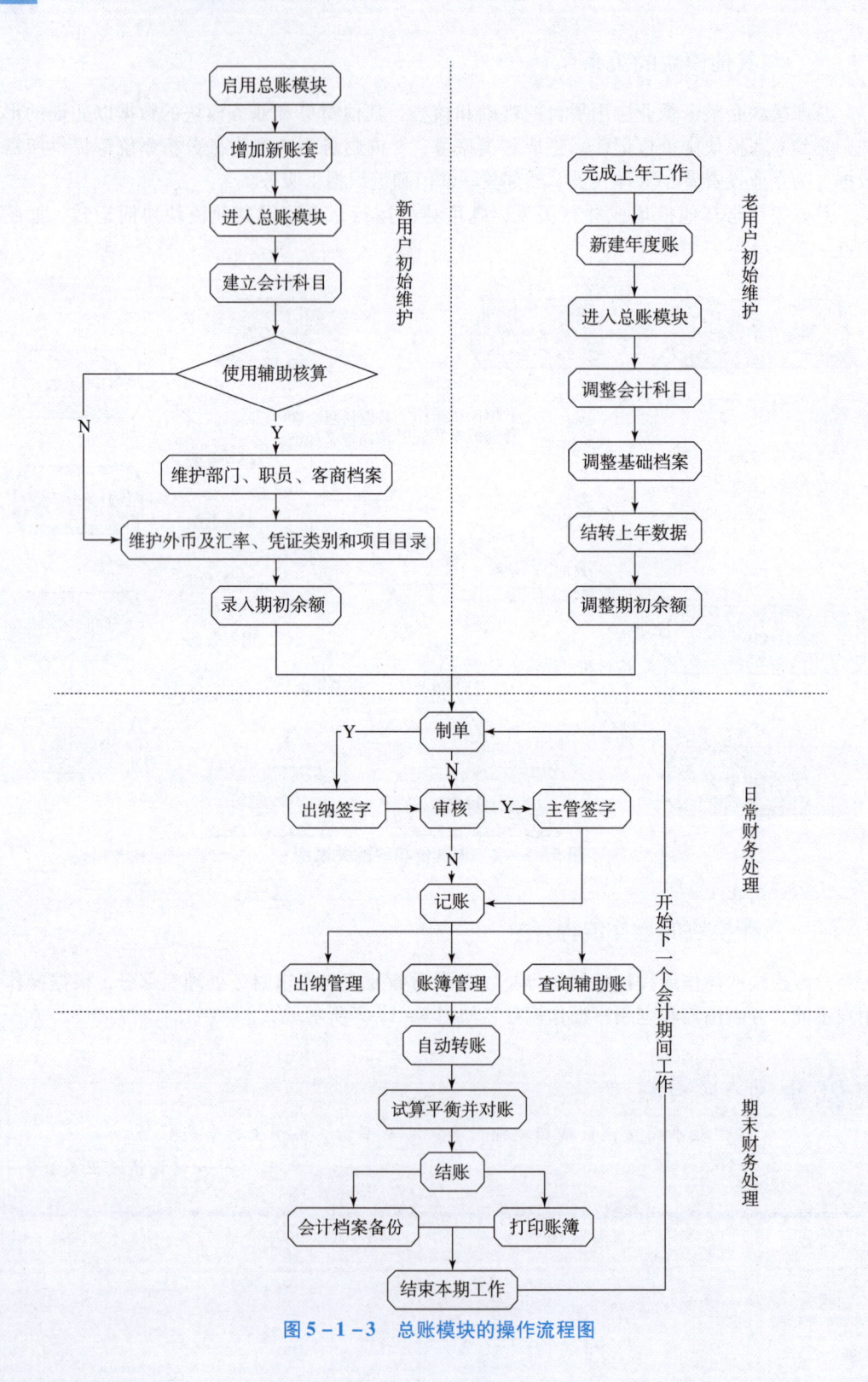

业财一体化设计与应用

```
新用户初始维护:
启用总账模块 → 增加新账套 → 进入总账模块 → 建立会计科目 → 使用辅助核算?
  Y → 维护部门、职员、客商档案 → 维护外币及汇率、凭证类别和项目目录 → 录入期初余额
  N → 维护外币及汇率、凭证类别和项目目录 → 录入期初余额

老用户初始维护:
完成上年工作 → 新建年度账 → 进入总账模块 → 调整会计科目 → 调整基础档案 → 结转上年数据 → 调整期初余额

日常财务处理:
制单 → (Y→出纳签字) / (N→审核) → (Y→主管签字) / (N→记账) → 出纳管理 / 账簿管理 / 查询辅助账

期末财务处理:
自动转账 → 试算平衡并对账 → 结账 → 会计档案备份 / 打印账簿 → 结束本期工作
→ 开始下一个会计期间工作
```

图 5-1-3 总账模块的操作流程图

任务1.1　填制凭证

工作内容

九州华问服装有限公司2021年12月的部分经济业务如表5-1-1所示。

表5-1-1　2021年12月经济业务

序号	业务日期	业务说明	金额	原始票据
001	2021-12-1	拨付门店备用金	6 000.00	二维码
002	2021-12-2	采购胶带及打包带一批	1 580.00	二维码
003	2021-12-2	报销差旅费-胡平	1 000.00	二维码
004	2021-12-3	现金存入银行	9 335.00	二维码
005	2021-12-5	借支差旅费-孙国平	1 500.00	二维码
	2021-12-12	报销差旅费-孙国平	1 630.00	二维码
006	2021-12-31	利息收入	458.13	二维码

工作要求

在企业应用平台的总账模块中完成填制凭证操作。

工作流程

制单："总账"—"凭证"—"填制凭证"。

工作岗位

财务会计（003彭佳）。

工作时间

业务发生日期。

【业务001】

2021年12月1日，向零售部拨付6 000元备用金。

操作规范

1. 以"003"身份于"2021-12-01"登录企业应用平台。
2. 新增空白凭证。

双击执行"业务工作"—"财务会计"—"总账"命令，进入总账模块；双击执行"凭证"—"填制凭证"命令，显示单张凭证；单击"增加"按钮，增加一张新凭证。

3. 选择凭证类别。

光标定位在凭证类别上，单击"参照"按钮，在弹出的参照窗口双击选择"付款凭证"，如图5-1-4所示。

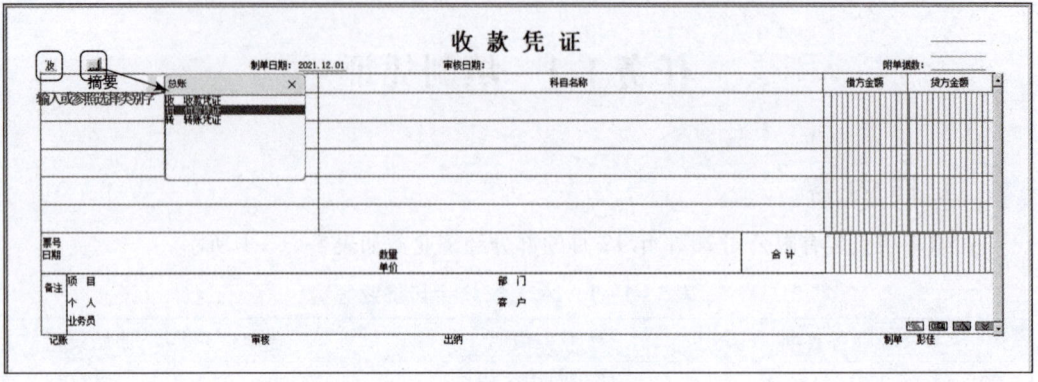

图 5-1-4 选择凭证类别

4. 选择制单日期。

按键盘"Enter"键或鼠标左键单击"制单日期",光标定位在制单日期处,平台自动取当前登录日期为记账凭证制单日期,若要修改制单日期,可直接选中修改,也可单击制单日期边上的"日历"按钮,弹出"日历"窗口,选择正确的日期单击"确定"即可,如图 5-1-5 所示。

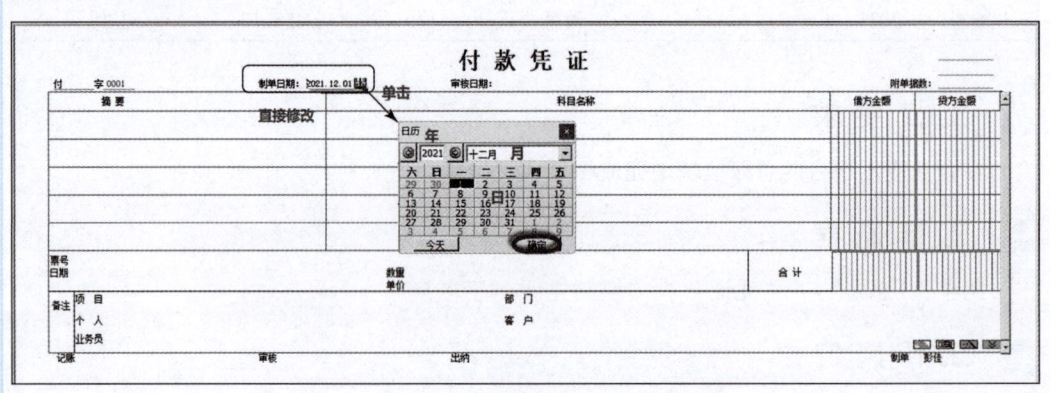

图 5-1-5 选择制单日期

5. 输入附单据数。

按键盘"Enter"键或鼠标左键单击"附单据数",光标定位在附单据数处,直接输入原始单据张数。当需要将某些图片、文件作为附件链接凭证时,可单击附单据数录入框右侧的"参照"按钮,选择文件的链接地址即可,如图 5-1-6 所示。

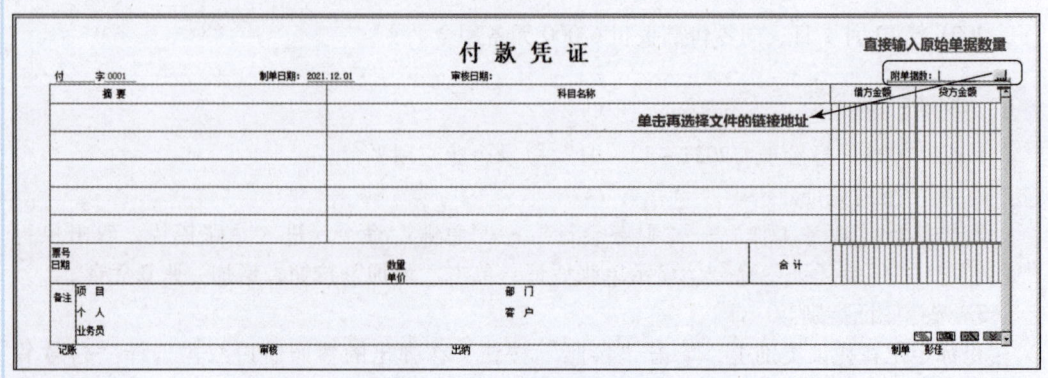

图 5-1-6 输入附单据数

6. 输入凭证自定义项。

鼠标左键单击凭证右上角的"凭证自定义项",光标定位在凭证自定义项处,根据需要输入凭证自定义项,如图 5-1-7 所示。

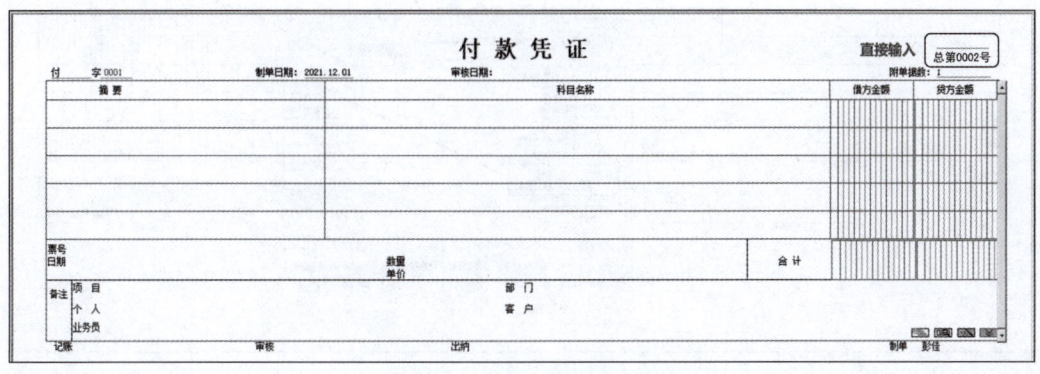

图 5-1-7　输入凭证自定义项

7. 录入摘要。

按键盘"Enter"键或鼠标左键单击"摘要"栏,光标定位在摘要栏第一行处,直接输入凭证分录的摘要,也可按"F2"键或单击"参照"按钮选择输入常用摘要,但常用摘要的选入不会清除原来输入的内容,如图 5-1-8 所示。

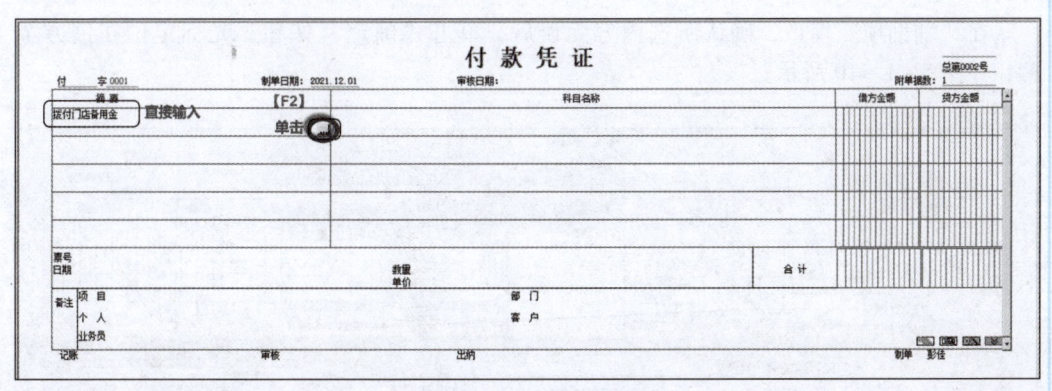

图 5-1-8　录入摘要

8. 选择借方科目。

按"Enter"键或鼠标左键单击"科目名称"栏,光标定位在科目名称栏第一行,按"F2"键或单击录入框右侧的"参照"按钮,弹出"科目参照"窗口,选择第一笔借方分录末级科目"122101 其他应收款——应收个人",单击"确定"按钮即可,也可直接输入所需末级科目编码"122101"或末级科目名称"其他应收款——应收个人",如图 5-1-9 所示。

9. 选择辅助信息。

若所选科目不具备辅助核算属性,按"Enter"键,光标定位在借方金额。

若所选科目具备辅助核算属性,像本业务的"122101 其他应收款——应收个人"会计科目设置了个人往来辅助核算,按"Enter"键,弹出"辅助项"设置窗口。

在"辅助项"窗口,可在部门输入框直接输入部门名称,也可单击部门"参照"按

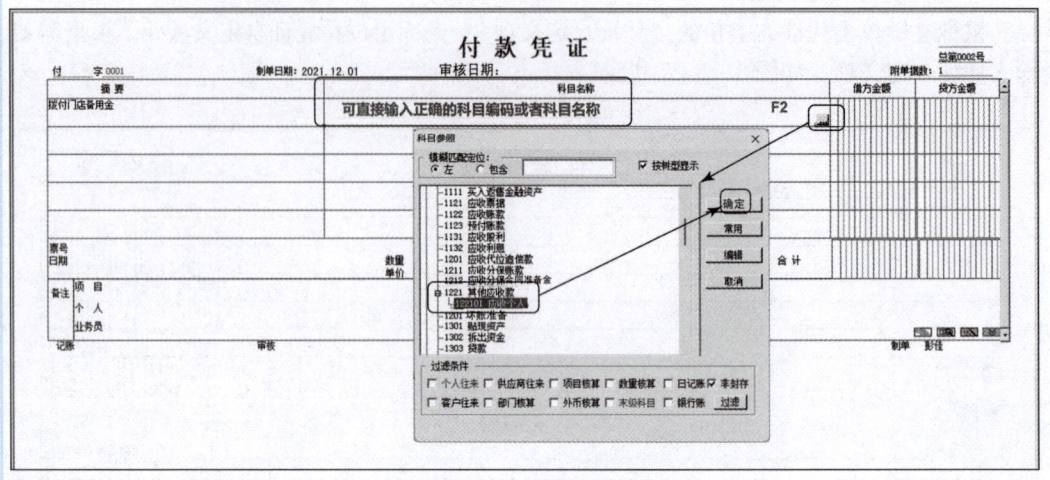

图 5-1-9 选择借方科目

钮，弹出"部门基本参照"窗口，双击"零售部"或选中"零售部"单击"确定"按钮即可。

在"辅助项"窗口，可在个人输入框直接输入个人名称，也可单击个人"参照"按钮，弹出"业务员基本参照"窗口，双击"赵琳"或选中"赵琳"，单击"确定"按钮即可。

在"辅助项"窗口，确认所选内容无误后，单击"确定"按钮，光标定位在借方金额，如图 5-1-10 所示。

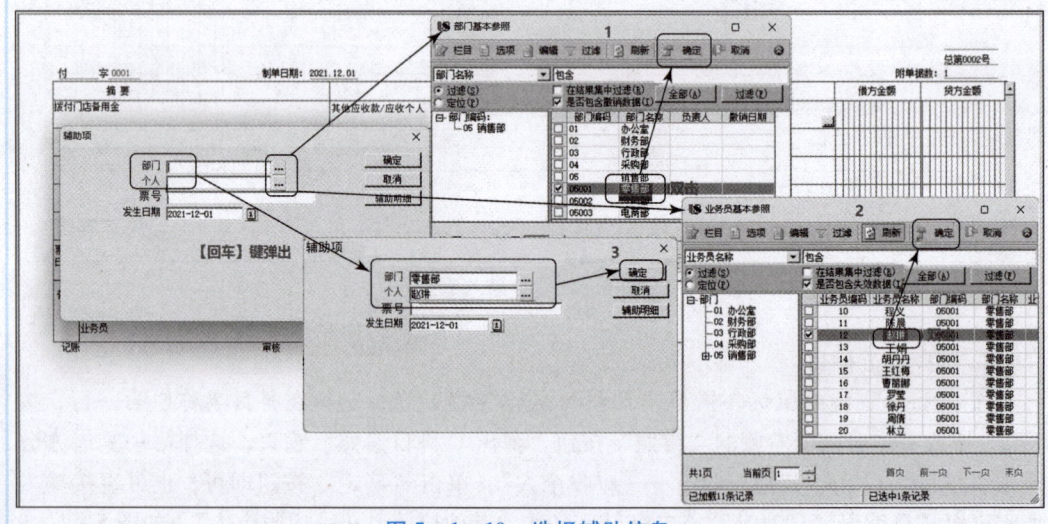

图 5-1-10 选择辅助信息

10. 输入第二笔分录。

借方金额录入本币发生额"3 000"，按"Enter"键，自动复制摘要。

按"Enter"键，录入第二笔分录的科目名称"122101 其他应收款——应收个人"。

按"Enter"键，弹出辅助项窗口，修改个人为"罗莹"。

按"Enter"键，借方金额输入"3 000"，如图 5-1-11 所示。

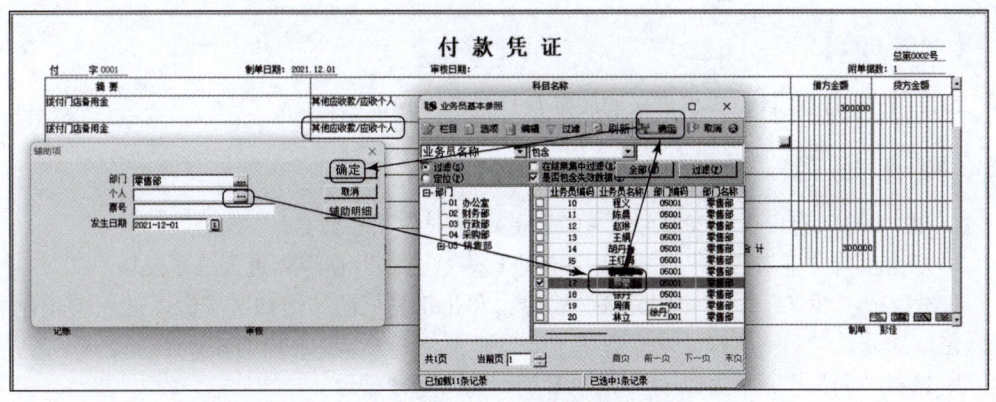

图 5-1-11 选择辅助项

11. 输入第三笔分录。

按"Enter"键，自动复制摘要。

按"Enter"键，直接录入或单击"参照"按钮并在弹出的"科目参照"窗口中选中"1001 库存现金"并单击"确定"按钮。

按"Enter"键，光标定位在借方金额处，按"Enter"键，跳到贷方金额处，按"="键自动核算借贷方差额，如图 5-1-12 所示。

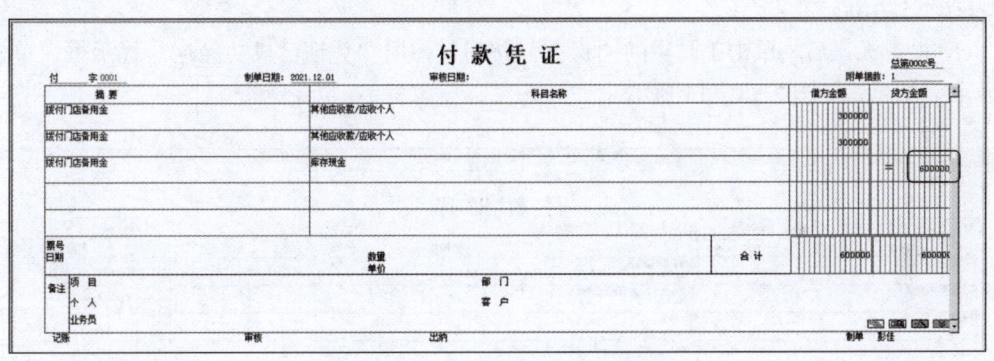

图 5-1-12 输入第三笔分录

12. 查漏补缺并保存。

当凭证录入完毕后，全方位查漏补缺无误后，单击"保存"按钮或"F6"键保存即可，如图 5-1-13 所示。

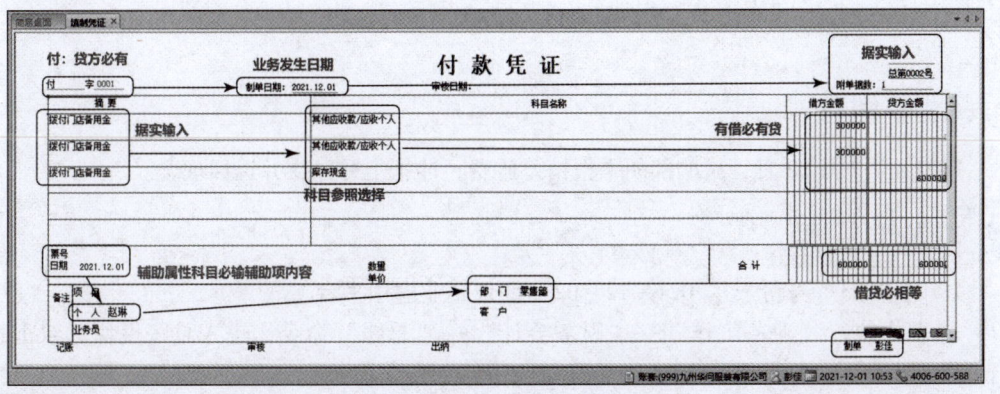

图 5-1-13 保存备用金

【业务 002】

2021 年 12 月 02 日，零售部采购胶带及打包带，现金已付讫。

操作规范

1. 以"003"身份于"2021－12－02"登录企业应用平台。

2. 双击执行"业务工作"—"财务会计"—"总账"命令，进入总账模块。

双击执行"凭证"—"填制凭证"命令，单击工具栏的"增加"按钮，进入"填制凭证"窗口。

3. 选择"付"凭证类别，选择制单日期，输入附单据数。

4. 按"Enter"键，输入摘要，选择借方科目"660101 销售费用——低耗品"，按"Enter"键，在弹出的"辅助项"窗口选择"零售部"，单击"确定"，输入借方金额 1 398.23 元。

5. 按"Enter"键，自动复制摘要，选择借方科目"22210101 应交税费——应交增值税——进项税"，再按"Enter"键，输入借方金额 181.77 元。

6. 按"Enter"键，自动复制摘要，选择贷方科目"22210101 应交税费——应交增值税——进项税"，选中贷方金额，按"＝"键由平台根据"借贷必相等"原则自动核算贷方金额 1 580.00 元。

7. 检查无误后，单击工具栏的"保存"按钮，弹出"凭证已成功保存"提示框，单击"确定"即可，如图 5－1－14 所示。

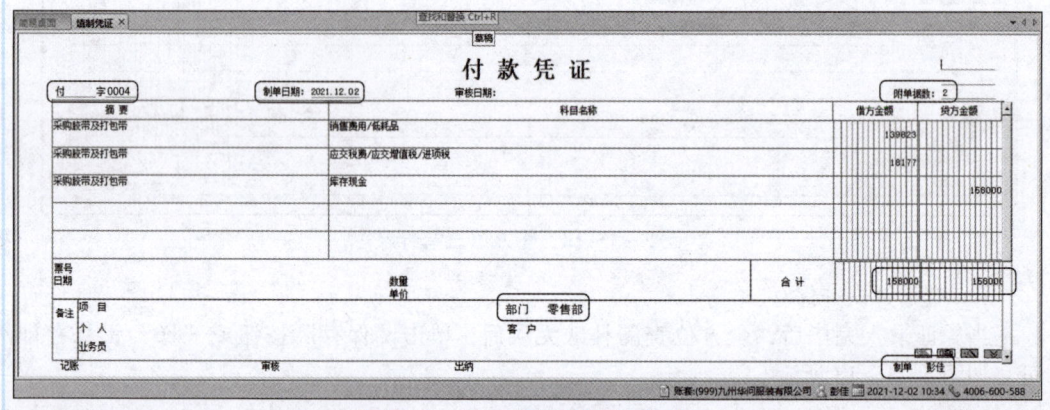

图 5－1－14 采购胶带及打包带

【业务 003】

2021 年 12 月 02 日，采购部胡平报销差旅费，冲抵上月预支并退回现金。

操作规范

1. 以"003"身份于"2021－12－02"登录企业应用平台。

2. 双击执行"业务工作"—"财务会计"—"总账"命令，进入总账模块，双击执行"凭证"—"填制凭证"命令，单击工具栏的"增加"按钮，进入"填制凭证"窗口。

3. 选择"收"凭证类别，选择制单日期，输入附单据数。

4. 按"Enter"键，输入摘要，选择借方科目"660205 管理费用——差旅费"，按"Enter"键，输入借方金额 640.00 元。

5. 按"Enter"键，自动复制摘要，选择借方科目"1001 库存现金"，按"Enter"键，输入借方金额 360.00 元。

6. 按"Enter"键，自动复制摘要，选择贷方科目"122101 其他应收款——应收个人"，按"Enter"键，弹出"辅助项"设置窗口，部门选择"采购部"，个人选择"胡平"，单击"确定"按钮，选中贷方金额，按"="键由平台根据"借贷必相等"原则自动核算贷方金额 1 000.00 元。

7. 检查无误后，单击工具栏的"保存"按钮，弹出"凭证已成功保存"提示框，单击"确定"即可，如图 5－1－15 所示。

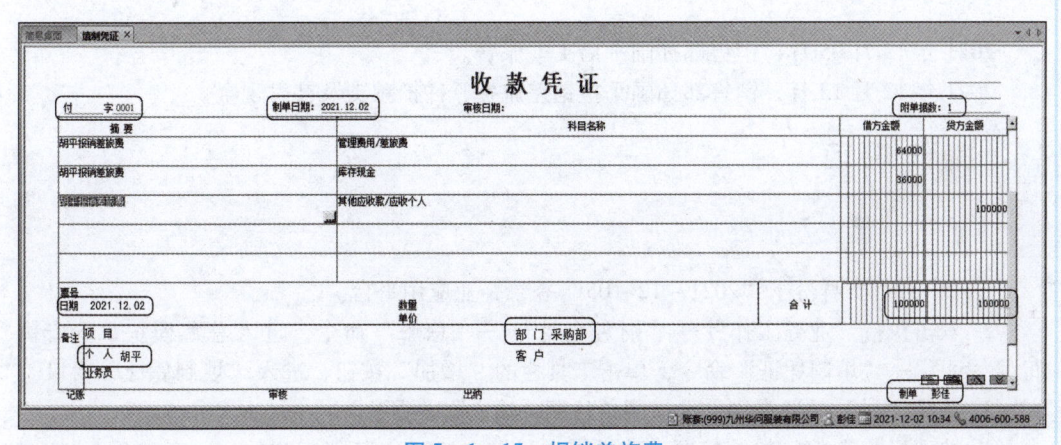

图 5－1－15　报销差旅费

【业务 004】

2021 年 12 月 03 日，财务部出纳员李丽将现金存入银行。

操作规范

1. 以"003"身份于"2021－12－03"登录企业应用平台。

2. 双击执行"业务工作"—"财务会计"—"总账"命令，进入总账模块，双击执行"凭证"—"填制凭证"命令，单击工具栏的"增加"按钮，进入"填制凭证"窗口。

3. 选择"付"凭证类别，选择制单日期，输入附单据数。

4. 按"Enter"键，输入摘要，选择借方科目"100201 银行存款——华夏银行南京路分理处"，按"Enter"键，弹出"辅助项"设置窗口，结算方式选择"现金"，单击"确定"按钮，输入借方金额 9 335.00 元。

5. 按"Enter"键，自动复制摘要，选择贷方科目"1001 库存现金"，按"Enter"键，选中贷方金额，按"="键由平台根据"借贷必相等"原则自动核算贷方金额 9 335.00 元。

6. 按检查无误后，单击工具栏的"保存"按钮，弹出"凭证已成功保存"提示框，单击"确定"即可，如图 5－1－16 所示。

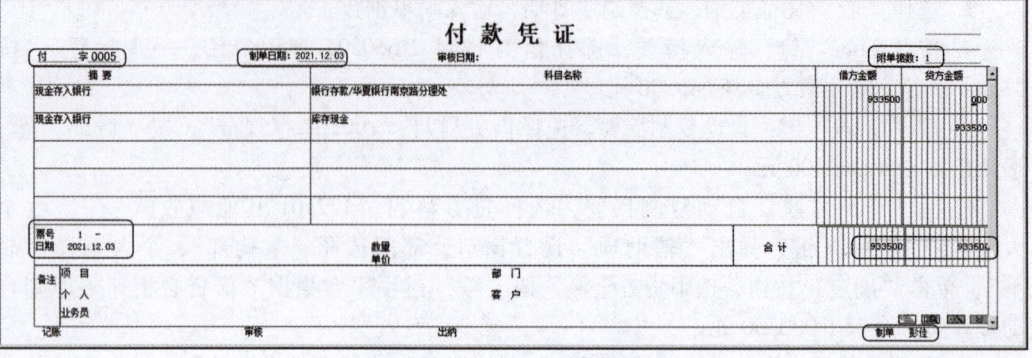

图 5-1-16　现金存入银行

【业务005】

2021年12月05日，销售部孙国平借支差旅费。

2021年12月12日，销售部孙国平报销差旅费，冲抵预支及补发现金。

操作规范

步骤一：借支差旅费

1. 以"003"身份于"2021-12-05"登录企业应用平台。

2. 双击执行"业务工作"—"财务会计"—"总账"命令，进入总账模块，双击执行"凭证"—"填制凭证"命令，单击工具栏的"增加"按钮，进入"填制凭证"窗口。

3. 选择"付"凭证类别，选择制单日期，输入附单据数。

4. 按"Enter"键，输入摘要，选择借方科目"122101 其他应收款——应收个人"，按"Enter"键，弹出"辅助项"设置窗口，部门选择"销售部"，个人选择"孙国平"，单击"确定"按钮，输入借方金额1 500.00元。

5. 按"Enter"键，自动复制摘要，选择贷方科目"1001 库存现金"，按"Enter"键，选中贷方金额，按"="键由平台根据"借贷必相等"原则自动核算贷方金额1 500.00元。

6. 按检查无误后，单击工具栏的"保存"按钮，弹出"凭证已成功保存"提示框，单击"确定"即可，如图5-1-17所示。

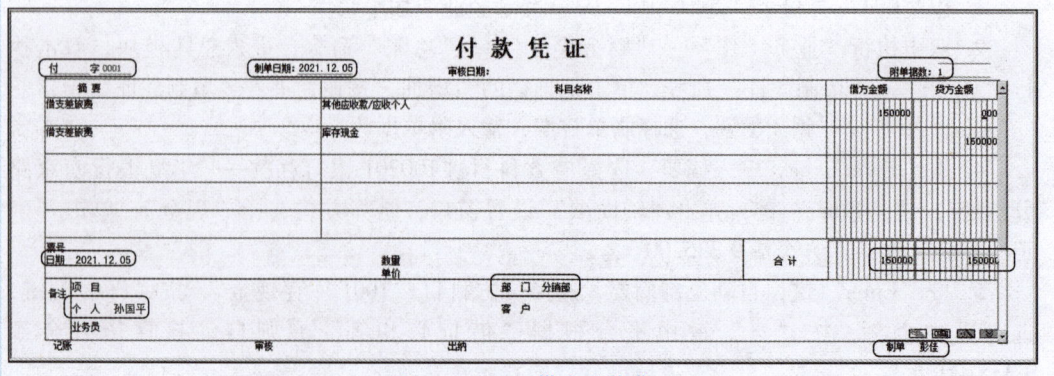

图 5-1-17　借支差旅费

步骤二：报销差旅费

1. 以"003"身份于"2021-12-12"登录企业应用平台。

2. 双击执行"业务工作"—"财务会计"—"总账"命令，进入总账模块，双击执行"凭证"—"填制凭证"命令，单击工具栏的"增加"按钮，进入"填制凭证"窗口。

3. 选择"付"凭证类别，选择制单日期，输入附单据数。

4. 按"Enter"键，输入摘要，选择借方科目"销售费用-差旅费"，按"Enter"键，弹出"辅助项"设置窗口，部门选择"销售部"，单击"确定"按钮，输入借方金额1 630.00元。

5. 按"Enter"键，自动复制摘要，选择贷方科目"122101 其他应收款——应收个人"，按"Enter"键，弹出"辅助项"设置窗口，部门选择"销售部"，个人选择"孙国平"，单击"确定"按钮，输入贷方金额1 500.00元。

6. 按"Enter"键，自动复制摘要，选择贷方科目"1001 库存现金"，按"Enter"键，选中贷方金额，按"="键由平台根据"借贷必相等"原则自动核算贷方金额130.00元。

7. 检查无误后，单击工具栏的"保存"按钮，弹出"凭证已成功保存"提示框，单击"确定"即可，如图5-1-18所示。

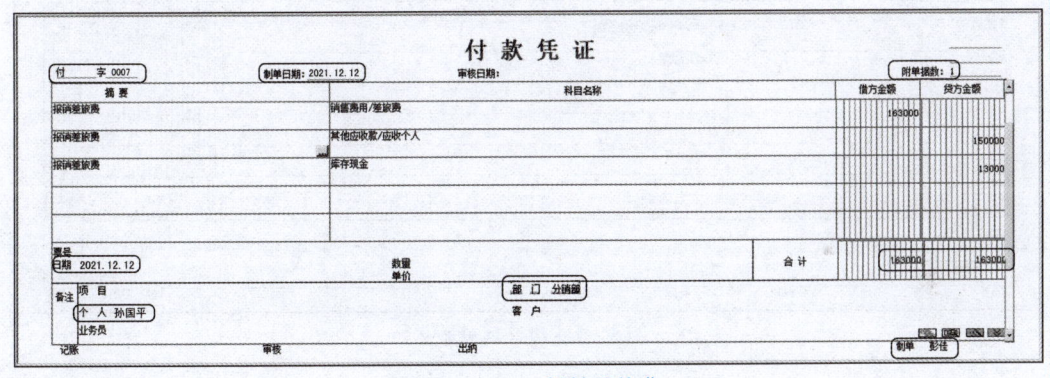

图5-1-18 报销差旅费

【业务006】

2021年12月31日，收到12月份银行利息。

操作规范

1. 以"003"身份于"2021-12-31"登录企业应用平台。

2. 双击执行"业务工作"—"财务会计"—"总账"命令，进入总账模块，双击执行"凭证"—"填制凭证"命令，单击工具栏的"增加"按钮，进入"填制凭证"窗口。

3. 选择"收"凭证类别，选择制单日期，输入附单据数。

4. 按"Enter"键，输入摘要，选择借方科目"100201 银行存款——华夏银行南京路分理处"，按"Enter"键，弹出"辅助项"设置窗口，结算方式选择"现金"，单击"确定"按钮，输入借方金额458.13元。

5. 思路一：按"Enter"键，自动复制摘要，选择借方科目"财务费用——利息收入"，按"Enter"键，在借方金额输入"-458.13"元。

思路二：按"Enter"键，自动复制摘要，选择贷方科目"财务费用——利息收入"，按"Enter"键，在贷方金额输入"458.13"元。

6. 检查无误后，单击工具栏的"保存"按钮，弹出"凭证已成功保存"提示框，单击"确定"即可，如图 5-1-19 所示。

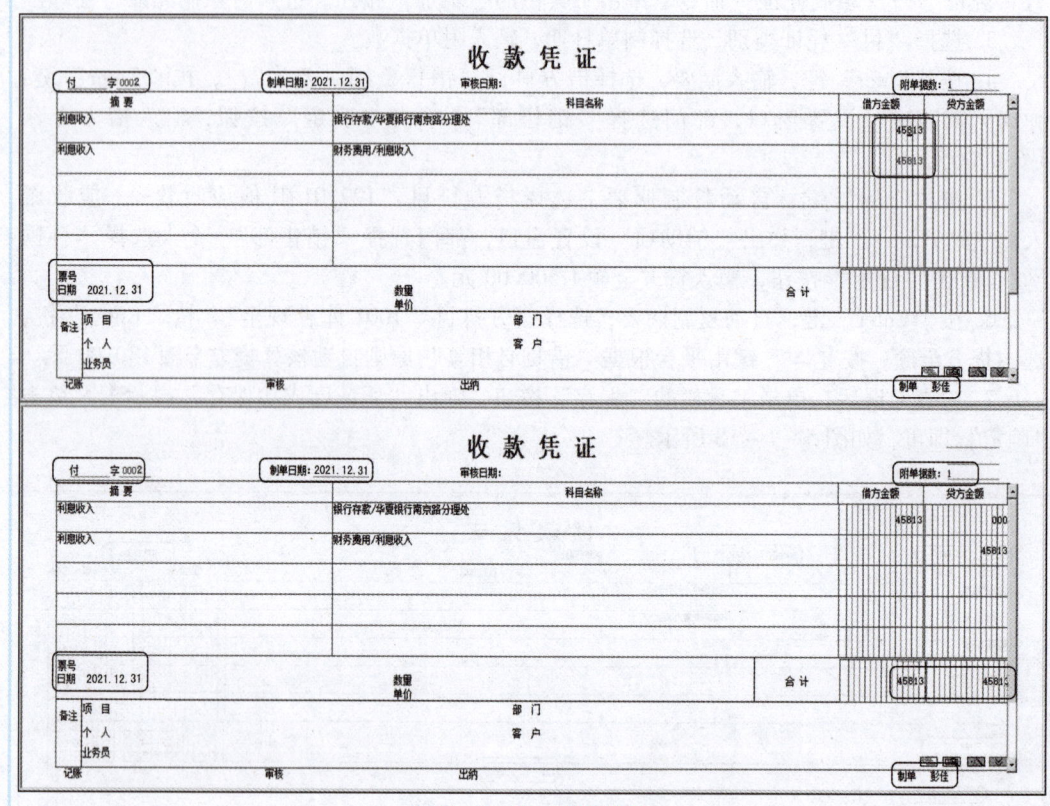

图 5-1-19 利息收入

任务 1.2　出纳签字

工作内容

九州华问服装有限公司的出纳员审核财务会计填制的出纳凭证。
审核重点：出纳凭证的出纳科目金额是否正确等。

工作要求

在企业应用平台的总账模块中完成出纳签字操作。

工作流程

出纳签字："总账"—"凭证"—"出纳签字"。

工作岗位

出纳员（005 李丽）。

工作时间

业务发生日期（如果批量签字一般期末操作）。

操作规范

1. 登录。

以"005"身份于"2021-12-31"登录企业应用平台。

2. 查询条件。

在"企业应用平台"窗口，双击执行"业务工作"—"财务会计"—"总账"命令，进入总账模块，双击执行"凭证"—"出纳签字"命令，打开"出纳签字"查询条件窗口，默认设置，单击"确定"按钮，打开"出纳签字"窗口，如图 5-1-20 所示。

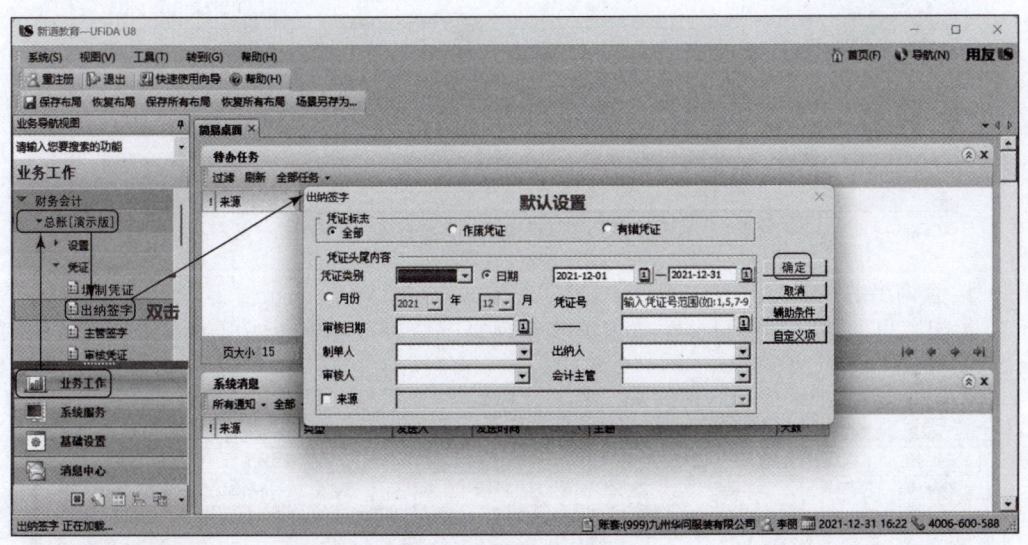

图 5-1-20 查询条件

3. 出纳签字列表。

在"出纳签字列表"界面，显示未出纳签字的凭证，双击需出纳签字的凭证，打开"出纳签字"窗口，如图 5-1-21 所示。

图 5-1-21 出纳签字列表

4. 出纳签字。

单张签字：在"出纳签字"窗口，单击工具栏"签字"按钮进行出纳签字，下方签名栏出现出纳员名字，单击"➡"选择下一张凭证，继续出纳签字。

成批签字：在"出纳签字"窗口，执行工具栏"批处理"—"成批出纳签字"命令，弹出信息确认窗口，单击"确定"按钮，弹出"是否重新刷新凭证列表数据"窗口，单击"是"按钮即可，如图 5–1–22 所示。

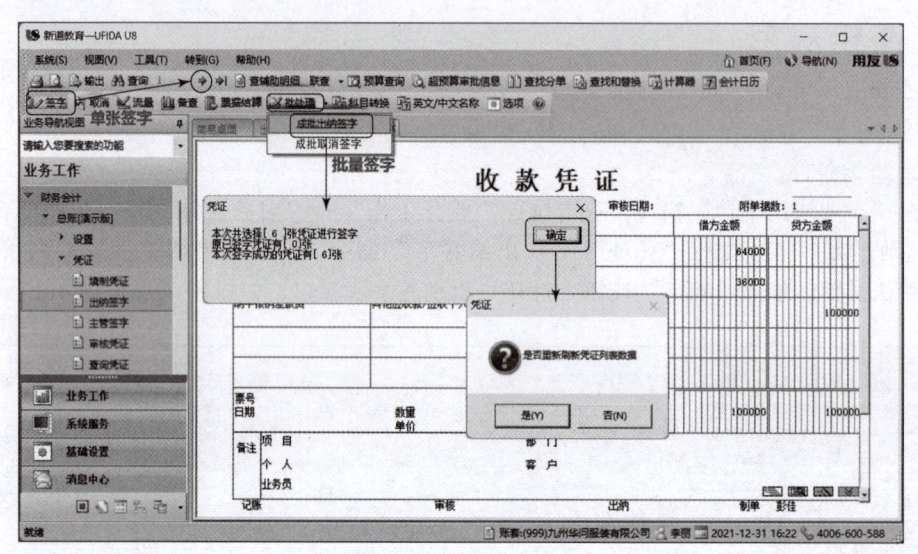

图 5–1–22　成批出纳签字

5. 查询出纳签字：

关闭"出纳签字"窗口，在"出纳签字列表"窗口可看到凭证出纳签字情况，如图 5–1–23 所示。

图 5–1–23　出纳签字情况

任务1.3　审核凭证

工作内容

九州华问服装有限公司的财务经理审核财务会计填制的记账凭证。

审核重点：记账凭证是否与原始凭证相符，制单日期是否合理，附单据数是否正确，摘要描述的准确性，会计分录是否正确，会计分录的数量、单价、外币、金额等是否正确，辅助项是否正确等。

工作要求

在企业应用平台的总账模块中完成审核凭证操作。

工作流程

审核凭证："总账"—"凭证"—"审核凭证"。

工作岗位

财务经理（002陈明）。

工作时间

业务发生日期（如果成批审核一般期末操作）。

操作规范

1. 登录：

以"002"身份于"2021-12-31"登录企业应用平台。

2. 查询条件：

在"企业应用平台"窗口，双击执行"业务工作"—"财务会计"—"总账"命令，进入总账模块。

双击执行"凭证"—"审核凭证"命令，打开"凭证审核查询条件"窗口，默认设置，单击"确定"按钮，打开"凭证审核"窗口，如图5-1-24所示。

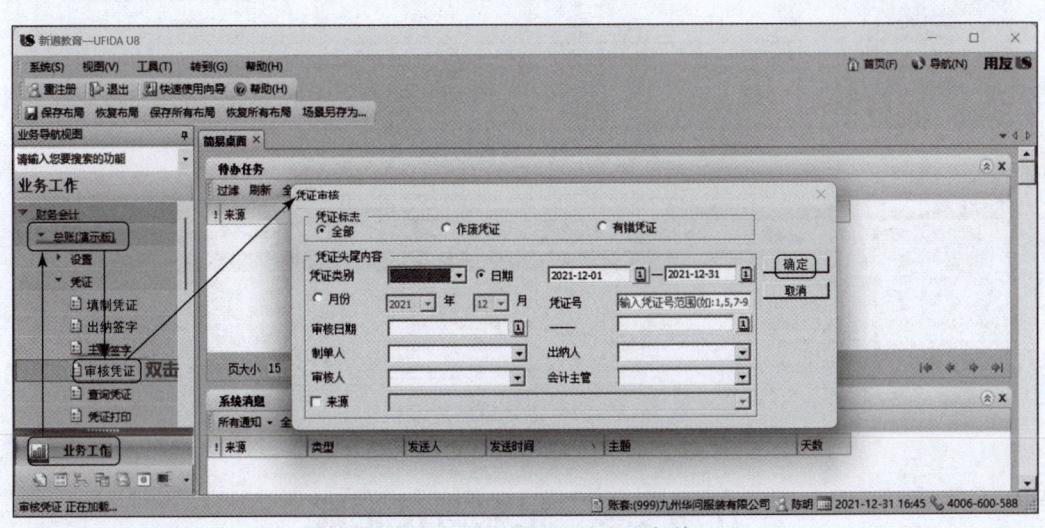

图5-1-24 凭证审核查询条件

3. 凭证审核列表。

在"凭证审核列表"窗口，双击某张凭证，打开"审核凭证"窗口，如图5-1-25所示。

图 5-1-25　凭证审核列表

4. 审核凭证。

单张审核：在"审核凭证"窗口，审核无误后，单击工具栏的"审核"按钮，在凭证下方签名栏自动签上审核人名并显示审核日期，自动显示下一张待审核凭证。若发现有错误，单击工具栏的"标错"按钮，对凭证进行标错，以便制单人修改。

成批审核：在"审核凭证"窗口，确认全部凭证正确后，单击"批处理"—"成批审核凭证"命令，弹出信息确认窗口，单击"确定"按钮，弹出"是否重新刷新凭证列表数据"窗口，单击"是"按钮即可，如图 5-1-26、图 5-1-27 所示。

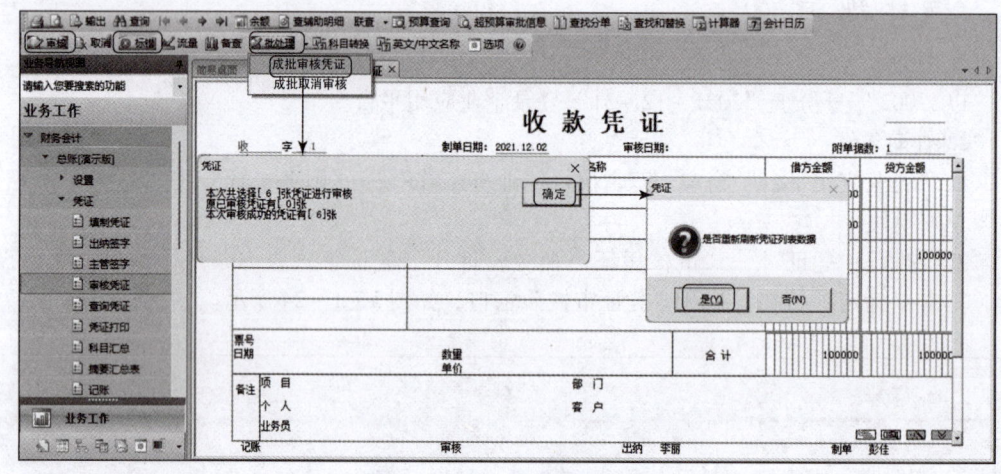

图 5-1-26　成批审核凭证

图 5-1-27　成批审核凭证列表

任务1.4　记账与反记账

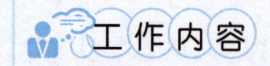

工作内容

九州华问服装有限公司的财务会计对审核无误的记账凭证进行记账处理。

工作要求

在企业应用平台的总账模块中完成记账与反记账操作。

工作流程

1. 记账："总账"—"凭证"—"记账"。
2. 反记账："总账"—"凭证"—"恢复记账前状态"。

工作岗位

财务会计（003 彭佳）。

工作时间

2021-12-31。

操作规范

步骤一：记账

1. 登录：

以"003"身份于"2021-12-31"登录企业应用平台。

2. 记账：

双击执行"业务工作"—"财务会计"—"总账"命令，进入总账模块。

双击执行"凭证"—"记账"命令，弹出"记账"窗口，记账选择"2021.12月份凭证"，确认"未记账凭证"均已审核，单击"全选"按钮，全部未记账凭证列入"记账范围"。

单击"记账"按钮，弹出试算平衡表（首次记账会弹出，本期其他记账不弹出），确认"试算结果平衡"，单击"确定"按钮，如图 5-1-28 所示。

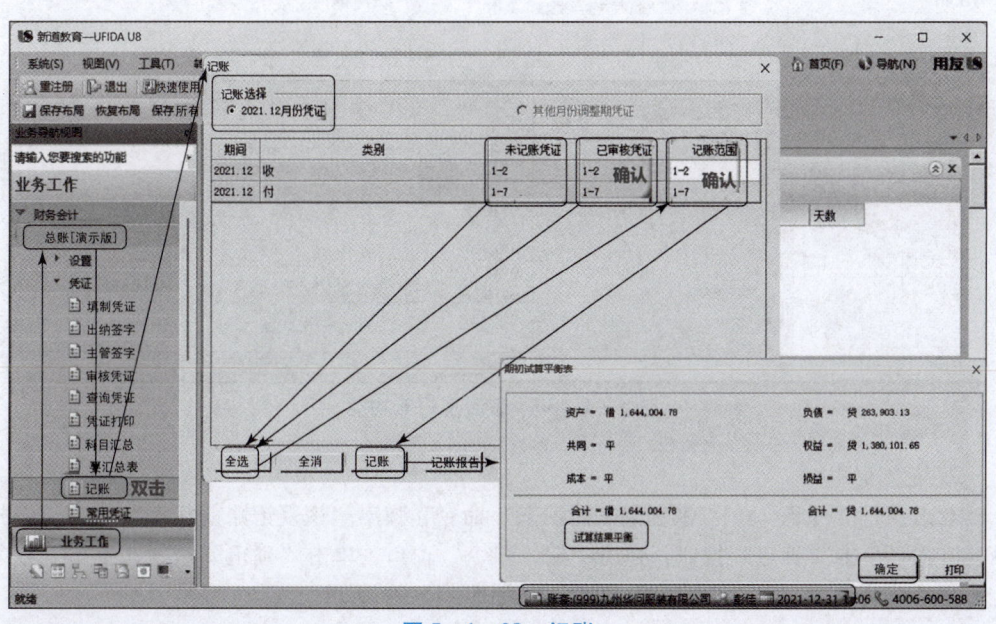

图 5-1-28 记账

3. 记账报告。

弹出"记账完毕"提示框，单击"确定"按钮，返回"记账"窗口，单击"退出"按钮，记账完毕，如图 5-1-29 所示。

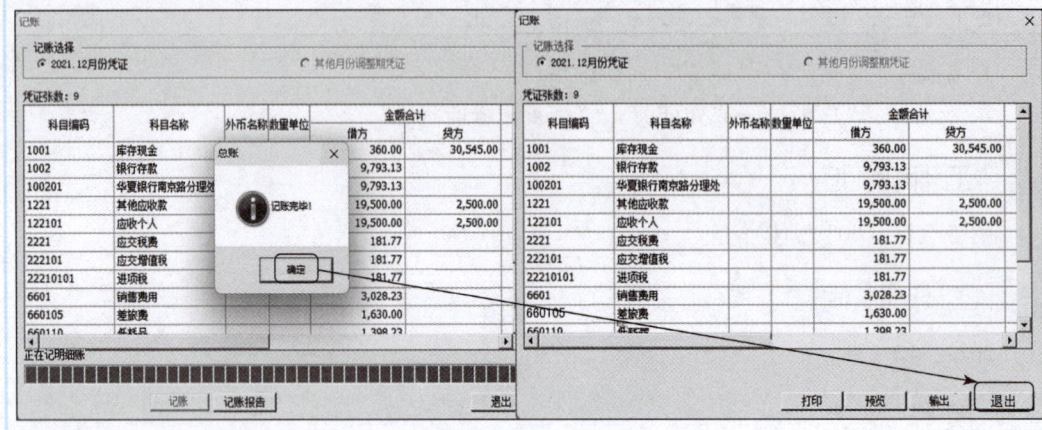

图 5-1-29 记账报告

步骤二：反记账

1. 激活反记账功能。

双击执行"期末"—"对账"命令，弹出"对账"窗口，按"Ctrl+H"组合键，弹出"恢复记账前状态功能已被激活"提示框，单击"确定"，然后单击"退出"按钮关闭"对账"窗口，如图 5-1-30 所示。

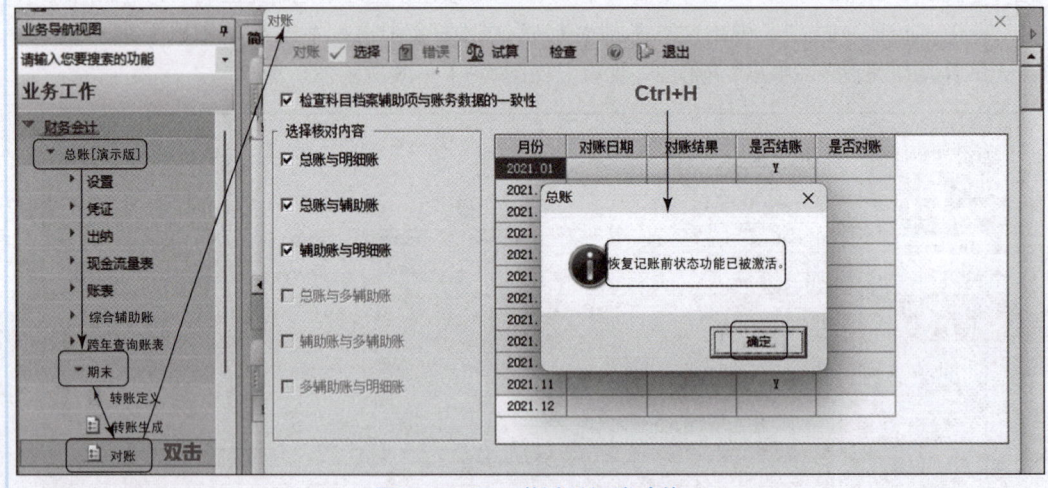

图 5-1-30 激活反记账功能

2. 恢复记账。

双击执行"凭证"—"恢复记账前状态"命令，弹出"恢复记账前状态"窗口，选择恢复方式，单击"确定"按钮，弹出"输入口令"窗口，单击"确定"按钮，弹出"恢复记账完毕"提示框，单击"确定"即可，如图 5-1-31 所示。

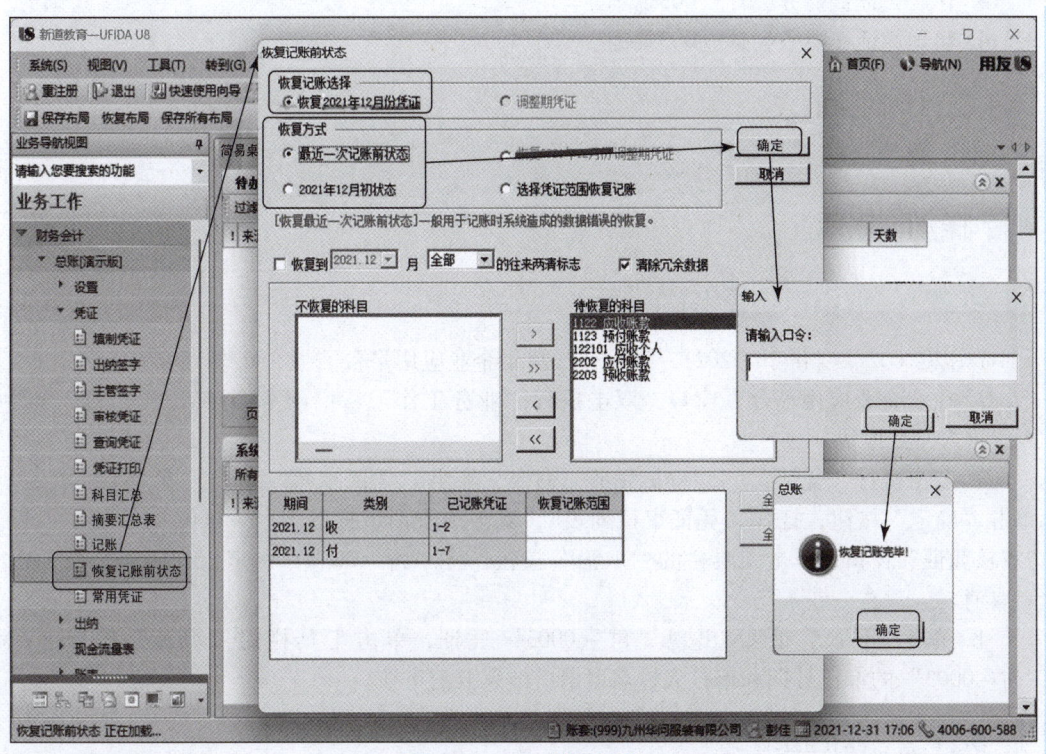

图 5-1-31 恢复记账

任务 1.5 删除凭证

工作内容

九州华问服装有限公司的财务会计核对时发现"付-0002"与"付-0003"是重复凭证,须删除这两张凭证。

工作要求

在企业应用平台的总账模块中完成删除凭证操作。

工作流程

1. 取消审核:"总账"—"凭证"—"审核凭证"。
2. 取消出纳签字:"总账"—"凭证"—"出纳签字"。
3. 作废凭证:"总账"—"凭证"—"填制凭证"。
4. 整理凭证:"总账"—"凭证"—"填制凭证"。

工作岗位

1. 取消审核签字:财务经理(002 陈明)。
2. 取消出纳签字:出纳员(005 李丽)。

3. 作废凭证：财务会计（003 彭佳）。

4. 整理凭证：财务会计（003 彭佳）。

工作时间

2021-12-31。

操作规范

步骤一：取消审核签字：

1. 以"002"身份于"2021-12-31"登录企业应用平台。

2. 在"企业应用平台"窗口，双击执行"业务工作"—"财务会计"—"总账"命令，进入总账模块。

3. 双击执行"凭证"—"审核凭证"命令，弹出"凭证审核"窗口，查询条件默认，单击"确定"按钮，打开"凭证审核列表"，双击须取消审核的"付-0002"凭证，打开"审核凭证"窗口，单击工具栏的"取消"按钮，将"付-0002"的审核日期和审核人姓名取消。

4. 单击"下张凭证"，出现"付-0003"凭证，单击工具栏的"取消"按钮，将"付-0003"的审核日期和审核人姓名取消，结束取消审核。

步骤二：取消出纳签字：

1. 以"005"身份于"2021-12-31"登录企业应用平台。

2. 在"企业应用平台"窗口，双击执行"业务工作"—"财务会计"—"总账"命令，进入总账模块。

3. 双击执行"凭证"—"出纳签字"命令，弹出"出纳签字"窗口，查询条件默认，单击"确定"按钮，打开"出纳签字列表"，双击须取消出纳签字的"付-0002"凭证，打开"出纳签字"窗口，单击工具栏的"取消"按钮，"付-0002"的出纳姓名取消。

4. 单击"下张凭证"，出现"付-0003"凭证，单击工具栏的"取消"按钮，"付-0003"的出纳姓名取消，结束取消出纳签字。

步骤三：作废凭证：

1. 以"003"身份于"2021-12-31"登录企业应用平台。

2. 在"企业应用平台"窗口，双击执行"业务工作"—"财务会计"—"总账"命令，进入总账模块。

双击执行"凭证"—"填制凭证"命令，打开"填制凭证"窗口。

3. 单击工具栏"上张凭证"按钮，找到"付-003"凭证，单击工具栏"作废/恢复"按钮，凭证左上方出现"作废"字样，表示作废成功，如图5-1-32所示。

4. 再将"付-002"凭证作废，操作步骤相同不再赘述。

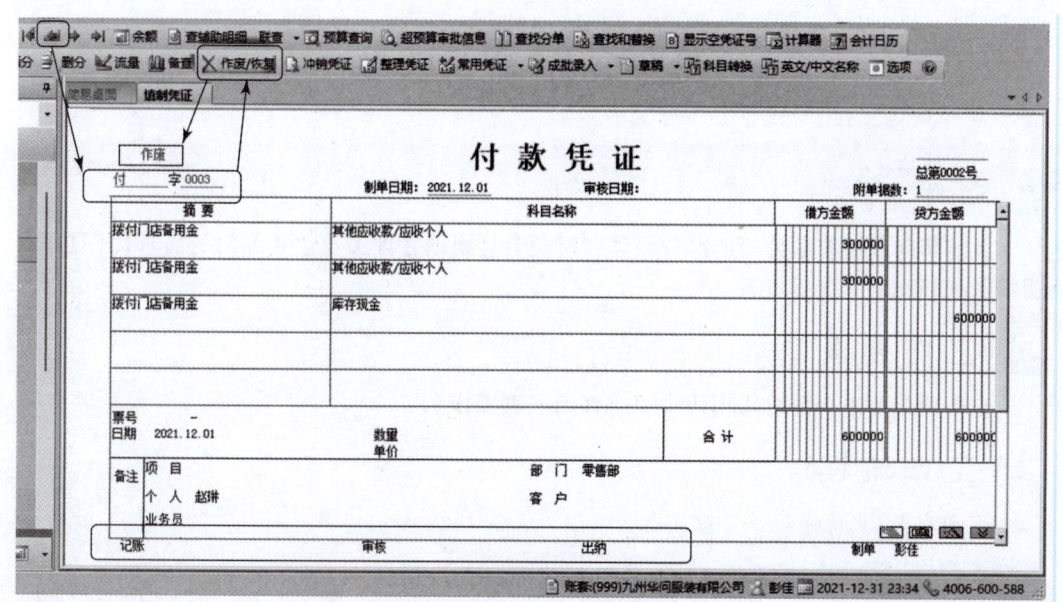

图 5-1-32 作废/恢复凭证

步骤四：整理凭证

1. 单击工具栏"整理凭证"按钮，弹出"凭证期间选择"窗口，默认选择"2021.12"，单击"确定"，弹出"作废凭证表"窗口。

2. 单击"全选"按钮以选中作废凭证，单击"确定"，显示选择凭证号重排方式，可选"按凭证号重排""按凭证日期重排""按审核日期重排"，选择"按凭证号重排"，单击"是"即完成整理凭证，如图 5-1-33 所示。

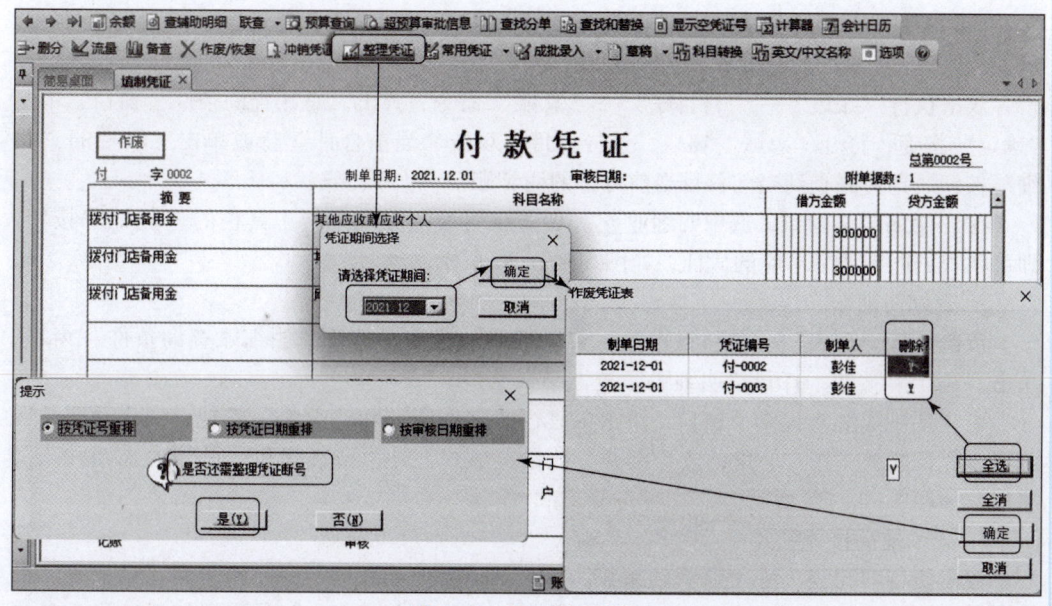

图 5-1-33 整理凭证

任务1.6 查询账表

工作内容

九州华问服装有限公司的财务经理和财务会计根据管理层及业务部门的需求提供总账、明细账和辅助核算账等账表。

工作要求

在企业应用平台的总账模块中完成查询账表操作。

工作流程

查询账表:"总账"—"账表"。

工作岗位

财务经理(002 陈明)/财务会计(003 彭佳)。

工作时间

2021-12-31。

操作规范

1. 登录。

以"003"身份于"2021-12-31"登录企业应用平台。

2. 查询总账。

在"企业应用平台"窗口,双击执行"业务工作"—"财务会计"—"总账"命令,进入总账模块;

双击执行"账表"—"科目账"—"总账"命令,弹出"总账查询条件"窗口,单击"确定"按钮,打开"总账"窗口,选择科目,双击"当前合计"行或单击工具栏的"明细"按钮,即可联查到当前科目当前月份的明细账。

在"明细账"窗口,选中明细业务,双击该明细业务或单击工具栏的"凭证"按钮,即可联查到明细业务对应的凭证,如图5-1-34所示。

3. 查询明细账。

双击执行"账表"—"科目账"—"明细账"命令,打开"明细账查询条件"窗口,单击"确定"按钮,打开"明细账"查询结果窗口。

在"明细账"查询结果窗口,单击工具栏的"凭证"和"总账"按钮,实现总账、明细账、凭证联查。在右上角可选金额式、数量金额式、外币金额式和数量外币式四种账页格式,如图5-1-35所示。

4. 查询辅助核算账。

双击执行"账表"—"个人往来账"—"个人往来余额表"—"个人科目余额表"命令,打开"个人往来_科目余额表"查询条件窗口,单击"确定"按钮,打开"个人往来科目余额表"窗口,单击工具栏的"明细"按钮,可联查到当前科目当前月份各个人的科目明细账，如图 5-1-36 所示。

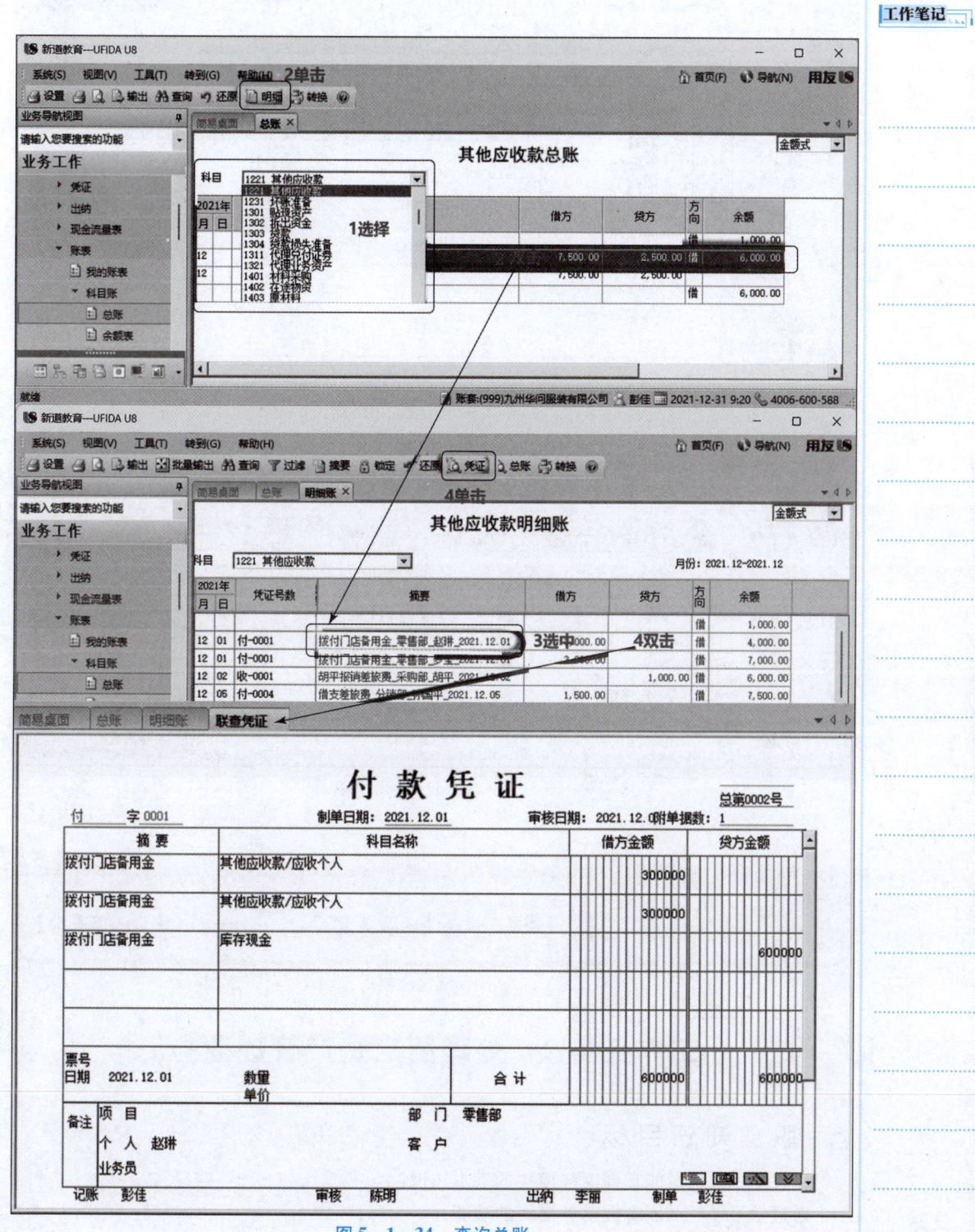

图 5-1-34 查询总账

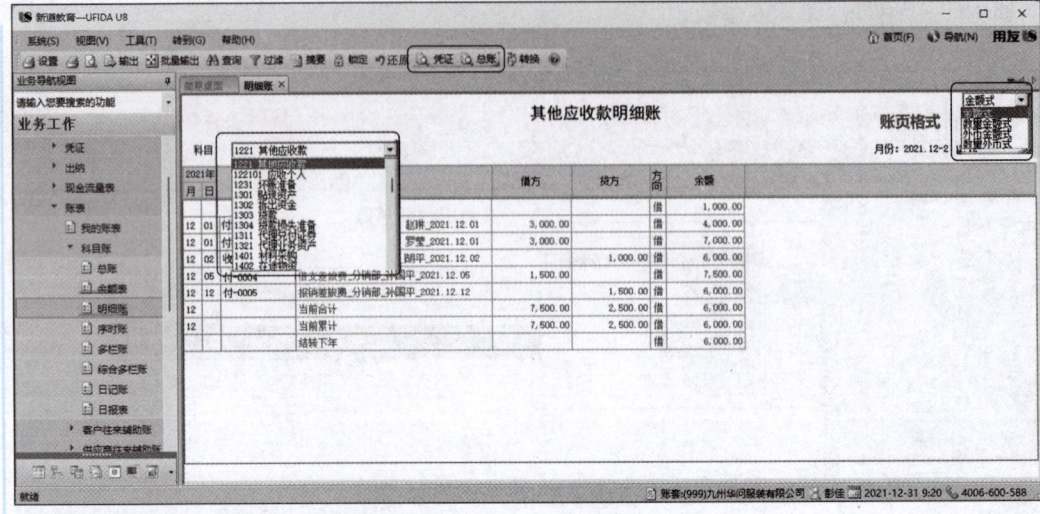

图 5-1-35 查询明细账

图 5-1-36 查询辅助核算账

财人微语

"事君，敬其事而后其食。" ——《论语·卫灵公》

工作任务 2　处理固定资产管理业务

职业知识目标

通过学习，学员能掌握财务模块的基本知识；
通过学习，学员能掌握财务模块的功能；
通过学习，学员能理解财务模块间的数据流转关系。

职业技能目标

通过训练，学员能依据企业财务数据在业财平台中完成资产增加、变动、减少等财务处理；

通过训练，学员能依据企业财务数据在业财平台中完成资产折旧计提的财务处理；

通过训练，学员具备独立维护企业财务数据的能力，达到胜任基于业财一体化平台财务经理、财务会计、出纳员和人事专员等岗位职责的目标。

职业素养目标

通过学习和训练，学员具有正确的世界观、人生观、价值观；

通过学习和训练，学员具备在信息化环境下处理财务数据的能力；

通过学习和训练，学员具备坚持准则、不做假账的会计职业道德。

工作情景

九州华问服装有限公司于2021年12月1日启用业财一体企业应用平台对公司的资金流、信息流、物流进行信息化建设，集成业务数据、财务数据、税务数据，实现业财税一体化管理。并在企业应用平台上已经成功启用总账、固定资产、薪资管理、应收管理、应付管理、销售管理、采购管理、存货管理、库存管理模块。

同时在企业应用平台上完成公共基础档案的维护、各模块的初始维护和期初数据的录入等工作。

公司行政部协助财务部处理12月的财务数据。

必备知识

一、固定资产模块的功能

固定资产模块适用于各类企业和行政事业单位进行固定资产管理，为总账模块提供折旧凭证，为成本管理模块提供固定资产的折旧费用依据。主要功能有初始维护、基础设置、原始卡片录入、日常处理、期末处理、账表管理等。

固定资产模块的功能结构如图5-2-1所示。

二、固定资产模块与其他模块的关系

固定资产的资产增加（录入新卡片）与减少、卡片修改（涉及原值或累计折旧时）、资产评估（涉及原值或累计折旧变化时）、原值变动、累计折旧调整、计提与转回减值准备调整、折旧分配、增值税调整等都要将有关数据通过记账凭证的形式传输到总账模块，同时通过对账保持固定资产账目的平衡。

采购管理的新增固定资产入库单传递到本模块后结转生成采购资产卡片。

为成本管理和UFO提供数据支持，向项目成本传递项目的折旧数据，向设备管理提供卡片信息，同时还可以从设备管理模块中导入卡片信息。

固定资产模块与其他模块成并行关系，既可独立运行，也可同其他模块协同运转。

固定资产模块与其他模块的关系如图5-2-2所示。

```
                          固定资产模块主要功能
    ┌──────────┬──────────┬──────────┬──────────┬──────────┐
  初始维护    基础设置   原始卡片录入  日常处理    期末处理    账表管理
    │          │          │          │          │          │
  约定及说明  部门对应   将启用模块前  卡片管理   计提折旧   分析表
            折旧科目   原有的全部固
  启用月份              定资产信息逐  资产增加   批量制单   减值准备表
            资产类别    条录入
  折旧信息                          资产减少   对账       统计表
            增减方式
  资产类别和                        资产变动   凭证查询   账簿
  编码方式设置 使用状况
                                              月末结账   折旧表
  账务接口   卡片项目、              原值变动
            样式维护
  完成设置                          使用部门变动
                                  使用状况调整
                                  折旧方法调整
                                  使用年限调整
                                  计提减值准备
                                  增值税调整
                                  变动单管理
                                  资产评估
                                  资产盘点
```

图 5-2-1 固定资产模块的功能结构

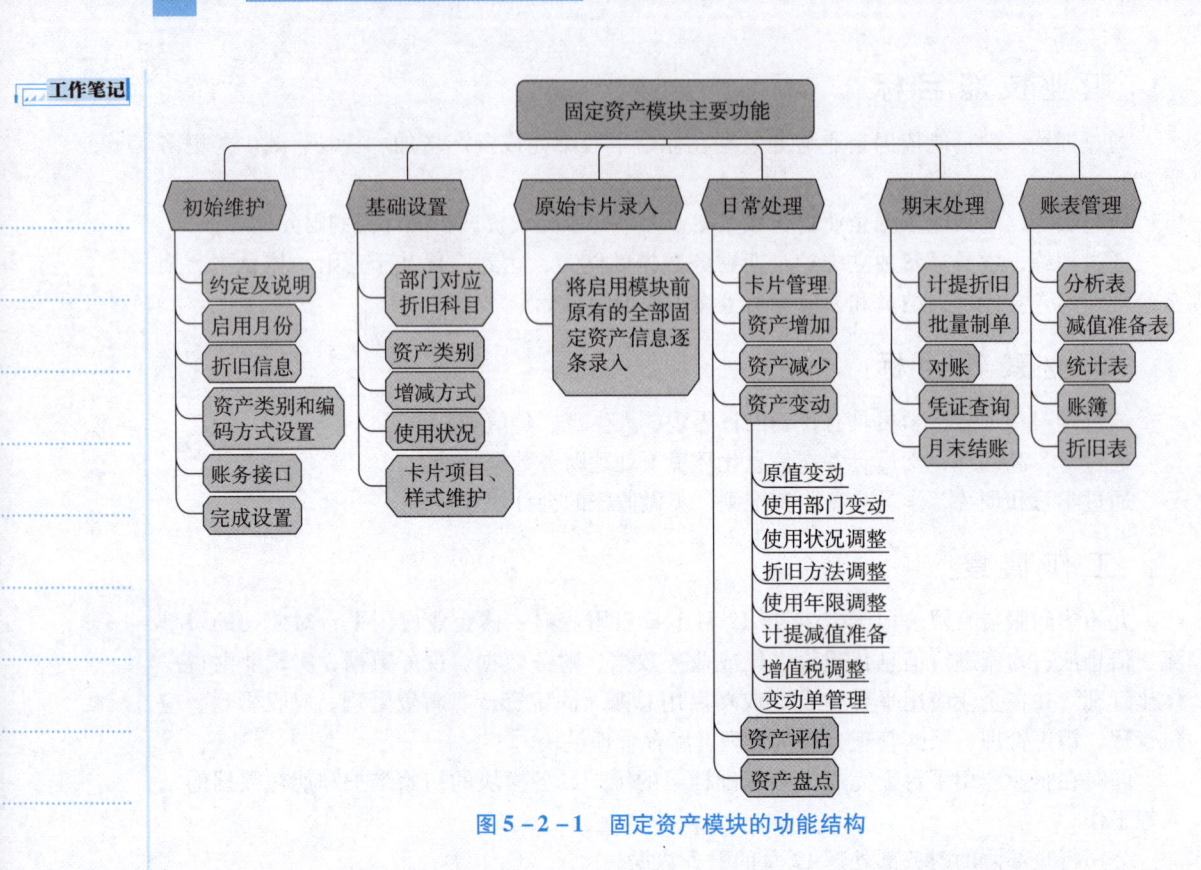

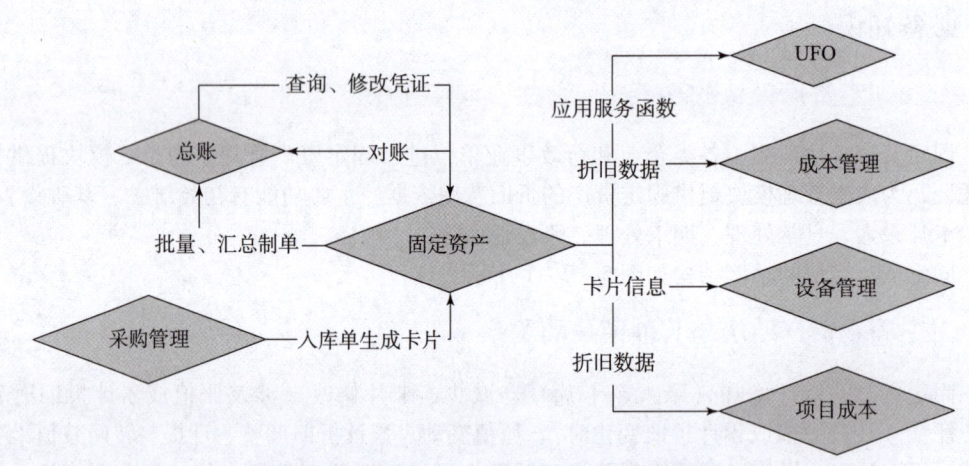

```
                              ┌─── UFO
              查询、修改凭证   │
    总账 ←──────────────── 应用服务函数
         ←──── 对账 ───┐   │
                      │   ├─── 成本管理
         批量、汇总制单 │   折旧数据
    ──────────────── 固定资产
                      │   卡片信息
                      │   ├─── 设备管理
    采购管理 ── 入库单生成卡片 │
                      折旧数据
                          └─── 项目成本
```

图 5-2-2 固定资产模块与其他模块的关系

三、固定资产模块的操作流程

总账模块的操作流程包括启用模块、初始维护、基础设置、录入原始卡片、日常处理与期末处理等。

固定资产模块的操作流程如图 5-2-3 所示。

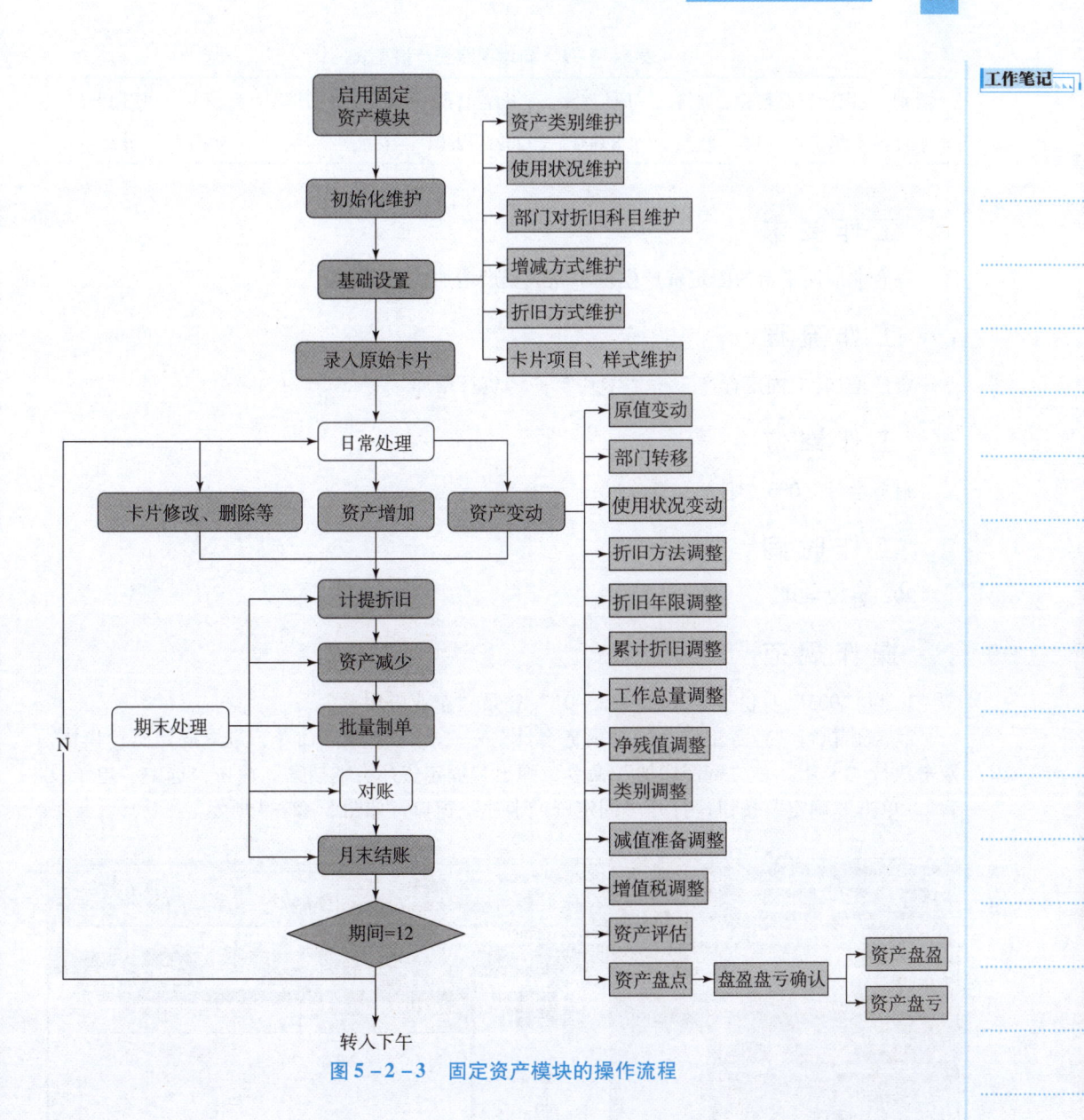

图 5-2-3 固定资产模块的操作流程

任务 2.1 新增固定资产

工作内容

2021 年 12 月 1 日,九州华问服装有限公司办公室采购联想笔记本电脑 1 台给总经理使用,已转账支票支付,相关信息如表 5-2-1 所示。

表 5-2-1 新增固定资产信息表

类别	固定资产名称	规格	原值/元	购置日期	数量	折旧年限	残值率	使用部门
电子设备	笔记本电脑	联想	8 000	2021.12.01	1	5	5%	办公室

工作要求

在企业应用平台的固定资产模块中完成资产增加的操作。

工作流程

资产增加:"固定资产"—"卡片"—"资产增加"。

工作岗位

财务会计(003 彭佳)。

工作时间

2021-12-01。

操作规范

1. 以"003"身份于"2021-12-01"登录"企业应用平台"。

2. 双击执行"业务工作"—"财务会计"—"固定资产"命令,进入固定资产模块,双击执行"卡片"—"资产增加"命令,弹出"固定资产类别档案"窗口,选中"电子设备",单击"确定"按钮,打开"固定资产卡片"窗口,如图5-2-4所示。

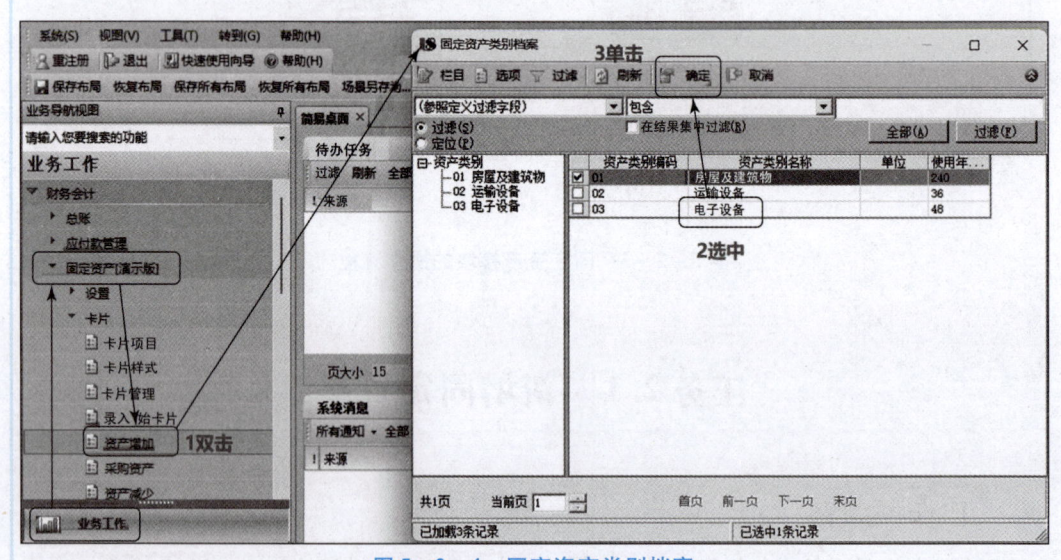

图 5-2-4 固定资产类别档案

3. 在"固定资产卡片"窗口,根据案例中资产信息录入或参照选择各项目的内容,单击"保存"即可,如图5-2-5所示。

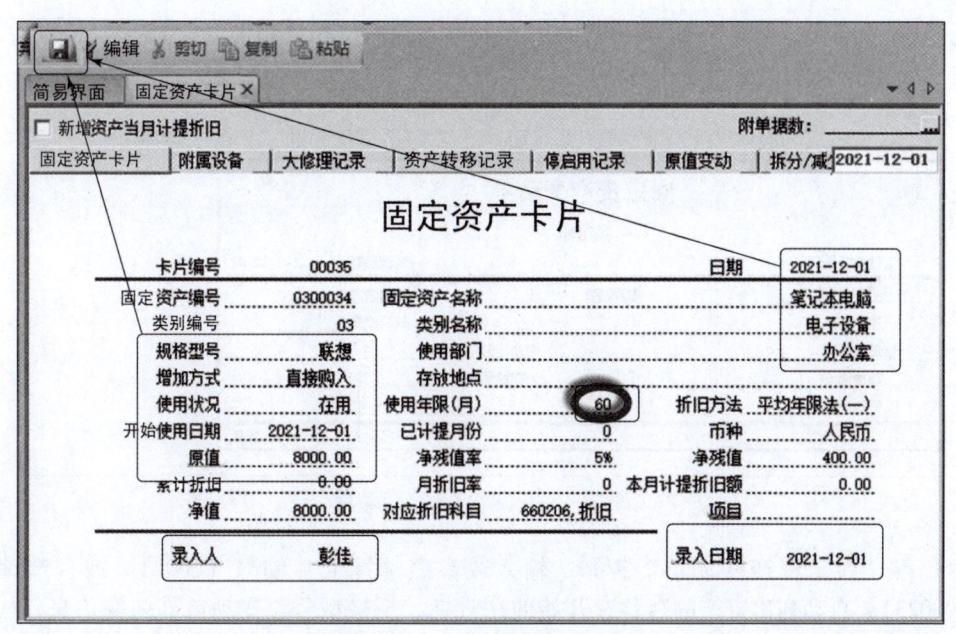

图 5-2-5 新增固定资产卡片

任务2.2 固定资产变动

工作内容

2021年12月02日，经公司研究决定，将办公室1台打印机（编号：0300023）转给销售部的电商部使用，变动原因为电商部单据打印需求量增大。

工作要求

在企业应用平台的固定资产模块中完成资产变动的操作。

工作流程

部门转移："固定资产"—"卡片"—"变动单"—"部门转移"。

工作岗位

财务会计（003 彭佳）。

工作时间

2021-12-02。

操作规范

1. 以"003"身份于"2021-12-02"登录"企业应用平台"。
2. 双击执行"业务工作"—"财务会计"—"固定资产"命令，进入固定资产模块，双击执行"卡片"—"变动单"—"部门转移"命令,打开"固定资产变动单"窗口,如图 5-2-6 所示。

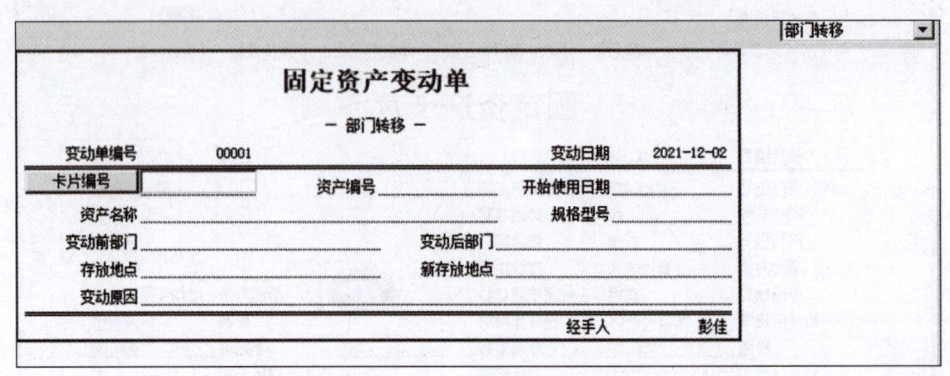

图 5-2-6　固定资产变动单

3. 在"固定资产变动单"窗口,输入或参照选择卡片编号(00023)或资产编号(0300023),自动列出资产的名称、开始使用日期、规格型号、变动前部门等信息,如图 5-2-7 所示。

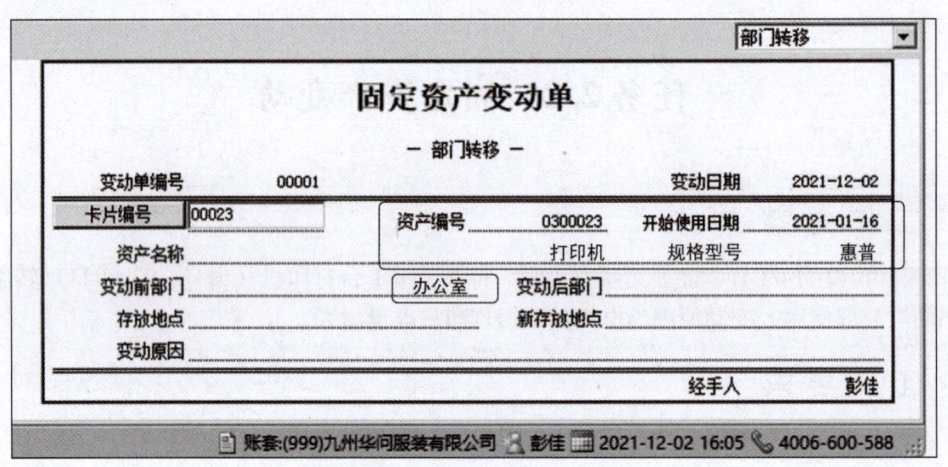

图 5-2-7　选定固定资产变动单

4. 在"固定资产变动单"窗口,参照选择或输入变动后部门和变动原因,单击工具栏的"保存"按钮,弹出"数据成功保存!部门已改变,请检查资产对应折旧科目是否正确!"提示界面,单击"确定"即完成该变动单操作。

任务 2.3　计提固定资产折旧

工作内容

九州华问服装有限公司于 2021 年 12 月 7 日计提资产折旧。

工作要求

在企业应用平台的固定资产模块中完成计提折旧操作。

工作流程

计提折旧:"固定资产"—"处理"—"计提本月折旧"。

工作岗位

财务会计(003 彭佳)。

工作时间

2021-12-07。

操作规范

1. 以"003"身份于"2021-12-07"登录"企业应用平台"。

2. 双击执行"业务工作"—"财务会计"—"固定资产"命令,进入固定资产模块,双击执行"处理"—"计提本月折旧"命令,弹出"是否要查看折旧清单?"提示,单击"是"按钮,弹出"本操作将计提本月折旧,并花费一定时间,是否要继续?"提示,单击"是"按钮,等待自动执行折旧计提操作。

3. 折旧计提完成,生成"折旧清单",详查各部门计提折旧值,验证是否正确,若有误则需审核资产卡片的数据是否正确。

若无误,单击"退出"按钮,提示"计提折旧完成!"并生成"折旧分配表",单击"确定"即可,如图5-2-8所示。

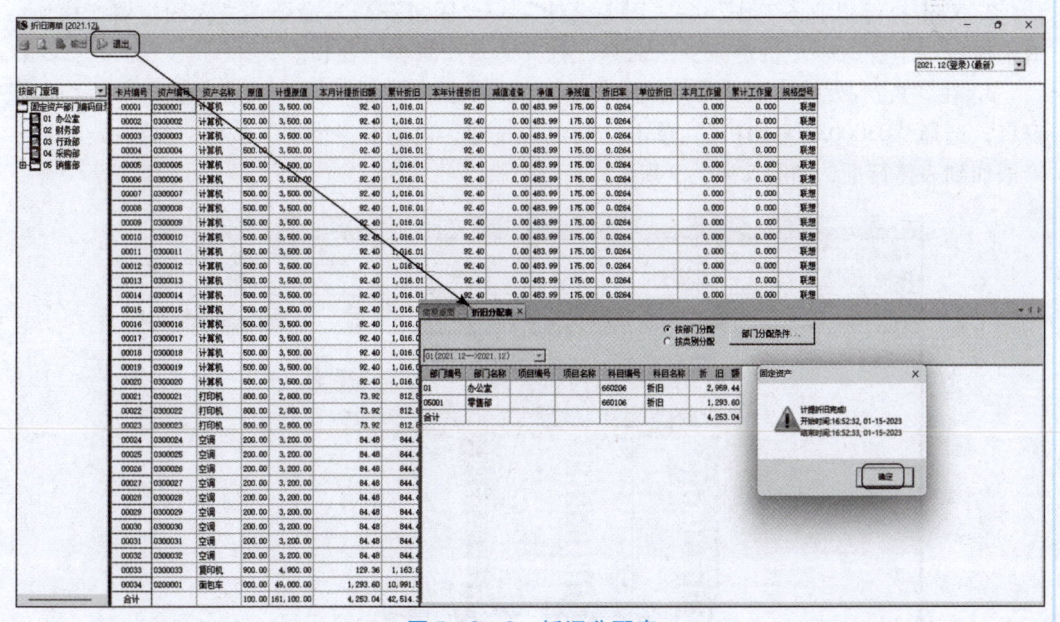

图5-2-8 折旧分配表

任务2.4　减少固定资产

工作内容

2021年12月07日,九州华问服装有限公司行政部使用的复印机(编号：0300033)损坏,经报上级领导批准,对该复印机进行报废处理。报废处理过程中,现金支付60元清理费用,处理资产变价收入1 000元现金。

工作要求

在企业应用平台的固定资产模块中完成资产减少操作。

工作流程

资产减少："固定资产"—"卡片"—"资产减少"。

工作岗位

财务会计(003 彭佳)。

工作时间

2021-12-07。

操作规范

1. 以"003"身份于"2021-12-07"登录"企业应用平台"。

2. 双击执行"业务工作"—"财务会计"—"固定资产"命令,进入固定资产模块,双击执行"卡片"—"资产减少"命令,打开"资产减少"窗口。

3. 在"资产减少"窗口,单击卡片编号的"参照"按钮,打开"固定资产卡片档案"窗口,选择"0300033 复印机",单击"确定"按钮,再单击"增加"按钮,将要减少的资产添加到表体行上,如图5-2-9所示。

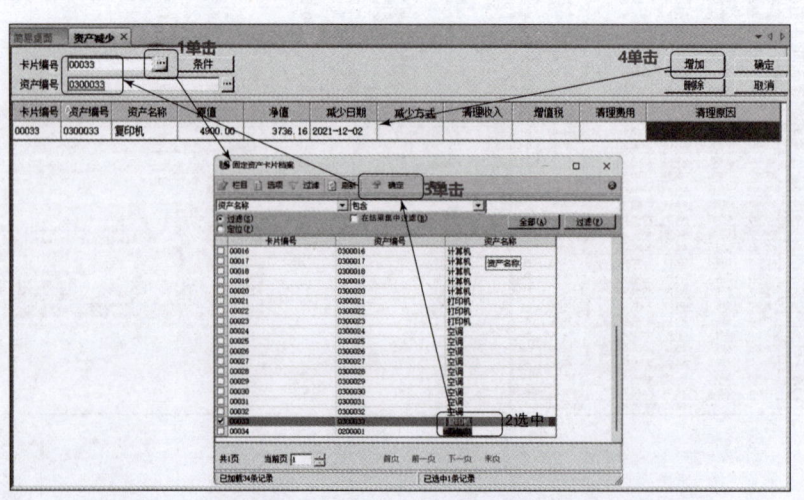

图5-2-9　资产减少列表

4. 在"资产减少"窗口，减少方式参照输入"毁损"，清理收入输入"1 000"元，清理费用输入"60"元，清理原因输入"损坏"，单击"确定"，提示"所选卡片已经减少成功"，单击"确定"即可，如图5-2-10所示。

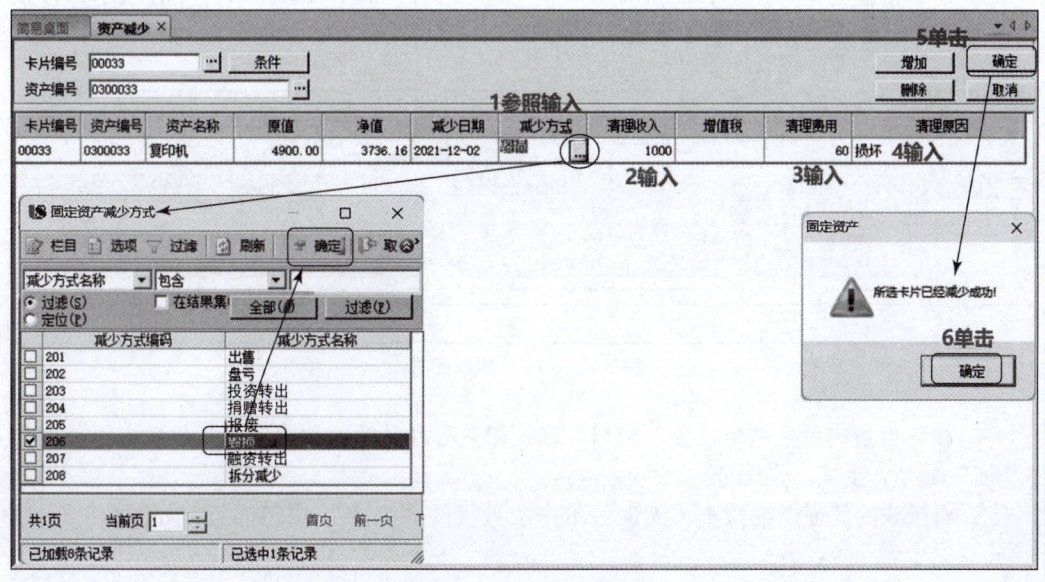

图 5-2-10 减少资产

任务2.5 批量制单

工作内容

九州华问服装有限公司的财务会计对固定资产进行制单处理。

工作要求

在企业应用平台的固定资产模块中完成批量制单操作。

工作流程

批量制单："固定资产"—"处理"—"批量制单"。

工作岗位

财务会计（003 彭佳）。

工作时间

2021-12-07。

操作规范

1. 以"003"身份于"2021-12-31"登录"企业应用平台"。

2. 双击执行"业务工作"—"财务会计"—"固定资产"命令，进入固定资产模块，双击执行"处理"—"批量制单"命令，打开"批量制单"查询条件窗口，单击"确定"，打开"批量制单"窗口。

3. 在"批量制单"窗口，双击需制单业务的"选择"行，出现"Y"字样表示选择成功，选择凭证类别，单击"制单设置"，如图5－2－11所示。

图 5－2－11 制单设置

4. 在"批量制单－制单设置"窗口，确认相关科目及辅助项内容无误，单击工具栏的"凭证"命令，生成一张凭证。

5. 对生成的凭证详细检查，无误后单击工具栏的"保存"按钮即可，如图5－2－12所示。

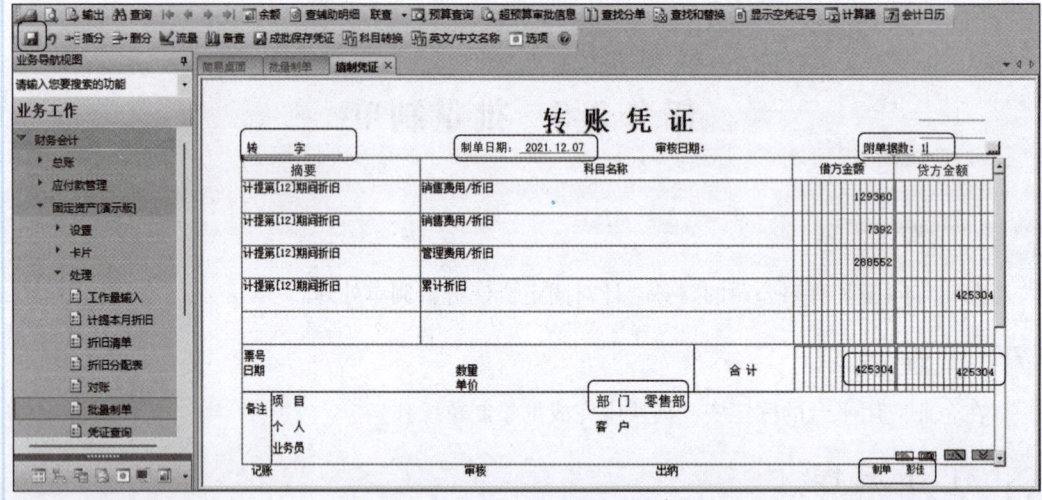

图 5－2－12 保存凭证

财人微语

"素位而行，不愿乎其外。"　　　　　　　　——《中庸》

工作任务 3　处理薪资管理业务

职业知识目标

通过学习，学员能掌握财务模块的基本知识；

通过学习，学员能掌握财务模块的功能；

通过学习，学员能理解财务模块间的数据流转关系。

职业技能目标

通过训练，学员能依据企业财务数据在业财平台中完成职工基础工资录入、变动工资录入及薪资计算与计提等的财务处理；

通过训练，学员能依据企业财务数据在业财平台中完成薪资分摊公式设置、五险一金的计算与计提等的财务处理；

通过训练，学员具备独立维护企业财务数据的能力，达到胜任基于业财一体化平台财务经理、财务会计、出纳员和人事专员等岗位职责的目标。

职业素养目标

通过学习和训练，学员具有正确的世界观、人生观、价值观；

通过学习和训练，学员具备在信息化环境下处理财务数据的能力；

通过学习和训练，学员具备坚持准则、不做假账的会计职业道德。

工作情景

九州华问服装有限公司于 2021 年 12 月 1 日启用业财一体企业应用平台对公司的资金流、信息流、物流进行信息化建设，集成业务数据、财务数据、税务数据，实现业财税一体化管理。并在企业应用平台上已经成功启用总账、固定资产、薪资管理、应收管理、应付管理、销售管理、采购管理、存货管理、库存管理模块。同时在企业应用平台上完成公共基础档案的维护、各模块的初始维护和期初数据的录入等工作。

公司行政部协助财务部处理 12 月的财务数据。

必备知识

一、薪资管理模块的功能

薪资管理模块适用于各类企业和行政事业单位进行工资核算、工资发放、工资费用分摊、工资统计分析和个人所得税核算等管理。可以与总账模块集成使用，将工资凭证传递到总账中；可以与成本管理模块集成使用，为成本管理模块提供人员的费用信息。主要功能有新建账套（首次使用）、初始维护、业务处理、统计分析等。

薪资管理模块的功能结构如图 5-3-1 所示。

工作笔记

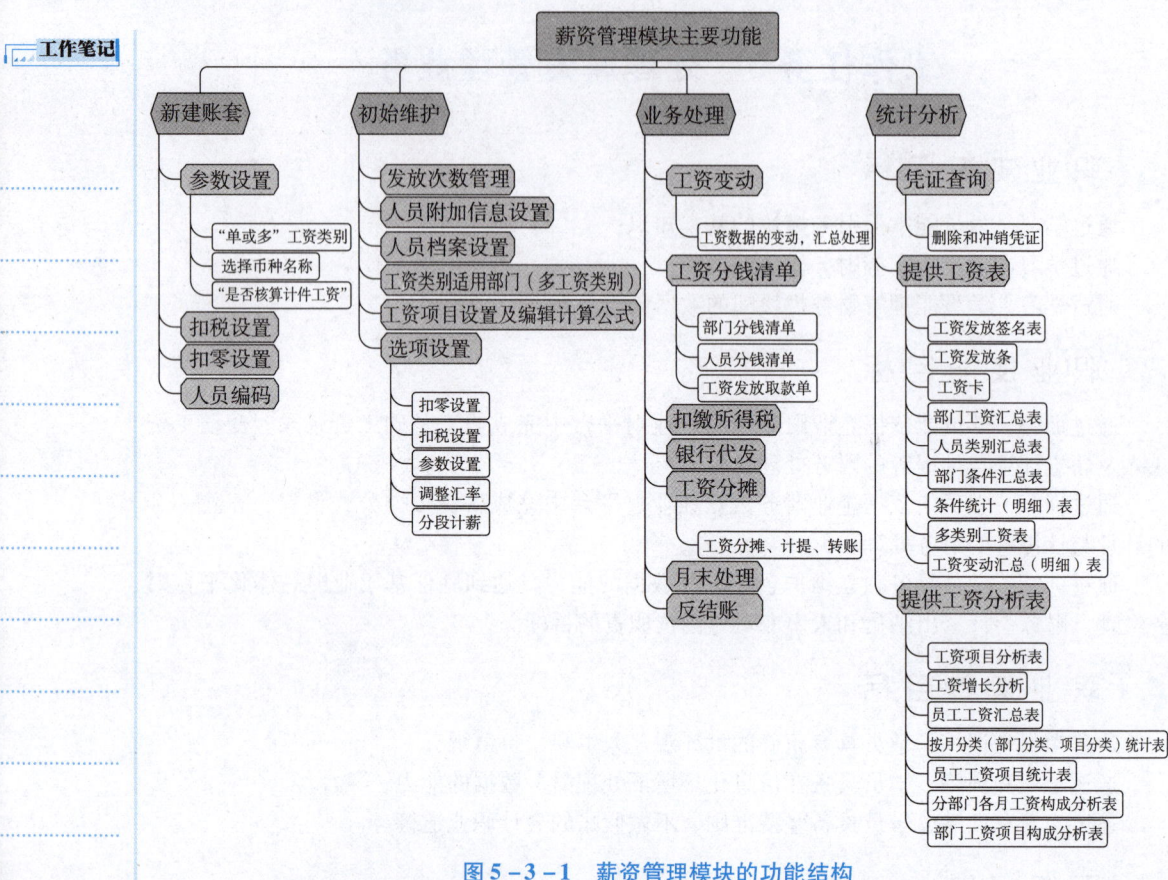

```
                        薪资管理模块主要功能
        ┌───────────────┬──────────────┬──────────────┐
     新建账套          初始维护         业务处理        统计分析
        │               │                │              │
     参数设置        发放次数管理       工资变动        凭证查询
        │               │                │              │
   "单或多"工资类别  人员附加信息设置  工资数据的变动、  删除和冲销凭证
        │               │            汇总处理           │
   选择币种名称      人员档案设置        │           提供工资表
        │               │           工资分钱清单         │
  "是否核算计件工资" 工资类别适用部门      │           工资发放签名表
        │          (多工资类别)      部门分钱清单         │
     扣税设置           │                │           工资发放条
        │         工资项目设置及         人员分钱清单       │
     扣零设置       编辑计算公式          │            工资卡
        │               │           工资发放取款单        │
     人员编码        选项设置            │          部门工资汇总表
                        │            扣缴所得税           │
                     扣零设置            │          人员类别汇总表
                        │             银行代发            │
                     扣税设置            │          部门条件汇总表
                        │             工资分摊            │
                     参数设置            │         条件统计(明细)表
                        │         工资分摊、计提、转账      │
                     调整汇率            │          多类别工资表
                        │             月末处理            │
                     分段计薪            │        工资变动汇总(明细)表
                                     反结账              │
                                                   提供工资分析表
                                                        │
                                                    工资项目分析表
                                                        │
                                                    工资增长分析
                                                        │
                                                    员工工资汇总表
                                                        │
                                              按月分类(部门分类、项目分类)统计表
                                                        │
                                                    员工工资项目统计表
                                                        │
                                              分部门各月工资构成分析表
                                                        │
                                              部门工资项目构成分析表
```

图 5-3-1 薪资管理模块的功能结构

二、薪资管理模块与其他模块的关系

薪资核算是财务核算的一部分,其日常业务要通过总账记账凭证反映,薪资管理和总账模块主要是凭证传递的关系。

薪资管理模块将工资计提、分摊结果自动生成转账凭证并传递到总账模块。

薪资管理模块向成本管理模块传送人员的费用信息,向 UFO 报表系统传递分析数据。

薪资管理模块与其他模块的关系如图 5-3-2 所示。

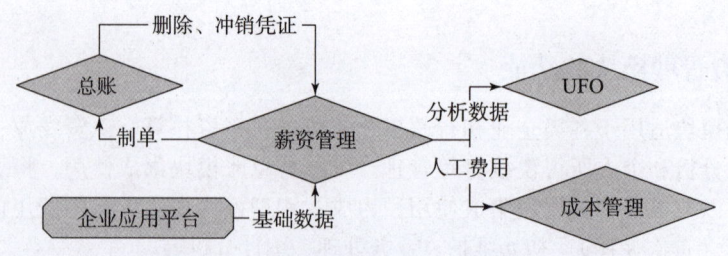

```
          ┌── 删除、冲销凭证 ──┐
          │                    │
         总账 ←─────────── 薪资管理 ──分析数据──→ UFO
          │      制单        │
                              │──人工费用──→ 成本管理
        企业应用平台 ──基础数据──┘
```

图 5-3-2 薪资管理模块与其他模块的关系

三、薪资管理模块应用方案及操作流程

(一)薪资管理模块应用方案

薪资管理模块可为不同工资核算类型的企业提供单工资类别和多工资类别核算管理应

用解决方案：

1. 单工资类别核算管理

若企业所有人员统一薪资核算，薪资发放项目和薪资计算方法均相同，可选用单工资类别核算管理。

对于统一薪资核算的企业，也可以选用多工资类别核算管理，先只建立一个薪资类别，若企业的业务模式发生重大变化，再根据实际情况新增或修改设置，以减少因重大变化需重新设置的工作量。

2. 多工资类别核算管理

若企业存在下列情况之一，则需选用多工资类别核算管理。

（1）企业存在不同类别人员，需对其分别核算与管理。如企业需对在职人员、退休人员、离休人员分别进行工资核算与管理，或需对正式工和临时工分别进行工资核算与管理等。

（2）企业每月进行多次薪资发放，月末统一核算，如周薪制或工资和奖金分次发放等。

（3）企业在不同地区有分支机构，而由总管机构统一进行工资核算。

（二）薪资管理模块操作流程

薪资管理模块的操作流程包括启用模块、新建账套、初始设置、工资变动、工资发放、工资分摊、月末处理等。

薪资管理模块操作流程如图 5-3-3 所示。

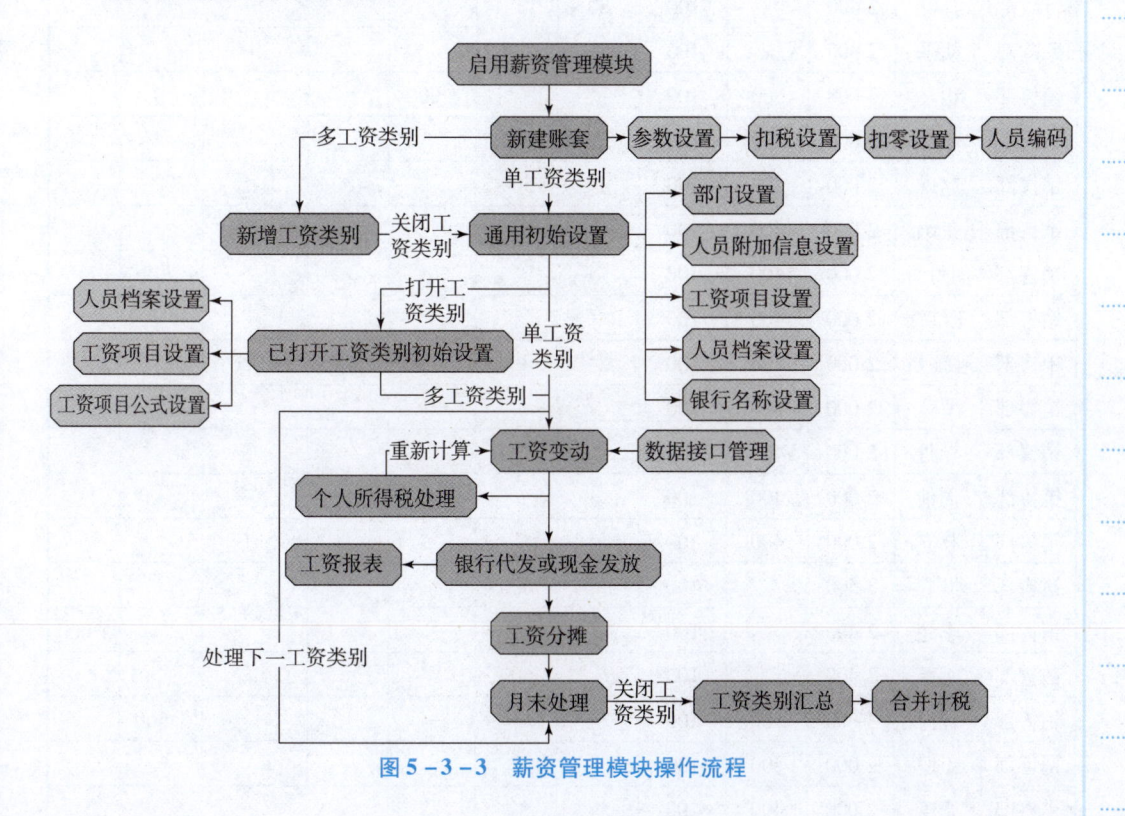

图 5-3-3　薪资管理模块操作流程

任务3.1　工资变动

工作内容

九州华问服装有限公司12月份的工资数据如表5-3-1所示。

表5-3-1　2021年12月份工资数据表　　　　　　　　　　　　元

部门	姓名	基本工资	福利补贴	全勤奖	加班	奖金	子女教育	继续教育	住房贷款利息	住房租金	赡养老人
办公室	李佳华	7 900		100							
办公室	刘超	5 400		100							
财务部	陈明	4 400		100							
财务部	彭佳	3 500		100		1 000					
财务部	赵巧	3 500		100							
财务部	李丽	2 400		100	50			400			
财务部	陈越	2 400		100							1 000
行政部	孙红	2 400		100	80						
采购部	胡平	2 400		100							
销售部	程义	3 000	500	100		1 000					
销售部	陈晨	2 000	400	100		500					
销售部	赵琳	2 000	400	100		500		400			
销售部	王娟	2 000	400	100							
销售部	胡丹丹	2 000	400	100							
销售部	王红梅	2 000	400	100							
销售部	曹丽娜	2 000	400	100					1 000		
销售部	罗莹	2 000	400	100							
销售部	徐丹	2 000	400	100							
销售部	周倩	2 000	400	100							
销售部	林立	2 000	400	100							
销售部	孙国平	3 500		100		600					
销售部	李超	2 400		100		600					1 000
销售部	王斌	2 400		100		600					
销售部	徐海	3 000	500	100						1 500	
销售部	王聪	2 000	400	100							
销售部	张蕾	2 000	400	100							
总计		72 600	5 800	2 600	130	2 800	2 000	800	1000	1 500	2 000

工作笔记

工作要求

在企业应用平台的人力资源的薪资管理模块中录入 12 月份职工工资数据，并计算及汇总。

工作流程

工资变动："人力资源"—"薪资管理"—"业务处理"—"工资变动"。

工作岗位

人事专员（008 孙红）。

工作时间

2021 - 12 - 01。

操作规范

1. 以"008"身份于"2021 - 12 - 01"登录"企业应用平台"。

2. 在"企业应用平台"窗口，双击执行"业务工作"—"财务会计"—"薪资管理"命令，进入薪资管理模块，再双击执行"业务处理"—"工资变动"命令，打开"工资变动"窗口。

3. 在"工资变动"窗口，根据案例表 5 - 3 - 1 中提供的工资数据，将"基本工资""福利补贴""全勤奖""加班""奖金""子女教育""继续教育""住房贷款利息""住房租金""赡养老人"等数据录入。

4. 单击"计算"按钮，将养老保险、失业保险、医疗保险、住房公积金等按公式设置自动计算，代扣税按税率设置自动计算，认真检查输入的数据与自动计算的数据，确认无误后，再单击"汇总"按钮，完成工资计算，如图 5 - 3 - 4 所示。

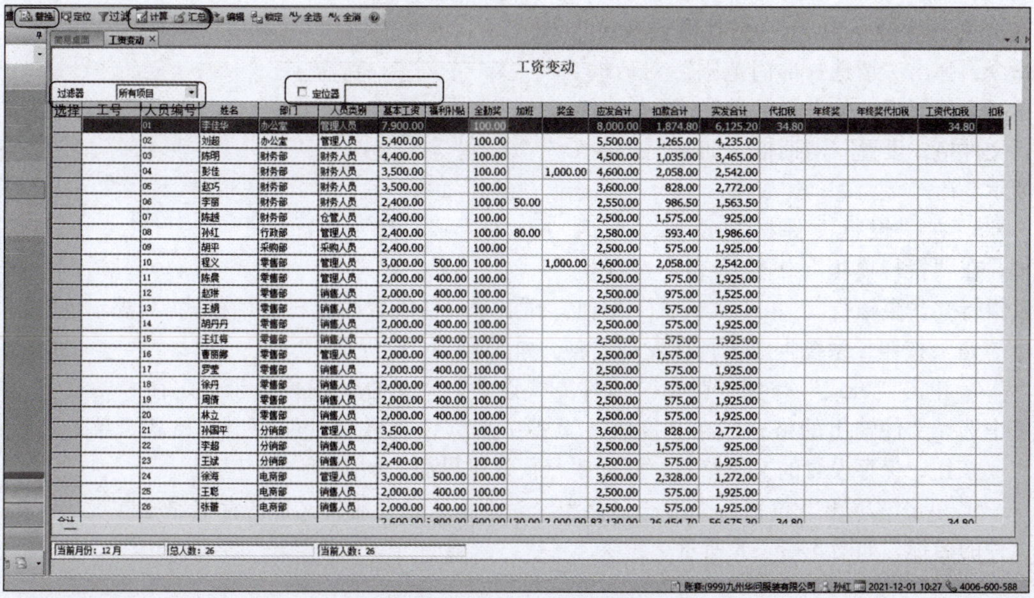

选择	工号	人员编号	姓名	部门	人员类别	基本工资	福利补贴	全勤奖	加班	奖金	应发合计	扣款合计	实发合计	代扣税	年终奖	年终奖代扣税	工资代扣税	扣税
		01	李佳华	办公室	管理人员	7,900.00		100.00			8,000.00	1,874.80	6,125.20	34.80			34.80	
		02	刘超	办公室	管理人员	5,400.00		100.00			5,500.00	1,265.00	4,235.00					
		03	陈明	财务部	财务人员	4,400.00		100.00			4,500.00	1,035.00	3,465.00					
		04	彭佳	财务部	财务人员	3,500.00		100.00		1,000.00	4,600.00	2,058.00	2,542.00					
		05	赵巧	财务部	财务人员	3,500.00		100.00			3,600.00	828.00	2,772.00					
		06	李丽	财务部	财务人员	2,400.00		100.00	50.00		2,550.00	986.50	1,563.50					
		07	陈越	财务部	仓管人员	2,400.00		100.00			2,500.00	1,575.00	925.00					
		08	孙红	行政部	管理人员	2,400.00		100.00	80.00		2,580.00	593.40	1,986.60					
		09	胡平	采购部	采购人员	2,400.00		100.00			2,500.00	575.00	1,925.00					
		10	程义	零售部	管理人员	3,000.00	500.00	100.00		1,000.00	4,600.00	2,058.00	2,542.00					
		11	陈晨	零售部	管理人员	2,000.00	400.00	100.00			2,500.00	575.00	1,925.00					
		12	赵琳	零售部	销售人员	2,000.00	400.00	100.00			2,500.00	975.00	1,525.00					
		13	王娟	零售部	销售人员	2,000.00	400.00	100.00			2,500.00	575.00	1,925.00					
		14	胡丹丹	零售部	销售人员	2,000.00	400.00	100.00			2,500.00	575.00	1,925.00					
		15	王红梅	零售部	销售人员	2,000.00	400.00	100.00			2,500.00	575.00	1,925.00					
		16	曹丽娜	零售部	管理人员	2,000.00	400.00	100.00			2,500.00	1,575.00	925.00					
		17	罗莹	零售部	销售人员	2,000.00	400.00	100.00			2,500.00	575.00	1,925.00					
		18	徐丹	零售部	销售人员	2,000.00	400.00	100.00			2,500.00	575.00	1,925.00					
		19	周倩	零售部	销售人员	2,000.00	400.00	100.00			2,500.00	575.00	1,925.00					
		20	林立	零售部	销售人员	2,000.00	400.00	100.00			2,500.00	575.00	1,925.00					
		21	孙国平	分销部	管理人员	3,500.00		100.00			3,600.00	828.00	2,772.00					
		22	李超	分销部	销售人员	2,400.00		100.00			2,500.00	1,575.00	925.00					
		23	王斌	分销部	销售人员	2,400.00		100.00			2,500.00	575.00	1,925.00					
		24	徐海	电商部	管理人员	3,000.00	500.00	100.00			3,600.00	2,328.00	1,272.00					
		25	王聪	电商部	销售人员	2,000.00	400.00	100.00			2,500.00	575.00	1,925.00					
		26	张蕾	电商部	销售人员	2,000.00	400.00	100.00			2,500.00	575.00	1,925.00					
合计						[illegible]	[illegible]	[illegible]	130.00	2,000.00	83,130.00	26,454.70	56,675.30	34.80			34.80	

图 5 - 3 - 4　工资变动

任务 3.2　银行代发

工作内容

九州华问服装有限公司工资发放采用银行代发，月底计算汇总计提，下月 14 日发放。

工作要求

在企业应用平台的人力资源的薪资管理模块中完成银行代发操作。

工作流程

银行代发："人力资源"—"薪资管理"—"业务处理"—"银行代发"。

工作岗位

人事专员（008 孙红）。

工作时间

2021 - 12 - 14。

操作规范

1. 以"008"身份于"2021 - 12 - 14"登录"企业应用平台"。

2. 在"企业应用平台"窗口，双击执行"业务工作"—"财务会计"—"薪资管理"命令，进入薪资管理模块；双击执行"业务处理"—"银行代发"命令，弹出"请选择部门范围"对话框，选择全部部门，单击"确定"，弹出"银行文件格式设置"对话框，如图 5 - 3 - 5 所示。

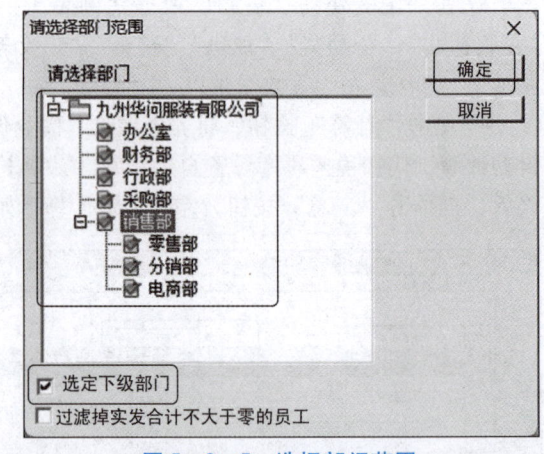

图 5 - 3 - 5　选择部门范围

3. 在"银行文件格式设置"对话框，在"银行模板"下拉列表中选择代发银行"华夏银行"，单击"确认"按钮，弹出"确认设置的银行文件格式？"提示框，单击"是"按钮，系统生成银行代发一览表，如图 5 - 3 - 6 所示。

4. 单击"方式"按钮，弹出"文件方式设置"对话框，根据银行规定在"常规"页签中选择文件输出的格式，在"高级"页签中继续设置磁盘文件输出的格式，单击"确定"按钮，保存设置的文件格式，返回银行代发主界面，如图 5 - 3 - 7 所示。

5. 单击"输出"按钮，弹出"另存为"对话框，选择输出文件的存储路径并设定保存文件的名称，如图 5 - 3 - 8 所示。

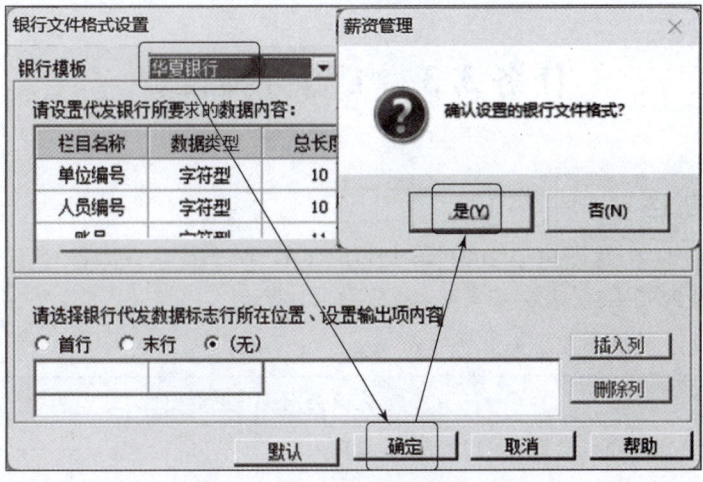

图 5-3-6　银行文件格式设置

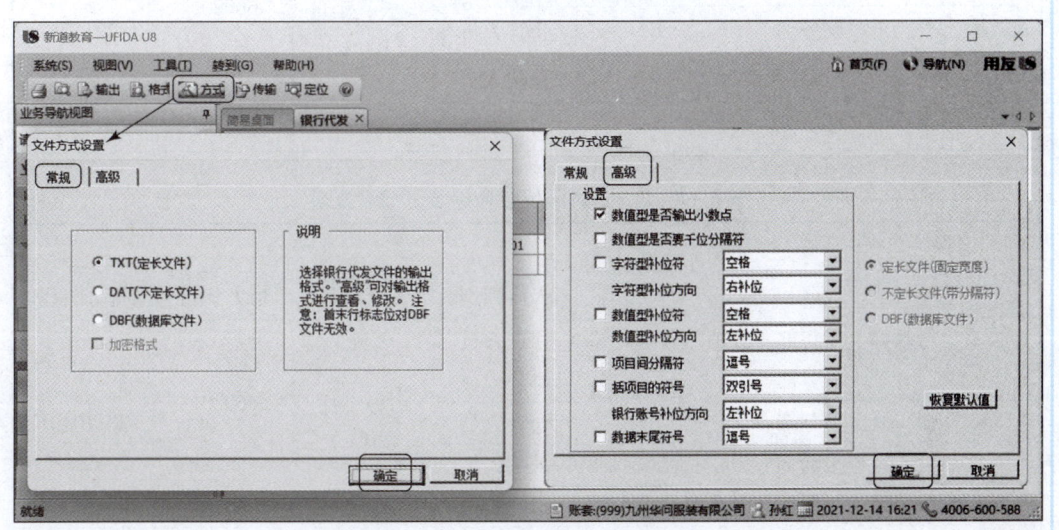

图 5-3-7　银行文件方式设置

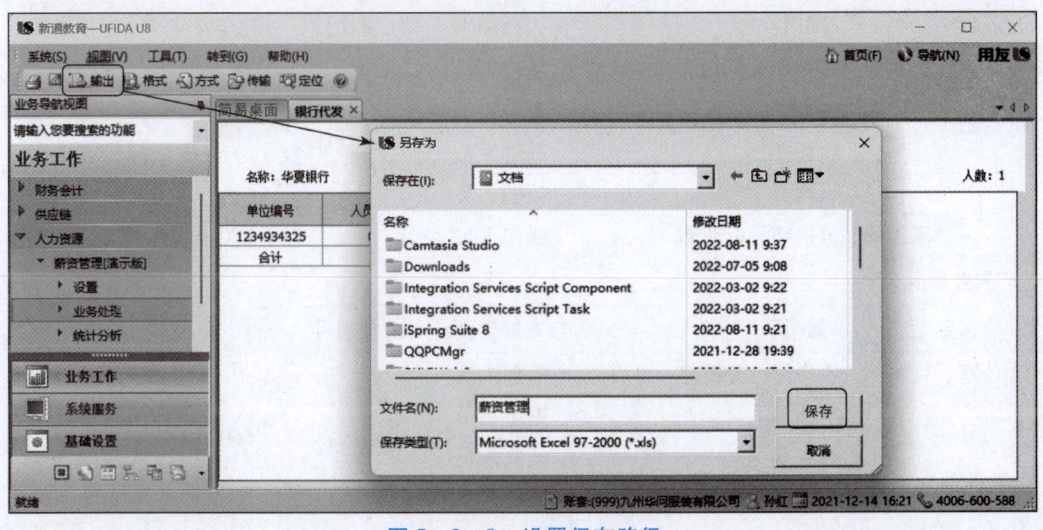

图 5-3-8　设置保存路径

任务3.3 工资分摊设置

工作内容

九州华问服装有限公司于2021年12月31日进行工资分摊设置,工资分摊表如表5-3-2、表5-3-3、表5-3-4、表5-3-5所示。

表5-3-2 应付工资分摊设置表

部门	人员类别	工资项目	借方科目	贷方科目
办公室、行政部、零售部、分销部、电商部	管理人员	应发合计（100%）	660201	221101
财务部	财务人员		660201	221101
财务部	仓管人员		660201	221101
采购部	采购人员		660201	221101
零售部、分销部、电商部	销售人员		660101	221101

表5-3-3 公司承担社会保险分摊设置表

1. 养老保险20%

部门	人员类别	工资项目	借方科目	贷方科目
办公室、行政部、零售部、分销部、电商部	管理人员	应发合计（20%）	660201	22110201
财务部	财务人员		660201	22110201
财务部	仓管人员		660201	22110201
采购部	采购人员		660201	22110201
零售部、分销部、电商部	销售人员		660101	22110201

2. 医疗保险6%

部门	人员类别	工资项目	借方科目	贷方科目
办公室、行政部、零售部、分销部、电商部	管理人员	应发合计（6%）	660201	22110202
财务部	财务人员		660201	22110202
财务部	仓管人员		660201	22110202
采购部	采购人员		660201	22110202
零售部、分销部、电商部	销售人员		660101	22110202

3. 失业保险2%

部门	人员类别	工资项目	借方科目	贷方科目
办公室、行政部、零售部、分销部、电商部	管理人员	应发合计（2%）	660201	22110203
财务部	财务人员		660201	22110203
财务部	仓管人员		660201	22110203
采购部	采购人员		660201	22110203
零售部、分销部、电商部	销售人员		660101	22110203

续表

4. 工伤保险 0.8%

部门	人员类别	工资项目	借方科目	贷方科目
办公室、行政部、零售部、分销部、电商部	管理人员	应发合计（0.8%）	660201	22110204
财务部	财务人员			
财务部	仓管人员			
采购部	采购人员			
零售部、分销部、电商部	销售人员		660101	

5. 生育保险 0.8%

部门	人员类别	工资项目	借方科目	贷方科目
办公室、行政部、零售部、分销部、电商部	管理人员	应发合计（0.8%）	660201	22110205
财务部	财务人员			
财务部	仓管人员			
采购部	采购人员			
零售部、分销部、电商部	销售人员		660101	

表 5-3-4 公司承担住房公积金分摊设置表

部门	人员类别	工资项目	借方科目	贷方科目
办公室、行政部、零售部、分销部、电商部	管理人员	应发合计（12%）	660201	221103
财务部	财务人员			
财务部	仓管人员			
采购部	采购人员			
零售部、分销部、电商部	销售人员		660101	

表 5-3-5 个人承担三险一金及个税分摊设置表

1. 养老保险 100%、医疗保险 100%、失业保险 100%、住房公积金 100%、抵扣税 100%

部门	人员类别	工资项目	借方科目	贷方科目
办公室、行政部、零售部、分销部、电商部	管理人员	养老保险	221101	22410101
		医疗保险		22410102
		失业保险		22410103
		住房公积金		22410104
		扣税合计		222106
财务部	财务人员	养老保险	221101	22410101
		医疗保险		22410102
		失业保险		22410103
		住房公积金		22410104
		扣税合计		222106

续表

部门	人员类别	工资项目	借方科目	贷方科目
财务部	仓管人员	养老保险	221101	22410101
		医疗保险		22410102
		失业保险		22410103
		住房公积金		22410104
		扣税合计		222106
采购部	采购人员	养老保险	221101	22410101
		医疗保险		22410102
		失业保险		22410103
		住房公积金		22410104
		扣税合计		222106
零售部、分销部、电商部	销售人员	养老保险	221101	22410101
		医疗保险		22410102
		失业保险		22410103
		住房公积金		22410104
		扣税合计		222106

工作要求

在企业应用平台的人力资源的薪资管理模块中完成工资分摊设置操作。

工作流程

工资分摊:"人力资源"—"薪资管理"—"业务处理"—"工资分摊"。

工作岗位

人事专员(008 孙红)。

工作时间

2021-12-31。

操作规范

步骤一:应付工资分摊设置

1. 以"008"身份于"2021-12-31"登录"企业应用平台"。
2. 双击执行"业务工作"—"人力资源"—"薪资管理"命令,进入薪资管理模块。
双击执行"业务处理"—"工资分摊"命令,弹出"工资分摊"条件框,单击"工资分摊设置"按钮,如图5-3-9所示。

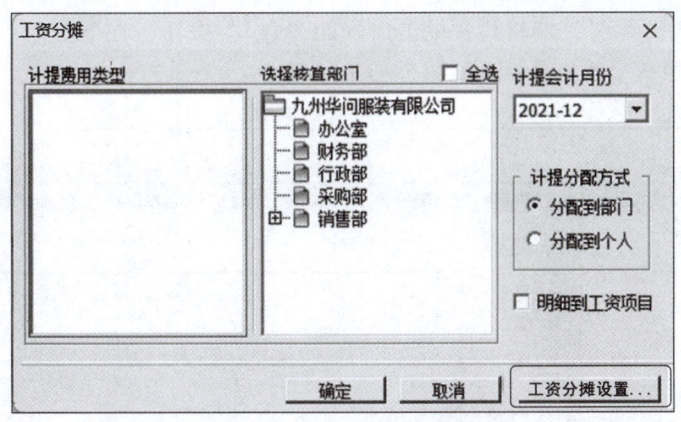

图 5-3-9 工资分摊设置

3. 打开"分摊类型设置"编辑框，单击"增加"按钮，打开"分摊计提比例设置"编辑框，"计提类型名称"输入"应付工资"，分摊计提比例为"100%"，单击"下一步"按钮，如图 5-3-10 所示。

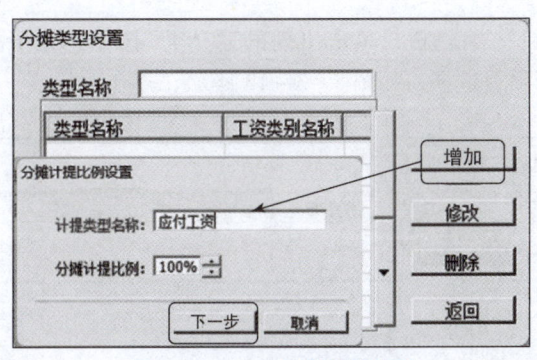

图 5-3-10 新增分摊类型

4. 打开"分摊构成设置"编辑框，双击"部门名称"下面空白编辑栏，单击出现"🔍"按钮，弹出"部门名称参照"选择框，根据案例表 5-3-2 中提供的部门逐项选择，单击"确定"按钮即可，如图 5-3-11 所示。

图 5-3-11 分摊构成设置——选择部门

5. 双击"人员类别"编辑栏，单击出现的"▼"按钮，在下拉列表中根据案例表5-3-2中提供的人员类别选择，如图5-3-12所示。

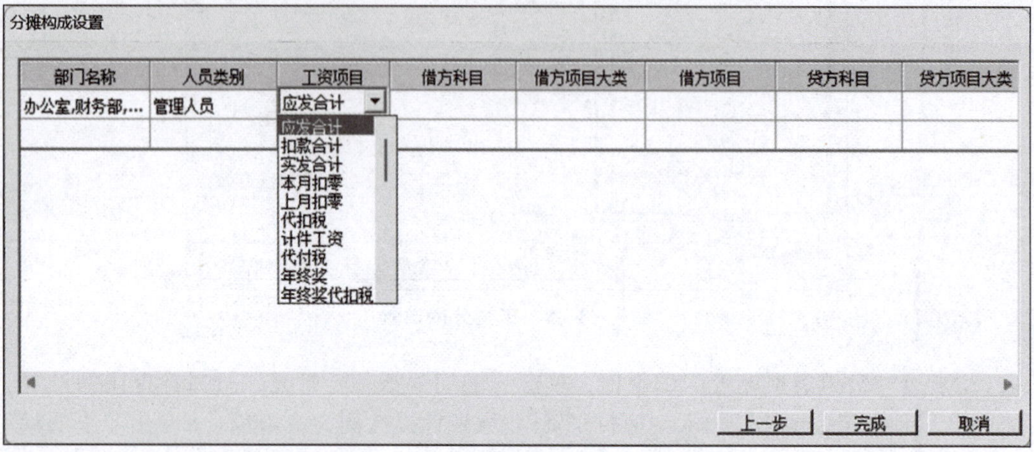

图5-3-12 分摊构成设置—选择人员类别

6. 双击"工资项目"编辑栏，单击出现的"▼"按钮，在下拉列表中根据案例表5-3-2中提供的工资项目选择，如图5-3-13所示。

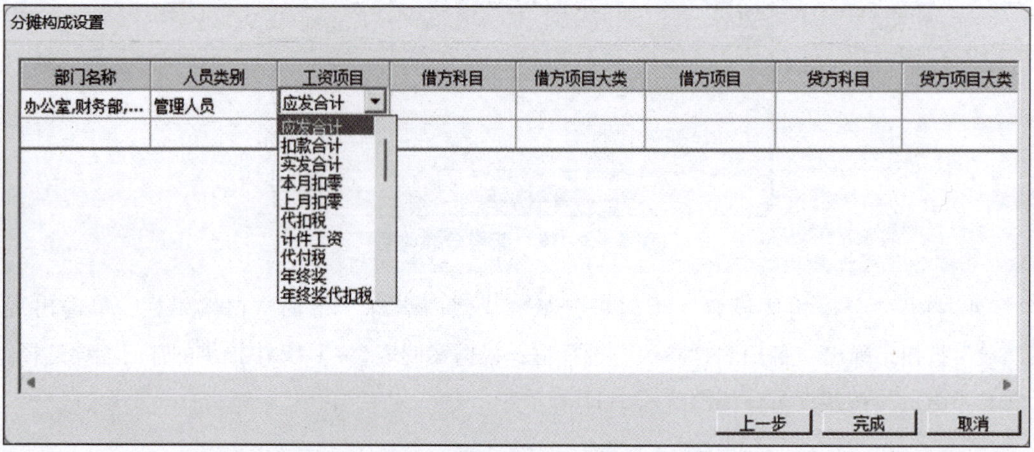

图5-3-13 分摊构成设置——选择工资项目

7. 双击"借方科目"空白编辑栏，单击出现的"..."按钮，弹出"科目参照"选择框，根据案例表5-3-2中提供的借方科目进行选择，单击"确定"即选中，如图5-3-14所示。

8. 双击"贷方科目"空白编辑栏，单击出现的"..."按钮，弹出"科目参照"选择框，根据案例表5-3-2中提供的贷方科目进行选择，单击"确定"即选中，如图5-3-15所示。

9. 继续根据案例表5-3-2中其他信息完成应付工资分摊设置，由于操作相同，此处不赘述，设置完成后，单击"完成"按钮，如图5-3-16所示。

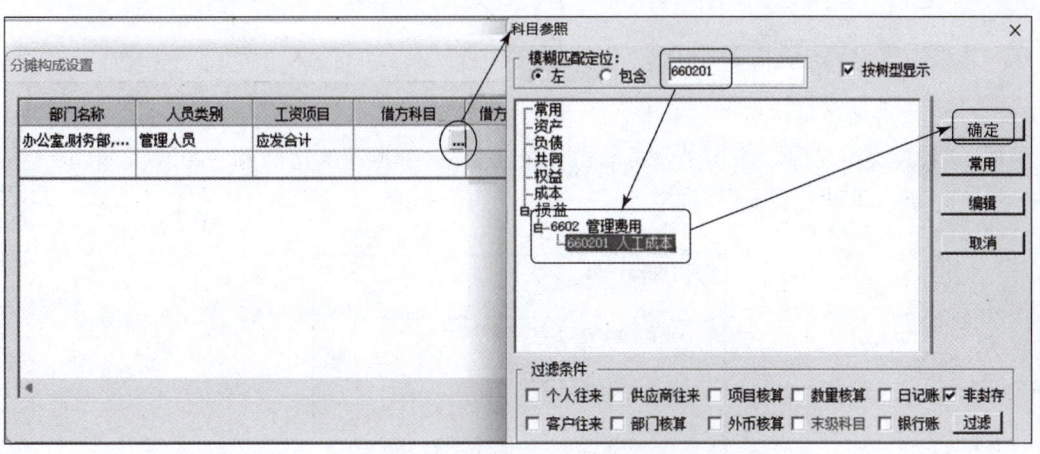

图 5 – 3 – 14 分摊构成设置——选择借方会计科目

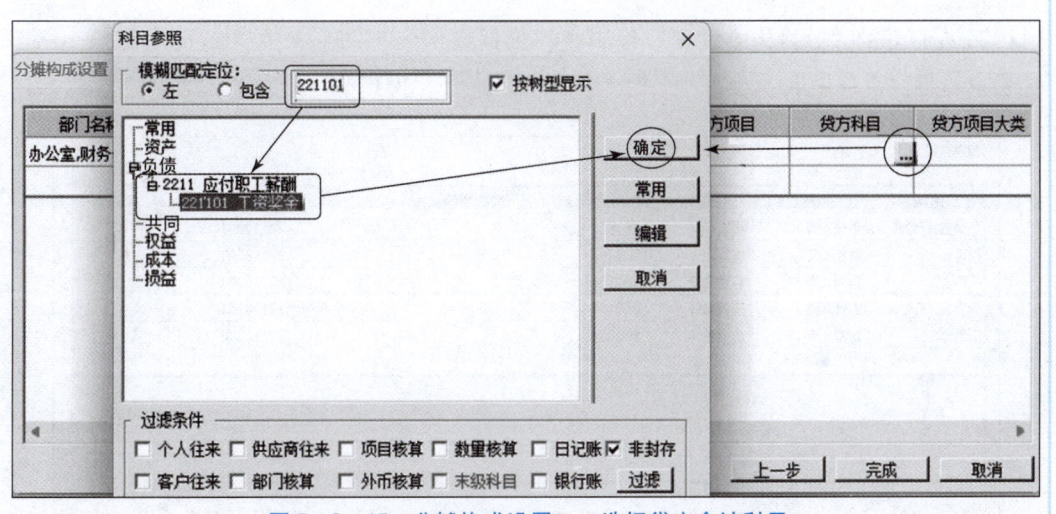

图 5 – 3 – 15 分摊构成设置——选择贷方会计科目

部门名称	人员类别	工资项目	借方科目	借方项目大类	借方项目	贷方科目	贷方项目大类
办公室,财务部,…	管理人员	应发合计	660201			221101	
财务部	财务人员	应发合计	660201			221101	
财务部	仓管人员	应发合计	660201			221101	
采购部	采购人员	应发合计	660201			221101	
零售部	销售人员	应发合计	660101			221101	
分销部	销售人员	应发合计	660101			221101	
电商部	销售人员	应发合计	660101			221101	

图 5 – 3 – 16 完成分摊构成设置

10. 返回"分摊类型设置"编辑框，若设置完成，单击"返回"即可。

步骤二：公司承担社会保险分摊设置

1. 在"分摊类型设置"编辑框，单击"增加"按钮，打开"分摊计提比例设置"编辑框，"计提类型名称"输入"公司承担养老保险"，分摊计提比例为"20%"，单击"下一步"按钮，如图5-3-17所示。

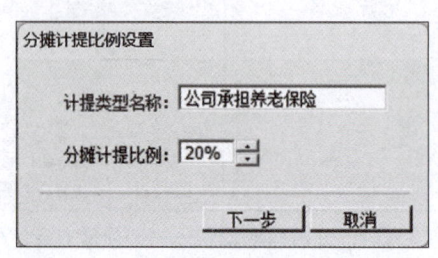

图5-3-17 新增养老保险分摊类型

2. 在打开的"分摊构成设置"编辑框，根据案例表5-3-3中"1. 养老保险20%"的内容逐项设置，单击"完成"返回"分摊类型设置"编辑框，如图5-3-18所示。

图5-3-18 养老保险分摊构成设置

3. 执行相同的操作步骤，根据案例表5-3-3中"2. 医疗保险6%""3. 失业保险2%""4. 工伤保险0.8%"和"5. 生育保险0.8%"的内容依序逐项设置，设置结果如图5-3-19所示。

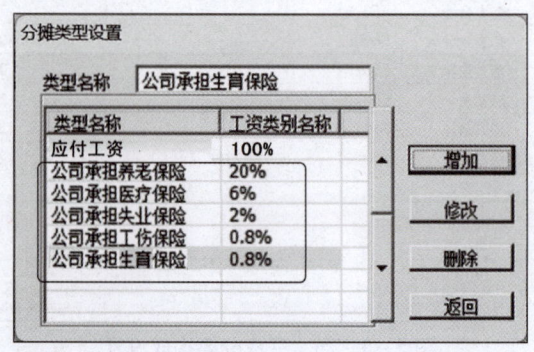

图5-3-19 其他保险分摊类型

步骤三：公司承担住房公积金分摊设置

1. 在"分摊类型设置"编辑框，单击"增加"按钮，打开"分摊计提比例设置"编辑框，"计提类型名称"输入"公司承担住房公积金"，分摊计提比例为"12%"，单击"下一步"按钮，如图 5-3-20 所示。

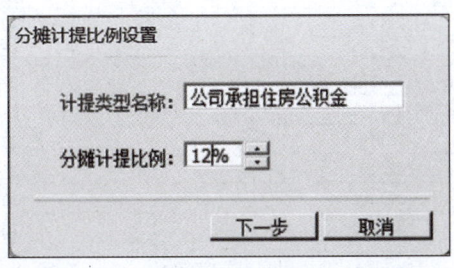

图 5-3-20　住房公积金分摊类型

2. 在打开的"分摊构成设置"编辑框，根据案例表 5-3-4 中的内容逐项设置，单击"完成"返回"分摊类型设置"编辑框，如图 5-3-21 所示。

部门名称	人员类别	工资项目	借方科目	借方项目大类	借方项目	贷方科目	贷方项目大类
办公室,行政部,…	管理人员	应发合计	660201			221103	
财务部	财务人员	应发合计	660201			221103	
财务部	仓管人员	应发合计	660201			221103	
采购部	采购人员	应发合计	660201			221103	
零售部,分销部,…	销售人员	应发合计	660101			221103	

图 5-3-21　住房公积金分摊类型设置

步骤四：个人承担三险一金及个税分摊设置

1. 在"分摊类型设置"编辑框，单击"增加"按钮，打开"分摊计提比例设置"编辑框，"计提类型名称"输入"个人承担三险一金及个税"，分摊计提比例为"100%"，单击"下一步"按钮，如图 5-3-22 所示。

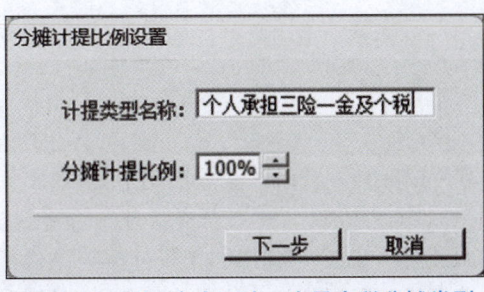

图 5-3-22　个人三险一金及个税分摊类型

2. 在打开的"分摊构成设置"编辑框，根据案例表 5-3-5 中的内容逐项设置，单击"完成"返回"分摊类型设置"编辑框，如图 5-3-23 所示。

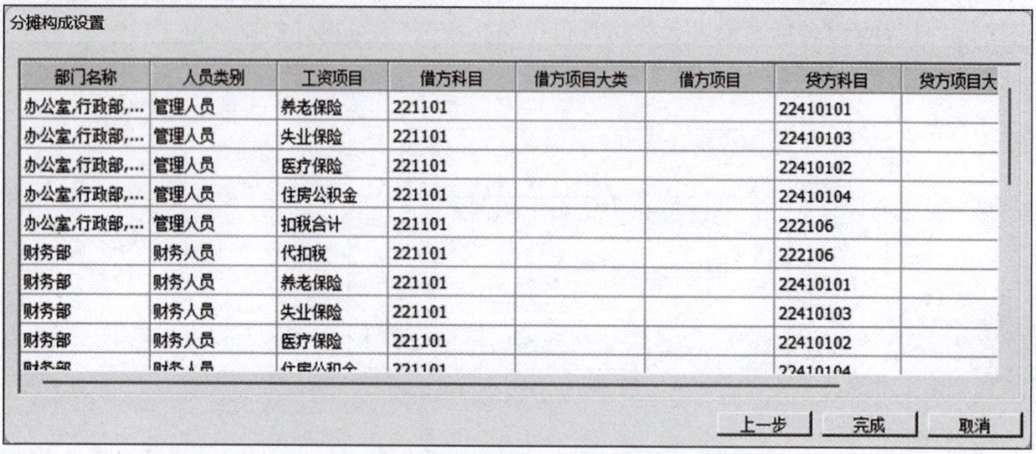

分摊构成设置						
部门名称	人员类别	工资项目	借方科目	借方项目大类	借方项目	贷方科目
办公室,行政部,…	管理人员	养老保险	221101			22410101
办公室,行政部,…	管理人员	失业保险	221101			22410103
办公室,行政部,…	管理人员	医疗保险	221101			22410102
办公室,行政部,…	管理人员	住房公积金	221101			22410104
办公室,行政部,…	管理人员	扣税合计	221101			222106
财务部	财务人员	代扣税	221101			222106
财务部	财务人员	养老保险	221101			22410101
财务部	财务人员	失业保险	221101			22410103
财务部	财务人员	医疗保险	221101			22410102
财务部	财务人员	住房公积金	221101			22410104

图 5-3-23 个人三险一金及个税分摊类型设置

任务 3.4　生成工资分摊凭证

工作内容

九州华问服装有限公司于 2021 年 12 月 31 日生成工资分摊凭证。

工作要求

在企业应用平台的人力资源的薪资管理模块中完成工资分摊凭证生成操作。

工作流程

工资分摊："人力资源"—"薪资管理"—"业务处理"—"工资分摊"。

工作岗位

财务会计（003 彭佳）。

工作时间

2021-12-31。

操作规范

1. 以"003"身份于"2021-12-31"登录"企业应用平台"。
2. 双击执行"业务工作"—"人力资源"—"薪资管理"命令，进入薪资管理模块；双击执行"业务处理"—"工资分摊"命令，弹出"工资分摊"条件框，计提费用类型单项或全选，选择核算部门选择费用类型所属部门，计提分配方式选择"分配到部门"，勾选

"明细到工资项目",单击"确定"按钮,如图 5-3-24 所示。

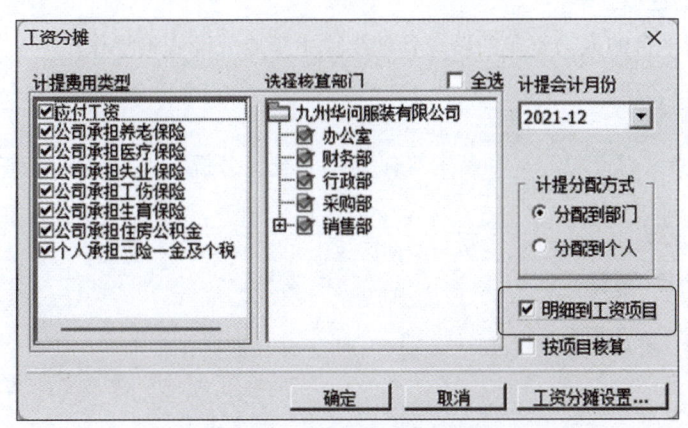

图 5-3-24 选择工资分摊类型

3. 打开"工资分摊明细"窗口,类型选择需生成凭证的分摊类型,勾选"合并科目相同、辅助项相同的分录",单击工具栏的"制单"按钮,生成一张分摊凭证,选择凭证类别,确认制单日期及其他信息是否正确,检查无误单击"保存"按钮即可,如图 5-3-25 所示。

图 5-3-25 工资分摊凭证

4. 关闭凭证界面回到"工资分摊明细"窗口,选择其他需生成凭证的分摊类型,勾选"合并科目相同、辅助项相同的分录",单击工具栏的"制单"按钮,生成其他分摊凭证。

任务 3.5 查询工资分摊凭证

工作内容

九州华问服装有限公司财务会计查询 12 月份生成的工资分摊凭证。

工作要求

在企业应用平台的人力资源的薪资管理模块中完成凭证查询操作。

工作流程

凭证查询:"人力资源"—"薪资管理"—"统计分析"—"凭证查询"。

工作岗位

财务会计(003 彭佳)。

工作时间

2021-12-31。

操作规范

1. 在"企业应用平台"窗口,双击执行"业务工作"—"财务会计"—"薪资管理"命令,进入薪资管理模块;

2. 双击执行"统计分析"—"凭证查询"命令,显示"凭证查询"界面,如图 5-3-26 所示。

业务日期	业务类型	业务号	制单人	凭证日期	凭证号	标志
2021-12-31	应付工资	1	彭佳	2021-12-31	转-10	未审核
2021-12-31	公司承担医疗保险	2	彭佳	2021-12-31	转-11	未审核
2021-12-31	公司承担养老保险	3	彭佳	2021-12-31	转-12	未审核
2021-12-31	公司承担失业保险	4	彭佳	2021-12-31	转-13	未审核
2021-12-31	公司承担工伤保险	5	彭佳	2021-12-31	转-14	未审核
2021-12-31	公司承担生育保险	6	彭佳	2021-12-31	转-15	未审核
2021-12-31	公司承担住房公积金	7	彭佳	2021-12-31	转-16	未审核
2021-12-31	个人承担三险一金及	8	彭佳	2021-12-31	转-17	未审核

图 5-3-26 凭证查询

3. 选中一张凭证,单击"删除"按钮可删除标志为"未审核"的凭证。单击"冲销",则可对当前标志为"记账"的凭证,进行红字冲销操作,自动生成与原凭证相同的红字凭证。

单击"单据",显示生成凭证的原始凭证。

单击"凭证",显示单张凭证界面。

财人微语

"居之无倦,行之以忠。" ——《论语·泰伯》

工作任务4　处理采购业务

职业知识目标

通过学习，学员能掌握采购管理与销售管理的基本知识；

通过学习，学员能掌握业务模块的功能和操作流程；

通过学习，学员能理解业务模块与财务模块间的数据流转关系。

职业技能目标

通过训练，学员能依据企业业务数据综合运用业务链模块和财务链模块完成普通采购业务处理；

通过训练，学员能依据企业业务数据综合运用业务链模块和财务链模块完成收到代销商品和现付购买商铺及其他采购等采购业务处理；

通过训练，学员具备独立完成采购和销售业务处理的能力，达到胜任基于企业应用平台业务主管、财务经理、业务会计、出纳员、仓管专员、采购专员和零售经理等岗位职责的目标。

职业素养目标

通过学习和训练，学员具备信息化环境下处理业务数据的能力；

通过学习和训练，学员具备参与管理、强化服务的会计职业道德；

通过学习和训练，学员具备精益求精、追求卓越的工匠精神。

工作情景

九州华问服装有限公司于2021年12月1日启用业财平台对公司的资金流、信息流、物流进行信息化建设，集成业务数据、财务数据、税务数据，实现业财税一体化管理。并在业财平台上已启用应收管理、应付管理、销售管理、采购管理、存货管理、库存管理等模块。同时在业财平台上完成公共基础档案的维护、各模块的初始维护和期初数据的录入等工作。

九州华问服装有限公司的采购业务与销售业务由业财平台进行统一管理，由各业务部门录入业务原始单据，平台根据原始单据依业务处理流程自动生成相关单据，以会计凭证的形式传递到总账模块进行财务处理。

必备知识

一、采购管理简介

采购管理模块是企业应用平台供应链的重要组成部分，采购管理模块提供请购、订货、到货、入库、开票、采购结算的完整采购流程，也可根据实际情况进行采购流程的定制。

二、采购管理模块的主要功能

采购管理模块的主要功能是设置、供应商管理、业务处理、账簿及分析、月末结账等。采购管理模块的主要功能结构如图5-4-1所示。

采购管理模块主要功能

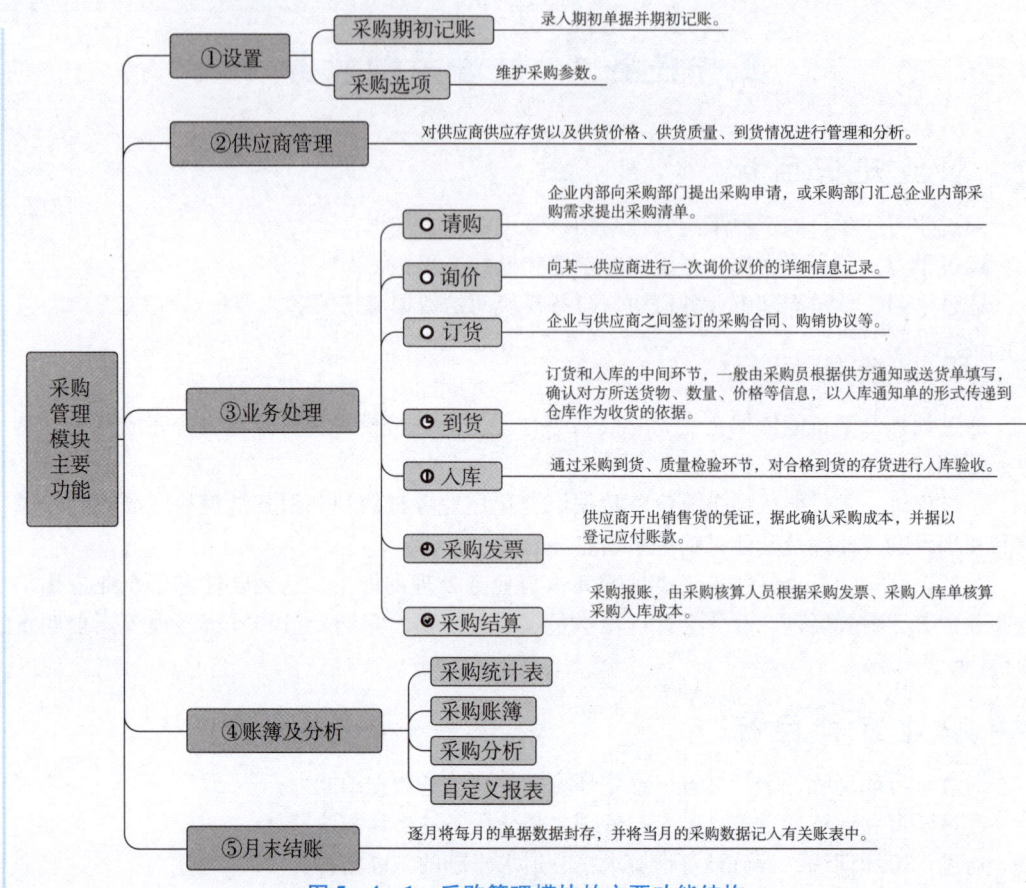

① 设置
- 采购期初记账：录入期初单据并期初记账。
- 采购选项：维护采购参数。

② 供应商管理：对供应商供应存货以及供货价格、供货质量、到货情况进行管理和分析。

③ 业务处理
- 请购：企业内部向采购部门提出采购申请，或采购部门汇总企业内部采购需求提出采购清单。
- 询价：向某一供应商进行一次询价议价的详细信息记录。
- 订货：企业与供应商之间签订的采购合同、购销协议等。
- 到货：订货和入库的中间环节，一般由采购员根据供方通知或送货单填写，确认对方所送货物、数量、价格等信息，以入库通知单的形式传递到仓库作为收货的依据。
- 入库：通过采购到货、质量检验环节，对合格到货的存货进行入库验收。
- 采购发票：供应商开出销售货的凭证，据此确认采购成本，并据以登记应付账款。
- 采购结算：采购报账，由采购核算人员根据采购发票、采购入库单核算采购入库成本。

④ 账簿及分析
- 采购统计表
- 采购账簿
- 采购分析
- 自定义报表

⑤ 月末结账：逐月将每月的单据数据封存，并将当月的采购数据记入有关账表中。

图 5-4-1 采购管理模块的主要功能结构

三、采购管理模块与其他模块的关系

采购管理模块既可以单独使用，又能与业财一体化平台其他模块集成使用，提供完整全面的业务和财务流程处理。

采购管理模块与其他模块的关系如图 5-4-2 所示。

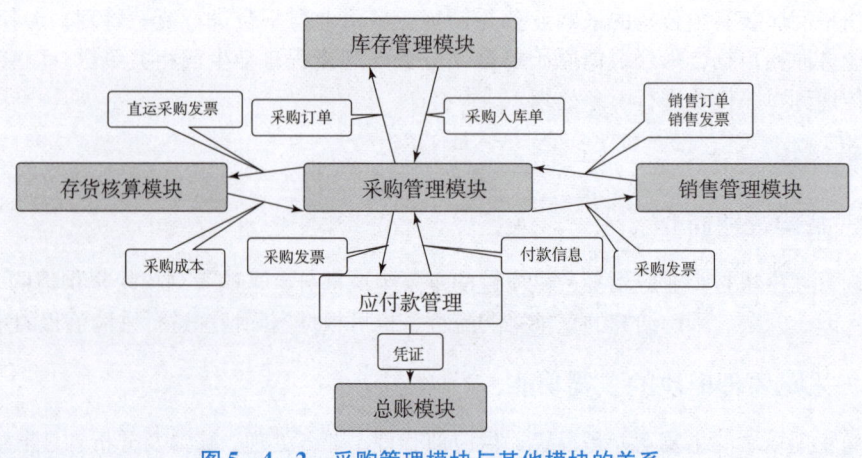

图 5-4-2 采购管理模块与其他模块的关系

四、采购管理模块的操作流程

采购业务根据工业、商业和医药流通企业等不同的企业类型一般有普通采购、代管采购、受托代销、直运业务、固定资产采购五种业务类型。

不同类型的企业面对的产品不同，内控的要求也会不同，因此设计的操作流程也会不同，但在大多数企业的日常采购业务中，普通采购业务所占比重是最高的。

普通采购业务指本期收到货物并验收入库，同时收到采购发票，并根据合同约定已支付货款，采购价格没有发生变动，没有发生采购费用和货物损耗，货物、发票、付款分开处理。

采购管理模块的基本操作流程如图5-4-3所示。

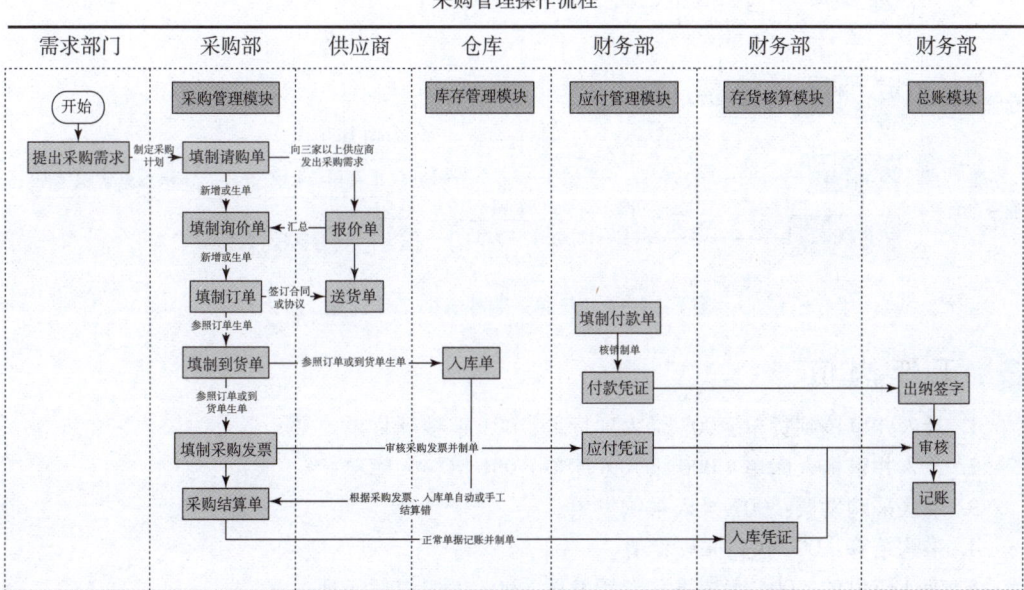

图 5-4-3 采购管理模块的基本操作流程

任务4.1 普通采购业务

工作内容

九州华问服装有限公司2021年12月的普通采购业务如下：

1. 2021年12月1日，收到浙江琪琪服装厂根据采购协议发来的劳保工作服套装、户外运动衫、文化衫和加厚军大衣，随货收到浙江琪琪服装厂开具的全额增值税专用发票和销货清单。

2. 2021年12月1日，采购部办理到货手续，经验收合格，仓库办理入库手续，将该批商品入"总仓"。

3. 根据采购协议，货款下个月支付。

工作要求

在企业应用平台上完成普通采购业务处理。

工作流程

普通采购业务的工作流程如图5-4-4所示。

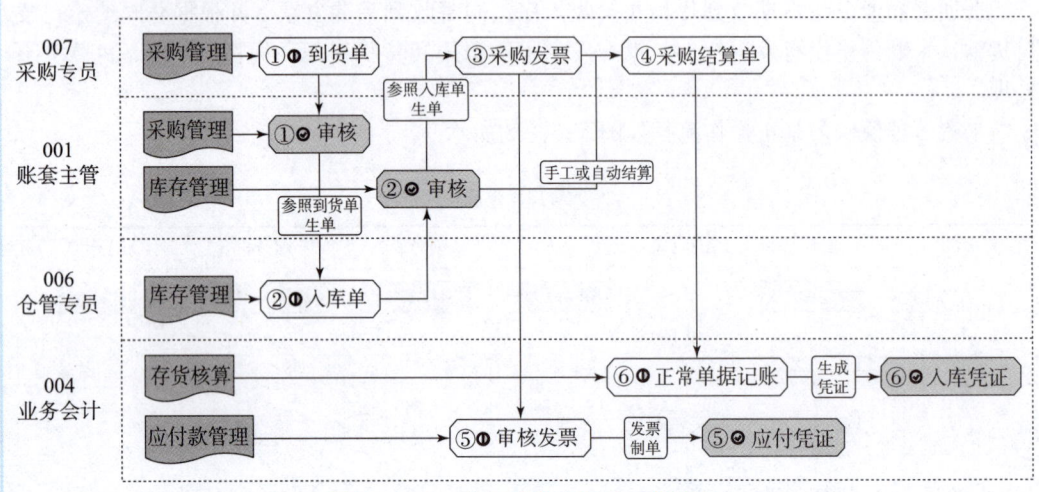

图5-4-4 普通采购业务的工作流程

工作岗位

1. 录入并审核到货单：007录入到货单；001审核到货单。
2. 录入并审核入库单：006录入入库单；001审核入库单。
3. 录入采购发票：007录入采购发票。
4. 采购结算：007执行采购结算。
5. 确认应付款：004审核采购专用发票；004生成应付凭证。
6. 确认入库成本：004正常单据记账；004生成入库凭证。

工作时间

2021-12-01。

操作规范

步骤一：录入并审核到货单

1. 以"007"身份于"2021-12-01"登录企业应用平台。

2. 在"企业应用平台"窗口，双击执行"业务工作"—"供应链"—"采购管理"命令，进入采购管理模块；双击执行"采购到货"—"到货单"命令，打开"到货单"窗口。

3. 单击工具栏"增加"按钮，新增一张空白普通采购到货单，在"到货单"表头栏目，可重选"业务类型"，采购类型选择"普通采购"，供应商选择"琪琪服装"，部门选择"采购部"，业务员选择"胡平"，如图5-4-5所示。

4. 在"到货单"窗口,根据"销货清单"在"到货单"表体栏目依序录入采购商品的"存货编码""数量""原币单价"等信息,确认无误后单击"保存"按钮并提交审核,如图5-4-6所示。

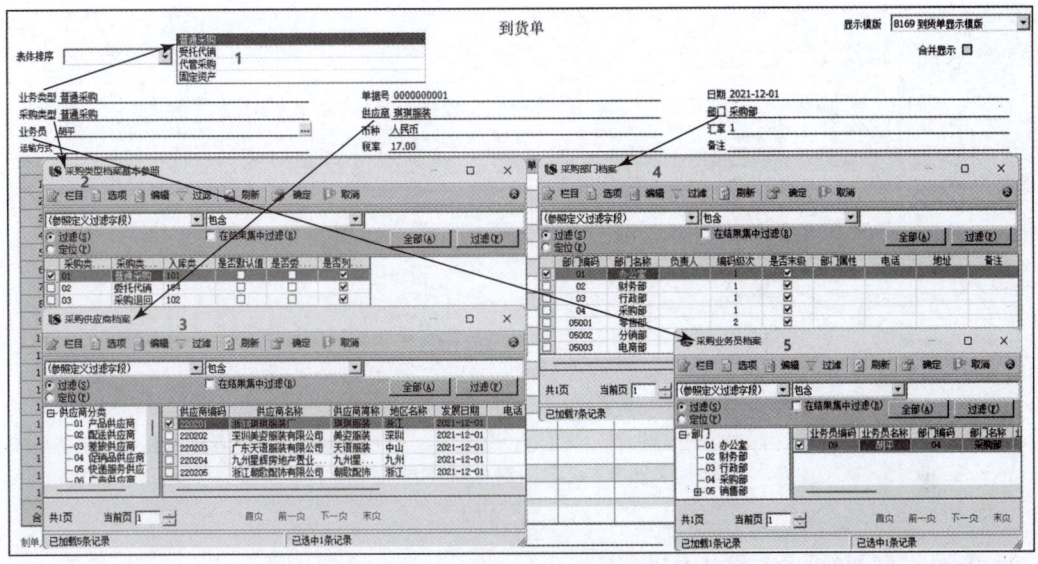

图5-4-5 新增到货单

图5-4-6 保存到货单

5. 以"001"身份于"2021-12-01"登录企业应用平台。

6. 在"企业应用平台"窗口,双击执行"业务工作"—"供应链"—"采购管理"命令,进入采购管理模块。

双击执行"采购到货"—"到货单"命令,打开"到货单"窗口,单击" "按钮翻页查找需要审核的到货单,核对无误后单击"审核"按钮即可,如图5-4-7所示。

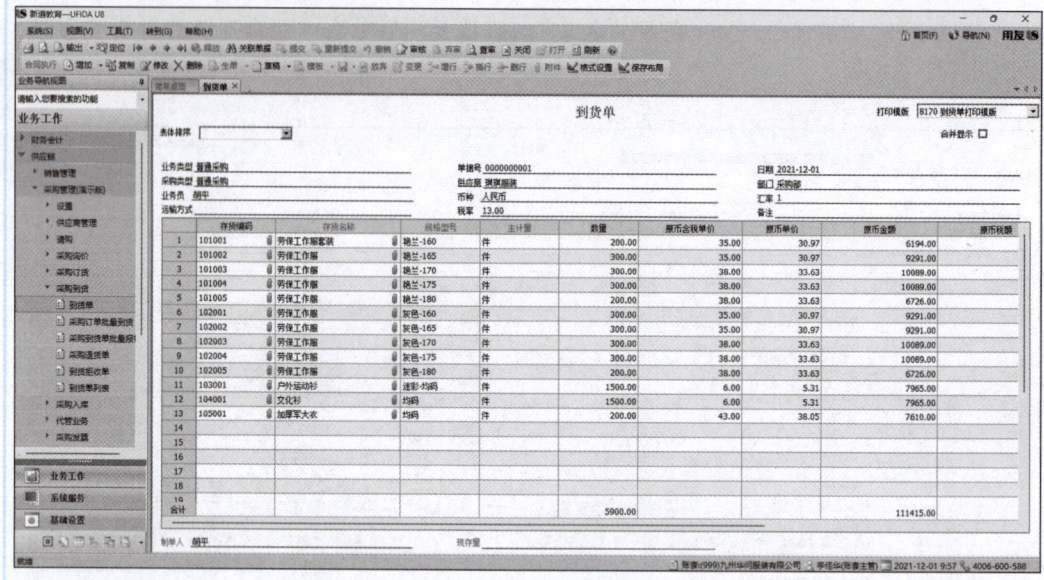

图 5-4-7 审核到货单

步骤二：录入并审核入库单

1. 以"006"身份于"2021-12-01"登录企业应用平台。

2. 在"企业应用平台"窗口，双击执行"业务工作"—"供应链"—"库存管理"命令，进入库存管理模块。

双击执行"入库业务"—"采购入库单"命令，打开"采购入库单"窗口。

3. 在"采购入库单"窗口，单击工具栏"生单"的下拉按钮，选择"采购到货单（蓝字）"，弹出"查询条件选择"编辑框，执行默认设置，单击"确定"按钮，如图 5-4-8 所示。

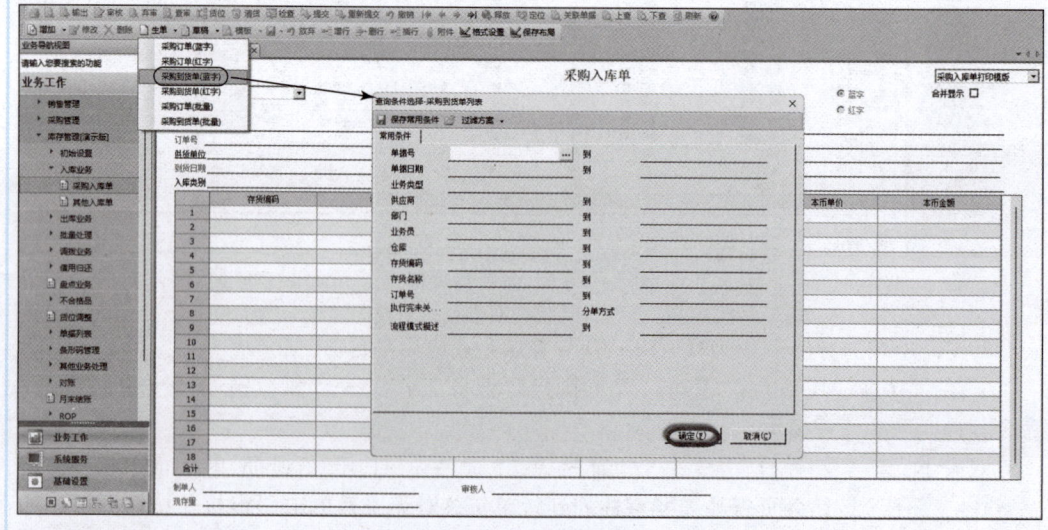

图 5-4-8 生单到货单

4. 打开"到货单生单列表"窗口，在"到货单生单表头"选项框，双击需参照生单的已审核到货单的"选择"列，出现"Y"表示该到货单已选中。下方"到货单生单表体"自动出现对应信息，如图5-4-9所示。

图5-4-9 到货单生单列表

5. 单击"到货单生单列表"工具栏的"确定"按钮，平台会自动参照生成采购入库单，仓库选择"总仓"，进行"保存"并提交审核，如图5-4-10所示。

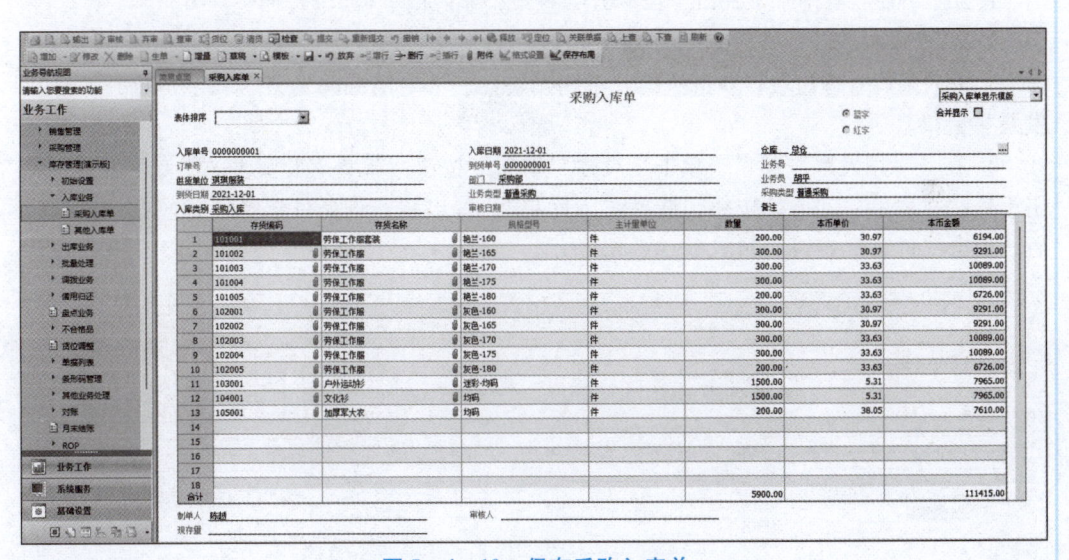

图5-4-10 保存采购入库单

6. 以"001"身份于"2021-12-01"登录企业应用平台。

7. 在"企业应用平台"窗口，双击执行"业务工作"—"供应链"—"库存管理"命令，进入库存管理模块；双击执行"入库业务"—"采购入库单"命令，打开"采购入库单"窗口，单击" "按钮翻页查找需要审核的采购入库单，核对无误后单击"审核"按钮，弹出"该单据审核成功"提示框，单击"确定"按钮即可，如图5-4-11所示。

8. 若要弃审采购入库单，在"采购入库单"窗口，单击" "按钮翻页查找需要弃审的采购入库单,单击"弃审"按钮即可。

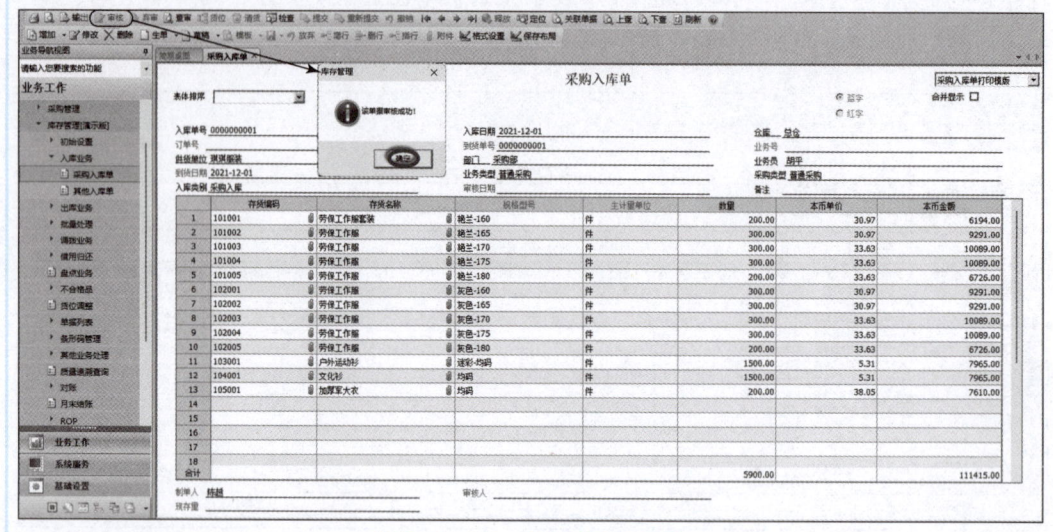

图 5－4－11　审核采购入库单

步骤三：录入采购发票

1. 以"007"身份于"2021－12－01"登录企业应用平台。

2. 在"企业应用平台"窗口,双击执行"业务工作"—"供应链"—"采购管理"命令,进入采购管理模块;双击执行"采购发票"—"专用采购发票"命令,打开"专用发票"窗口。

3. 在"专用发票"窗口,单击工具栏"增加"按钮,新增一张普通采购专用发票,单击工具栏"生单"的下拉按钮,选择"入库单",弹出"查询条件选择"编辑框,默认设置,单击"确定"按钮,如图5－4－12所示。

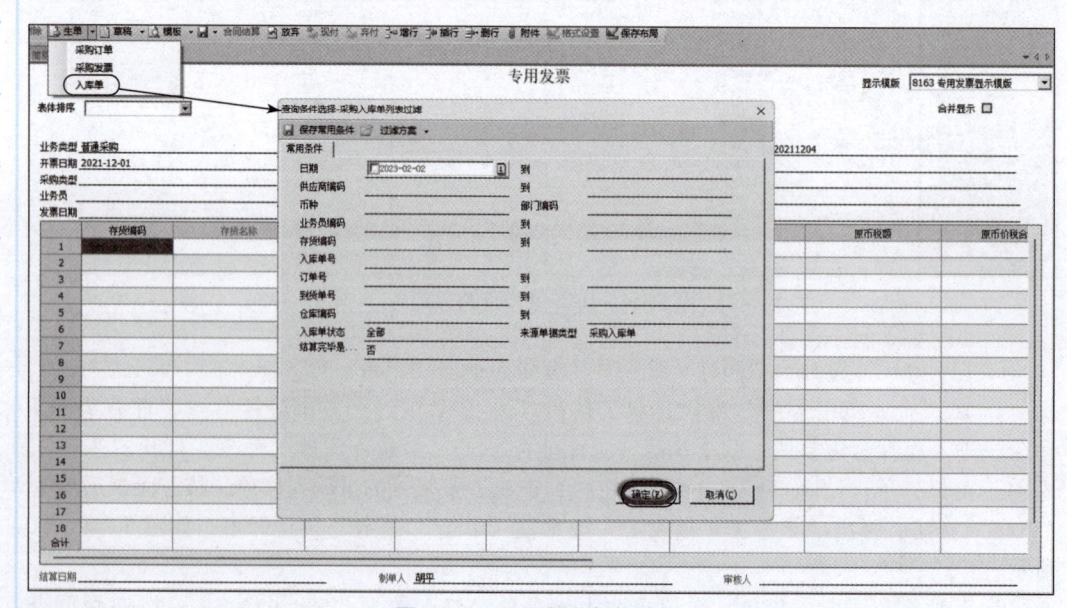

图 5－4－12　查询条件选择

工作笔记

4. 打开“拷贝并执行”窗口，在“发票拷贝入库单表头列表”双击需参照生单的已审核入库单的“选择”列，出现“Y”表示该到货单已选中，下方“发票拷贝入库单表体列表”自动出现对应信息，确认无误后，单击“确定”即可，如图 5－4－13 所示。

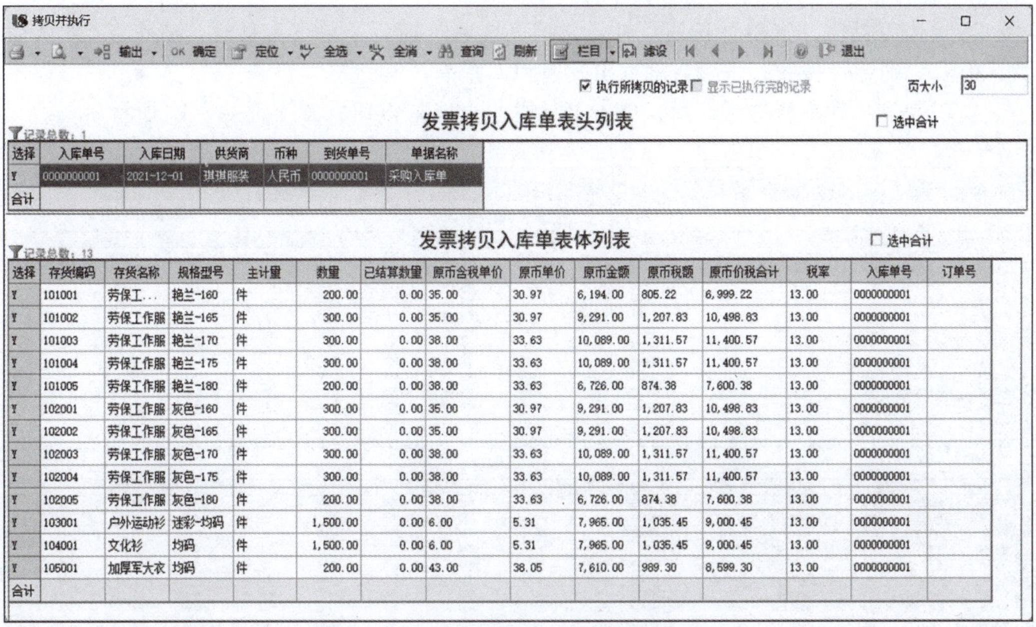
拷贝并执行

输出 确定 定位 全选 全消 查询 刷新 栏目 滤设 退出

☑ 执行所拷贝的记录 ☐ 显示已执行完的记录　页大小 30

发票拷贝入库单表头列表　☐ 选中合计

记录总数：1

选择	入库单号	入库日期	供货商	币种	到货单号	单据名称
Y	0000000001	2021-12-01	琪琪服装	人民币	0000000001	采购入库单
合计						

发票拷贝入库单表体列表　☐ 选中合计

记录总数：13

选择	存货编码	存货名称	规格型号	主计量	数量	已结算数量	原币含税单价	原币单价	原币金额	原币税额	原币价税合计	税率	入库单号	订单号
Y	101001	劳保工…	艳兰-160	件	200.00	0.00	35.00	30.97	6,194.00	805.22	6,999.22	13.00	0000000001	
Y	101002	劳保工作服	艳兰-165	件	300.00	0.00	35.00	30.97	9,291.00	1,207.83	10,498.83	13.00	0000000001	
Y	101003	劳保工作服	艳兰-170	件	300.00	0.00	38.00	33.63	10,089.00	1,311.57	11,400.57	13.00	0000000001	
Y	101004	劳保工作服	艳兰-175	件	300.00	0.00	38.00	33.63	10,089.00	1,311.57	11,400.57	13.00	0000000001	
Y	101005	劳保工作服	艳兰-180	件	200.00	0.00	38.00	33.63	6,726.00	874.38	7,600.38	13.00	0000000001	
Y	102001	劳保工作服	灰色-160	件	300.00	0.00	35.00	30.97	9,291.00	1,207.83	10,498.83	13.00	0000000001	
Y	102002	劳保工作服	灰色-165	件	300.00	0.00	35.00	30.97	9,291.00	1,207.83	10,498.83	13.00	0000000001	
Y	102003	劳保工作服	灰色-170	件	300.00	0.00	38.00	33.63	10,089.00	1,311.57	11,400.57	13.00	0000000001	
Y	102004	劳保工作服	灰色-175	件	300.00	0.00	38.00	33.63	10,089.00	1,311.57	11,400.57	13.00	0000000001	
Y	102005	劳保工作服	灰色-180	件	200.00	0.00	38.00	33.63	6,726.00	874.38	7,600.38	13.00	0000000001	
Y	103001	户外运动衫	迷彩-均码	件	1,500.00	0.00	6.00	5.31	7,965.00	1,035.45	9,000.45	13.00	0000000001	
Y	104001	文化衫	均码	件	1,500.00	0.00	6.00	5.31	7,965.00	1,035.45	9,000.45	13.00	0000000001	
Y	105001	加厚军大衣	均码	件	200.00	0.00	43.00	38.05	7,610.00	989.30	8,599.30	13.00	0000000001	
合计														

图 5－4－13　发票拷贝入库单表头列表

5. 返回“专用发票”窗口，入库单相关信息已经拷贝到专用发票中，将表头的发票号修改为“03241304”，确认无误后，单击“保存”按钮即可，如图 5－4－14 所示。

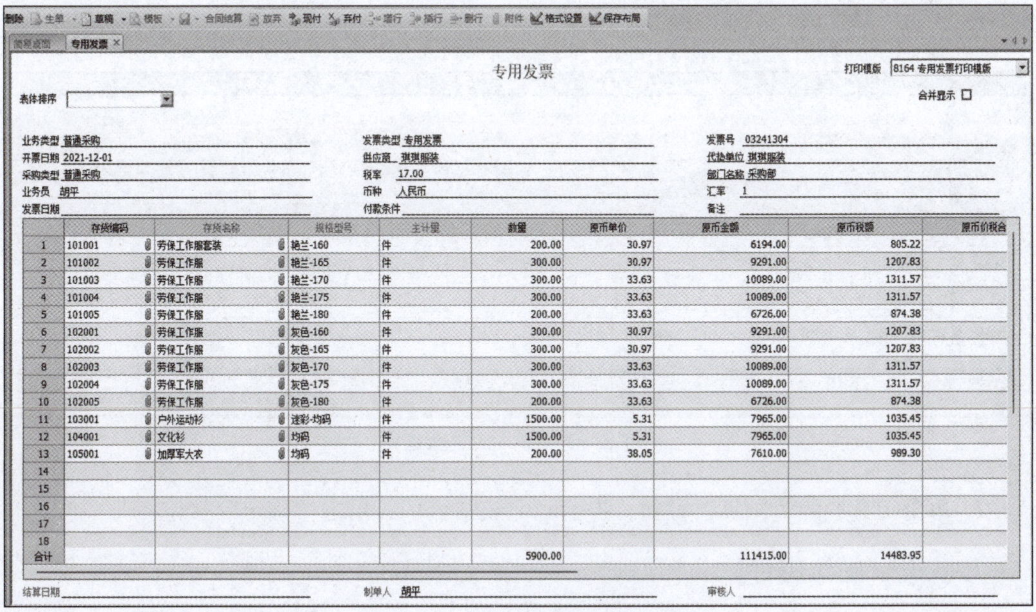
删除 生单 草稿 模板 合同结算 放弃 现付 弃付 增行 插行 删行 附件 格式设置 保存布局

简易桌面　专用发票

专用发票　打印模版 8164 专用发票打印模版

表体排序　合并显示 ☐

业务类型 普通采购　发票类型 专用发票　发票号 03241304
开票日期 2021-12-01　供应商 琪琪服装　代垫单位 琪琪服装
采购类型 普通采购　税率 17.00　部门名称 采购部
业务员 胡平　币种 人民币　汇率 1
发票日期　付款条件　备注

	存货编码	存货名称	规格型号	主计量	数量	原币单价	原币金额	原币税额	原币价税合
1	101001	劳保工作服套装	艳兰-160	件	200.00	30.97	6194.00	805.22	
2	101002	劳保工作服	艳兰-165	件	300.00	30.97	9291.00	1207.83	
3	101003	劳保工作服	艳兰-170	件	300.00	33.63	10089.00	1311.57	
4	101004	劳保工作服	艳兰-175	件	300.00	33.63	10089.00	1311.57	
5	101005	劳保工作服	艳兰-180	件	200.00	33.63	6726.00	874.38	
6	102001	劳保工作服	灰色-160	件	300.00	30.97	9291.00	1207.83	
7	102002	劳保工作服	灰色-165	件	300.00	30.97	9291.00	1207.83	
8	102003	劳保工作服	灰色-170	件	300.00	33.63	10089.00	1311.57	
9	102004	劳保工作服	灰色-175	件	300.00	33.63	10089.00	1311.57	
10	102005	劳保工作服	灰色-180	件	200.00	33.63	6726.00	874.38	
11	103001	户外运动衫	迷彩-均码	件	1500.00	5.31	7965.00	1035.45	
12	104001	文化衫	均码	件	1500.00	5.31	7965.00	1035.45	
13	105001	加厚军大衣	均码	件	200.00	38.05	7610.00	989.30	
14									
15									
16									
17									
18									
合计					5900.00		111415.00	14483.95	

结算日期　制单人 胡平　审核人

图 5－4－14　保存采购专用发票

步骤四：采购结算

1. 在"企业应用平台"窗口，双击执行"采购结算"—"手工结算"命令，打开"手工结算"窗口。

2. 单击工具栏"选单"按钮，打开"结算选单"窗口，单击工具栏"查询"，默认设置，单击"确定"按钮，平台自动列出发票和入库单。

3. 发票和入库单核对无误后，单击工具栏"全选"按钮，如图5-4-15所示。

图 5-4-15　结算选单

4. 单击工具栏的"确定"按钮，返回"手工结算"窗口，如图5-4-16所示。

图 5-4-16　手工结算

5. 单击工具栏的"结算"按钮，提示"完成结算！"，单击"确定"按钮。

步骤五：确认应付款

1. 以"004"身份于"2021-12-01"登录企业应用平台。

2. 在"企业应用平台"窗口，双击执行"业务工作"—"财务会计"—"应付款管理"命令，进入应付款管理模块；双击执行"应付单据处理"—"应付单据审核"命令，进入"应付单查询条件"条件框，默认设置，单击"确定"按钮。

3. 打开"单据处理"窗口，双击选择需审核的单据，单击工具栏的"审核"按钮，弹出本次审核情况提示，单击"确定"按钮即可，如图5-4-17所示。

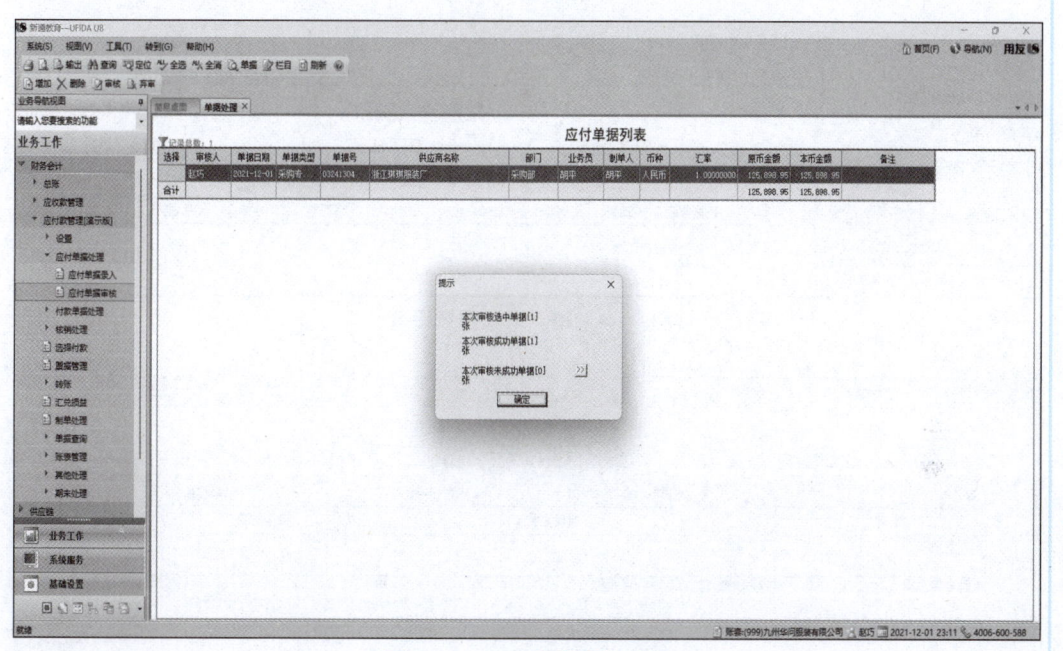

图5-4-17 审核应付单据

4. 双击执行"应付款管理"—"制单处理"命令，弹出"制单查询"条件设置框，勾选"发票制单"，其他默认，单击"确定"按钮，如图5-4-18所示。

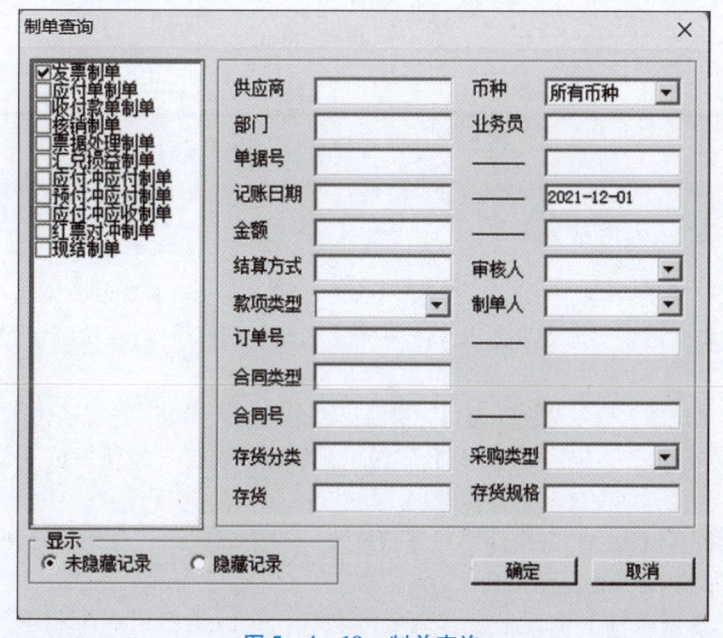

图5-4-18 制单查询

5. 打开"制单"窗口，过滤出符合查询条件的未制单的凭证列表，凭证类别选择"转账凭证"，双击选择需制单的采购发票，单击工具栏的"全选"按钮，再单击工具栏的"制单"按钮，生成应付凭证，确认无误后单击"保存"按钮即可，如图 5-4-19、图 5-4-20 所示。

图 5-4-19　发票制单设置

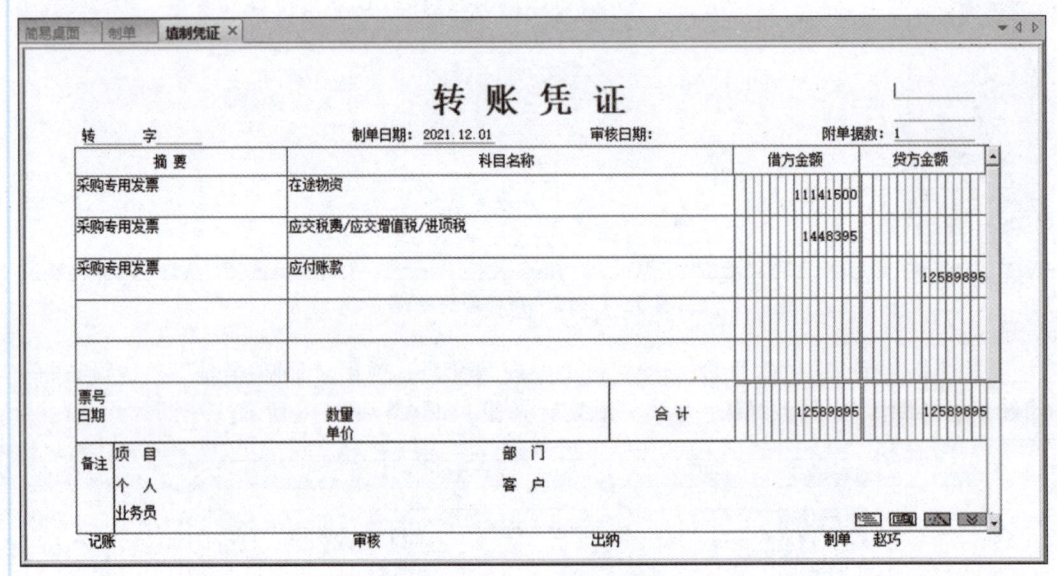

图 5-4-20　生成应付凭证

步骤六：确认入库成本

1. 双击执行"供应链"—"存货核算"命令，进入存货核算模块；双击执行"业务核算"—"正常单据记账"命令，弹出"查询条件选择"条件设置框，默认设置，单击"确定"按钮。

2. 打开"未记账单据一览表"窗口，过滤出需记账的入库单，选择所需入库单，单击工具栏的"记账"按钮，弹出"记账成功。"提示，单击"确定"按钮即可，如图 5-4-21 所示。

3. 在存货核算模块，双击执行"财务核算"—"生成凭证"命令，打开"生成凭证"窗口，单击工具栏的"选择"按钮。

4. 弹出"查询条件"框，单击"确定"按钮，过滤出已记账未制单的单据，如图 5-4-22 所示。

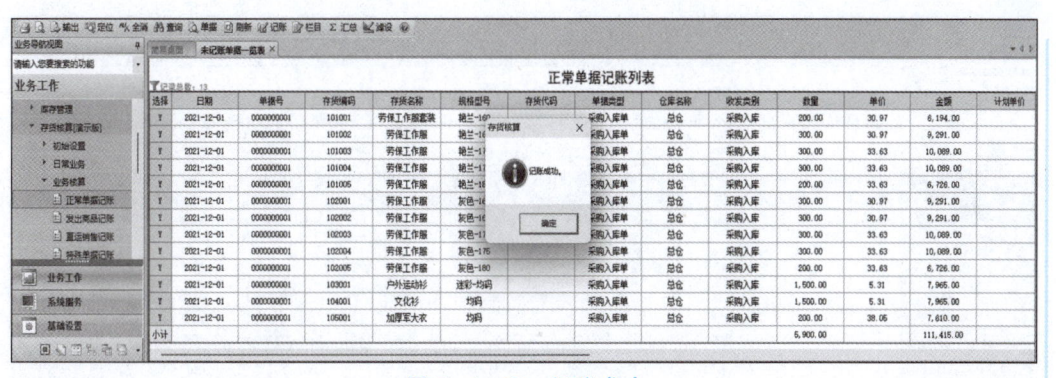

图 5-4-21 记账成功

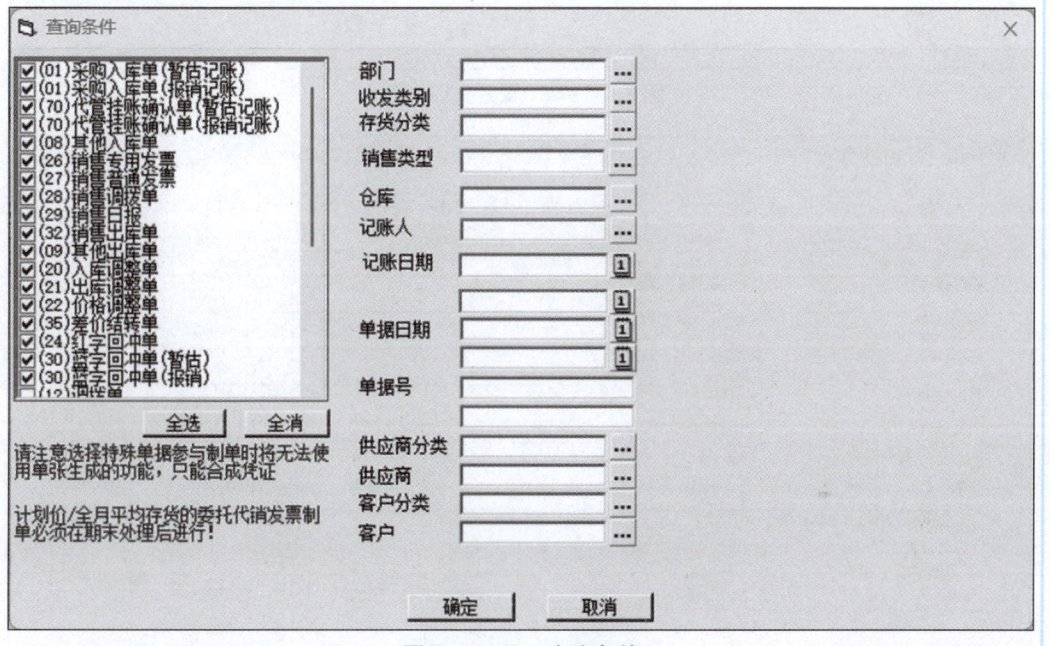

图 5-4-22 查询条件

5. 打开"选择单据"窗口，双击或"全选"选择需生成凭证的单据，单击工具栏"确定"按钮，返回"生成凭证"窗口，如图 5-4-23 所示。

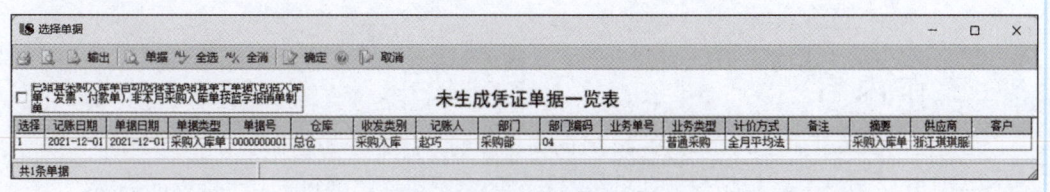

图 5-4-23 选择单据

6. 修改凭证类别为"转"字，单击工具栏的"生成"或"合成"按钮，如图 5-4-24 所示。

7. 自动生成转账凭证，单击工具栏的"保存"按钮即可，如图 5-4-25 所示。

图 5-4-24　设置凭证类别

图 5-4-25　保存凭证

任务 4.2　支付采购货款业务

工作内容

九州华问服装有限公司 2021 年 12 月的支付采购货款业务如下：
2021 年 12 月 5 日，根据与浙江琪琪服装厂的采购协议，支付上月采购商品货款。

工作要求

在企业应用平台上完成支付采购货款业务处理。

工作流程

支付采购货款业务的工作流程如图 5-4-26 所示。

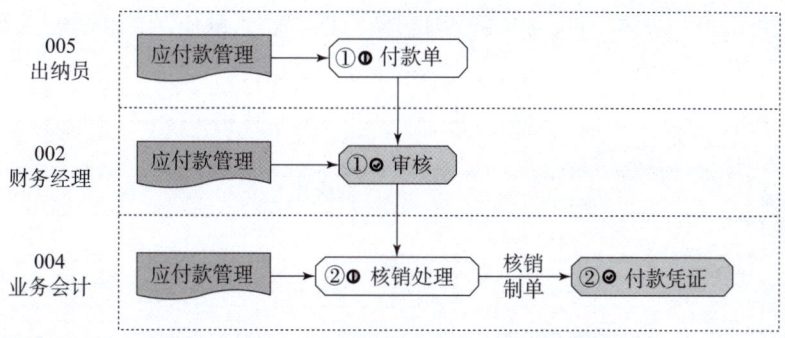

图 5-4-26　支付采购货款业务的工作流程

工作岗位

1. 录入并审核付款单：005 录入付款单；002 审核付款单。
2. 核销并制单：004 核销处理；004 核销制单。

工作时间

2021-12-05。

操作规范

步骤一：录入并审核付款单

1. 以"005"身份于"2021-12-05"登录企业应用平台。

2. 在"企业应用平台"窗口，双击执行"业务工作"—"财务会计"—"应付款管理"命令，进入应付款管理模块；双击执行"付款单据处理"—"付款单录入"命令，打开"付款单"窗口。

3. 在"付款单"窗口，单击工具栏的"增加"按钮，新增一张付款单，在"付款单"表头栏目，供应商选择"琪琪服装"，结算方式选择"网银转账"，金额输入"43156"，部门选择"采购部"，业务员选择"胡平"，如图 5-4-27 所示。

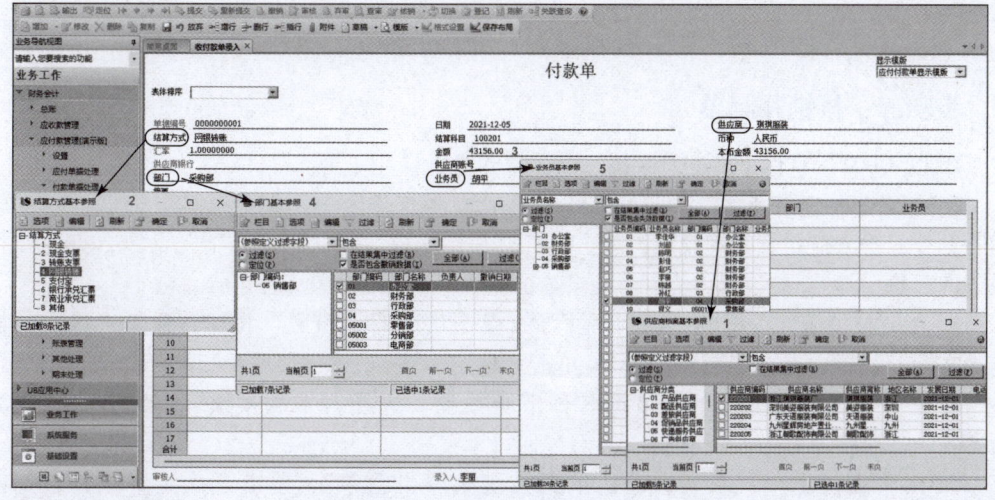

图 5-4-27　付款单表头

4. 在"付款单"表体栏目，款项类型选择"应付款"，检查无误后单击工具栏的"保存"按钮，如图5－4－28所示。

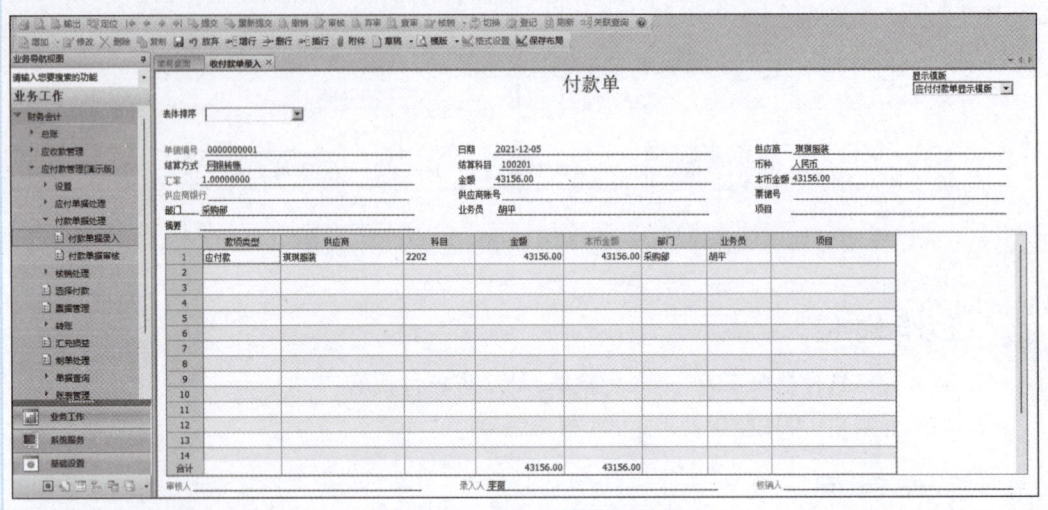

图5－4－28 付款单表体

5. 以"002"身份于"2021－12－05"登录企业应用平台。

6. 双击执行"业务工作"—"财务会计"—"应付款管理"命令，进入应付款管理模块；双击执行"付款单据处理"—"付款单审核"命令，弹出"付款单查询条件"窗口，默认设置，单击"确定"按钮。

7. 打开"收付款单列表"窗口，双击"收付款单列表"的"选择"列或单击工具栏的"全选"按钮，选中需审核的付款单，单击工具栏的"审核"按钮，弹出审核情况提示框，单击"确定"按钮即可，如图5－4－29所示。

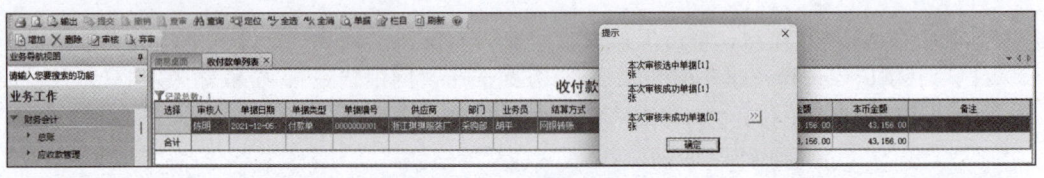

图5－4－29 审核付款单

步骤二：核销并制单

1. 以"004"身份于"2021－12－05"登录企业应用平台。

2. 在"企业应用平台"窗口，双击执行"业务工作"—"财务会计"—"应付款管理"命令，进入应付款管理模块；双击执行"核销处理"—"手工核销"命令，打开"核销条件"框。

3. 在"核销条件"框的"通用"页鉴，单击供应商"参照"按钮，弹出"供应商档案基本参照"框，选择"琪琪服装"，单击"确定"按钮，如图5－4－30所示。

4. 在"单据"页鉴，单击单据名称下拉按钮，选择"采购发票"，如图5－4－31所示。

5. 在"收付款单"页鉴，确认单据类型为"付款单"，单击"确定"按钮，如图5－4－32所示。

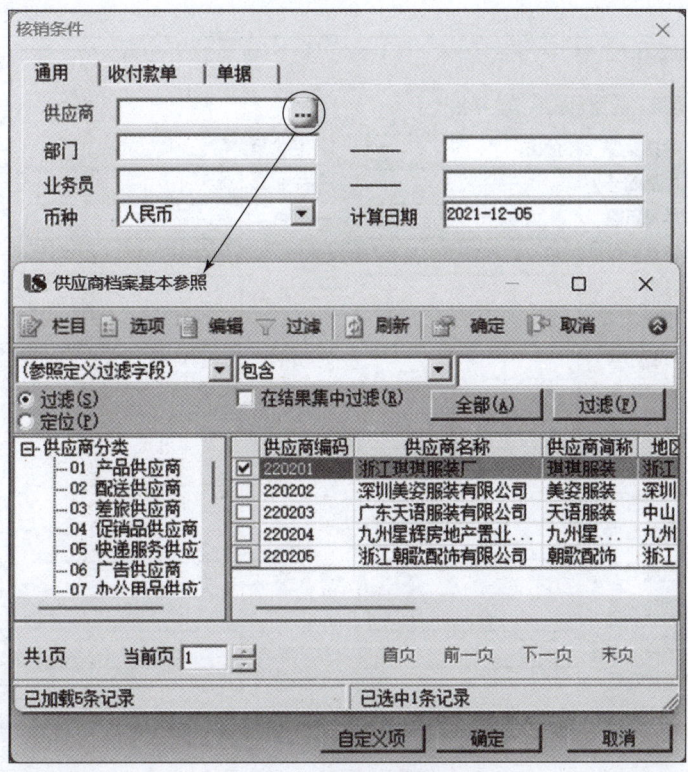

图 5-4-30 通用

图 5-4-31 单据

图 5-4-32 收付款单

6. 打开"单据核销"窗口，在单据编号"CG20211201"的"采购专用发票"的"本次结算"列输入结算金额"43156"，单击"保存"按钮即可，如图 5-4-33 所示。

图 5-4-33 单据核销

7. 双击执行"制单处理"命令，弹出"制单查询"框，勾选"收付款单制单"和"核销制单"，单击"确定"按钮，如图 5-4-34 所示。

8. 打开"制单"界面，单击工具栏的"全选"按钮，选择凭证类别为"付款凭证"，单击工具栏的"合并"按钮，再单击工具栏的"制单"按钮，生成付款凭证，检查无误后单击"保存"即可，如图 5-4-35 所示。

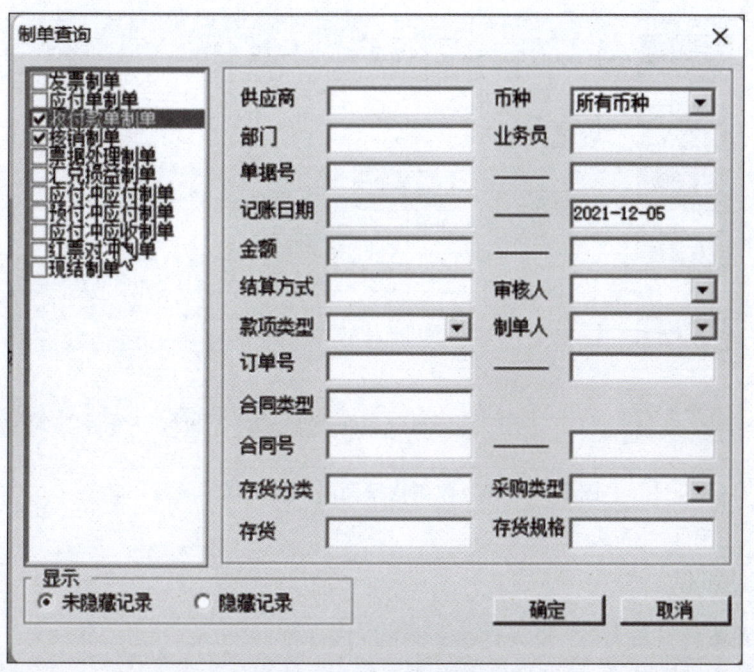

图 5-4-34 制单查询

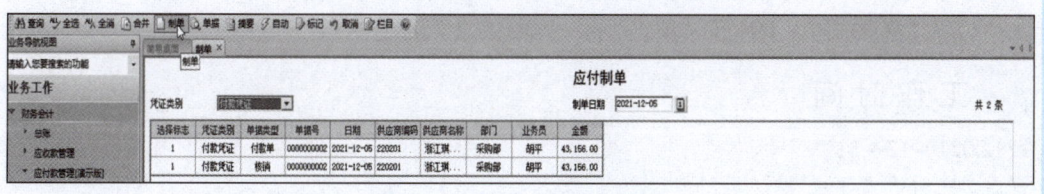

图 5-4-35 生成付款凭证

任务 4.3　收到代销商品业务

工作内容

九州华问服装有限公司 2021 年 12 月收到代销商品业务如下：

1. 2021 年 12 月 31 日，公司与浙江朝歌配饰有限公司签订产品委托代销合同，朝歌配饰有限公司委托公司代销领带和领结。

2. 2021 年 12 月 31 日，收到浙江朝歌配饰有限公司的代销商品领带和领结，经验收合格入"总仓"。

工作要求

在企业应用平台上完成收到代销商品业务处理。

工作流程

收到代销商品业务处理的流程如图 5-4-36 所示。

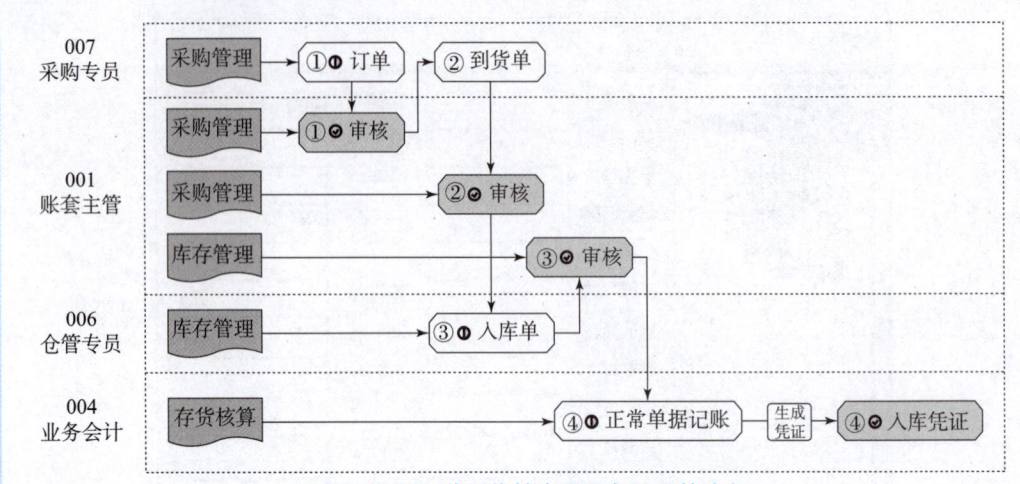

图 5－4－36　收到代销商品业务处理的流程

工作岗位

1. 录入并审核订单：007 录入订单；001 审核订单。
2. 录入并审核到货单：007 录入到货单；001 审核到货单。
3. 录入并审核入库单：006 录入入库单；001 审核入库单。
4. 确认暂估成本：004 正常单据记账；004 生成凭证。

工作时间

2021－12－31。

操作规范

步骤一：录入并审核订单

1. 以"007"身份于"2021－12－31"登录企业应用平台。

2. 双击执行"业务工作"—"供应链"—"采购管理"命令，进入采购管理模块；双击执行"采购订货"—"采购订单"命令，打开"采购订单"窗口。

3. 单击工具栏的"增加"按钮，新增一张采购订单，将业务类型改为"受托代销"，采购类型选择"委托代销"，供应商选择"朝歌配饰"，部门选择"采购部"，业务员选择"胡平"，税率改为"13"，如图 5－4－37 所示。

4. 根据产品委托代销合同，输入"领带"和"领结"两种存货的"数量"和"原币单价"等信息，单击工具栏的"保存"按钮，如图 5－4－38 所示。

5. 以"001"身份于"2021－12－31"登录企业应用平台。

6. 双击执行"业务工作"—"供应链"—"采购管理"命令，进入采购管理模块；双击执行"采购订货"—"采购订单"命令，打开"采购订单"窗口，单击" "按钮翻页查找需要审核的订单，核对无误后单击"审核"按钮即可，如图 5－4－39 所示。

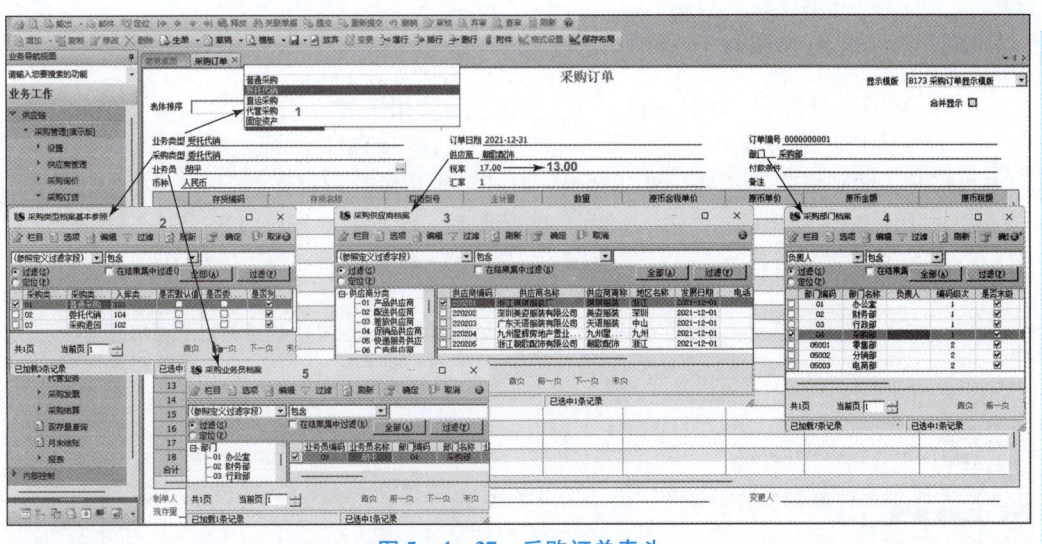

图 5-4-37　采购订单表头

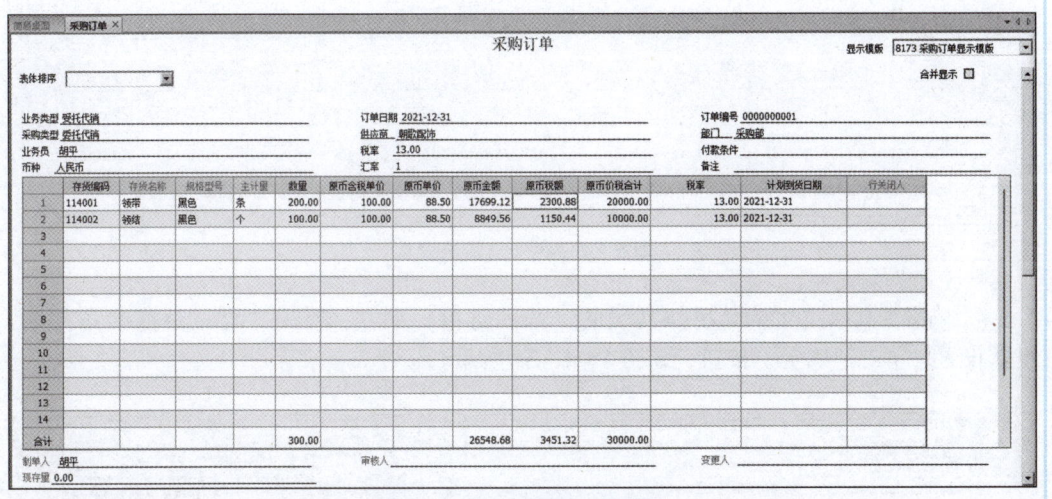

图 5-4-38　采购订单表体

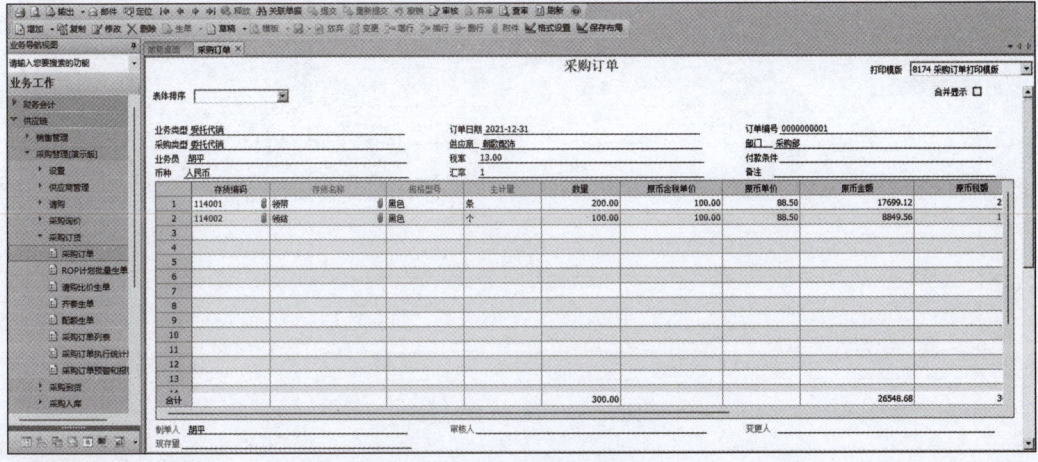

图 5-4-39　审核采购订单

步骤二：录入并审核到货单

1. 以"007"身份于"2021-12-31"登录企业应用平台。

2. 双击执行"业务工作"—"供应链"—"采购管理"命令，进入采购管理模块；双击执行"采购到货"—"到货单"命令，打开"到货单"窗口。

3. 单击工具栏"增加"按钮，新增一张到货单，将业务类型修改为"受托代销"，如图5-4-40所示。

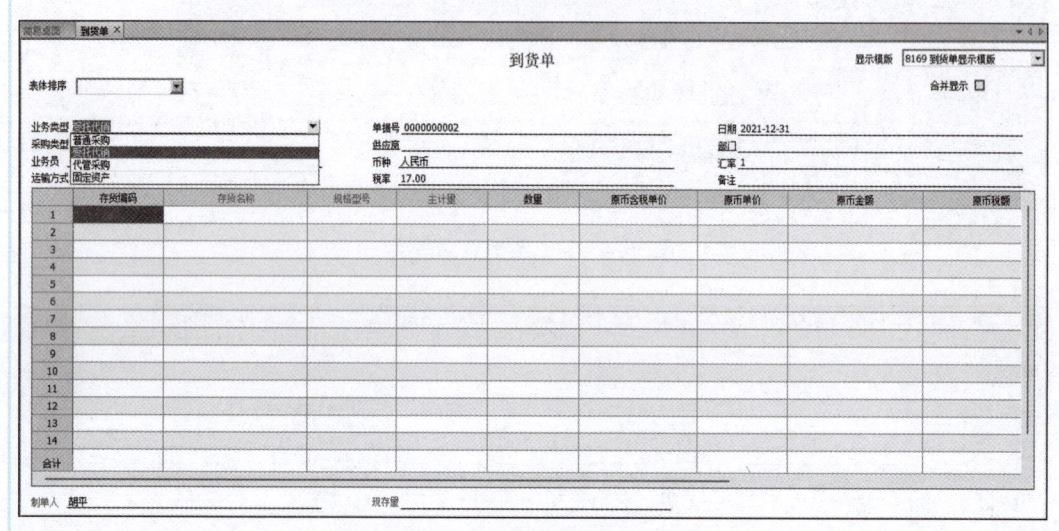

图 5-4-40 到货单表头

4. 单击工具栏"生单"下拉列表的"采购订单"命令，弹出"订单过滤"条件框，默认设置，单击"确定"按钮，如图5-4-41所示。

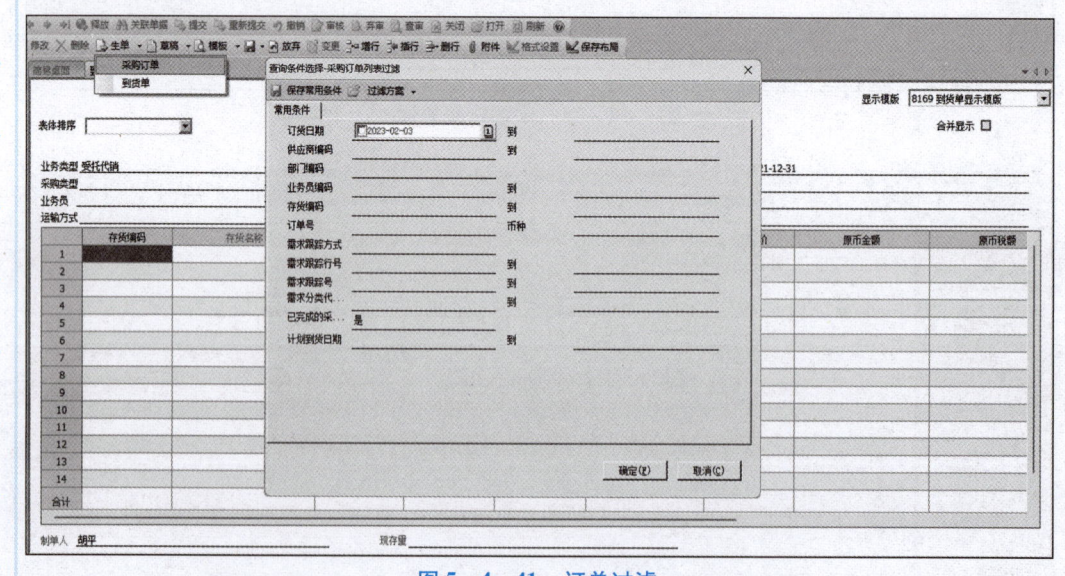

图 5-4-41 订单过滤

5. 打开"拷贝并执行"窗口，双击"受托代销订单"的选择列或单击"全选"按钮，单击"确定"按钮，如图 5-4-42 所示。

图 5-4-42 拷贝并执行

6. 参照生成到货单并确认无误，单击工具栏的"保存"按钮即可。

7. 以"001"身份于"2021-12-31"登录企业应用平台。

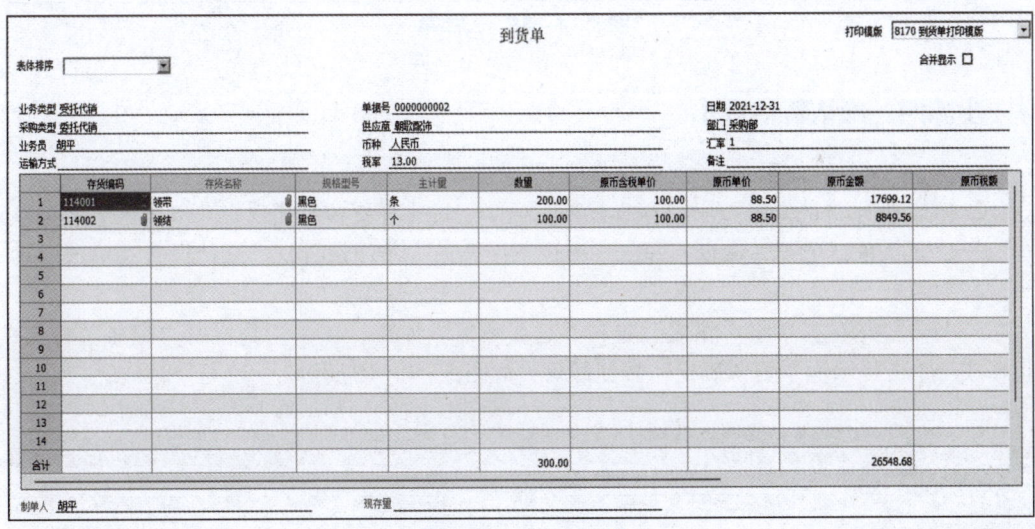

8. 双击执行"业务工作"—"供应链"—"采购管理"命令，进入采购管理模块；双击执行"采购到货"—"到货单"命令，打开"到货单"窗口，单击" "按钮翻页查找需要审核的到货单，核对无误后单击"审核"按钮即可，如图 5-4-43 所示。

图 5-4-43 到货单

步骤三：录入并审核入库单

1. 以"006"身份于"2021-12-31"登录企业应用平台。

2. 双击执行"业务工作"—"供应链"—"库存管理"命令，进入库存管理模块；双击执行"入库业务"—"采购入库单"命令，打开"采购入库单"窗口。

单击工具栏"生单"的下拉按钮，选择"采购到货单（蓝字）"，弹出"查询条件选择"编辑框，默认设置，单击"确定"按钮，打开"到货单生单列表"窗口，选择参照生单的"已审核到货单"，单击工具栏的"确定"按钮，平台会自动参照生成采购入库单，仓库选择"总仓",进行"保存"并提交审核。

3. 以"001"身份于"2021-12-31"登录企业应用平台。

4. 双击执行"业务工作"—"供应链"—"库存管理"命令,进入库存管理模块;双击执行"入库业务"—"采购入库单"命令,打开"采购入库单"窗口,单击"　"按钮翻页查找需要审核的采购入库单,核对无误后单击"审核"按钮,审核成功单击提示框的"确定"即可,如图5-4-44所示。

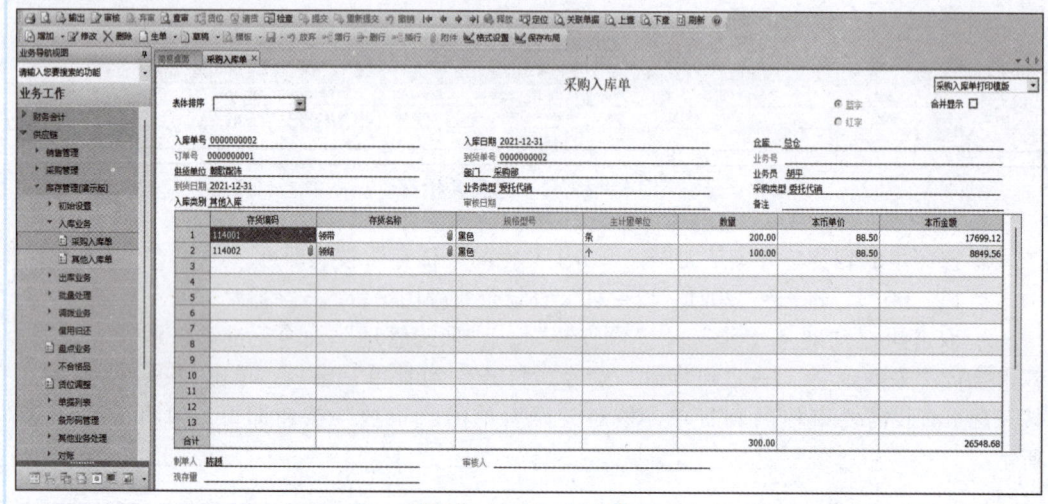

图5-4-44 入库单

步骤四:确认暂估成本

1. 以"004"身份于"2021-12-31"登录企业应用平台。

2. 双击执行"供应链"—"存货核算"命令,进入存货核算模块;双击执行"业务核算"—"正常单据记账"命令,弹出"查询条件选择"条件设置框,默认设置,单击"确定"按钮。

3. 打开"未记账单据一览表"窗口,选择所需入库单,单击工具栏的"记账"按钮,记账成功单击提示框中的"确定"按钮即可,如图5-4-45所示。

图5-4-45 记账

4. 双击执行"财务核算"—"生成凭证"命令,打开"生成凭证"窗口,单击工具栏的"选择"按钮,弹出"查询条件"框,单击"确定"按钮,打开"选择单据"窗口,双击选择需生成凭证的单据,单击工具栏的"确定"按钮。

5. 返回"生成凭证"窗口,修改凭证类别为"转"字,单击工具栏的"生成"按钮,如图5-4-46所示。

6. 自动生成转账凭证,单击工具栏的"保存"按钮即可,如图5-4-47所示。

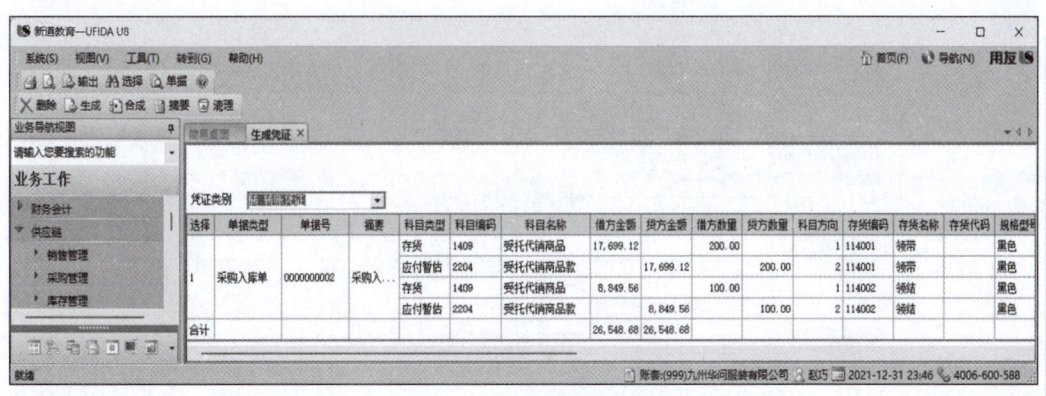

图 5-4-46　生成凭证

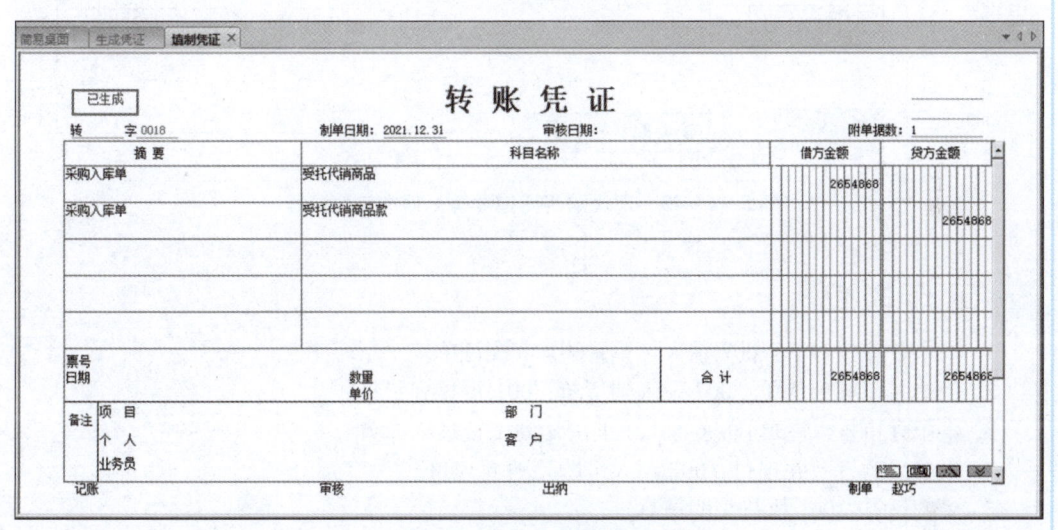

图 5-4-47　保存凭证

任务 4.4　现付购买商铺业务

工作内容

九州华问服装有限公司 2021 年 12 月的现付购买商铺业务如下：

1. 2021 年 12 月 31 日，公司与九州星辉房地产置业有限公司签订商铺买卖合同，购买商铺一间。

2. 2021 年 12 月 31 日，公司根据合同约定以网银转账的方式支付商铺采购款。

工作要求

在企业应用平台上完成现付购买商铺业务处理。

工作流程

现代购买商铺业务处理的工作流程如图 5-4-48 所示。

工作笔记

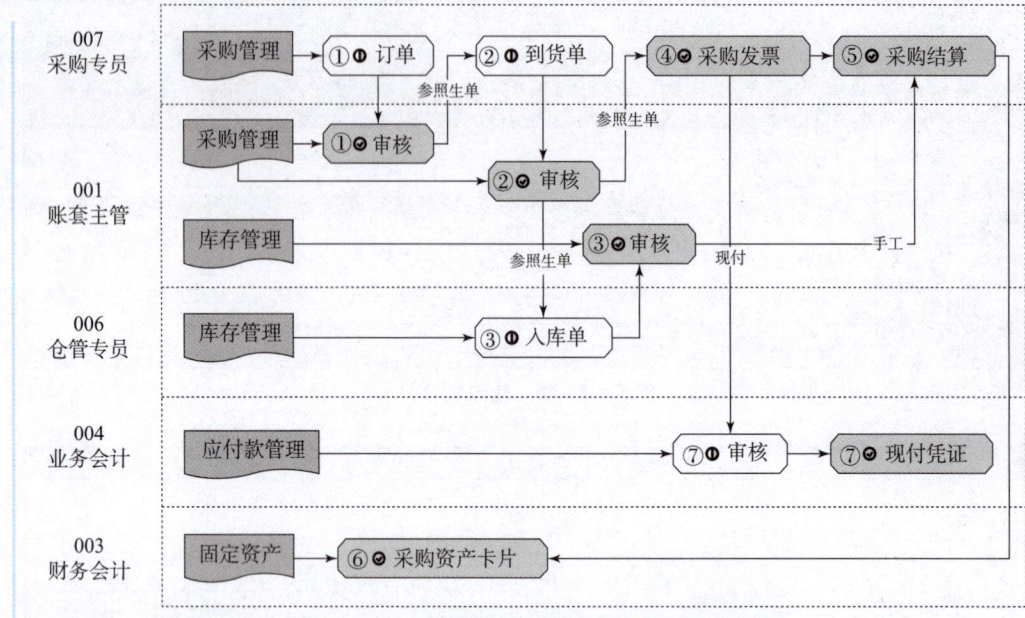

```
007          采购管理 ──→ ①◐订单 ──→ ②◐到货单 ──→ ④◐采购发票 ──→ ⑤◐采购结算
采购专员                        参照生单              参照生单
                ↓                  ↓                                    ↑
001          采购管理 ──→ ①◎审核 → ②◎审核                              │
账套主管                                ↓                              手工
                                        ↓                                │
             库存管理 ──────→ ③◎审核 ←── 现付 ────────────────────────┘
                              参照生单
006          库存管理 ──────→ ③◐入库单
仓管专员

004          应付款管理 ──────────────→ ⑦◐审核 ──→ ⑦◎现付凭证
业务会计

003          固定资产 ──→ ⑥◎采购资产卡片
财务会计
```

图 5-4-48　现代购买商铺业务处理的工作流程

工作岗位

1. 录入并审核订单：007 录入订单；001 审核订单。
2. 生单并审核到货单：007 录入到货单；001 审核到货单。
3. 生单并审核入库单：006 录入入库单；001 审核入库单。
4. 生单采购发票并现付：007 录入采购发票并现付。
5. 采购结算：007 执行采购结算。
6. 资产转资：003 生成固定资产卡片。
7. 确认现付：004 审核采购专用发票；004 生成现付凭证。

工作时间

2021-12-31。

操作规范

步骤一：录入并审核订单

1. 以"007"身份于"2021-12-31"登录企业应用平台。
2. 双击执行"采购管理"—"采购订货"—"采购订单"命令，新增采购订单，业务类型选择"固定资产"，录入其他信息，单击"保存"按钮，如图 5-4-49 所示。
3. 以"001"身份于"2021-12-31"登录企业应用平台。
4. 双击执行"采购管理"—"采购订货"—"采购订单"命令，打开"采购订单"窗口，单击"⇤ ⇐ ⇒ ⇥"按钮翻页查找需要审核的订单，核对无误后单击"审核"按钮即可。

图 5-4-49 新增采购订单

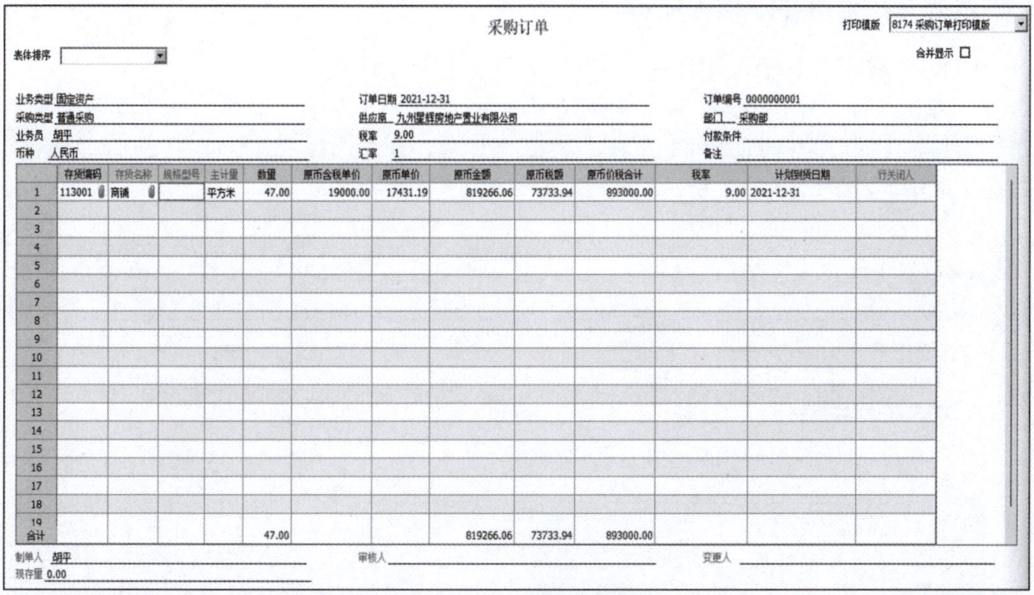

步骤二：生单并审核到货单

1. 以"007"身份于"2021-12-31"登录企业应用平台。

2. 双击执行"采购管理"—"采购到货"—"到货单"命令，新增到货单，业务类型选择"固定资产"，参照"采购订单"生成到货单，单击"保存"按钮。

3. 以"001"身份于"2021-12-31"登录企业应用平台。

4. 双击执行"采购管理"—"采购到货"—"到货单"命令，打开"到货单"窗口，单击" ┃◀ ◀ ▶ ▶┃ "按钮翻页查找需要审核的订单，核对无误后单击"审核"按钮即可，如图 5-4-50 所示。

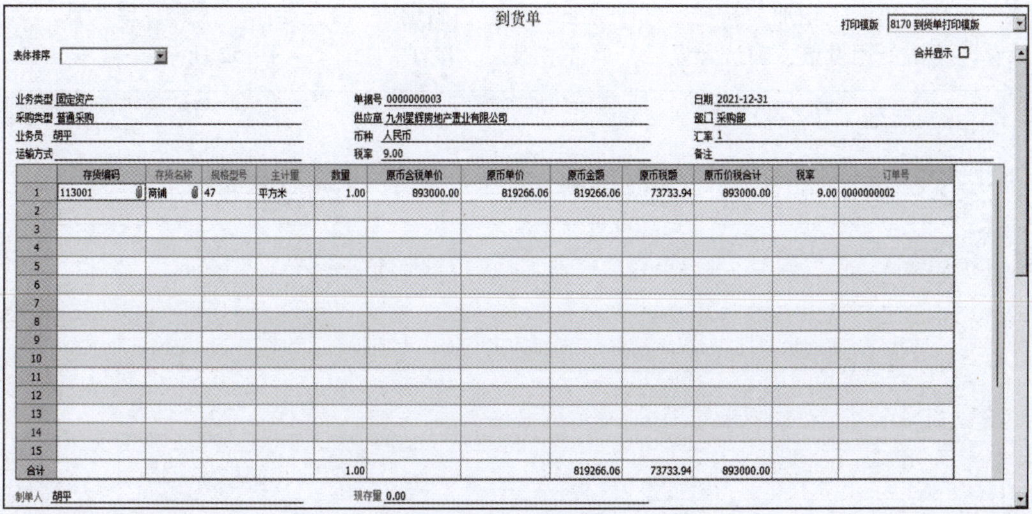

图 5-4-50 到货单

步骤三：生单并审核入库单

1. 以"006"身份于"2021－12－31"登录企业应用平台。

2. 双击执行"库存管理"—"入库业务"—"采购入库单"命令，打开"采购入库单"窗口，参照"采购到货单（蓝字）"生成入库单，仓库选择"综合仓"，进行"保存"并提交审核，如图 5－4－51 所示。

图 5－4－51　生成入库单

3. 以"001"身份于"2021－12－31"登录企业应用平台。

4. 双击执行"采购管理"—"采购到货"—"到货单"命令，打开"到货单"窗口，单击"｜◀ ◀ ▶ ▶｜"按钮翻页查找需要审核的订单，核对无误后单击"审核"按钮即可。

步骤四：生单采购发票并现付

1. 以"007"身份于"2021－12－31"登录企业应用平台。

2. 双击执行"采购管理"—"采购发票"—"专用采购发票"命令，打开"专用发票"窗口，单击"增加"按钮，修改业务类型为"固定资产"，参照"采购订单"或"入库单"生成专用发票，确认无误后，单击"保存"按钮，如图 5－4－52 所示。

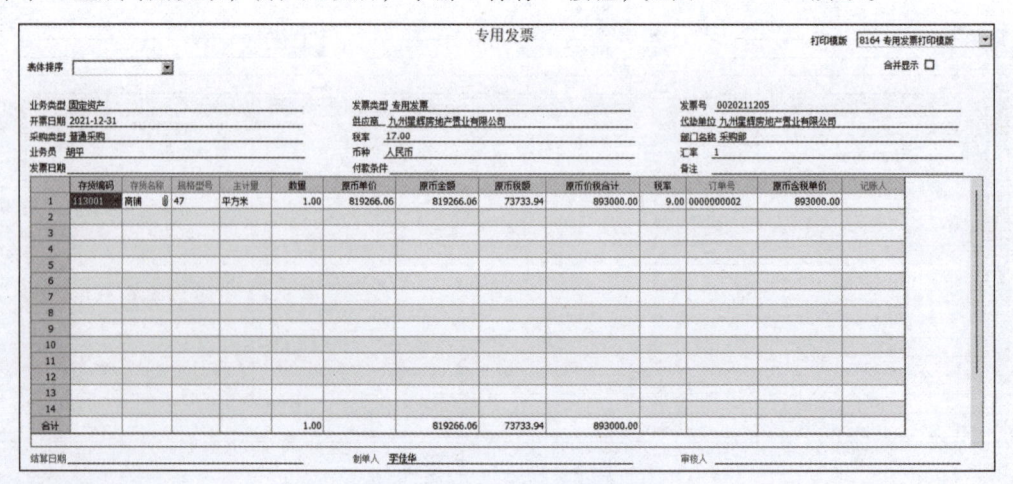

图 5－4－52　生成专用发票

3. 单击工具栏的"现付",弹出"采购现付"框,结算方式选择"网银转账",原币金额输入"893 000.00",单击"确定"按钮,如图5-4-53所示。

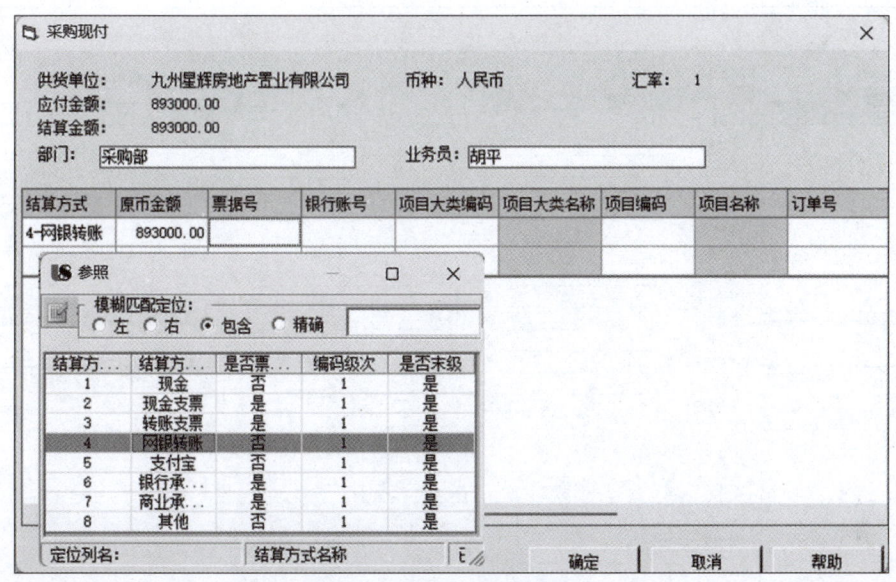

图5-4-53 采购现付

4. 返回"专用发票"窗口,出现"已现付"字样,表明现付成功。

步骤五:采购结算

1. 双击执行"采购结算"—"手工结算"命令,打开"手工结算"窗口,单击工具栏"选单"按钮,打开"结算选单"窗口。

2. 单击工具栏"查询"—"入库单",弹出"入库单结算选单过滤"条件选择框,"是否固定资产"选择"是",单击"确定"按钮,如图5-4-54所示。

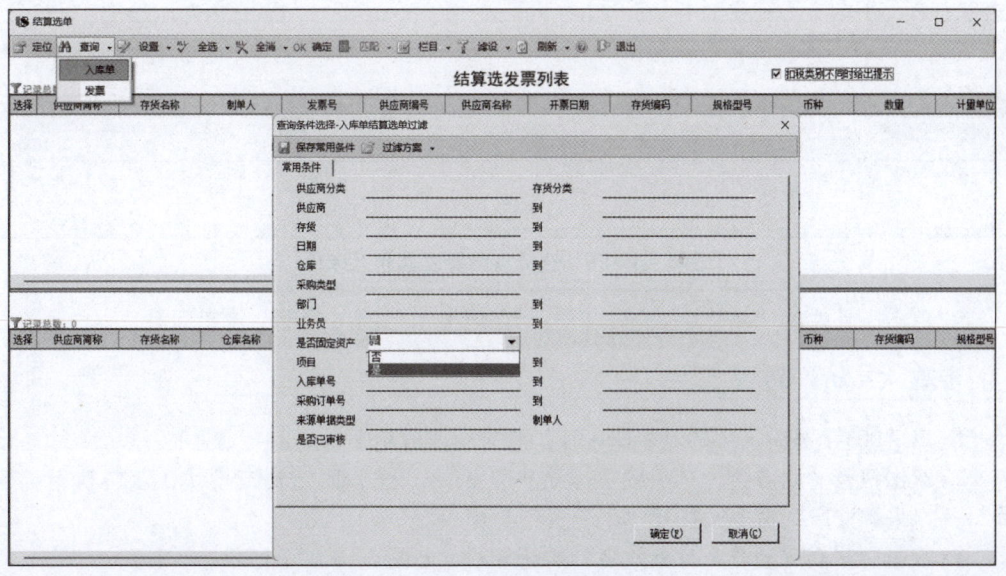

图5-4-54 入库单结算选单过滤

3. 单击工具栏的"查询"—"发票",弹出"发票结算选单过滤"条件选择框,"是否固定资产"选择"是",单击"确定"按钮,如图5-4-55所示。

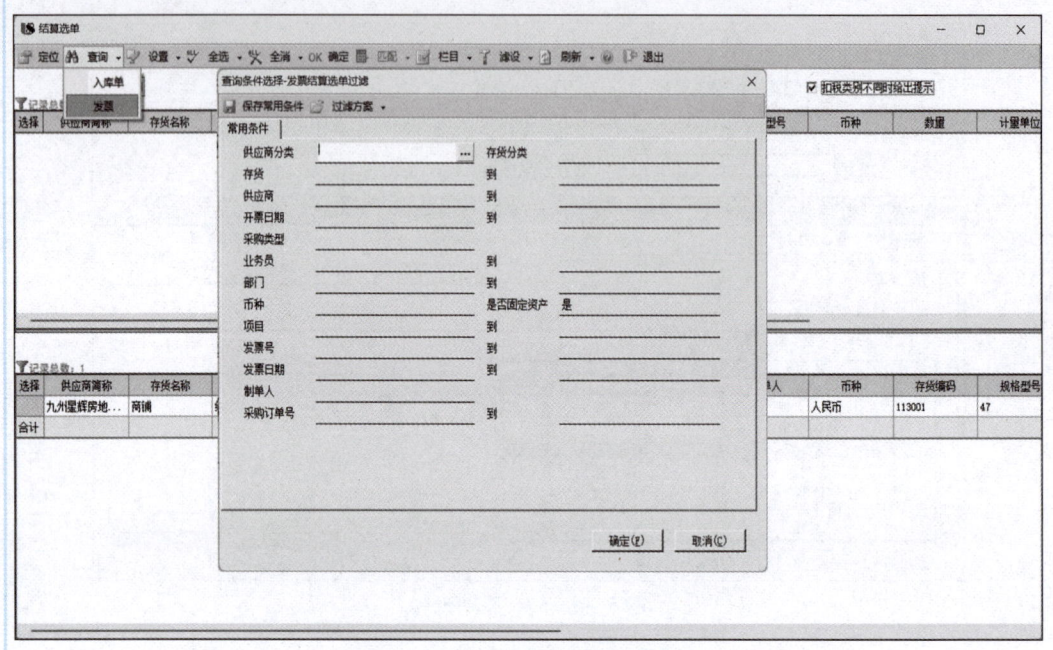

图5-4-55 发票结算选单过滤

4. 双击选择需结算发票和入库单,单击工具栏的"确定"按钮,再单击工具栏的"退出"按钮,返回"手工结算"窗口,如图5-4-56所示。

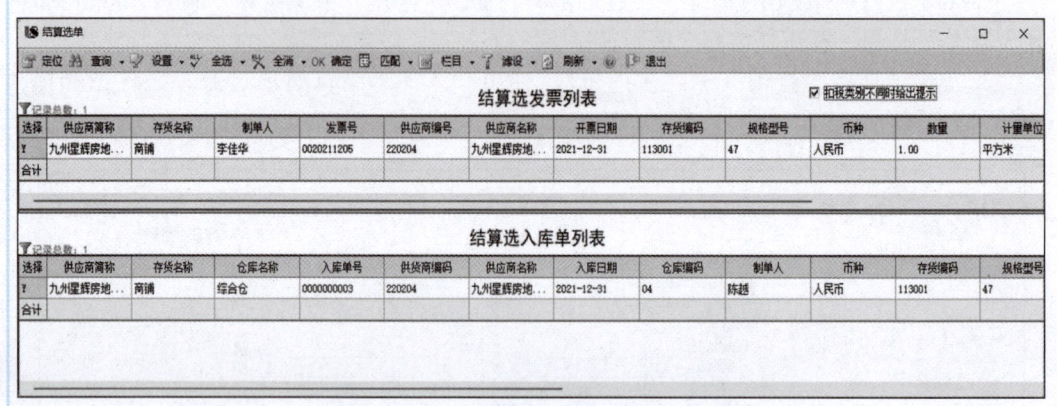

图5-4-56 选择需结算发票和入库单

5. 单击工具栏的"结算"按钮,单击"完成提示"的"确定"按钮即可。

步骤六:资产转资

1. 以"003"身份于"2021-12-31"登录企业应用平台。
2. 双击执行"财务会计"—"固定资产"命令,进入固定资产模块;双击执行"卡片"—"采购资产"命令,打开"采购资产"窗口。
3. 双击"未转采购资产订单列表"的选择栏,如图5-4-57所示。
4. 单击工具栏的"增加"按钮,弹出"采购资产分配设置"窗口,资产类别选择"房屋及建筑物",使用部门选择"零售部",使用状况选择"在用",如图5-4-58所示。

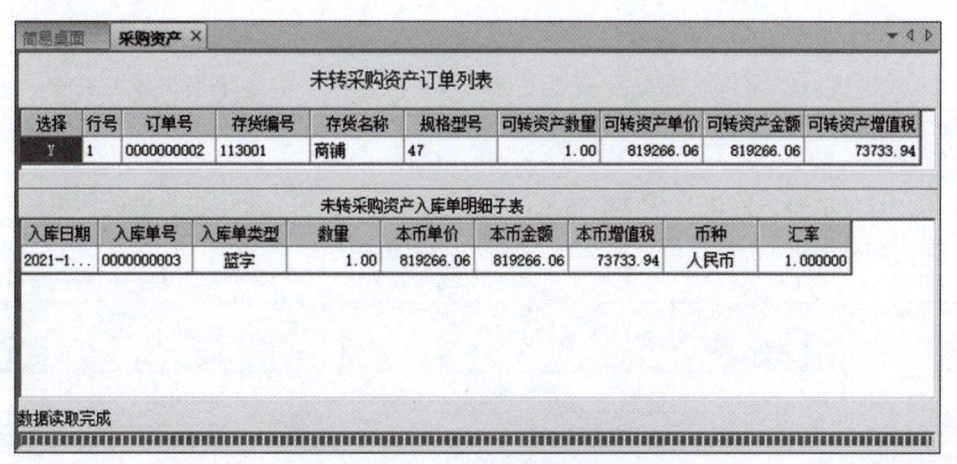

图5-4-57 选择未转采购资产订单

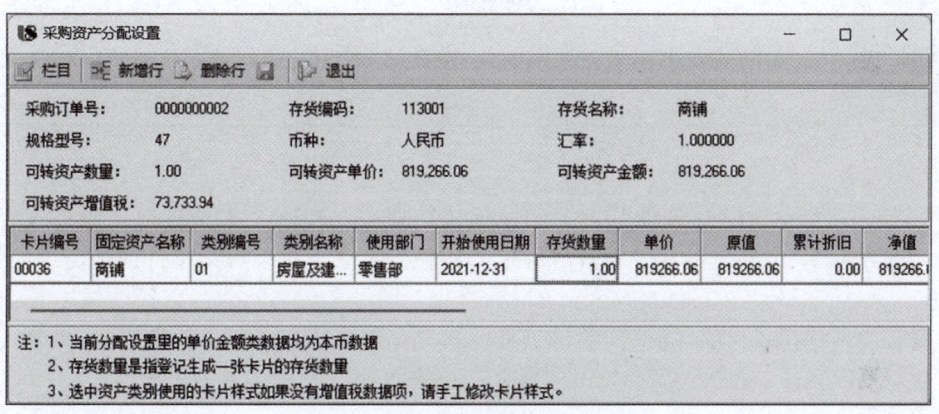

图5-4-58 采购资产分配设置

5. 单击工具栏的"保存"按钮,生成固定资产卡片,核对信息无误后,单击"保存"按钮,如图5-4-59所示。

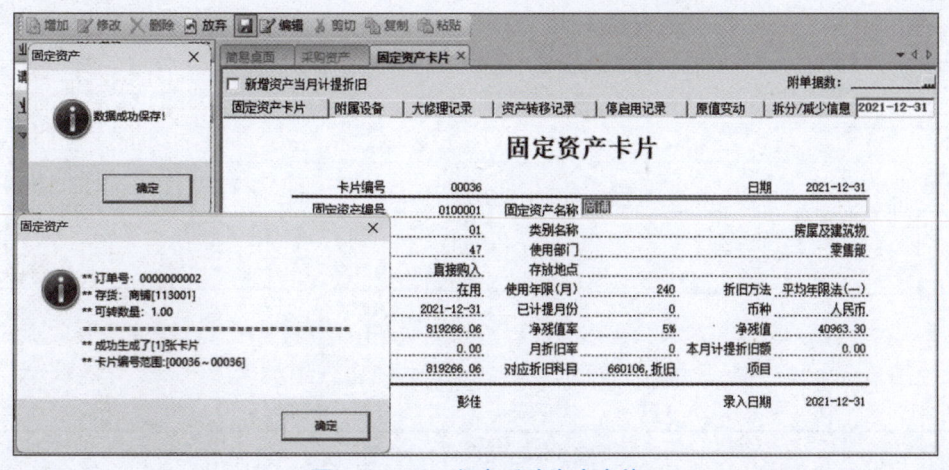

图5-4-59 保存采购资产卡片

步骤七：确认现付

1. 以"004"身份于"2021-12-31"登录企业应用平台。

2. 双击执行"应付款管理"—"应付单据处理"—"应付单据审核"命令，进入"应付单查询条件"条件框，勾选"包含已现结发票"，其他默认设置，单击"确定"按钮。

双击选择"单据处理"窗口中满足查询条件的应付单据，单击工具栏的"审核"按钮，单击提示审核完成情况的"确定"按钮即可，如图5-4-60所示。

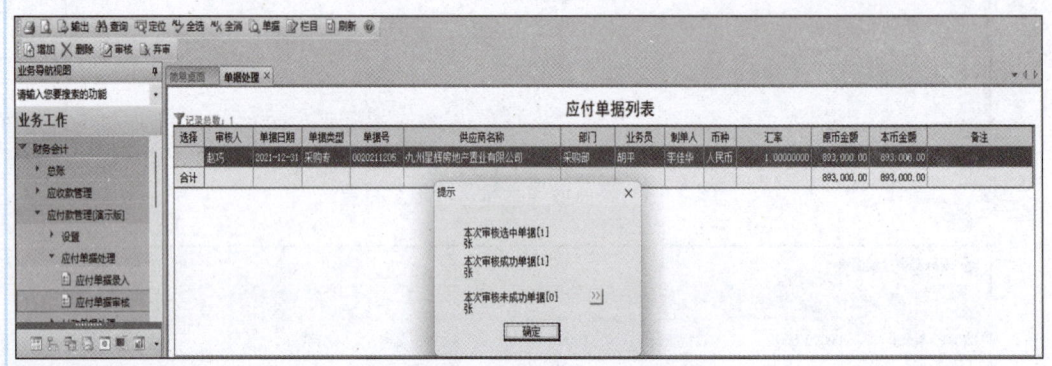

图 5-4-60　审核应付单据

3. 双击执行"应付款管理"—"制单处理"命令，弹出"制单查询"条件设置框，勾选"现结制单"，其他默认，单击"确定"按钮，过滤出符合查询条件的未制单的凭证列表。

凭证类别选择"付款凭证"，单击工具栏的"全选"按钮，单击工具栏的"制单"按钮，生成付款凭证，确认无误后单击"保存"按钮即可，如图5-4-61所示。

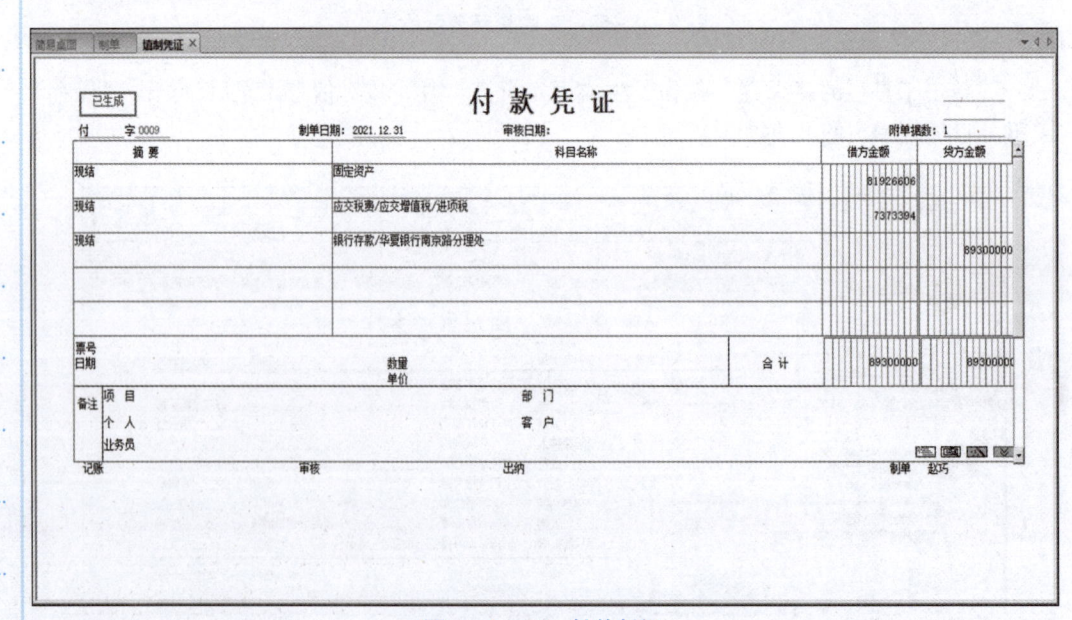

图 5-4-61　付款凭证

任务4.5　其他采购业务

工作内容

1. 支付定金采购业务；
2. 分期付款采购业务；
3. 暂估入库业务；
4. 采购退货业务；
5. 代管采购业务。

工作要求

在企业应用平台上完成其他采购业务处理。

工作流程

1. 支付定金采购业务

属于票未到货未到，即签订合同或协议时，支付定金的采购业务。涉及订单和付款单的录入及审核，付款凭证的生成等操作，如图5-4-62所示。

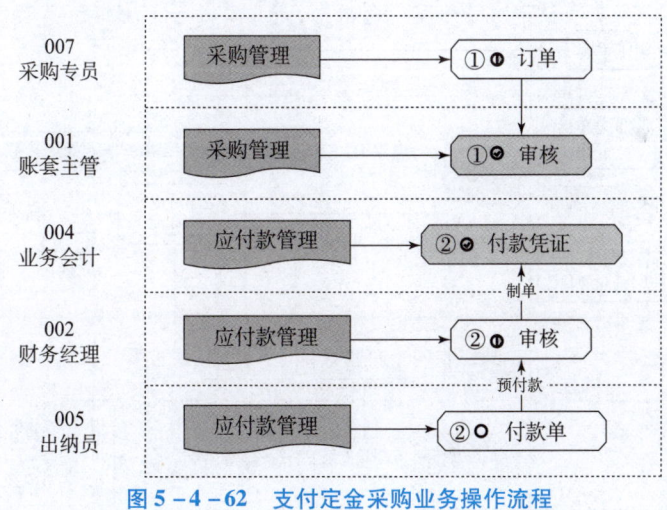

角色	模块	操作
007 采购专员	采购管理	①● 订单
001 账套主管	采购管理	①● 审核
004 业务会计	应付款管理	②● 付款凭证（制单）
002 财务经理	应付款管理	②● 审核（预付款）
005 出纳员	应付款管理	②○ 付款单

图5-4-62　支付定金采购业务操作流程

2. 分期付款采购业务

属于票到货未到，即签订合同或协议时，收到发票并现付部分，货未到的在途采购业务。涉及订单的录入与审核、采购发票的录入并现付、采购发票的审核与制单等操作，如图5-4-63所示。

3. 暂估入库业务

属于货到票未到，由于不确定存货的入库成本，故月底时为了账实相符和及时核算库存成本，根据实际入库数量暂估入库。

到下个月可选月初回冲、单到回冲或单到补差三种处理方式。

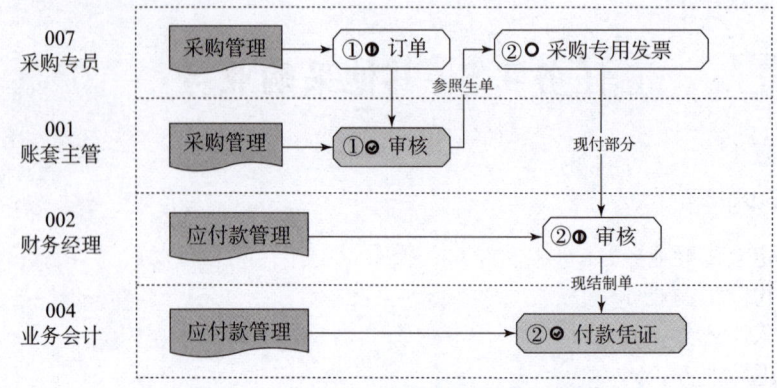

图 5-4-63 分期付款采购业务操作流程

（1）月初回冲：下月初，生成红字回冲单并制单。收到发票后，与入库单结算，执行结算成本处理生成蓝字回冲单，发票审核并制单。涉及暂估入库单的填制、审核、记账及制单，红字回冲单制单，采购发票录入、审核及制单，通过采购结算和结算成本处理生成蓝字回冲单并制单等操作，如图 5-4-64 所示。

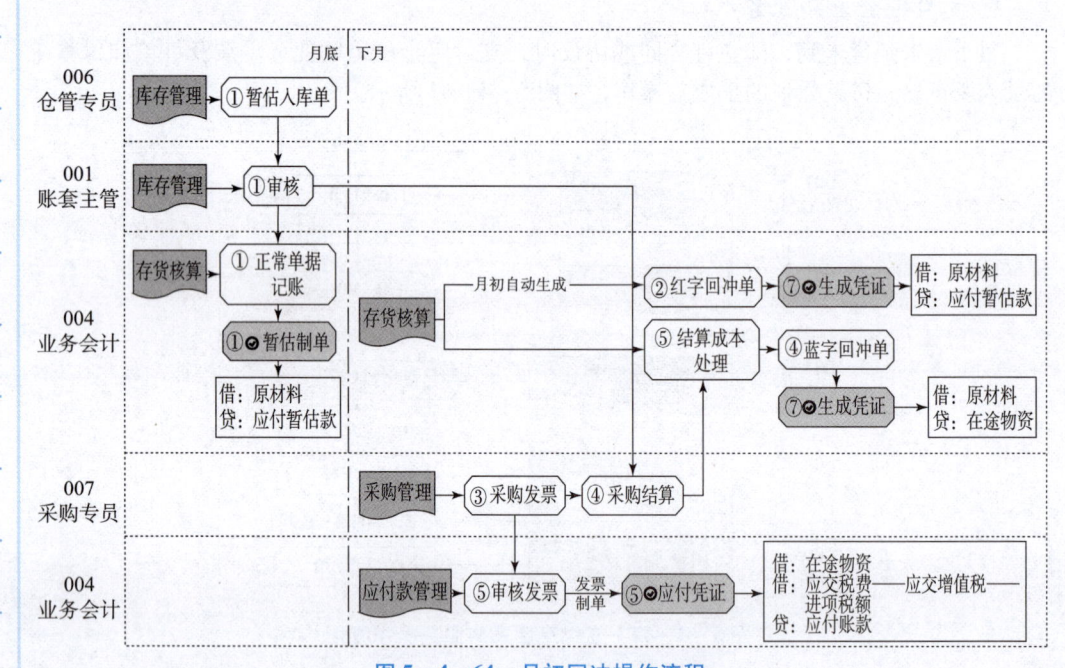

图 5-4-64 月初回冲操作流程

（2）单到回冲：下月初暂不处理，收到发票后，与入库单结算，执行结算成本处理生成红字回冲单（暂估金额）和蓝字回冲单（发票金额），再分别对红、蓝回冲单制单。发票再审核并制单。涉及暂估入库单的填制、审核、记账及制单，采购发票录入、审核及制单，通过采购结算和结算成本处理生成红、蓝回冲单并制单等操作，如图 5-4-65 所示。

（3）单到补差：下月初暂不处理，收到发票后，与入库单结算，执行暂估处理，若报销金额与暂估金额的差额不为零，则产生调整单，一张采购入库单生成一张调整单，保存

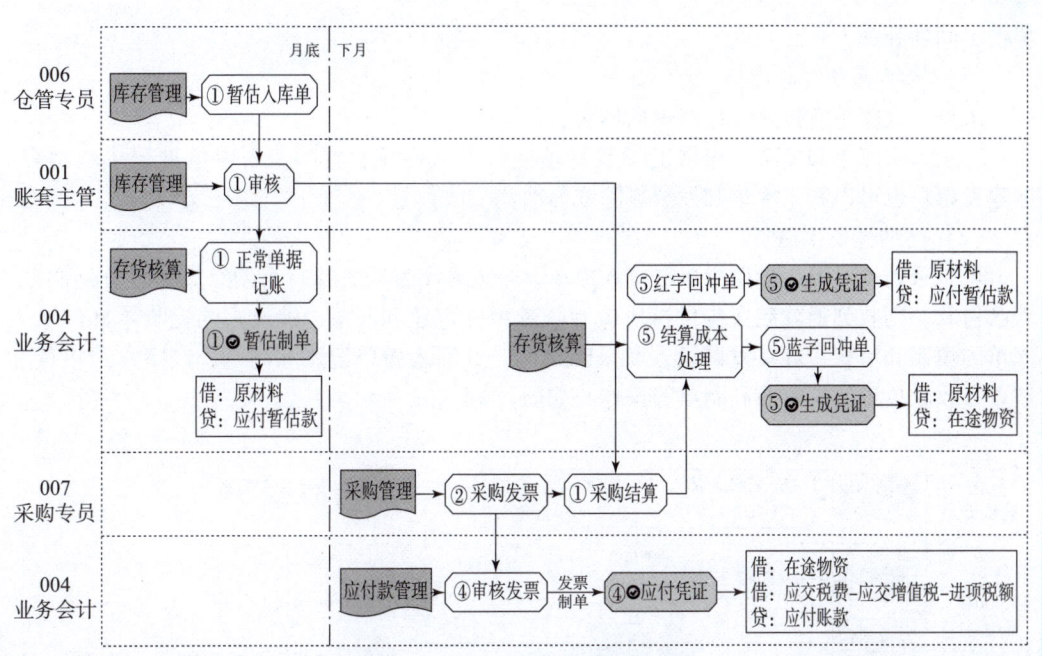

图 5-4-65 单到回冲操作流程

后记入存货明细账，再对调整单制单。若差额为零，则不生成调整单。涉及暂估入库单的填制、审核、记账及制单，采购发票录入、审核及制单，通过采购结算和暂估处理生成调整单并制单等操作，如图 5-4-66 所示。

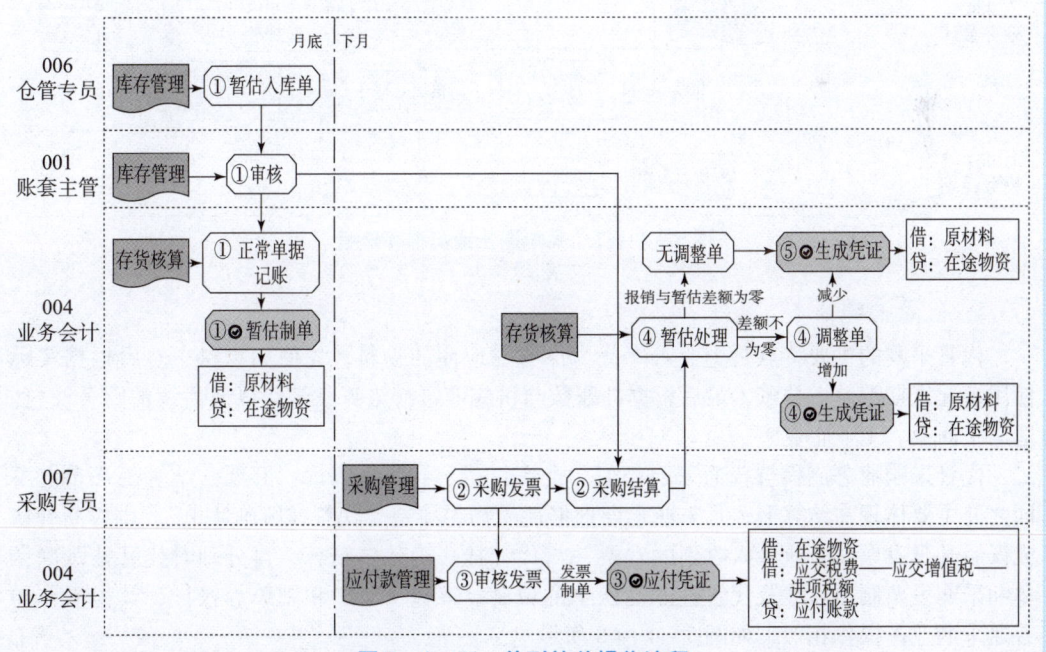

图 5-4-66 单到补差操作流程

4. 采购退货业务

货物收到或入库，由于某些原因，发生全部或部分退货的业务。根据不同情况，平台提供不同的处理方式。

（1）未结算发生退货。

未录入入库单直接将货原路返回即可；

已录入入库单和发票，根据退货数量填制红字入库单，红、蓝入库单进行采购结算，删除发票。也可以将入库单和发票删除或修改为实收数量。

（2）已结算发生退货。

填制采购退货单，参照生单红字入库单，录入红字发票，执行采购结算，再分别制单。若已付款，则收到退款后在应付模块填制收款单并审核和制单。涉及采购退货单和红字入库单的填制和审核，红字发票录入及采购结算，红字入库单记账和制单，红字发票审核和制单，收款单填制、审核和制单等操作，如图 5-4-67 所示。

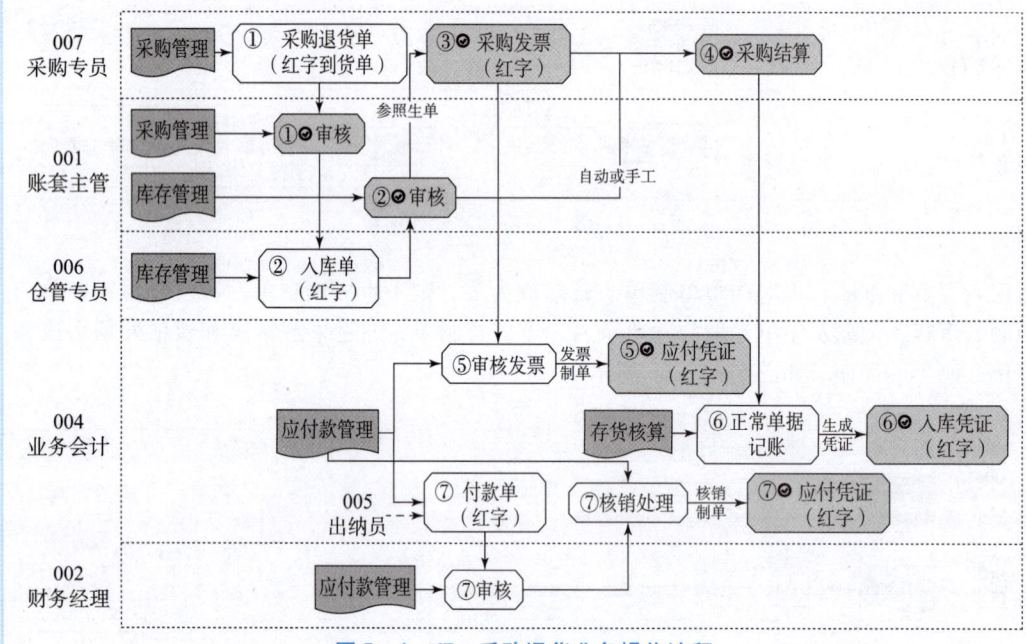

图 5-4-67 采购退货业务操作流程

5. 代管采购业务

代管采购的主要特点是企业入库代为保管供应商的物料，先使用物料，然后根据实际使用情况定期汇总、挂账，最后根据挂账数与供应商进行结算、开票以及后续的财务支付。适用于商业、工业企业。

代管采购业务流程与普通采购相似，也有订货、到货、入库、开票、结算等环节。不同之处主要体现在结算上，月末或定期根据耗用物料填制"代管挂账确认单"，供应商确认无误后开具发票，企业录入收到的发票并与代管挂账确认单结算，再分别对代管挂账确认单和采购发票制单。涉及代管挂账确认单的填制、审核、记账和制单等操作，其他操作与普通采购业务操作相似，如图 5-4-68 所示。

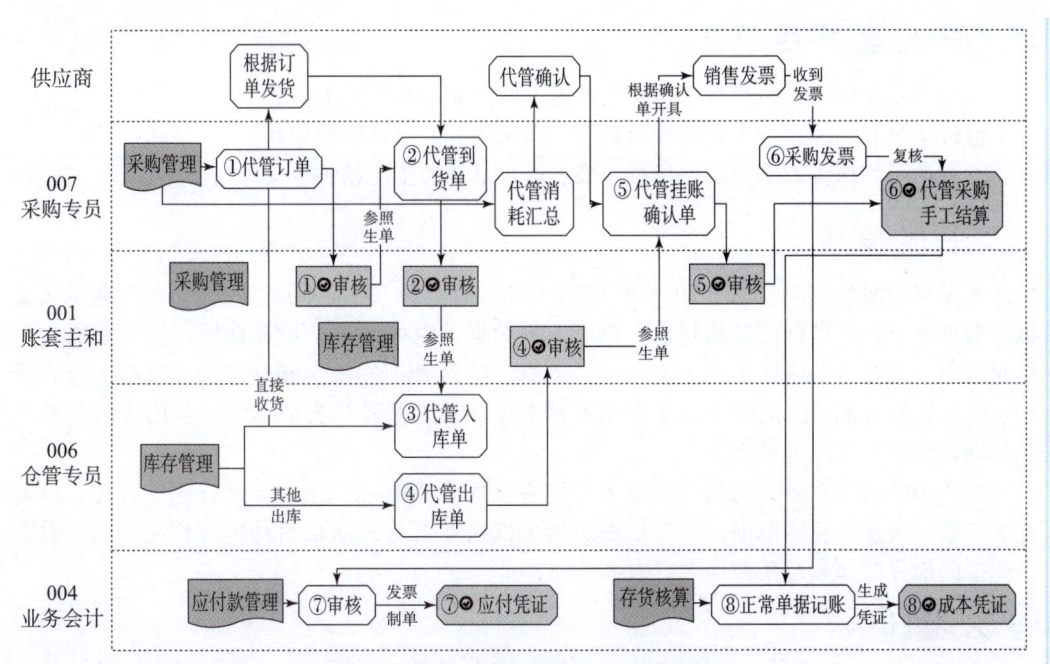

图 5-4-68　代管采购业务操作流程

财人微语

"位卑未敢忘忧国，事定犹须待阖棺。"——陆游《病起书怀》

工作任务 5　处理销售业务

职业知识目标

通过学习，学员能掌握采购管理与销售管理的基本知识；
通过学习，学员能掌握业务模块的功能和操作流程；
通过学习，学员能理解业务模块与财务模块间的数据流转关系。

职业技能目标

通过训练，学员能依据企业业务数据综合运用业务链模块和财务链模块完成普通销售、收到销售款和结转销售成本等销售业务处理；

通过训练，学员能依据企业业务数据综合运用业务链模块和财务链模块完成门店零售和其他销售等销售业务处理；

通过训练，学员具备独立完成采购和销售业务处理的能力，达到胜任基于企业应用平台业务主管、财务经理、业务会计、出纳员、仓管专员、采购专员和零售经理等岗位职责的目标。

职业素养目标

通过学习和训练，学员具备信息化环境下处理业务数据的能力；

通过学习和训练，学员具备参与管理、强化服务的会计职业道德；

通过学习和训练，学员具备精益求精、追求卓越的工匠精神。

工作情景

九州华问服装有限公司于2021年12月1日启用业财一体企业应用平台，对公司的资金流、信息流、物流进行信息化建设，集成业务数据、财务数据、税务数据，实现业财税一体化管理。并在企业应用平台上启用应收管理、应付管理、销售管理、采购管理、存货管理、库存管理等模块。同时在企业应用平台上完成公共基础档案的维护、各模块的初始维护和期初数据的录入等工作。

九州华问服装有限公司的采购业务与销售业务由业财一体化平台进行统一管理，由各业务部门录入业务原始单据，平台根据原始单据依业务处理流程自动生成相关单据，以会计凭证的形式传递到总账模块进行财务处理。

必备知识

一、销售管理简介

销售活动是企业生产经营成果的实现过程，是企业生产经营的中心。销售管理模块是业财一体化平台业务模块的重要组成部分，提供报价、订货、发货、开票的完整销售流程，也可根据实际情况进行销售流程的定制。

二、销售管理模块功能

销售管理模块的主要功能有设置、价格管理、客户管理、业务处理、账簿及分析、月末结账等。

销售管理模块功能结构如图5-5-1所示。

三、销售管理模块与其他模块的关系

销售管理模块既可以单独使用，又能与业财一体化平台其他模块集成使用，提供完整全面的业务和财务流程处理。

销售管理模块与其他模块的关系如图5-5-2所示。

四、销售管理模块的操作流程

销售业务根据工业、商业和医药流通等不同的企业类型，一般有普通销售、委托代销、直运销售、分期收款四种业务类型。

销售调拨业务一般是处理集团企业内部有销售结算关系的销售部门或分公司之间的销售业务。

零售业务一般是商业企业将商品销售给零售客户通过零售日报的方式处理的销售业务。

退货业务是指客户因货物质量、品种、数量等不符合要求而将已购货物退回给本单位的业务。

工作领域五 处理日常业务

销售管理模块主要功能：

- ①设置
  - 销售选项 —— 维护企业业务处理过程中所使用的各种控制参数
  - 允销限设置 —— 设置客户的允销限销范围
  - 信用审批人 —— 超信用时批准权限之内的超信用单据
  - 期初录入 —— 录入期初数据
- ②价格管理 —— 价类设置、存货价格、客户价格、大类价格、批量价格等管理
- ②客户管理 —— 客户全貌、业务员全貌、活动管理等管理
- ③业务处理
  - 普通销售
    - 报价 —— 企业向客户提供货品、规格、价格、结算方式等信息，双方达成协议后，销售报价单转为有效力的销售订单。
    - 订货 —— 由购销双方确认的客户的要货过程，用户根据销售订单组织货源，并对订单的执行进行管理、控制和追踪。
    - 发货 —— 企业执行与客户签订的销售合同或销售订单，将货物发往客户的行为，是销售业务的执行阶段。
    - 开票 —— 在销售过程中企业给客户开具销售发票及其所附清单的过程，是销售收入确认，成本计算、应交销售税金确认和应收账款确认的依据，是销售业务的重要环节。
  - 委托代销 —— 将商品委托他人进行销售但商品所有权仍归本企业，委托代销商品销售后，受托方与企业进行结算，并开具正式的销售发票，形成销售收入，商品所有权转移。
  - 分期收款 —— 一次发货，分次确认收入，在确认收入的同时配比性地转成本。
  - 零售日报 —— 商业企业将商品销售给零售客户。
  - 直运销售 —— 供应商直接将商品发给企业的客户，结算时由购销双方分别与企业结算。
  - 代垫费用 —— 随货物销售所发生的，不通过发票处理而形成的，暂时代垫将来需向客户收取的费用项目。
- ④账簿及分析
  - 统计表
  - 明细表
  - 销售分析
  - 其他分析
- ⑤月末结账 —— 逐月将每月的单据数据封存，并将当月的销售数据记入有关账表中。

图 5-5-1 销售管理模块功能结构

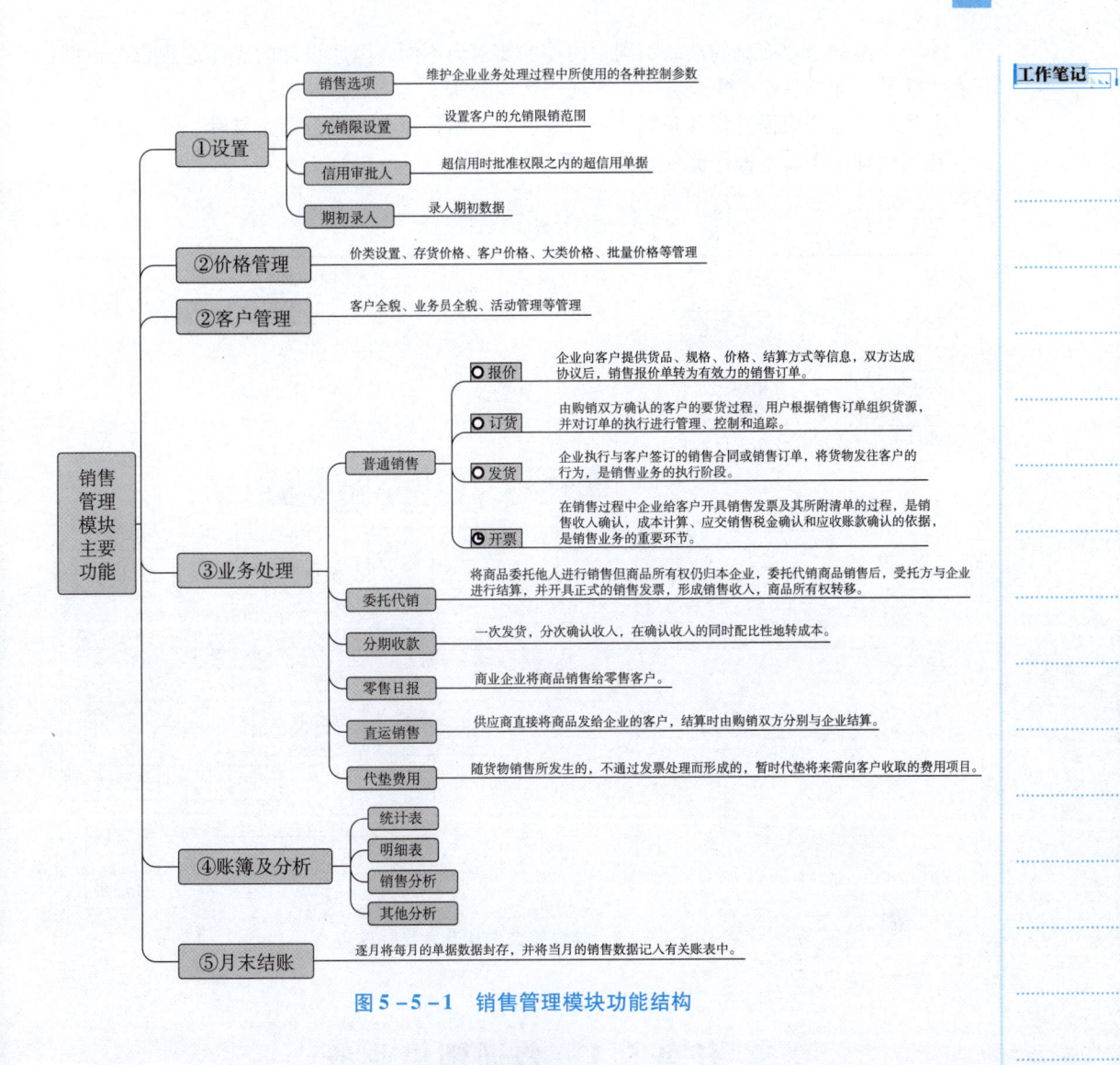

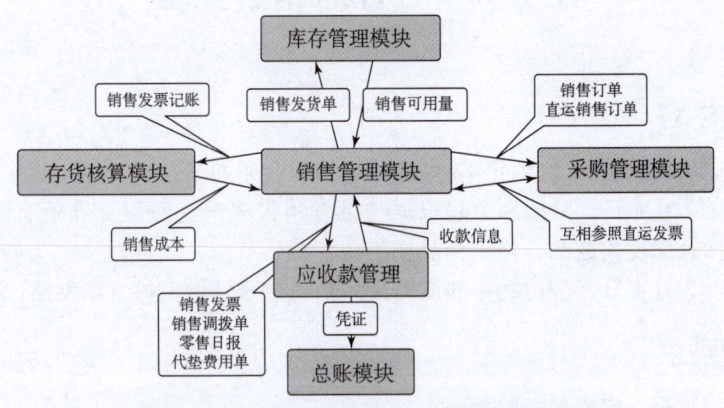

图 5-5-2 销售管理模块与其他模块的关系

不同类型的企业面对的产品不同，内控的要求会不同，因此设计的操作流程也会不同，但在大多数企业的日常销售业务中，普通销售业务所占比重是最高的。

普通销售业务根据发货和开票的先后顺序分为两种业务模式：货先票后、票先货后。销售管理模块基本操作流程如图 5-5-3 所示。

普通销售业务流程

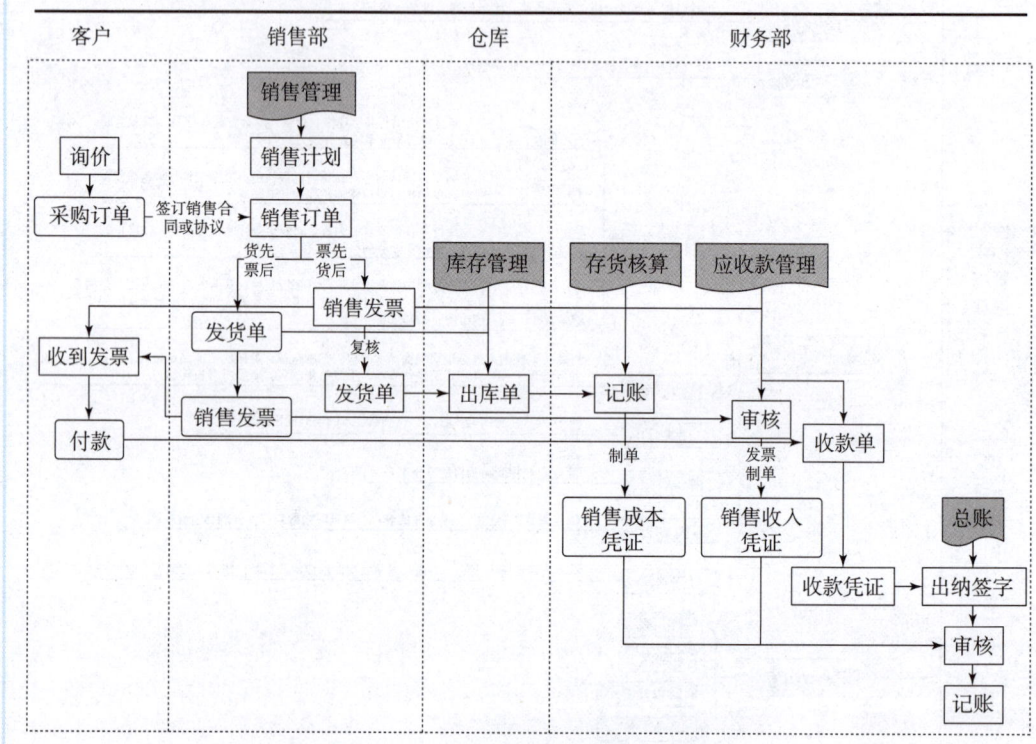

客户	销售部	仓库	财务部

图 5-5-3　销售管理模块基本操作流程

任务5.1　普通销售业务

工作内容

九州华问服装有限公司 2021 年 12 月的普通销售业务如下：

1. 2021 年 12 月 4 日，分销部李超根据与批发销售客户上海华奇外贸有限公司签订的销售协议，通知仓库发出商品，详见商品销售单。

2. 2021 年 12 月 4 日，公司财务部依据商品销售单开具增值税专用发票。

工作要求

在企业应用平台上完成普通销售业务处理。

工作流程

普通销售业务处理的工作流程如图 5-5-4 所示。

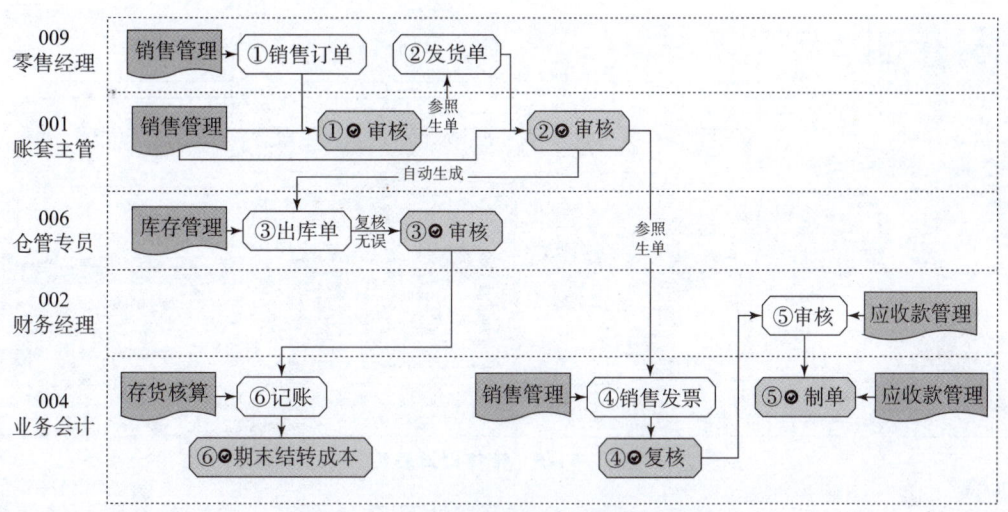

图 5-5-4 普通销售业务处理的工作流程

工作岗位

1. 录入并审核订单：009 录入订单；001 审核。
2. 生单并审核发货单：009 录入发货单；001 审核。
3. 审核出库单：006 复核并审核。
4. 录入并复核销售发票：004 开具销售发票；004 复核发票。
5. 确认收入：002 审核发票；004 生成应收凭证。
6. 确认成本：004 正常单据记账。

工作时间

2021-12-04。

操作规范

步骤一：录入并审核订单

1. 以"009"身份于"2021-12-04"登录企业应用平台。
2. 双击执行"供应链"—"销售管理"命令，进入销售管理模块；双击执行"销售订货"—"销售订单"命令，打开"销售订单"窗口。
3. 单击工具栏"增加"按钮，新增空白销售订单，在"销售订单"表头，销售类型选择"普通采购"，供应商选择"华奇外贸"，部门选择"分销部"，业务员选择"李超"，如图 5-5-5 所示。
4. 根据华问服装商品销售单，在"销售订单"表体中，依序录入销售商品的"存货编码""数量""含税单价（单价）""折扣额"等信息，确认无误后单击"保存"并提交审核，如图5-5-6所示。

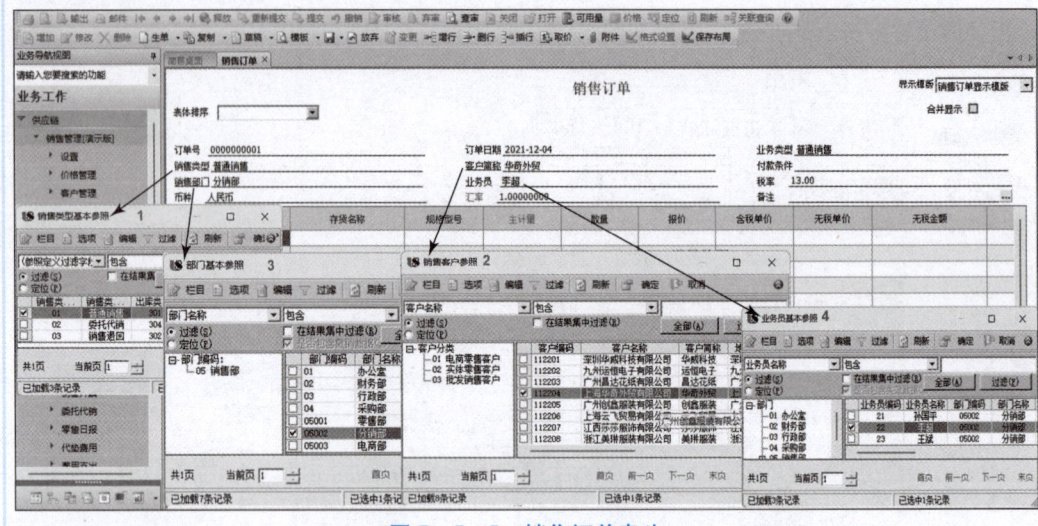

图5-5-5 销售订单表头

图5-5-6 销售订单表体

5. 以"001"身份于"2021-12-04"登录企业应用平台。

6. 双击执行"供应链"—"销售管理"命令，进入销售管理模块；双击执行"销售订货"—"销售订单"命令，打开"销售订单"窗口，单击"　　　　"按钮翻页查找需要审核的销售订单，核对无误后，单击"审核"按钮即可，如图5-5-7所示。

图 5-5-7 审核销售订单

步骤二：生单并审核发货单

1. 以"009"身份于"2021-12-04"登录企业应用平台。

2. 双击执行"业务工作"—"供应链"—"销售管理"命令，进入销售管理模块；双击执行"销售发货"—"发货单"命令，打开空白"发货单"窗口。

3. 在"发货单"窗口，单击工具栏"增加"按钮，弹出"查询条件选择-参照订单"条件框，默认设置，单击"确定"按钮。

4. 打开"参照生单"窗口，双击选择华奇外贸"订单"，"发货单"列出选中的存货信息，单击"确定"，如图 5-5-8 所示。

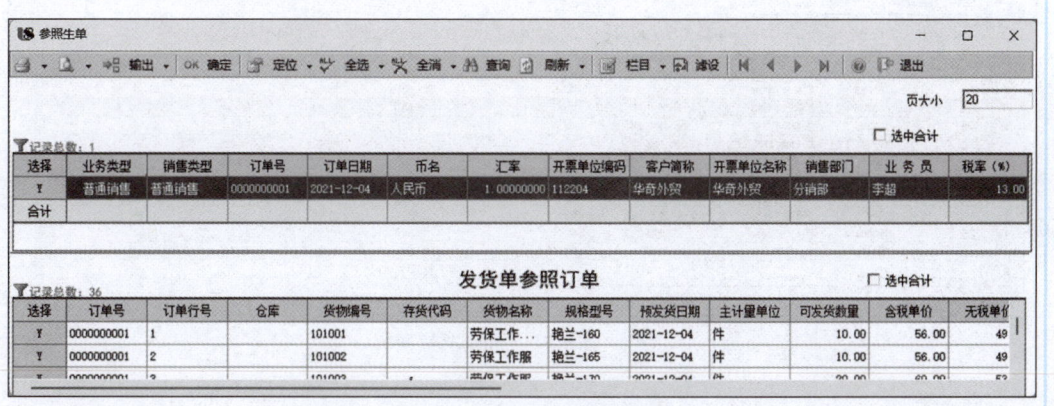

图 5-5-8 选择订单

5. 生成"发货单"，表体所有存货的"仓库名称"选择"总仓"，其他检查无误后单击"保存"按钮，保存并提交审核，如图 5-5-9 所示。

6. 以"001"身份于"2021-12-04"登录企业应用平台。

	仓库名称	存货编码	存货名称	规格型号	主计量	数量	报价	含税单价	无税单价	无税金
1	总仓	101001	劳保工作服套装	艳兰-160	件	10.00	70.00	56.00	49.56	
2	总仓	101002	劳保工作服	艳兰-165	件	10.00	70.00	56.00	49.56	
3	总仓	101003	劳保工作服	艳兰-170	件	20.00	75.00	60.00	53.10	
4	总仓	101004	劳保工作服	艳兰-175	件	20.00	75.00	60.00	53.10	
5	总仓	101005	劳保工作服	艳兰-180	件	20.00	75.00	60.00	53.10	
6	总仓	102001	劳保工作服	灰色-160	件	10.00	70.00	56.00	49.56	
7	总仓	102002	劳保工作服	灰色-165	件	10.00	70.00	56.00	49.56	
8	总仓	102003	劳保工作服	灰色-170	件	20.00	75.00	60.00	53.10	
9	总仓	102004	劳保工作服	灰色-175	件	20.00	75.00	60.00	53.10	
10	总仓	102005	劳保工作服	灰色-180	件	20.00	75.00	60.00	53.10	
11	总仓	103001	户外运动衫	迷彩-均码	件	50.00	15.00	12.00	10.62	
12	总仓	104001	文化衫	均码	件	50.00	15.00	12.00	10.62	
合计						615.00				

图 5-5-9 修改并保存发货单

7. 双击执行"供应链"—"销售管理"命令，进入销售管理模块；双击执行"销售发货"—"发货单"命令，打开"发货单"窗口，单击" "按钮查找需要审核的发货单，核对后单击"审核"按钮即可，如图 5-5-10 所示。

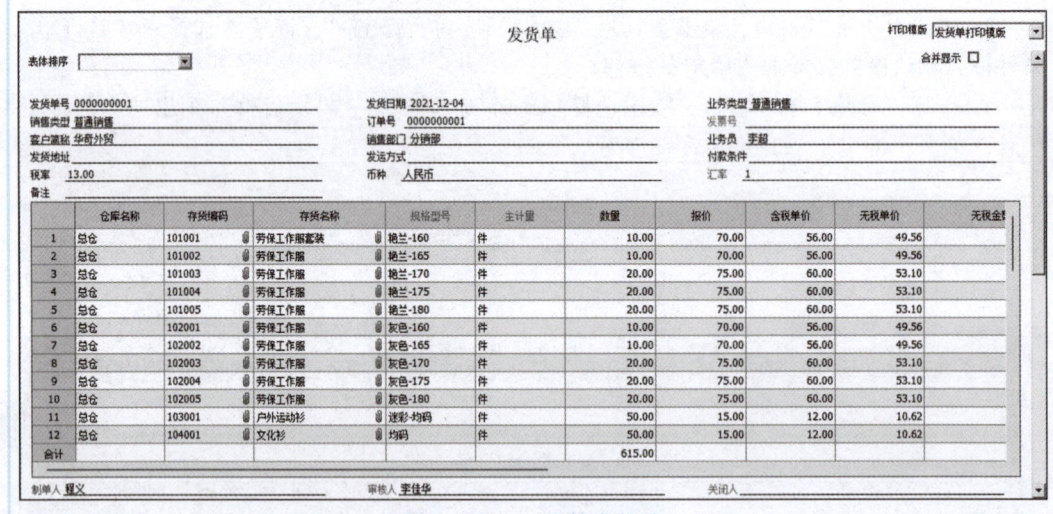

图 5-5-10 审核发货单

步骤三：审核出库单

1. 以"006"身份于"2021-12-04"登录企业应用平台。

2. 进入库存管理模块，双击执行"出库业务"—"销售出库单"命令，打开"销售出库单"窗口，单击" "按钮查找自动生成的"销售出库单"，确认并单击"审核"，弹出审核成功框，单击"确定"，如图 5-5-11 所示。

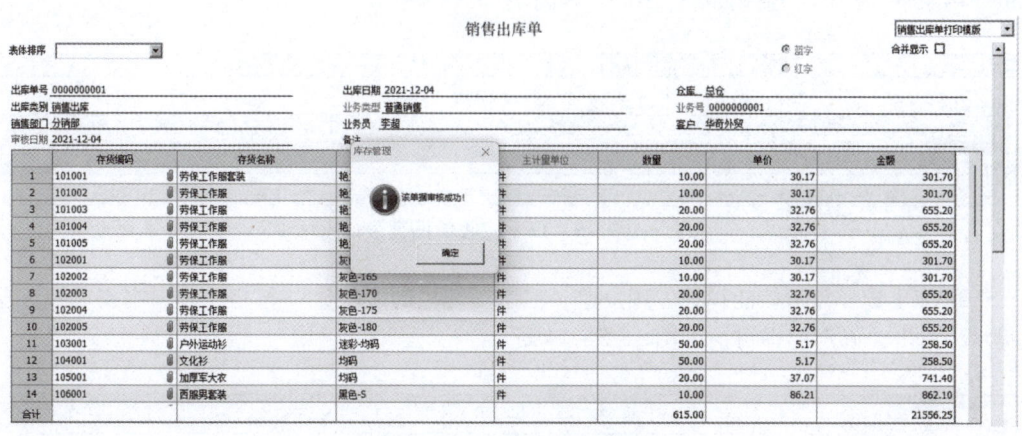

图 5-5-11　审核出库单

步骤四：开具销售专用发票

1. 以"004"身份于"2021-12-04"登录企业应用平台。

2. 双击执行"供应链"—"销售管理"命令，进入销售管理模块；双击执行"销售开票"—"销售专用发票"命令，打开"销售专用发票"窗口。

3. 单击"增加"按钮，弹出"发票参照发货单"框，默认，单击"确定"。

4. 打开"参照生单"窗口，双击选择华奇外贸"发货单"，发票自动列出存货信息，单击工具栏的"确定"按钮，参照生单销售专用发票，单击"保存"按钮，检查后单击"复核"按钮以提交审核，如图 5-5-12 所示。

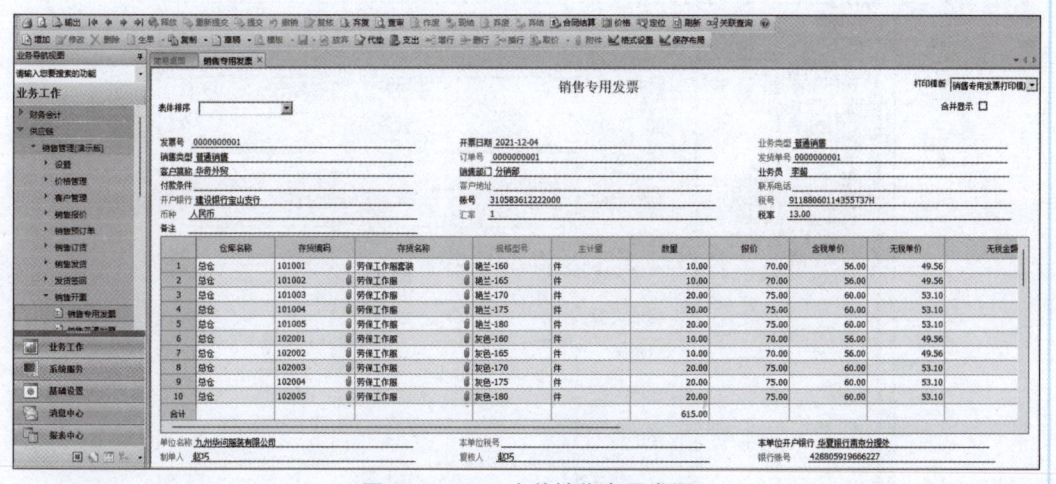

图 5-5-12　生单销售专用发票

步骤五：确认收入

1. 以"002"身份于"2021-12-04"登录企业应用平台。

2. 双击执行"财务会计"—"应收款管理"命令，进入应收款管理模块；双击执行"应收单据处理"—"应收单据审核"命令，打开"应收单查询条件"框，默认设置，单击"确定",打开"单据处理"窗口,如图5-5-13所示。

图5-5-13 应收单据列表

3. 双击选择需审核的销售专用发票,单击工具栏的"审核"按钮,弹出本次审核情况提示,单击"确定"即可,如图5-5-14所示。

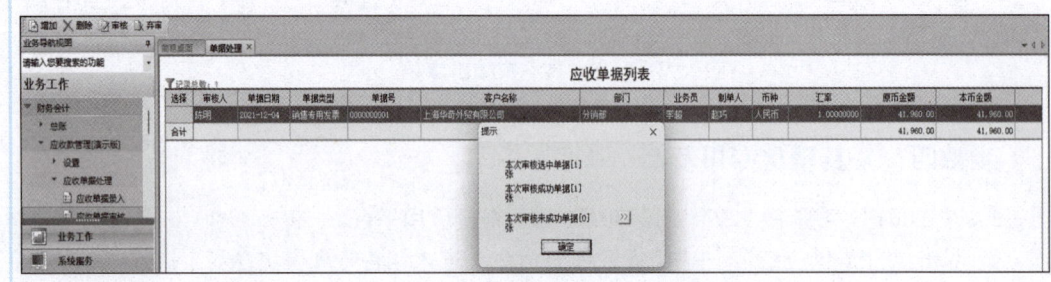

图5-5-14 审核应收单据

4. 以"004"身份于"2021-12-04"登录企业应用平台。
5. 双击执行"财务会计"—"应收款管理"命令,进入应收款管理模块;双击执行"制单处理"命令,打开"制单查询"框,如图5-5-15所示。

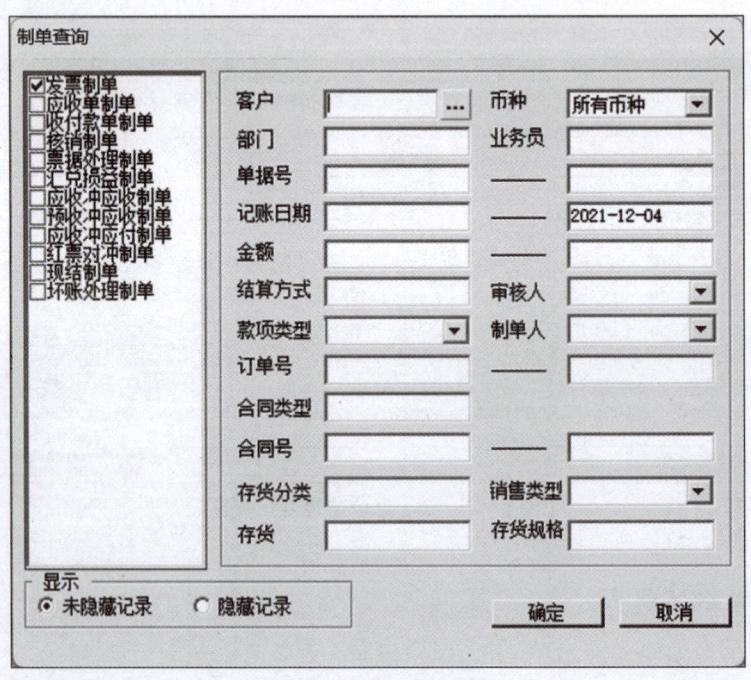

图5-5-15 制单查询

6. 勾选"发票制单",单击"确定",打开"制单"窗口,凭证类别选择"转账凭证",双击或"全选"选中需制单发票,单击工具栏的"合并"按钮,再单击工具栏的"制单"按钮,如图5-5-16所示。

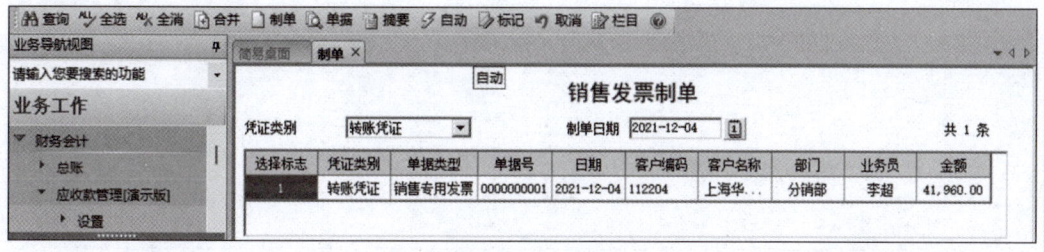

图 5-5-16 制单

7. 生成转账凭证,确认无误后,单击"保存"即可,如图5-5-17所示。

图 5-5-17 生成转账凭证

步骤六:确认成本

1. 双击执行"供应链"—"存货核算"命令,进入存货核算模块;双击执行"业务核算"—"正常单据记账"命令,弹出"查询条件选择"框,默认设置,单击"确定"按钮,打开"未记账单据一览表"窗口,如图5-5-18所示。

图 5-5-18 未记账单据一览表

2. 过滤出需记账的入库单，选择所需入库单，单击工具栏的"记账"按钮，弹出"记账成功。"提示，单击"确定"即可，如图 5-5-19 所示。

图 5-5-19 正常单据记账列表

任务 5.2 零售日结业务

工作内容

九州华问服装有限公司 12 月的零售结算业务如下：

1. 2021 年 12 月 05 日，零售部的分店 1 和分店 2 上报销售收入，销售商品 8 785 元。
2. 2021 年 12 月 05 日，零售部的分店 1 和分店 2 上交销售收入，其中现金 3 115 元，信用卡结算 5 670 元。

工作要求

在企业应用平台上完成零售日结业务处理。

工作流程

零售日结业务处理的工作流程如图 5-5-20 所示。

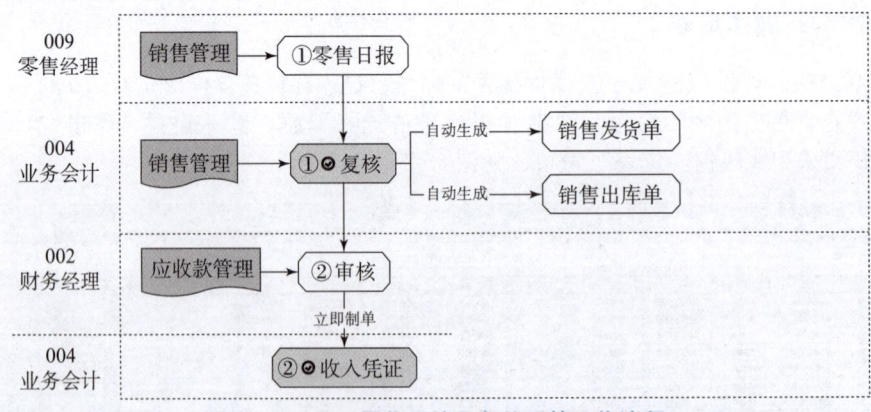

图 5-5-20 零售日结业务处理的工作流程

工作岗位

1. 录入零售日报：009 录入零售日报并现结；001 复核自动生成的发货单和出库单。

2. 审核并制单：002 审核零售日报；004 制单。

工作时间

2021-12-05。

操作规范

步骤一：录入零售日报

1. 以"009"身份于"2021-12-05"登录企业应用平台。

2. 双击执行"供应链"—"销售管理"命令，进入销售管理模块，双击打开"零售日报"窗口。

3. 在"零售日报"窗口，单击工具栏"增加"按钮，新增零售日报，在"零售日报"表头，销售类型选择"普通销售"，客户简称选"零售客户"，销售部门选"零售部"，如图 5-5-21 所示。

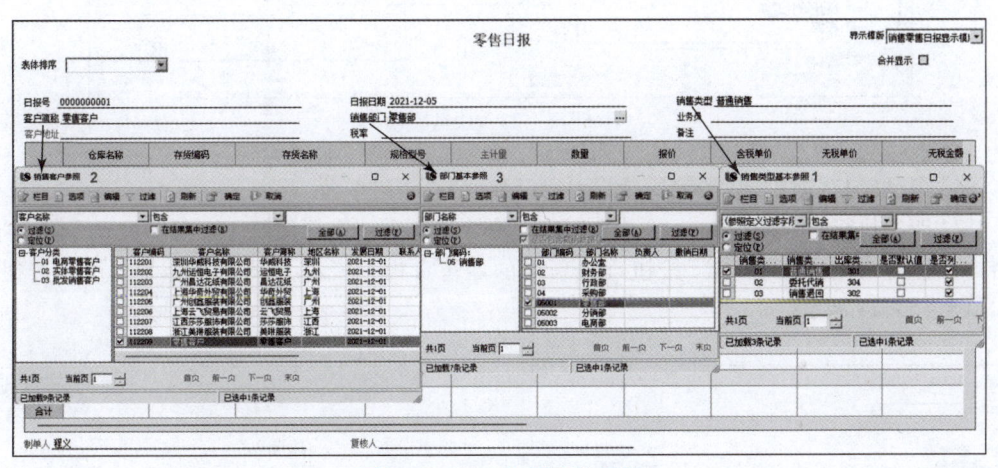

图 5-5-21　打开零售日报

4. 在"零售日报"表体栏目，根据华问服装分店 1 和分店 2 商品销售单依序输入仓库名称、存货编码、数量、含税单价等内容，检查无误后，单击"保存"按钮，如图 5-5-22 所示。

图 5-5-22　录入零售日报

5. 单击"现结",弹出现结页面,输入结算方式、原币金额,单击"确定",零售日报出现"现结"标志,如图5-5-23所示。

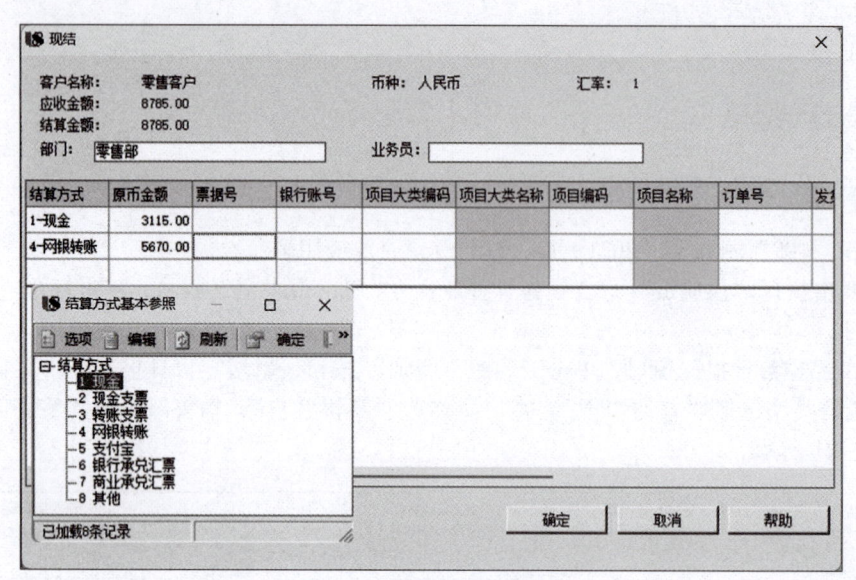

图5-5-23 现结设置

6. 以"004"身份于"2021-12-05"登录企业应用平台。
7. 双击执行"供应链"—"销售管理"命令,进入销售管理模块;双击打开零售日报窗口,单击" "按钮查找新增的零售日报,核对无误,单击"复核"按钮,如图5-5-24所示。

图5-5-24 零售日报复核

步骤二:审核并制单

1. 以"002"身份于"2021-12-05"登录企业应用平台。
2. 双击执行"财务会计"—"应收款管理"命令,进入应收模块;双击执行"应收单据处理"—"应收单据审核"命令,弹出应收单查询条件框,勾选包含已现结发票,其他默认，单击"确定"，打开单据处理窗口，如图 5-5-25 所示。

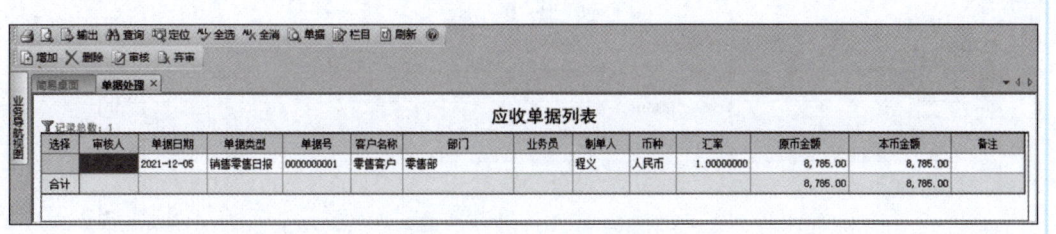

图 5-5-25 单据处理

3. 双击"应收单据列表"的选择列，选中需审核零售日报，单击"审核"按钮，弹出审核情况提示框，单击"确定"即可，如图 5-5-26 所示。

图 5-5-26 审核应收单据

4. 以"004"身份于"2021-12-05"登录企业应用平台。
5. 双击执行"财务会计"—"应收款管理"命令，进入应收款管理模块；双击执行"制单处理"命令，弹出"制单查询"框，分别勾选"应收单制单"和"现结制单"，单击"确定"按钮，如图 5-5-27 所示。

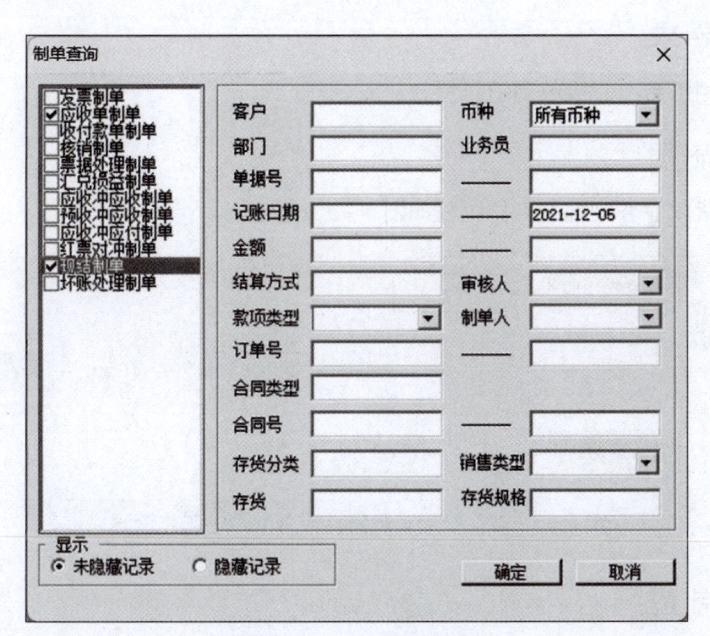

图 5-5-27 制单查询

6. 打开"制单"界面，单击工具栏的"全选"按钮，确认凭证类别为"收款凭证"，单击工具栏的"合并"按钮，再单击工具栏的"制单"按钮，生成收款凭证，检查无误后单击"保存"即可，如图 5-5-28 所示。

图 5-5-28　生成收款凭证

任务 5.3　收到销售货款业务

工作内容

九州华问服装有限公司 12 月收到的销售货款业务如下：

2021 年 12 月 06 日，电商零售客户深圳华威科技有限公司通过网银转账支付 11 月销售货款 35 190 元。

工作要求

在企业应用平台上完成收到销售货款业务处理。

工作流程

收到销售货款业务处理的工作流程如图 5-5-29 所示。

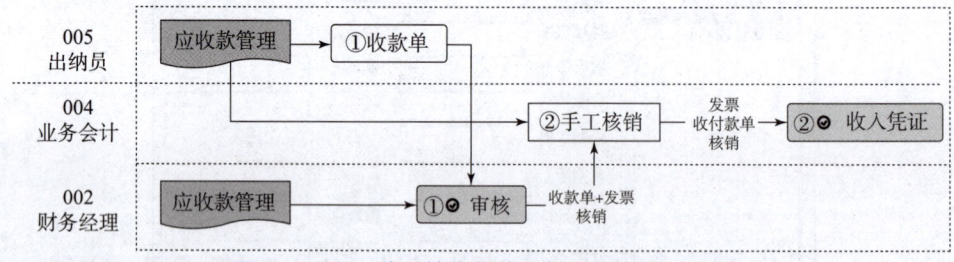

图 5-5-29　收到销售货款业务处理的工作流程

工作岗位

1. 录入并审核收款单：005 录入收款单；002 审核。
2. 核销制单：004 手工核销并制单处理。

工作时间

2021-12-06。

操作规范

步骤一：录入并审核收款单

1. 以"005"身份于"2021-12-31"登录企业应用平台。

2. 双击执行"财务会计"—"应收款管理",进入应收款管理模块;双击执行"收款单据处理"—"收款单据录入"命令,打开"收款单"窗口。

3. 单击"增加",新增空白收款单,收款单表头栏目的客户选择"华威科技",结算方式选择"网银转账",金额输入"35190",部门选择"电商部",如图5-5-30所示。

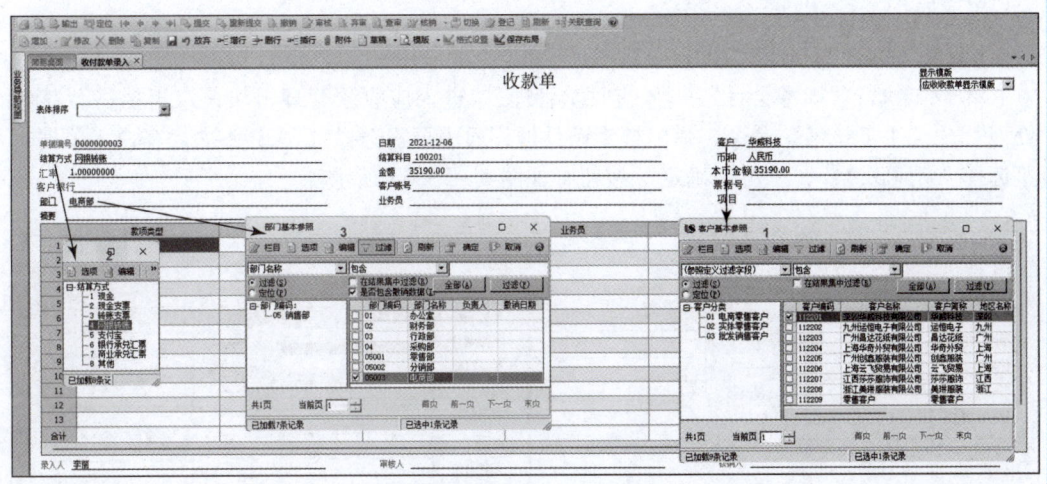

图 5-5-30 收款单表头

4. 收款单表体栏目的款项类型选择"应收款",其他信息自动带入,确认无误后,单击"保存"即可,如图5-5-31所示。

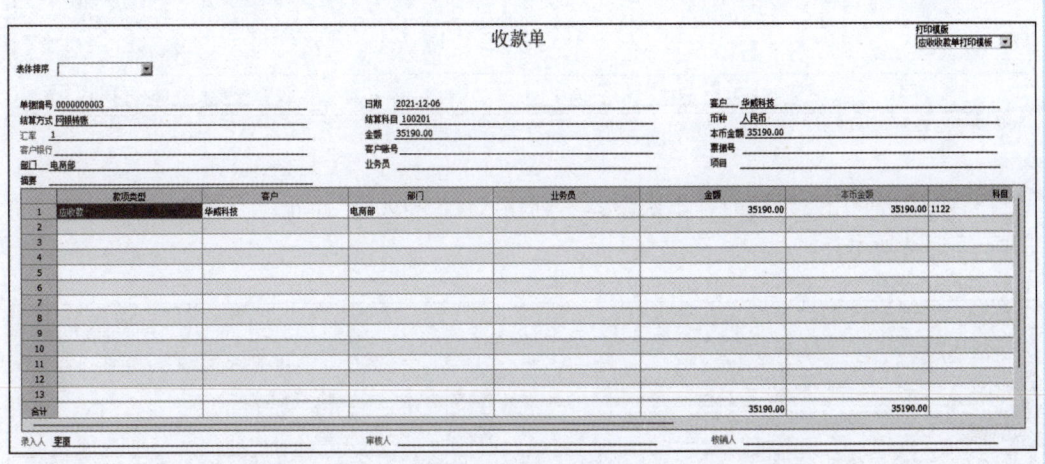

图 5-5-31 收款单

5. 以"002"身份于"2021-12-06"登录企业应用平台。

6. 双击执行"财务会计"—"应收款管理",进入应收款管理模块;双击执行"收款单据处理"—"收款单据审核"命令,弹出"收款单查询条件"框,默认设置,单击"确定",打开"收付款单列表"窗口。

7. 双击选择需审核的收款单，单击"审核"按钮，弹出审核提示框，单击"确定"即可，如图 5-5-32 所示。

图 5-5-32　审核收款单

步骤二：核销制单

1. 以"004"身份于"2021-12-31"登录企业应用平台。

2. 双击执行"财务会计"—"应收款管理"，进入应收款管理模块；双击执行"核销处理"—"手工核销"命令，弹出核销条件框，通用页鉴选择"华威科技"客户，单据页鉴选择"销售发票"，单击"确定"按钮，如图 5-5-33 所示。

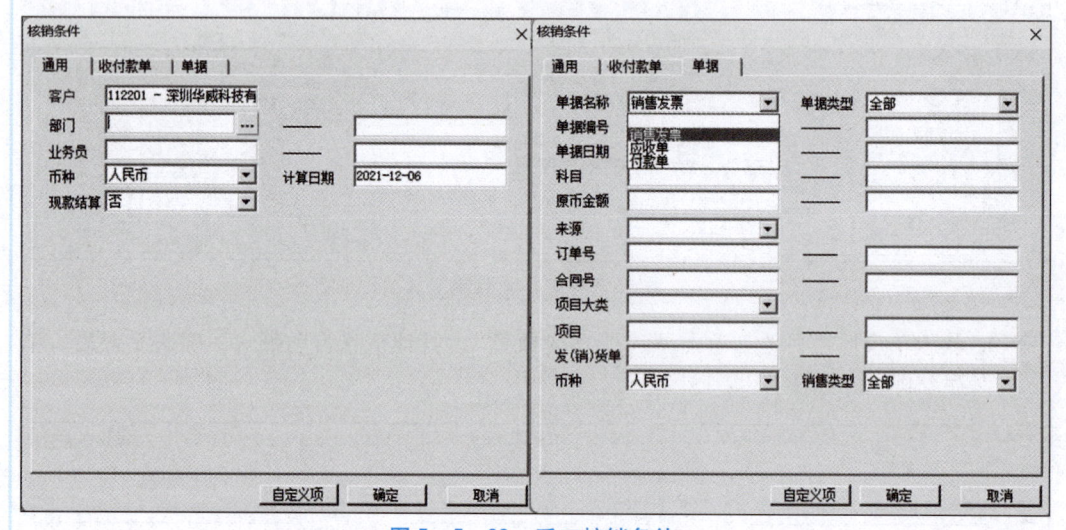

图 5-5-33　手工核销条件

3. 在销售专用发票栏的"本次结算"列输入"35 190"，单击"保存"按钮即可，如图 5-5-34 所示。

图 5-5-34　单据核销

4. 双击执行"制单处理"命令，弹出"制单查询"窗口，勾选收付款单制单、核销制单，单击"确定"按钮，如图 5-5-35 所示。

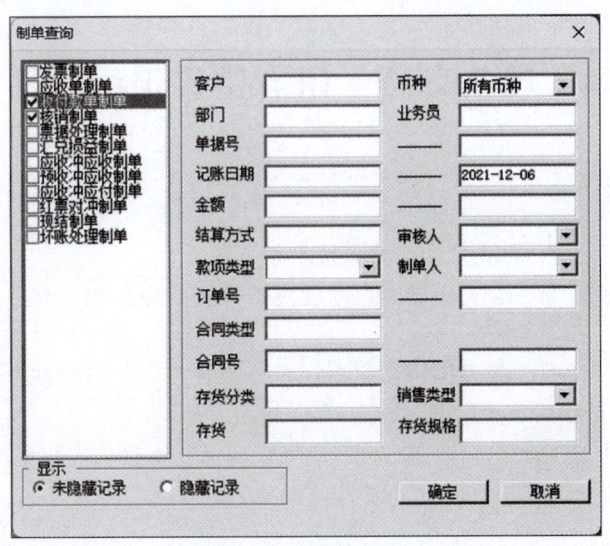

图 5-5-35 制单查询

5. 打开"制单"窗口，选择需制单单据，凭证类别选择"收款凭证"，单击"合并"按钮，再单击"制单"按钮，如图 5-5-36 所示。

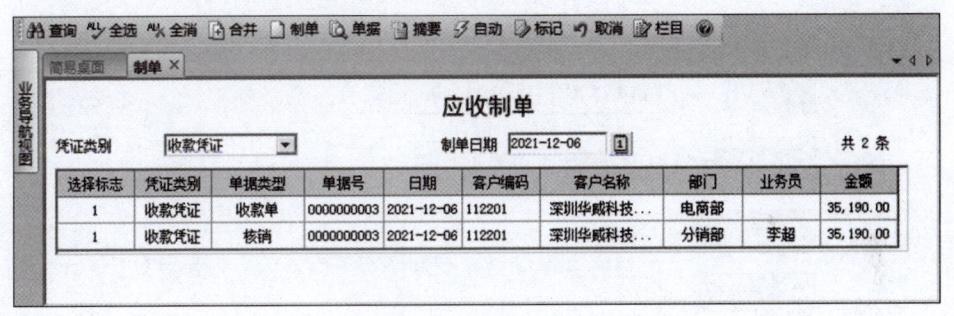

图 5-5-36 制单

6. 生成收款凭证，确认无误后，单击"保存"即可，如图 5-5-37 所示。

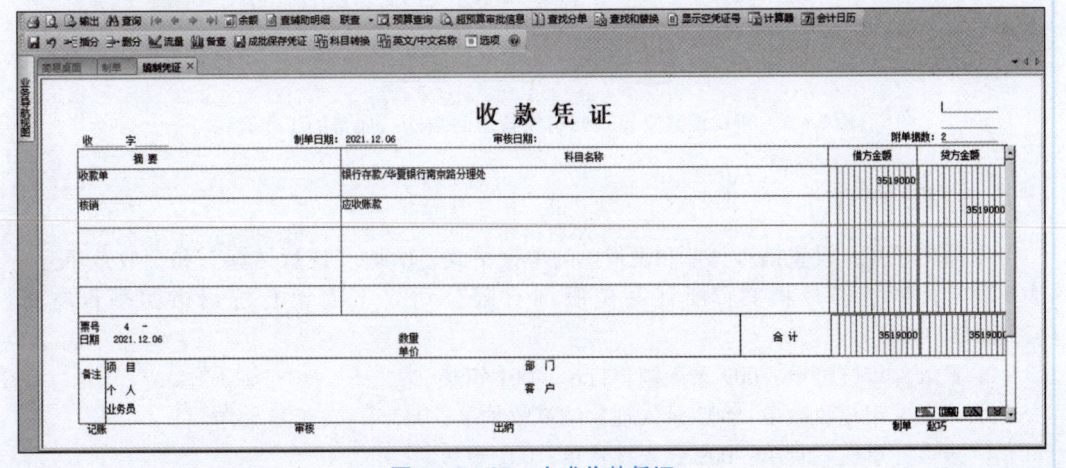

图 5-5-37 生成收款凭证

任务5.4 现款交易（附有销售退回条件）业务

工作内容

九州华问服装有限公司12月的现款交易业务如下：

1. 2021年12月31日，公司新增客户浙江高美服装有限公司，与其签订了附有销售退回条件的购销合同。

2. 2021年12月31日，批发销售客户浙江高美服装有限公司根据合同约定，扣减合同总金额20%的现金折扣后，通过网银转账102 640元。

3. 2021年12月31日，公司根据合同约定发出商品。根据合同约定，退货率无法估计，故暂缓开具发票。

工作要求

在企业应用平台上完成附有销售退回条件的现款交易业务处理。

工作流程

现款交易（附有销售退回条件）业务的工作流程如图5-5-38所示。

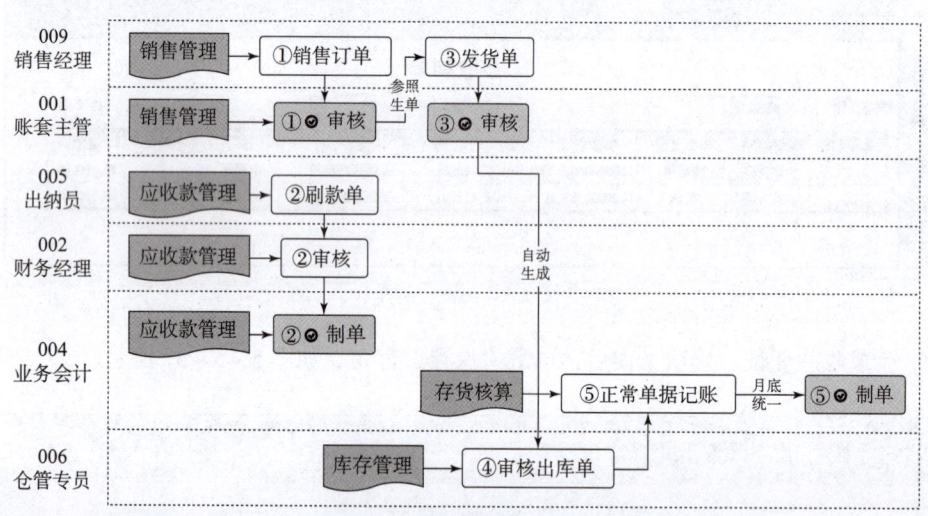

图5-5-38 现款交易（附有销售退回条件）业务的工作流程

工作岗位

1. 基础设置：设置销售订单和发货单的单据格式，增加"现款结算"和"收款单号"表头项目；新增客户档案：浙江高美服饰有限公司（工商银行杭州市四季青支行622202150300134）。

2. 录入并审核订单：009录入销售订单；001审核。

3. 录入并审核收款单：005录入现款结算收款单；002审核；004制单。

4. 录入并审核发货单：009录入发货单；001审核。

5. 审核出库单：006审核出库单。

6. 记账并制单：004 记账；月底统一结转成本制单。

工作时间

2021-12-31。

操作规范

步骤一：基础设置

1. 以"001"身份于"2021-12-01"登录企业应用平台。

2. 双击执行"基础设置"—"单据设置"—"单据格式设置"命令，打开"单据格式设置"窗口，在单据类型选择销售管理的销售订单的显示模板，单击工具栏的"表头项目"，弹出"表头"框，勾选"现款结算"和"收款单号"，单击"确定"按钮，如图 5-5-39 所示。

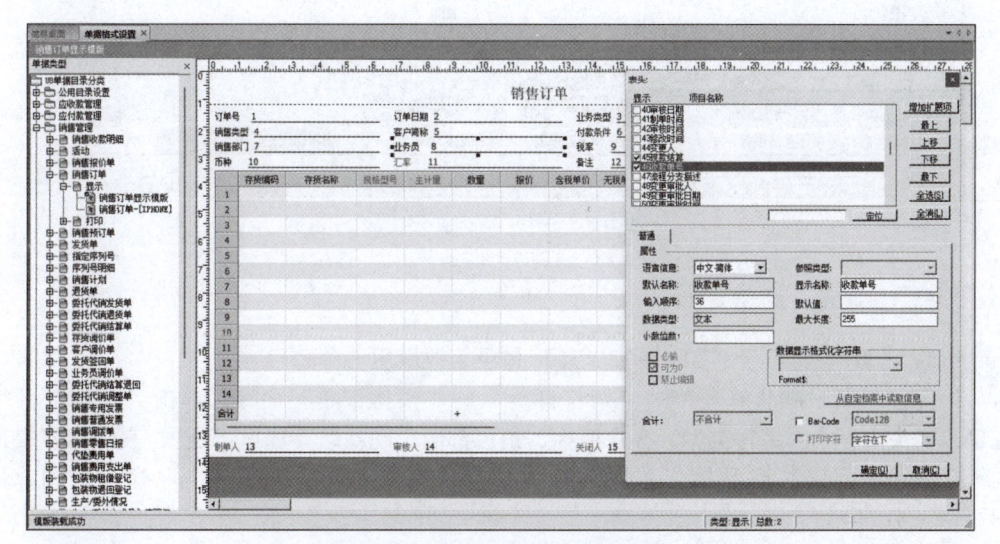

图 5-5-39　销售订单格式设置

3. 调整新增表头项目的位置，单击"保存"即可，用同样的方法设置发货单的表头项目，此处不再赘述，如图 5-5-40 所示。

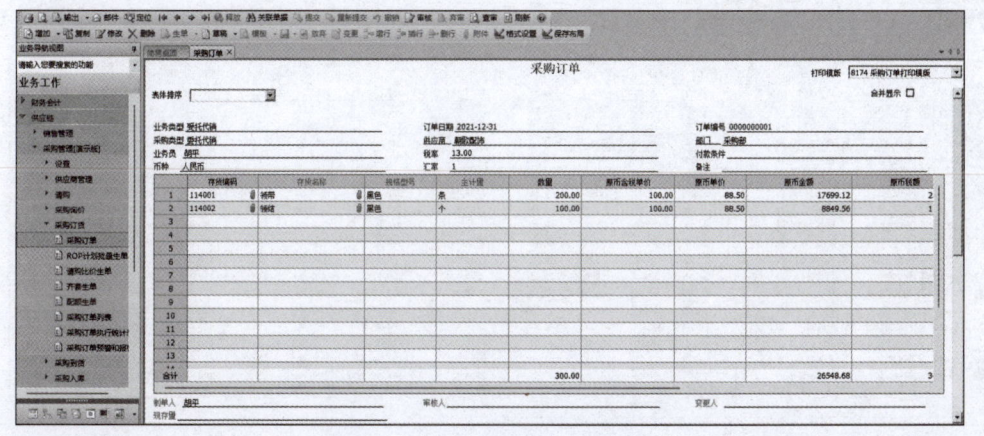

图 5-5-40　发货单格式设置

4. 双击执行"基础设置"—"基础档案"—"客商信息"—"客户档案"命令，打开"客户档案"窗口，选择"批发销售客户"，单击工具栏"增加"按钮，打开"增加客户档案"窗口，根据案例相关内容输入客户档案，确认无误后，单击"保存"按钮即可，如图5-5-41所示。

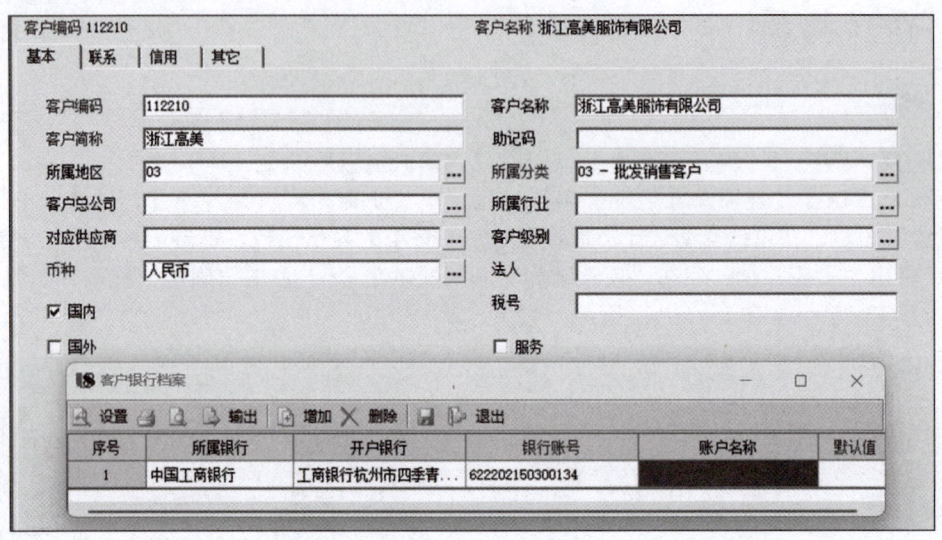

图5-5-41 增加客户档案

步骤二：录入订单

1. 以"009"身份于"2021-12-31"登录企业应用平台。

2. 双击执行"销售管理"—"销售订货"—"销售订单"命令，单击"增加"新增订单，表头内容选择销售类型、客户简称、销售部门，现款结算选择"是"，表体内容根据购销合同和华问服装商品销售单输入存货信息，确认无误后，单击"保存"按钮，如图5-5-42所示。

图5-5-42 新增销售订单

3. 以"002"身份于"2021-12-31"登录企业应用平台。

4. 双击执行"销售管理"—"销售订货"—"销售订单"命令，打开"销售订单"窗口，单击"⇤ ⇠ ⇢ ⇥"按钮查找需审核订单，核对后单击"审核"即可。

步骤三：录入并审核收款单

1. 以"005"身份于"2021-12-31"登录企业应用平台。

2. 双击执行"应收款管理"—"收款单据处理"—"收款单据录入"命令，单击"增加"新增—收款单。表头的客户选择"浙江高美"，结算方式选择"网银转账"，金额输入"102 640"（银行电子回单），部门选择"分销部"。表体的款项类型选择"现款结算"，确认无误后，单击"保存"按钮即可，如图5-5-43所示。

图 5-5-43 新增收款单

3. 以"001"身份于"2021-12-31"登录企业应用平台。

4. 双击执行"应收款管理"—"收款单据处理"—"收款单据审核"命令，弹出"收款单查询条件"框，默认设置，单击"确定"，打开收付款单列表，选择需审核收款单，确认无误，单击"审核"即可。

5. 以"004"身份于"2021-12-31"登录企业应用平台。

6. 双击执行"应收款管理"—"制单处理"命令，在"制单查询"框中选择"收付款单制单"，单击"确定"，打开"制单"窗口，双击需制单收款单的选择标志，再输入"1"，凭证类别选择"收款凭证"，单击"制单"，生成收款凭证，确认无误后，单击"保存"即可，如图5-5-44所示。

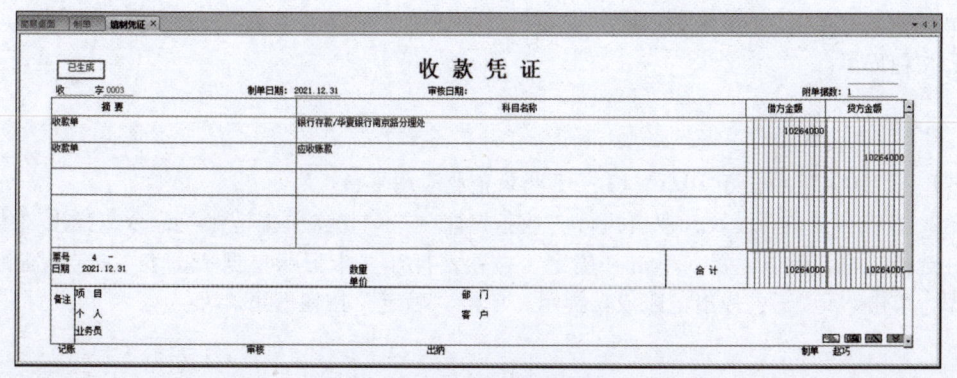

图 5-5-44 生成收款凭证

步骤四：录入并审核发货单

1. 以"009"身份于"2021-12-31"登录企业应用平台。

2. 双击执行"销售管理"—"销售发货"—"发货单"命令，单击"增加"新增一发货单，在弹出的"参照订单"框，选择"浙江高美"，单击"确定"按钮，打开"参照生单"窗口，单击"全选"按钮，再单击"确定"按钮即将浙江高美的订单参照生成发货单，选择收款单号，输入发货仓库，单击"保存"按钮即可，如图5-5-45所示。

图 5-5-45 生成发货单

3. 以"001"身份于"2021-12-31"登录企业应用平台。

4. 双击执行"销售管理"—"销售发货"—"发货单"命令，打开"发货单"窗口，单击"┃◄ ◄ ► ►┃"按钮查找需要审核的订单，核对后单击"审核"按钮即可。

步骤五：审核出库单

1. 以"006"身份于"2021-12-31"登录企业应用平台。

2. 进入库存管理模块，双击执行"出库业务"—"销售出库单"命令，打开"销售出库单"窗口，单击"┃◄ ◄ ► ►┃"查找自动生成的"销售出库单"，再次核对后单击"审核"按钮即可。

步骤六：记账

1. 以"004"身份于2021-12-31登录企业应用平台。

2. 进入存货核算模块，双击执行"业务核算"—"正常单据记账"命令，弹出"查询条件选择"框，默认设置，单击"确定"按钮，打开"未记账单据一览表"，选择需记账单据，单击"记账"，弹出记账成功提示，单击"确定"按钮即可。

任务 5.5　其他销售业务

工作内容

1. 预收货款业务；
2. 委托代销业务；
3. 分期收款业务；
4. 销售退货业务；
5. 直运业务。

工作要求

在企业应用平台上完成其他销售业务处理。

工作流程

1. 预收货款业务

购销双方约定，由购买方先支付部分采购款，销售方发货，购买方收到货物后支付剩余货款。

涉及收款单的录入与审核，订单和发货单的录入与审核，出库单的录入、审核、记账与成本结转，销售发票的录入、复核、审核与制单等操作，如图 5-5-46 所示。

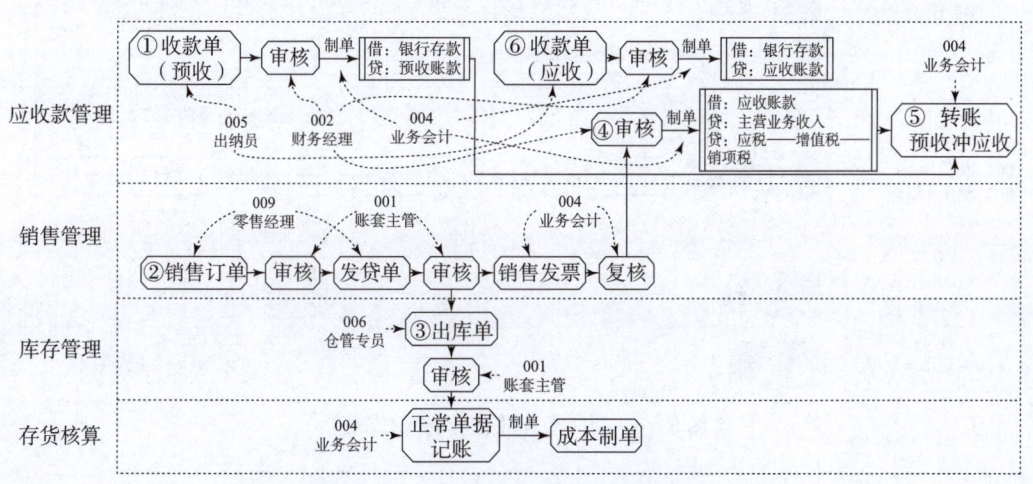

图 5-5-46　预收货款业务操作流程

2. 委托代销业务

将商品委托他人进行销售但商品所有权归属于委托方，商品的主要风险和收益归属于委托方。当受托方售完商品后，商品的主要风险和收益才转移到受托方，故委托方只有在收到受托方的代销清单后，才开具销售发票，确认销售收入。

涉及委托代销订单的录入与审核，委托代销发货单的录入与审核，委托代销出库单的录入、审核、记账并制单，委托代销结算单的录入与审核，委托代销发票的复核与审核并制单，委托收款单的审核与制单等操作，如图5-5-47所示。

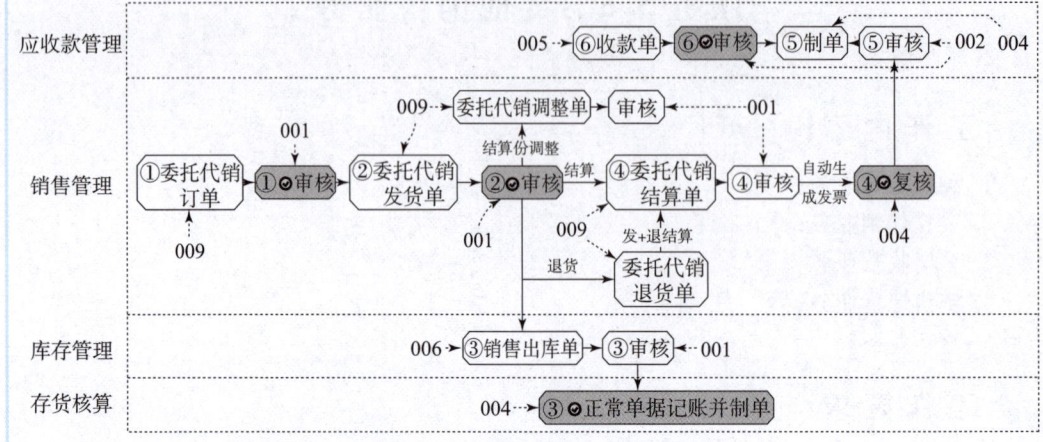

图5-5-47 委托代销业务操作流程

3. 分期收款业务

根据合同约定，一次发货分期收款的类似委托代销的销售方式。发货时不确定收入，收到货款时确定配比性的收入及成本，如图5-5-48所示。

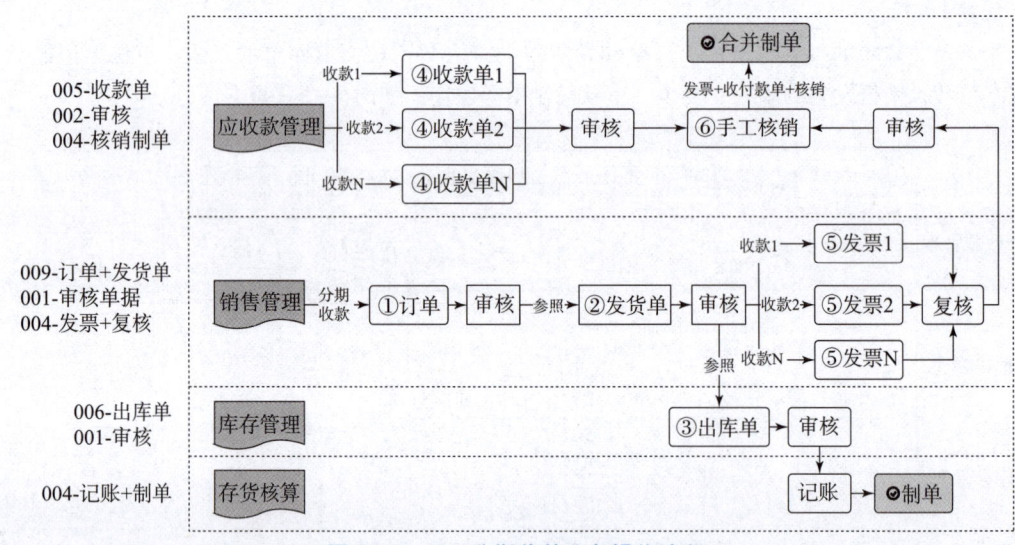

图5-5-48 分期收款业务操作流程

4. 销售退货业务

货物销售后，客户由于某些合同约定原因，将货物全部或部分退回的业务。根据不同情况，平台提供不同的处理方式。

（1）开票前退货。

发生退货时未开具发票，根据实退数量填制退货单和红字出库单，再根据客户实收数量开具发票。

（2）开票后退货。

若客户收到发票后未做账务处理，可将发票随货物一起退回。企业收到后，填制退货单和红字出库单，开具红字发票冲销或作废原发票，再开具实收数量的发票。

若客户收到发票后已做账务处理，需要客户进入金税系统开具红字发票通知单，并将红字发票通知单和货物一起退回。企业收到后，根据红字发票通知单开具红字发票，根据退回的货物填制退货单和红字出库单。

5. 直运业务

直运业务是指商品直接由供应商发给企业的客户。结算时，购销双方分别与企业结算。主要特点是商品不入库，结算需直运采购发票和直运销售发票，如图 5-5-49 所示。

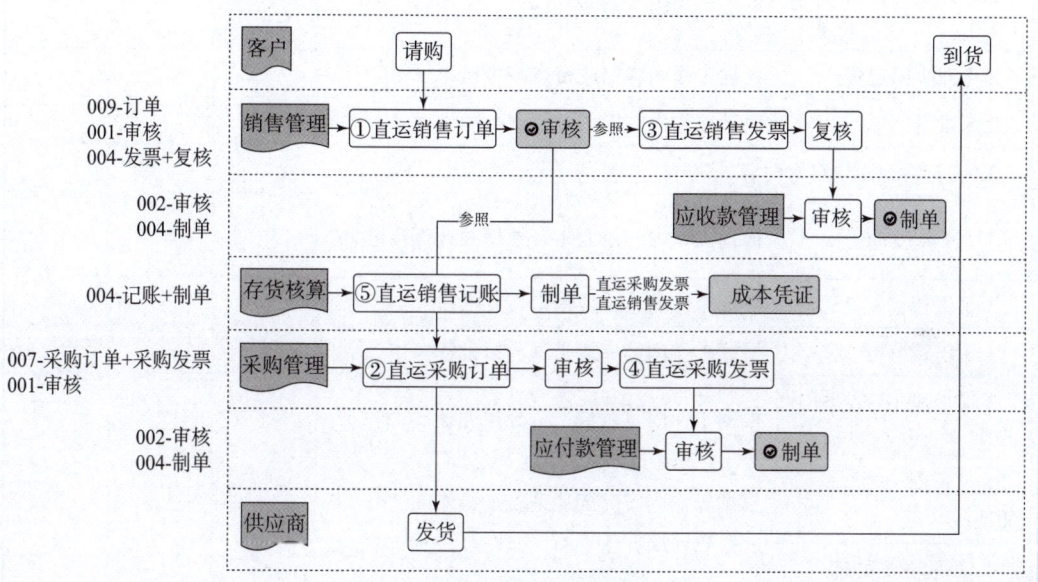

图 5-5-49 直运业务操作流程

项目评价

项目名称			评价时间		
学生姓名			项目类型	理论/理实一体/实操/其他_____	
实现方式	实操/讨论/合作/其他_____		项目成果	作品/报告/方案/其他_____	
项目任务	项目目标		项目评价		
		优点	缺点	建议	
1. 总账模块日常财务处理					
1.1 填制凭证	根据工作内容完成填制凭证等操作				
1.2 出纳签字	根据工作内容完成出纳签字操作				
1.3 审核凭证	根据工作内容完成审核凭证操作				
1.4 记账与反记账	根据工作内容完成记账与反记账操作				
1.5 删除凭证	根据工作内容完成删除凭证操作				
1.6 查询账表	根据工作内容完成查询账表操作				

续表

项目任务	项目目标	项目评价 优点	缺点	建议
2. 固定资产模块日常财务处理				
2.1 新增固定资产	根据工作内容完成资产增加的操作			
2.2 固定资产变动	根据工作内容完成资产变动的操作			
2.3 计提固定资产折旧	根据工作内容完成计提折旧操作			
2.4 减少固定资产	根据工作内容完成资产减少操作			
2.5 批量制单	根据工作内容完成批量制单操作			
3. 薪资管理模块日常财务处理				
3.1 工资变动	根据工作内容录入工资数据并计算及汇总			
3.2 银行代发	根据工作内容完成银行代发操作			
3.3 工资分摊	根据工作内容完成工资分摊设置操作			
3.4 生成工资分摊凭证	根据工作内容生成工资分摊凭证			
3.5 查询工资分摊凭证	根据工作内容完成凭证查询操作			
4. 采购业务处理				
4.1 普通采购业务	根据工作内容完成普通采购业务处理			
4.2 支付采购货款业务	根据工作内容完成支付采购货款业务处理			
4.3 收到代销商品业务	根据工作内容完成收到代销商品业务处理			
4.4 现付购买商铺业务	根据工作内容完成现付购买商铺业务处理			
4.5 其他采购业务	根据工作内容掌握其他采购业务处理流程			
5. 销售业务处理				
5.1 普通销售业务	根据工作内容完成普通销售业务处理			
5.2 零售日结业务	根据工作内容完成零售日结业务处理			
5.3 收到销售货款业务	根据工作内容完成收到销售货款业务处理			
5.4 现款交易业务	根据工作内容完成现款交易业务处理			
5.5 其他销售业务	根据工作内容掌握其他销售业务处理流程			

续表

项目任务	项目目标	项目评价		
		优点	缺点	建议
个人评价：				
总结与展望：				

工作领域小结

本工作领域深耕于企业业财平台的日常业务处理，其基石在于已稳固构建的初始建账体系、基础档案的精细维护、各模块的全面初始化及期初余额的精准录入。

本工作领域聚焦于企业日常运营的精细化与信息化管理，涵盖财务链与业务（供应）链的全方位处理。

在财务链方面，致力于总账的精确核算、固定资产的动态监控以及薪资管理的合规高效，确保财务数据的准确性、完整性和及时性。通过行政与财务部门的紧密合作，实现了财务各模块间的高效协同，为企业的财务决策提供坚实的数据支持。

在业务（供应）链方面，深入参与采购、销售与库存管理等核心环节，确保购销存业务流程的顺畅与高效。通过采购业务的精细化管理，有效控制了采购成本，提高了采购效率；而销售业务的全面覆盖，则实现了销售收入的快速增长与销售成本的合理控制。同时，库存管理的精准执行，确保了库存水平的合理优化，降低了库存成本，提升了企业整体运营效率。

注重财务链与业务链之间的数据流转与核销关系，通过应收应付款管理与总账的无缝对接，实现了业务与财务数据的即时同步与精准核算。这一举措不仅提高了数据的准确性和可靠性，还推动了企业业财一体化的深度发展，为企业战略决策提供了更加全面、准确的信息支持。

综上所述，本工作领域以精细化管理为核心，以信息化手段为支撑，通过高效协同与数据驱动，为企业日常运营的顺畅与高效提供了有力保障。

工作领域六

处理期末业务

本工作领域专注于企业期末账务处理的精细化操作，涵盖库存管理与存货核算的期末成本精准核算，以及业务链与财务链两大核心系统模块的全面结账流程。

作为企业信息化管理体系中的关键环节之一，期末业务处理不仅标志着当前会计周期的圆满结束，更确保了财务数据的无缝衔接至下一会计周期，保障了企业财务信息的连续性与准确性。

具体而言，本领域的工作为以下几个关键步骤：

1. 业务链模块期末业务精细化处理

期末业务深度整合：此环节聚焦于调拨业务的细致调整、单据的精准记账、期末特殊事务的处理及自动生成标准化凭证，确保业务数据的完整性与准确性。

模块结账严谨执行：针对采购管理、销售管理、库存管理及存货核算等关键模块，实施严格的结账流程，包括数据复核、差异调整及系统锁定，以维护数据的一致性与安全性。

2. 财务链模块期末业务高效管理

财务链模块结账全面覆盖：涵盖固定资产管理、薪资管理及应收应付款管理等财务核心模块的结账作业，通过自动化工具与人工审核相结合的方式，提升结账效率与准确性。

期末财务数据深度处理：涉及期末结转规则的精确定义、结转凭证的自动化生成与严格审核记账流程，以及总账模块的最终结账操作，确保所有财务数据准确无误地过渡到新的会计周期，为企业决策提供坚实的数据支持。

通过上述工作的深入实施，本领域不仅提升了企业期末账务处理的专业性与效率，还强化了企业内部控制的严密性，为企业财务健康发展与业务持续发展奠定了坚实基础。

会计职业道德规范

坚持学习

始终秉持专业精神，勤于学习、锐意进取，持续提升会计专业能力。

会计职业道德故事

悬梁刺股

【出处】

《汉书》："孙敬，字文宝，好学，晨夕不休。及至眠睡疲寝，以绳系头，悬屋梁。"

《战国策·秦策一》："（苏秦）读书欲睡，引锥自刺其股，血流至足。"

【概述】

悬梁

东汉时，有一个叫孙敬的年轻人，勤奋好学，闭门学习，从早到晚也不休息，常常是半夜三更还在读书。时间一长，疲倦得直打瞌睡，他便找了一根绳子，一头牢牢地绑在房梁上，一头系在头发上。当他读书疲劳时打盹了，头一低，绳子就会牵住头发，这样就会把头皮扯痛，马上就清醒了，再继续读书学习。

刺股

战国时期，有一个人名叫苏秦，他是出名的政治家。苏秦年轻时，由于学问不深，曾到好多地方做事，都不受重视。回家后，家人对他也很冷淡，瞧不起他。这对他的刺激很大。所以，他下定决心，发奋读书。他常常读书到深夜，很疲倦，常打盹，直想睡觉。他想出了一种方法，准备一把锥子，一打瞌睡，就用锥子往自己的大腿上刺一下。这样，猛然间感到疼痛，使自己清醒起来，再坚持读书。

【思考】

这两位古人的故事，不仅是对他们个人坚韧不拔精神的赞美，更是对后世学子的一种激励和鞭策。它告诉我们，无论面临多大的困难和挑战，只要我们有坚定的信念和不懈的努力，就一定能够克服一切障碍，实现自己的目标。

在现代社会，虽然学习的环境和条件已经发生了很大的变化，但悬梁刺股的精神依然值得我们学习和传承。无论是学习新知识、提升技能，还是追求个人梦想，我们都需要保持这种坚持不懈、持之以恒的态度，才能不断取得进步。

财人微语

"学如逆水行舟，不进则退。"　　——《增广贤文·上集》

工作任务1　处理业务模块期末业务

职业知识目标

通过学习，学员能掌握期末业务处理的基本知识；

通过学习，学员能掌握调拨业务处理的关键点和处理技巧；

通过学习，学员能掌握结账处理的处理技巧。

职业技能目标

通过训练，学员能根据企业业务数据在业财平台中完成调拨业务处理；

通过训练，学员能根据企业业务数据在业财平台中完成期末处理；

通过训练，学员能根据企业业务数据在业财平台中完成已售商品结转成本的账务处理；

通过训练，学员具备独立完成企业期末业务数据处理的能力，达到胜任基于业财一体化平台财务经理、财务会计、业务会计和出纳员等岗位职责的目标。

职业素养目标

通过学习和训练,学员具备在信息化环境下处理财务数据的能力;
通过学习和训练,学员具备坚持准则、不做假账的会计职业道德;
通过学习和训练,学员具备执着专注、一丝不苟的工匠精神。

工作情景

九州华问服装有限公司 2021 年 12 月的业务全部处理完成,公司在业财一体化平台中通过调拨业务处理实现账实相符,计划通过期末处理以实现对出入库商品的成本结转。并对供应链的采购管理、销售管理、库存管理和存货核算等模块进行结账处理。

任务 1.1 调拨业务

工作内容

2021 年 12 月,九州华问服装有限公司仓管专员根据出入库情况填制调拨单。

工作要求

在企业应用平台的库存管理模块中完成调拨业务处理。

工作流程

调拨业务的工作流程如图 6-1-1 所示。

```
006           库存管理 → ①调拨单
仓管专员                    ↓
004           库存管理 → ①❷审核 —审核→ ②其他入库单 —审核→ ②❷其他出库单 → ③❷特殊单据记账
业务会计
```

图 6-1-1 调拨业务的工作流程

工作岗位

1. 录入并审核调拨单:006 录入调拨单;004 审核调拨单。
2. 审核出入库单:004 审核入库单;004 审核出库单。
3. 特殊单据记账:004 记账。

工作时间

2021-12-31。

操作规范

步骤一:录入并审核调拨单

1. 以"006"身份于"2021-12-31"登录企业应用平台。

2. 双击执行"供应链"—"库存管理"命令，进入库存管理模块；双击执行"调拨业务"—"调拨单"命令，打开"调拨单"窗口。

3. 在"调拨单"窗口，单击工具栏"增加"按钮，新增调拨单。

在"调拨单"表头栏目，日期根据调拨单日期选择，转出仓库选择"总仓"，转入仓库选择"分仓1店"，出库类别选择"调拨出库"，入库类别选择"调拨入库"。

在"调拨单"表体栏目，根据调拨单数据依序录入需调拨存货编码和数量，其他数据默认汇总，检查无误后单击工具栏"保存"按钮，如图6-1-2所示。

图6-1-2 新增调拨单

4. 其他调拨单的新增操作方法相同，此处不再赘述。

5. 以"004"身份于"2021-12-31"登录企业应用平台。

6. 双击执行"供应链"—"库存管理"命令，进入库存管理模块；双击执行"调拨业务"—"调拨单"命令，打开"调拨单"窗口，单击" ⇐ ⇐ ⇒ ⇒ "按钮查找需要审核的调拨单，核对后单击"审核"即可，如图6-1-3所示。

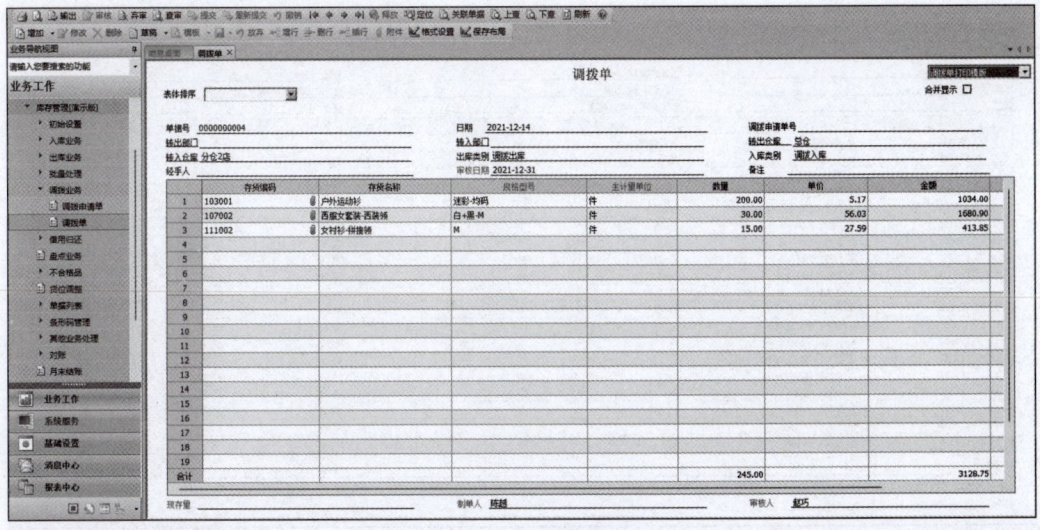

图6-1-3 审核调拨单

工作笔记

7. 其他调拨单的审核操作方法相同，此处不再赘述。

步骤二：审核出入库单

1. 以“004”身份于“2021－12－31”登录企业应用平台。

2. 双击执行“供应链”—“库存管理”命令，进入库存管理模块；双击执行“入库业务”—“其他入库单”命令，打开“其他入库单”窗口，单击“|◀ ◀ ▶ ▶|”按钮查找需要审核的其他入库单，核对后单击“审核”按钮，如图 6－1－4 所示。

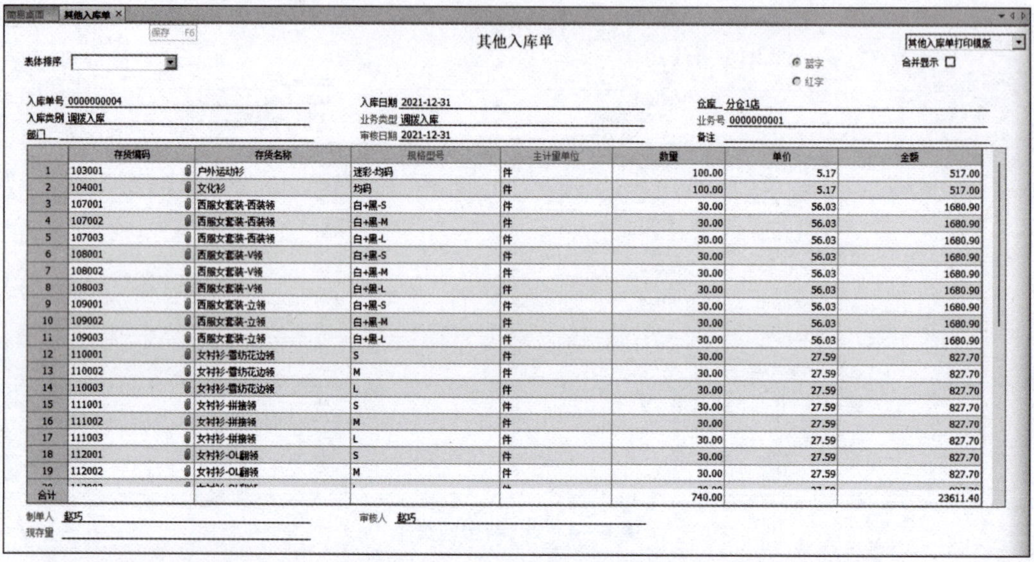

其他入库单

表体排序　　蓝字　红字　其他入库单打印模版　合并显示

入库单号 0000000004　入库日期 2021-12-31　仓库 分仓1店

入库类别 调拨入库　业务类型 调拨入库　业务号 0000000001

部门　审核日期 2021-12-31　备注

	存货编码	存货名称	规格型号	主计量单位	数量	单价	金额
1	103001	户外运动衫	迷彩-均码	件	100.00	5.17	517.00
2	104001	文化衫	均码	件	100.00	5.17	517.00
3	107001	西服女套装-西装领	白+黑-S	件	30.00	56.03	1680.90
4	107002	西服女套装-西装领	白+黑-M	件	30.00	56.03	1680.90
5	107003	西服女套装-西装领	白+黑-L	件	30.00	56.03	1680.90
6	108001	西服女套装-V领	白+黑-S	件	30.00	56.03	1680.90
7	108002	西服女套装-V领	白+黑-M	件	30.00	56.03	1680.90
8	108003	西服女套装-V领	白+黑-L	件	30.00	56.03	1680.90
9	109001	西服女套装-立领	白+黑-S	件	30.00	56.03	1680.90
10	109002	西服女套装-立领	白+黑-M	件	30.00	56.03	1680.90
11	109003	西服女套装-立领	白+黑-L	件	30.00	56.03	1680.90
12	110001	女衬衫-雪纺花边领	S	件	30.00	27.59	827.70
13	110002	女衬衫-雪纺花边领	M	件	30.00	27.59	827.70
14	110003	女衬衫-雪纺花边领	L	件	30.00	27.59	827.70
15	111001	女衬衫-拼接领	S	件	30.00	27.59	827.70
16	111002	女衬衫-拼接领	M	件	30.00	27.59	827.70
17	111003	女衬衫-拼接领	L	件	30.00	27.59	827.70
18	112001	女衬衫-OL翻领	S	件	30.00	27.59	827.70
19	112002	女衬衫-OL翻领	M	件	30.00	27.59	827.70
合计					740.00		23611.40

制单人 赵巧　审核人 赵巧

现存量

图 6－1－4　审核其他入库单

3. 其他入库单的审核操作方法相同，此处不再赘述。

4. 双击执行“出库业务”—“其他出库单”命令，打开其他出库单窗口，单击“|◀ ◀ ▶ ▶|”按钮查找需审核的出库单，核对后单击“审核”，如图 6－1－5 所示。

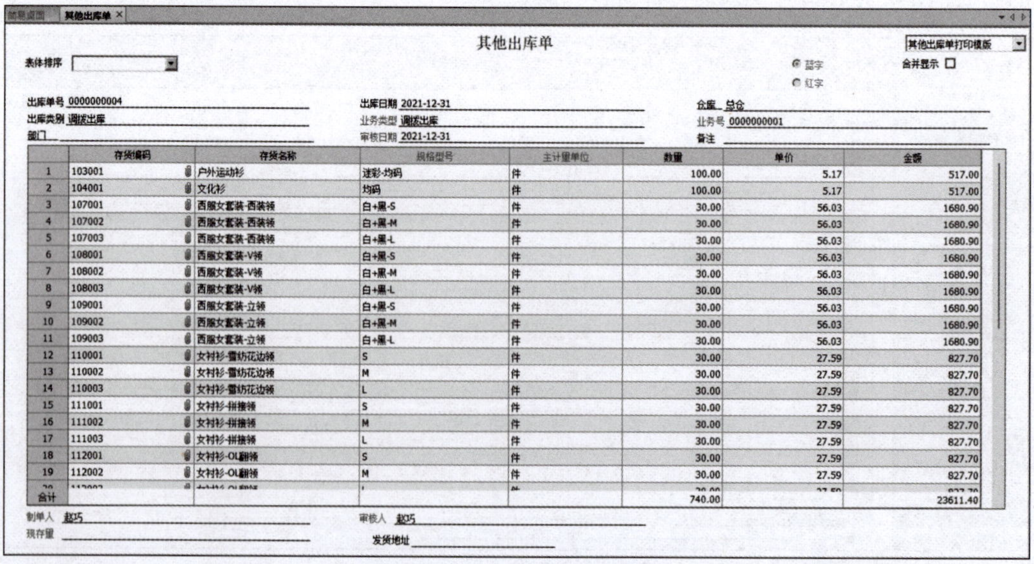

其他出库单

表体排序　　蓝字　红字　其他出库单打印模版　合并显示

出库单号 0000000004　出库日期 2021-12-31　仓库 总仓

出库类别 调拨出库　业务类型 调拨出库　业务号 0000000001

部门　审核日期 2021-12-31　备注

	存货编码	存货名称	规格型号	主计量单位	数量	单价	金额
1	103001	户外运动衫	迷彩-均码	件	100.00	5.17	517.00
2	104001	文化衫	均码	件	100.00	5.17	517.00
3	107001	西服女套装-西装领	白+黑-S	件	30.00	56.03	1680.90
4	107002	西服女套装-西装领	白+黑-M	件	30.00	56.03	1680.90
5	107003	西服女套装-西装领	白+黑-L	件	30.00	56.03	1680.90
6	108001	西服女套装-V领	白+黑-S	件	30.00	56.03	1680.90
7	108002	西服女套装-V领	白+黑-M	件	30.00	56.03	1680.90
8	108003	西服女套装-V领	白+黑-L	件	30.00	56.03	1680.90
9	109001	西服女套装-立领	白+黑-S	件	30.00	56.03	1680.90
10	109002	西服女套装-立领	白+黑-M	件	30.00	56.03	1680.90
11	109003	西服女套装-立领	白+黑-L	件	30.00	56.03	1680.90
12	110001	女衬衫-雪纺花边领	S	件	30.00	27.59	827.70
13	110002	女衬衫-雪纺花边领	M	件	30.00	27.59	827.70
14	110003	女衬衫-雪纺花边领	L	件	30.00	27.59	827.70
15	111001	女衬衫-拼接领	S	件	30.00	27.59	827.70
16	111002	女衬衫-拼接领	M	件	30.00	27.59	827.70
17	111003	女衬衫-拼接领	L	件	30.00	27.59	827.70
18	112001	女衬衫-OL翻领	S	件	30.00	27.59	827.70
19	112002	女衬衫-OL翻领	M	件	30.00	27.59	827.70
合计					740.00		23611.40

制单人 赵巧　审核人 赵巧

现存量　发货地址

图 6－1－5　审核其他出库单

工作笔记

5. 其他出库单的审核操作方法相同，此处不再赘述。

步骤三：特殊单据记账

1. 以“004”身份于“2021－12－31”登录企业应用平台。

2. 双击执行“供应链”—“存货核算”命令，进入存货核算模块；双击执行“业务核算”—“特殊单据记账”命令，弹出“特殊单据记账条件”，默认设置，单击“确定”按钮，打开“未记账单据一览表”界面，如图 6－1－6 所示。

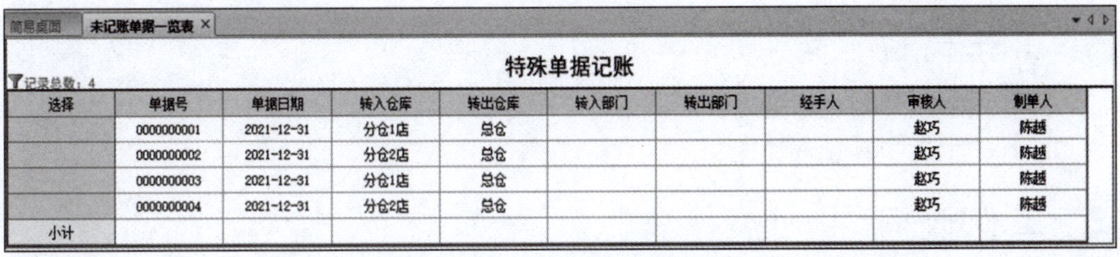

选择	单据号	单据日期	转入仓库	转出仓库	转入部门	转出部门	经手人	审核人	制单人
	0000000001	2021-12-31	分仓1店	总仓				赵巧	陈越
	0000000002	2021-12-31	分仓2店	总仓				赵巧	陈越
	0000000003	2021-12-31	分仓1店	总仓				赵巧	陈越
	0000000004	2021-12-31	分仓2店	总仓				赵巧	陈越
小计									

图 6－1－6　未记账单据一览表

3. 在“未记账单据一览表”界面，单选需记账数据或单击工具栏“全选”按钮以选择全部数据，在单击工具栏“记账”按钮，弹出“记账成功”提示框，单击“确定”即可，如图 6－1－7 所示。

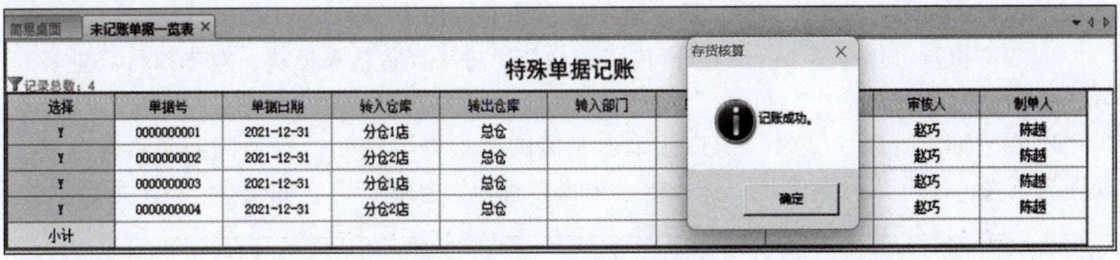

选择	单据号	单据日期	转入仓库	转出仓库	转入部门	审核人	制单人
Y	0000000001	2021-12-31	分仓1店	总仓		赵巧	陈越
Y	0000000002	2021-12-31	分仓2店	总仓		赵巧	陈越
Y	0000000003	2021-12-31	分仓1店	总仓		赵巧	陈越
Y	0000000004	2021-12-31	分仓2店	总仓		赵巧	陈越
小计							

图 6－1－7　特殊单据记账

任务 1.2　存货核算模块期末处理

工作内容

2021 年 12 月 31 日，九州华问服装有限公司业务会计根据全月平均法核算本月的出库成本。

工作要求

在企业应用平台的存货核算模块中完成期末处理。

工作流程

存货核算模块期末处理的工作流程如图 6－1－8 所示。

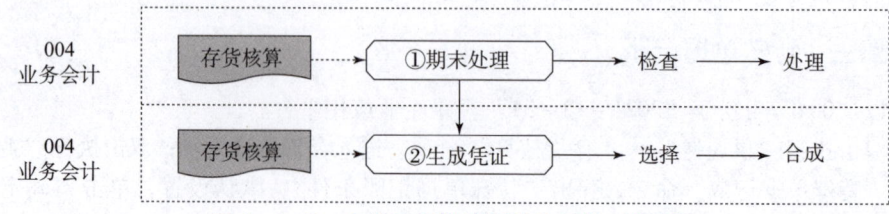

图 6-1-8 存货核算模块期末处理的工作流程

工作岗位

1. 期末处理：004 期末处理；
2. 生成凭证：004 生成凭证。

工作时间

2021-12-31。

操作规范

步骤一：期末处理

1. 以"004"身份于"2021-12-31"登录企业应用平台。

2. 双击执行"供应链"—"存货核算"命令，进入存货核算模块；双击执行"业务核算"—"期末处理"命令，打开"期末处理-12月"窗口。

3. 在"期末处理-12月"窗口，单击左侧的"检查"按钮，自动判断是否符合期末处理的条件，弹出"检测成功"提示框，单击"确定"按钮即可，如图 6-1-9 所示。

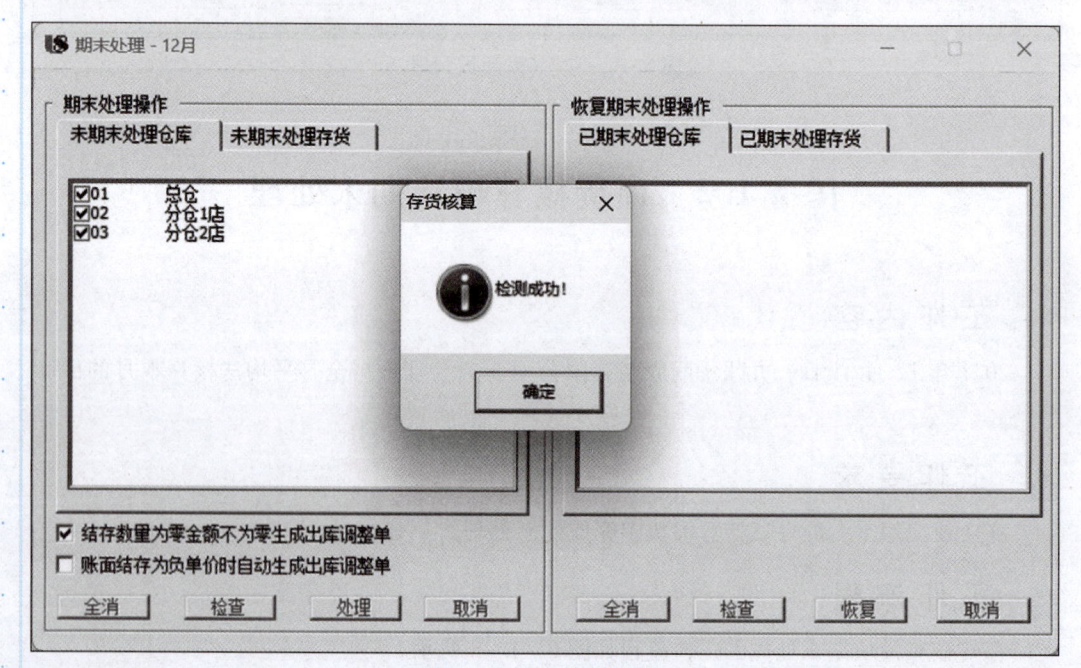

图 6-1-9 检测成功

4. 单击"处理"按钮，自动根据全月平均法计算各仓库各存货的发出成本，打开"月平均单价计算表"，如图6-1-10所示。

图6-1-10　月平均单价计算表

5. 单击"确定"按钮，提示"期末处理完毕"，单击"确定"按钮即可，如图6-1-11所示。

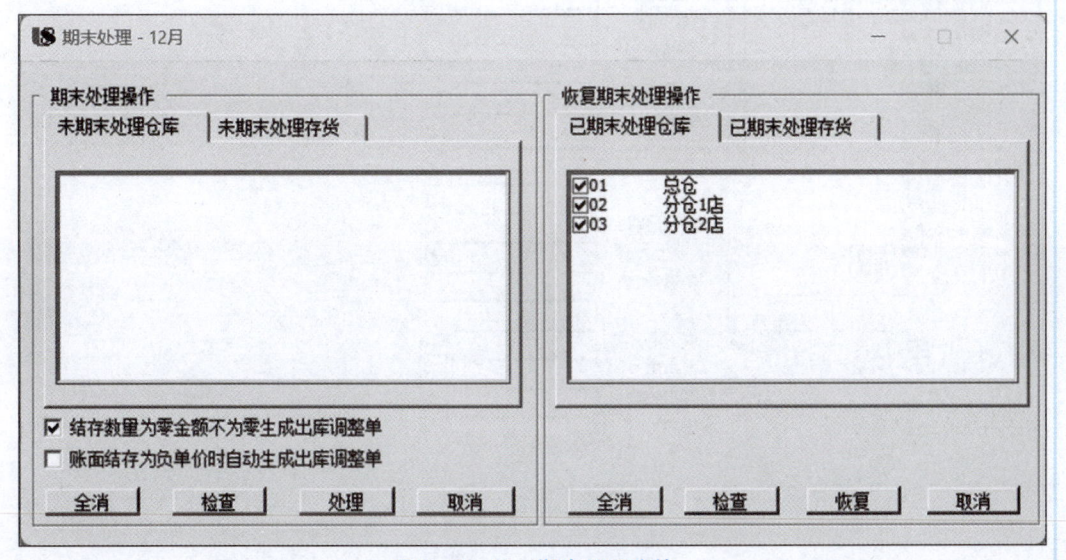

图6-1-11　期末处理完毕

步骤二：生成凭证

1. 在存货核算模块双击执行"财务核算"—"生成凭证"命令，打开"生成凭证"界面，如图6-1-12所示。

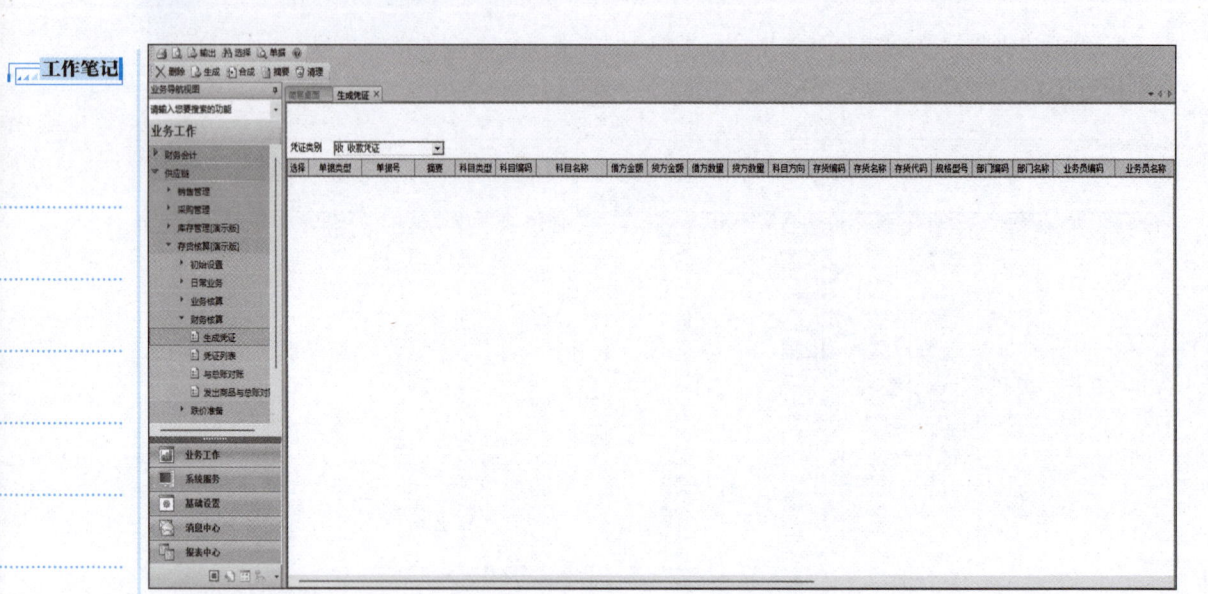

图 6-1-12 打开生成凭证

2. 单击工具栏的"选择"按钮，弹出"查询条件"选择框，默认条件，单击"确定"按钮，如图 6-1-13 所示。

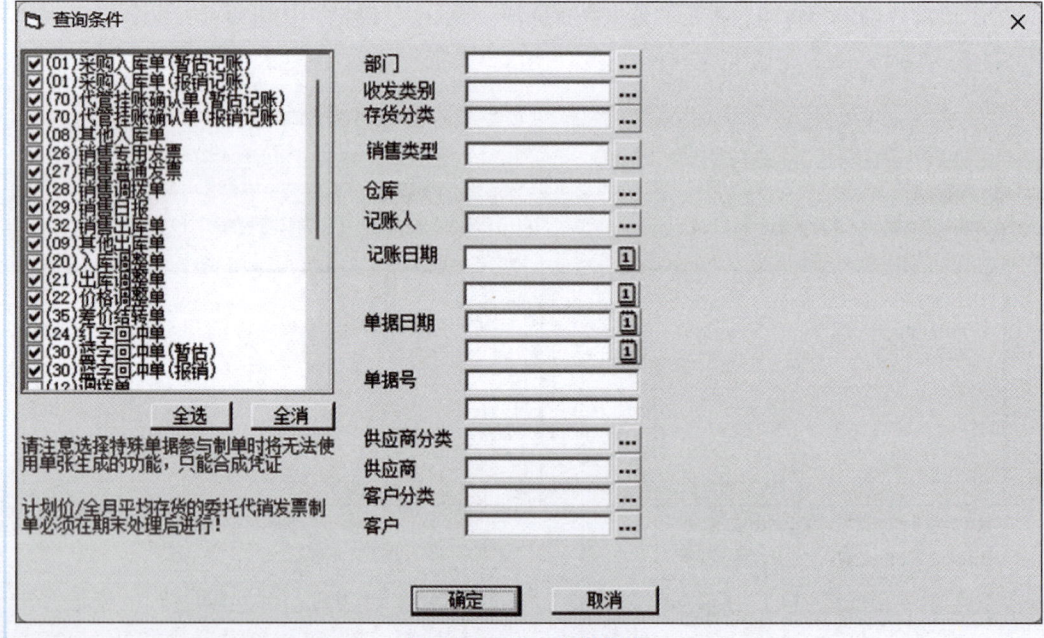

图 6-1-13 查询条件

3. 打开"未生成凭证单据一览表"窗口，单击工具栏的"全选"按钮，再单击工具栏的"确定"按钮，如图 6-1-14 所示。

4. 进入生成凭证界面，单击"合成"，生成凭证，如图 6-1-15、图 6-1-16 所示。

工作领域六 处理期末业务

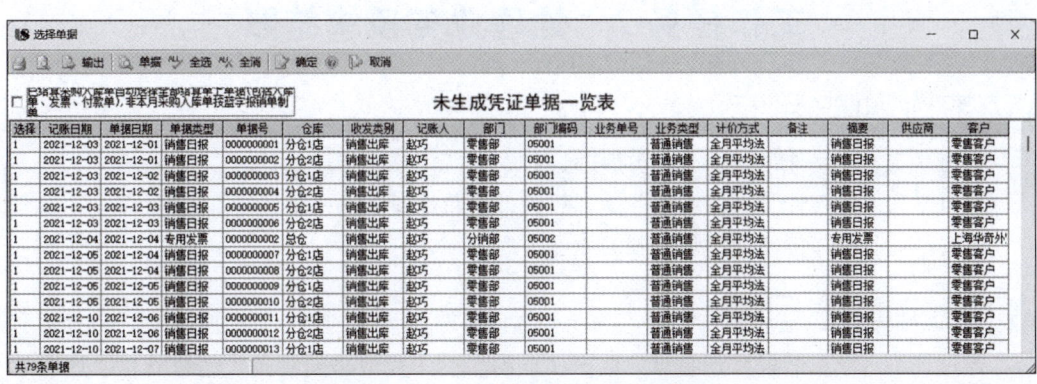

图 6-1-14 未生成凭证单据一览表

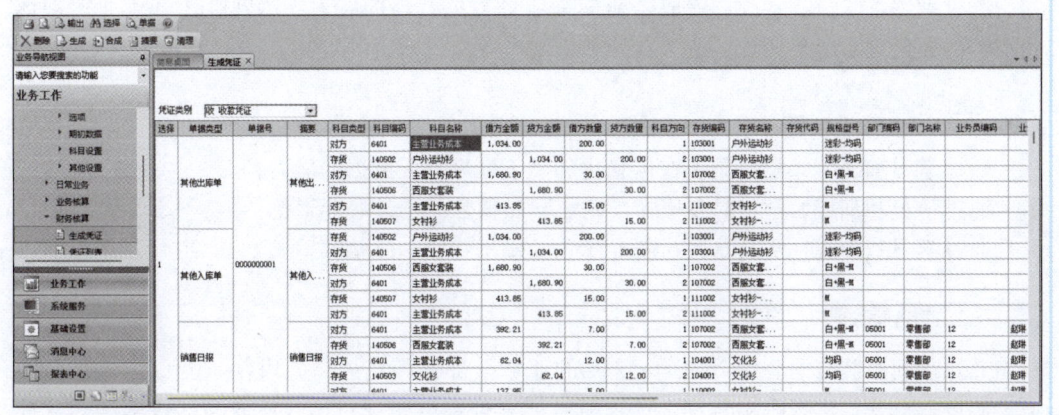

图 6-1-15 合成凭证

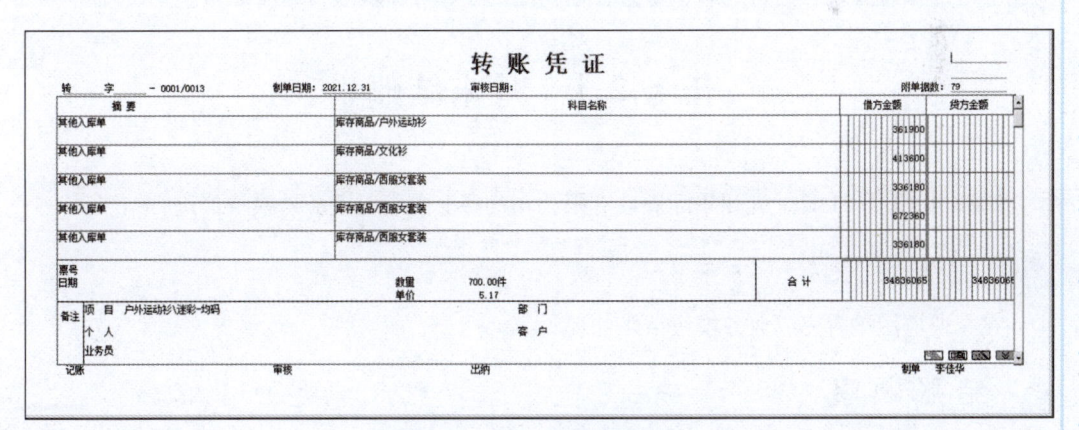

图 6-1-16 生成转账凭证

财人微语

"学而时习之，不亦说乎？" ——《论语·学而》

工作任务 2　处理业务模块结账

职业知识目标

通过学习，学员能掌握期末业务处理的基本知识；

通过学习，学员能掌握调拨业务处理的关键点和处理技巧；

通过学习，学员能掌握结账处理的处理技巧。

职业技能目标

通过训练，学员能根据企业业务数据在业财平台中完成采购管理、销售管理、库存管理和存货核算等业务链模块群期末结账处理；

通过训练，学员具备独立完成企业期末业务数据处理的能力，达到胜任基于业财一体化平台财务经理、财务会计、业务会计和出纳员等岗位职责的目标。

职业素养目标

通过学习和训练，学员具备在信息化环境下处理财务数据的能力；

通过学习和训练，学员具备坚持准则、不做假账的会计职业道德；

通过学习和训练，学员具备执着专注、一丝不苟的工匠精神。

工作情景

九州华问服装有限公司 2021 年 12 月的业务全部处理完成，公司在业财一体化平台中通过调拨业务处理实现账实相符，计划通过期末处理以实现对出入库商品的成本结转。并对供应链的采购管理、销售管理、库存管理和存货核算等模块进行结账处理。

任务 2.1　月末结账

工作内容

2021 年 12 月 31 日，九州华问服装有限公司的账套主管对业务链模块群进行结账。

工作要求

在企业应用平台完成业务模块结账处理。

结账顺序

结账顺序如图 6-2-1 所示。

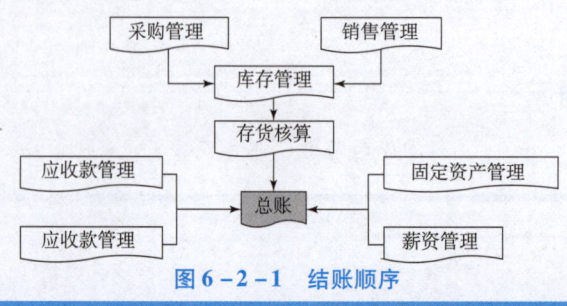

图 6-2-1　结账顺序

工作岗位

月末结账：001 结账。

工作时间

2021－12－31。

操作规范

步骤一：销售管理结账

1. 以"001"身份于"2021－12－31"登录企业应用平台。

2. 双击执行"供应链"—"销售管理"—"月末结账"命令，弹出"结账"操作界面，如图6－2－2所示。

3. 单击"结账"，弹出"是否关闭订单"提示框，单击"是"按钮，弹出查询条件选择框，默认设置，单击"确定"按钮，打开销售订单列表界面，单击工具栏的"全选"按钮，再单击工具栏的"批关"按钮，弹出"批量关闭完毕"提示框，单击"确定"按钮即可，如图6－2－3所示。

4. 关闭销售订单列表界面，双击"月末结账"命令，再次打开"结账"界面，单击"结账"按钮，弹出"是否关闭订单"提示框，单击"否"按钮，进行合法性检查。

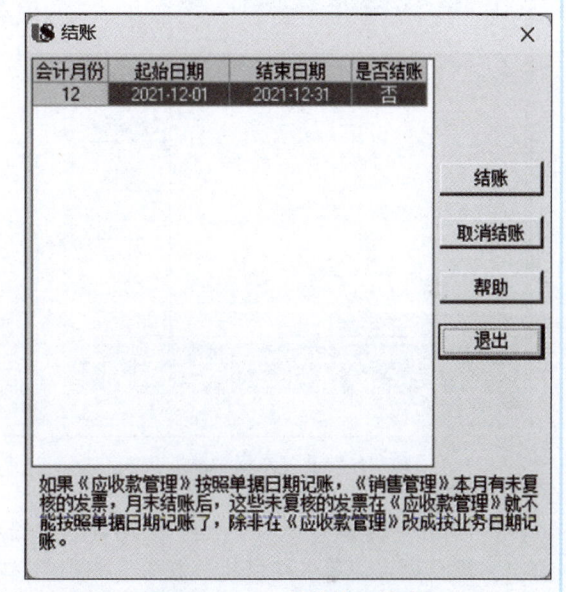

图 6－2－2　销售管理结账

图 6－2－3　销售订单列表

如果检查通过，立即进行结账操作，结账月份已经结账的显示为"是"；

如果检查未通过，系统会提示您不能结账的原因，如图6-2-4所示。

步骤二：采购管理结账

1. 双击执行"供应链"—"采购管理"—"月末结账"命令，弹出"结账"操作界面，如图6-2-5所示。

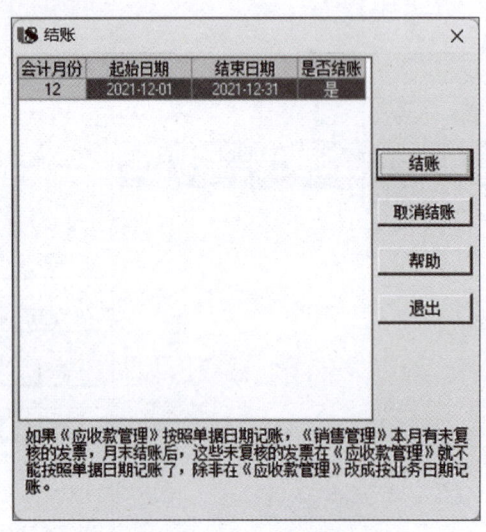

图6-2-4 完成结账　　　　　　　　图6-2-5 采购管理结账

2. 单击"结账"，弹出"是否关闭订单"提示框，单击"是"按钮，弹出查询条件选择框，默认设置，单击"确定"按钮，打开订单列表界面，单击工具栏的"全选"按钮，再单击工具栏的"批关"按钮，弹出"批量关闭完毕"提示框，单击"确定"按钮即可，如图6-2-6所示。

图6-2-6 订单列表

3. 关闭订单列表界面，双击"月末结账"命令，再次打开"结账"界面，单击"结账"按钮，弹出"是否关闭订单"提示框，单击"否"按钮，进行合法性检查。

如果检查通过，立即进行结账操作，结账月份已经结账的显示为"是"；

如果检查未通过，系统会提示您不能结账的原因，如图6-2-7所示。

步骤三：库存管理结账

1. 双击执行"供应链"—"库存管理"—"月末结账"命令，弹出"结账"操作界面，如图6-2-8所示。

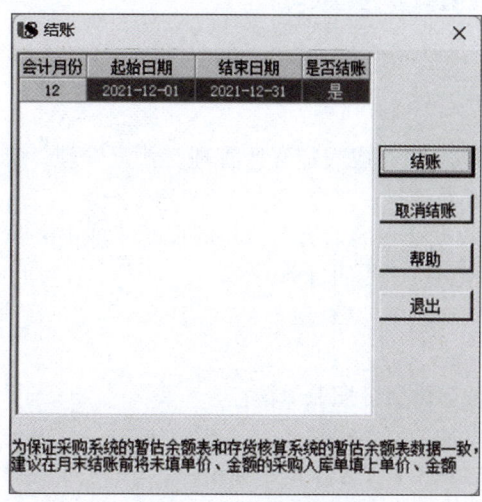

图 6-2-7　完成结账

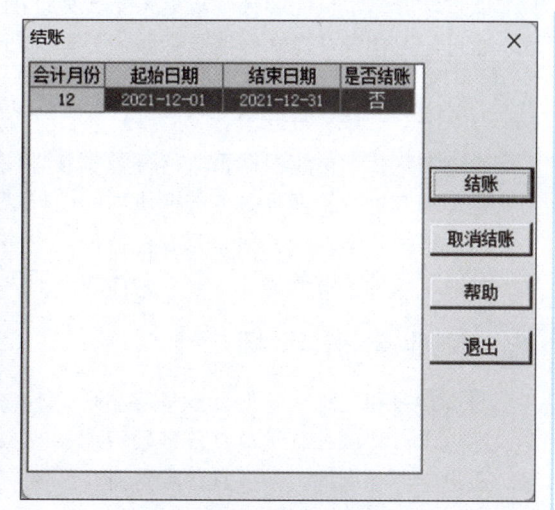

图 6-2-8　库存管理结账

2. 单击"结账",弹出"是否继续结账"提示框,单击"是"按钮,检查结账月之前是否还有未审核的单据（包括期初余额和出入库单）,如果有,会提示还有未审核的单据是否继续结账,可选择继续结账或不结账。

步骤四：存货核算结账

1. 双击执行"供应链"—"存货核算"—"业务核算"—"月末结账"命令,弹出"结账"操作界面,如图 6-2-9 所示。

2. 单击"结账",进行合法性检查,弹出结账完成提示框,单击"确定"按钮即可。

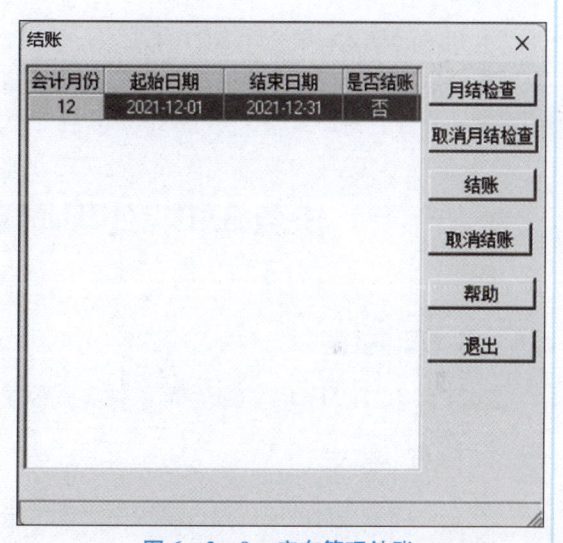

图 6-2-9　库存管理结账

财人微语

"青,取之于蓝而青于蓝；冰,水为之而寒于水。"

——《荀子·劝学》

工作任务 3　处理财务模块结账

职业知识目标

通过学习,学员能掌握期末结转设置的基本知识；

通过学习，学员能掌握生成期末结转凭证的关键点和处理技巧；

通过学习，学员能掌握期末结账的处理技巧。

职业技能目标

通过训练，学员能根据企业财务数据在业财平台中完成固定资产管理、薪资管理、应收款管理和应付款管理等财务链模块群的期末结账处理；

通过训练，学员具备独立完成企业期末财务数据处理的能力，达到胜任基于业财一体化平台财务经理、财务会计、业务会计和出纳员等岗位职责的目标。

职业素养目标

通过学习和训练，学员具备坚持准则、不做假账的会计职业道德；

通过学习和训练，学员具备辛勤劳动、诚实劳动的劳动精神；

通过学习和训练，学员具备艰苦奋斗、淡泊名利、甘于奉献的劳模精神。

工作情景

九州华问服装有限公司2021年12月的业务全部处理完成，在业财一体化平台中进行期间损益、法定和任意盈余公积提取、企业所得税提取等转账定义和生成。对财务模块的固定资产管理、薪资管理、应收应付款管理与总账等模块进行结账处理。

任务 3.1　处理固定资产模块结账

工作内容

2021年12月31日，九州华问服装有限公司财务经理对固定资产模块进行结账处理。

工作要求

在企业应用平台的固定资产模块中完成结账处理。

工作岗位

月末结账：002 结账。

工作时间

2021 – 12 – 31。

操作规范

1. 以"002"身份于"2021 – 12 – 31"登录企业应用平台。

2. 双击执行"固定资产"—"处理"—"月末结账"命令，打开"月末结账"窗口，如图 6 – 3 – 1 所示。

3. 在"月末结账"窗口，单击"开始结账"按钮，自动进行对账并弹出"与账务对账结果"提示框，单击"确定"按钮，弹出"结账成功"提示框，单击"确定"按钮即可，如图 6 – 3 – 2 所示。

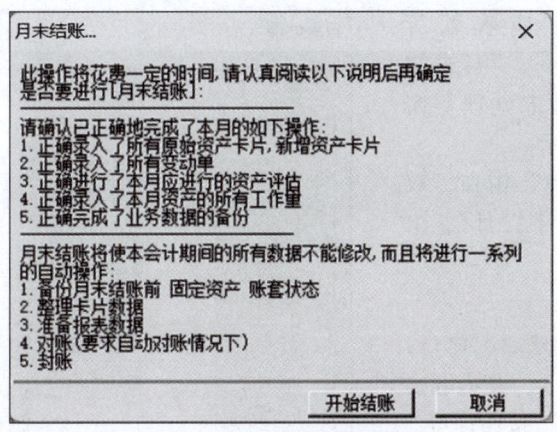

图 6 – 3 – 1　固定资产结账

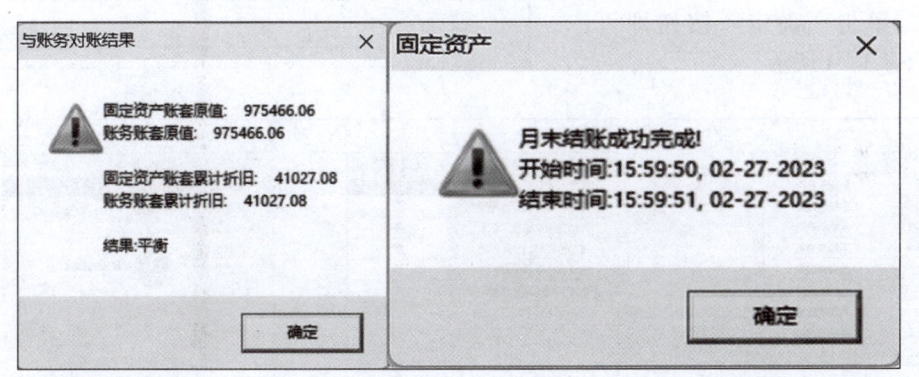

图 6 – 3 – 2　结账成功

任务 3.2　处理应收款模块结账

工作内容

2021 年 12 月 31 日,九州华问服装有限公司财务经理对应收款管理模块进行结账处理。

工作要求

在企业应用平台的应收款管理模块中完成结账处理。

工作岗位

月末结账:002 结账。

工作时间

2021 – 12 – 31。

操作规范

1. 以 "002" 身份于 "2021 – 12 – 31" 登录企业应用平台。

2. 双击执行"应收款管理"—"期末处理"—"月末结账"命令，打开"月末处理"窗口，如图6-3-3所示。

3. 在"月末处理"窗口，双击选择需结账月份"十二月"，出现"Y"字样，单击"下一步"按钮。

进入月末处理检查情况窗口，处理情况显示为"是"，表示事项已完成，单击"完成"按钮即可。

弹出"12月份结账成功"提示框，单击"确定"按钮即可，如图6-3-4所示。

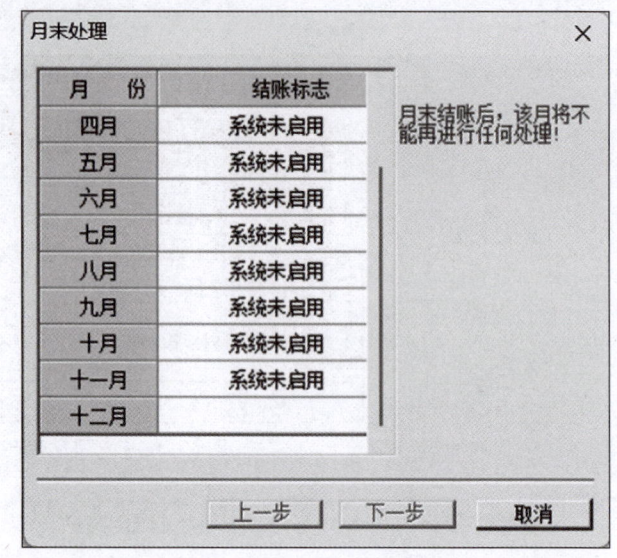

图6-3-3 月末处理

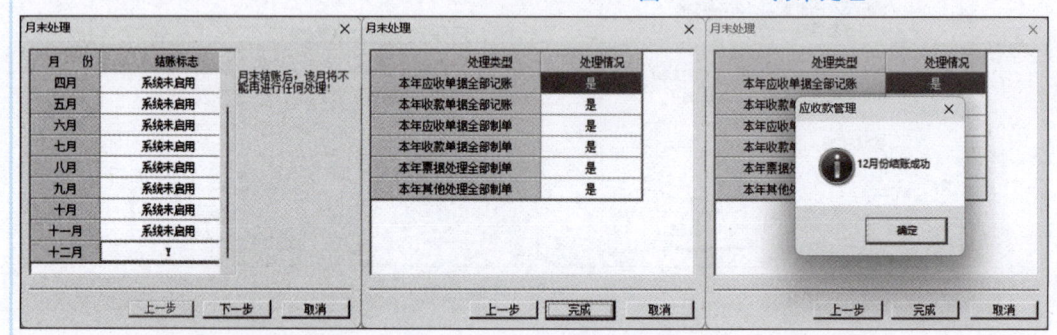

图6-3-4 应收模块结账

任务3.3　处理应付款模块结账

工作内容

2021年12月31日，九州华问服装有限公司财务经理对应付款管理模块进行结账处理。

工作要求

在企业应用平台的应付款管理模块中完成结账处理。

工作岗位

月末结账：002结账。

工作时间

2021-12-31。

操作规范

1. 以"002"身份于"2021-12-31"登录企业应用平台。

2. 双击执行"应付款管理"—"期末处理"—"月末结账"命令,打开"月末处理"窗口,如图6-3-5所示。

3. 在"月末处理"窗口,双击选择需结账月份"十二月",出现"Y"字样,单击"下一步"按钮。

进入月末处理检查情况窗口,处理情况显示为"是",表示事项已完成,单击"完成"按钮即可,如图6-3-6所示。

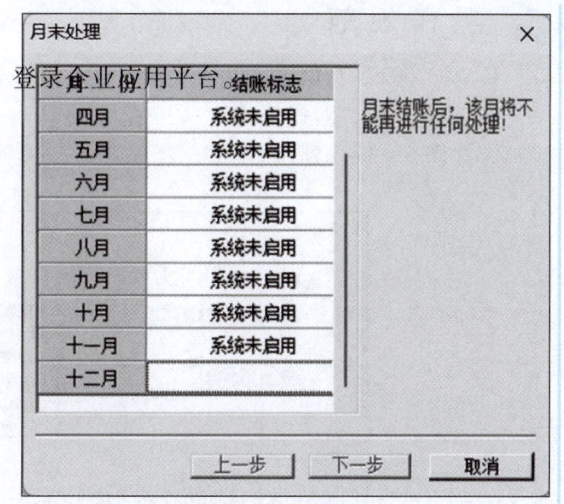

图6-3-5 应付款管理结账

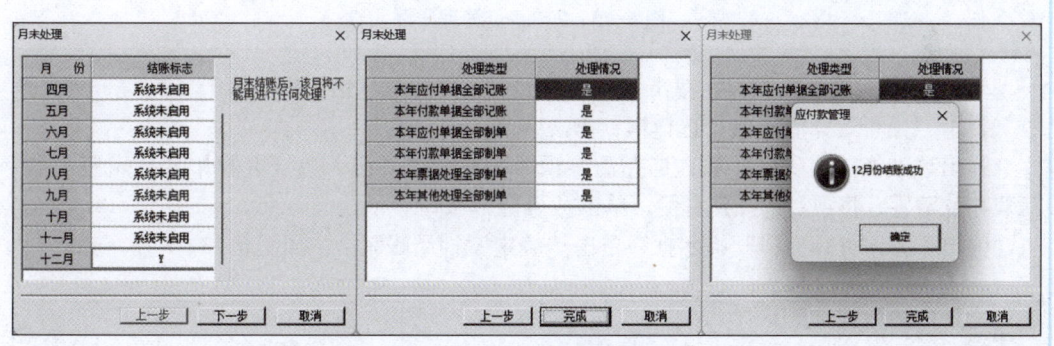

图6-3-6 应付模块结账

任务3.4 处理薪资模块结账

工作内容

2021年12月31日,九州华问服装有限公司财务经理对薪资管理模块进行结账处理。

工作要求

在企业应用平台的薪资管理模块中完成结账处理。

工作岗位

月末结账:002结账。

工作时间

2021-12-31。

操作规范

1. 以"002"身份于"2021-12-31"登录企业应用平台。

2. 双击执行"薪资管理"—"业务处理"—"月末处理"命令,打开"月末处理"窗口,如图 6-3-7 所示。

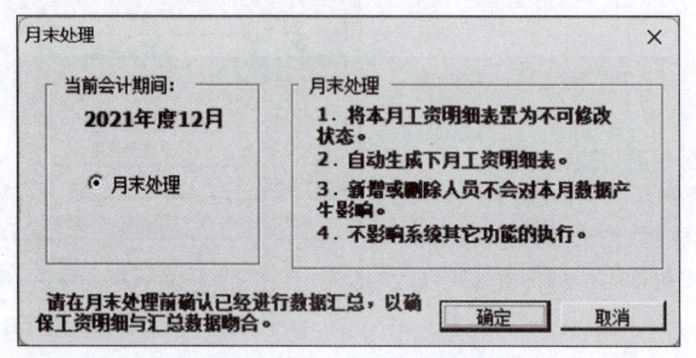

图 6-3-7 薪资管理结账

3. 在"月末处理"窗口,单击"确定"按钮,弹出提示信息框,单击"是"。

弹出"是否选择清零项"选择框,单击"是"。

弹出"选择清零项目"框,选择清零项目,比如将事假天数、事假扣款与病假天数、病假扣款清零,将项目选择到右侧,单击"确定"按钮。

弹出"月末处理完毕"提示框,单击"确定"即结账完毕,如图 6-3-8 所示。

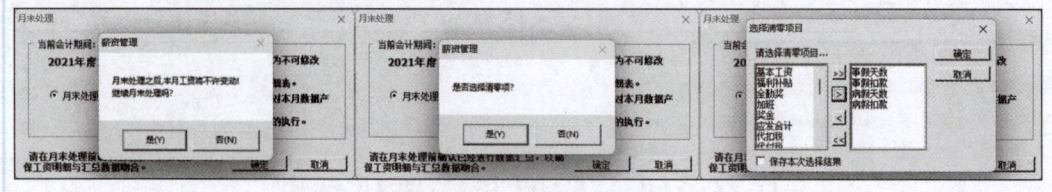

图 6-3-8 提示信息框

财人微语

"业精于勤,荒于嬉;行成于思,毁于随。" ——韩愈《进学解》

工作任务 4 处理总账期末业务

职业知识目标

通过学习,学员能掌握期末结转设置的基本知识;
通过学习,学员能掌握生成期末结转凭证的关键点和处理技巧;
通过学习,学员能掌握期末结账的处理技巧。

职业技能目标

通过训练，学员能根据企业财务数据在业财平台中完成期间损益结转、法定和任意盈余公积提取、企业所得税提取等结转设置；

通过训练，学员能依据企业财务数据在业财平台中完成总账管理模块的期末结账操作；

通过训练，学员具备独立完成企业期末财务数据处理的能力，达到胜任基于业财一体化平台财务经理、财务会计、业务会计和出纳员等岗位职责的目标。

职业素养目标

通过学习和训练，学员具备坚持准则、不做假账的会计职业道德；

通过学习和训练，学员具备辛勤劳动、诚实劳动的劳动精神；

通过学习和训练，学员具备艰苦奋斗、淡泊名利、甘于奉献的劳模精神。

工作情景

九州华问服装有限公司2021年12月的业务全部处理完成，在业财一体化平台中进行期间损益、法定和任意盈余公积提取、企业所得税提取等转账定义和生成。对财务模块的固定资产管理、薪资管理、应收应付款管理与总账等模块进行结账处理。

任务4.1　处理固定资产处置损益

工作内容

2021年12月31日，九州华问服装有限公司财务会计进行固定资产处置损益定义处理，生成固定资产处置损益的凭证。

工作要求

在企业应用平台中完成固定资产处置损益处理。

工作岗位

1. 转账定义：003 自定义转账设置。
2. 转账生成：003 转账生成；002 审核；003 记账。

工作时间

2021-12-31。

操作规范

步骤一：转账定义

1. 以"003"身份于"2021-12-31"登录企业应用平台。
2. 双击执行"总账"—"期末"—"转账定义"—"自定义转账"命令，打开"自定义转账设置"界面，如图6-4-1所示。

图6-4-1 自定义转账设置

3. 单击"增加",弹出"转账目录"编辑框,转账序号"0001",转账说明"固定资产处置损益结转",凭证类别选择"转",单击"确定"按钮,如图6-4-2所示。

图6-4-2 转账目录

4. 返回"自定义转账设置"界面,单击工具栏的"增行"按钮,录入借方科目"6711",方向为"借",单击金额公式的"参照"按钮,弹出公式向导,选择取对方科目计算结果公式"JG()",单击"下一步",科目缺省,单击"完成"按钮,如图6-4-3所示。

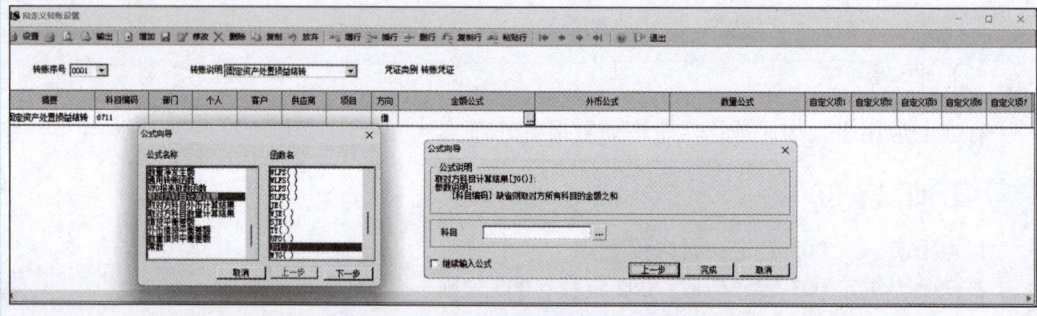

图6-4-3 参照借方科目及金额公式

5. 单击"增行",录入贷方科目"1606",方向为"贷",金额公式为"QM(1606,月)",单击工具栏的"保存",再单击"退出"即可,如图6-4-4所示。

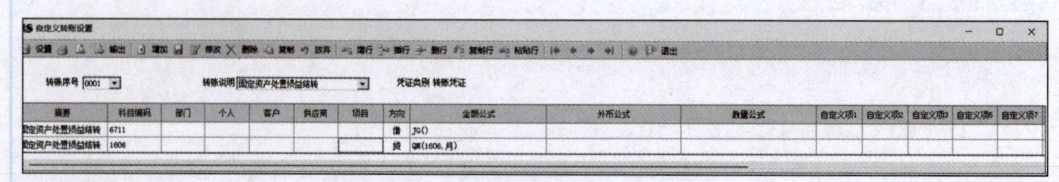

图6-4-4 参照贷方科目及金额公式

步骤二：转账生成

1. 双击执行"期末"—"转账生成"命令，打开转账生成，如图6-4-5所示。

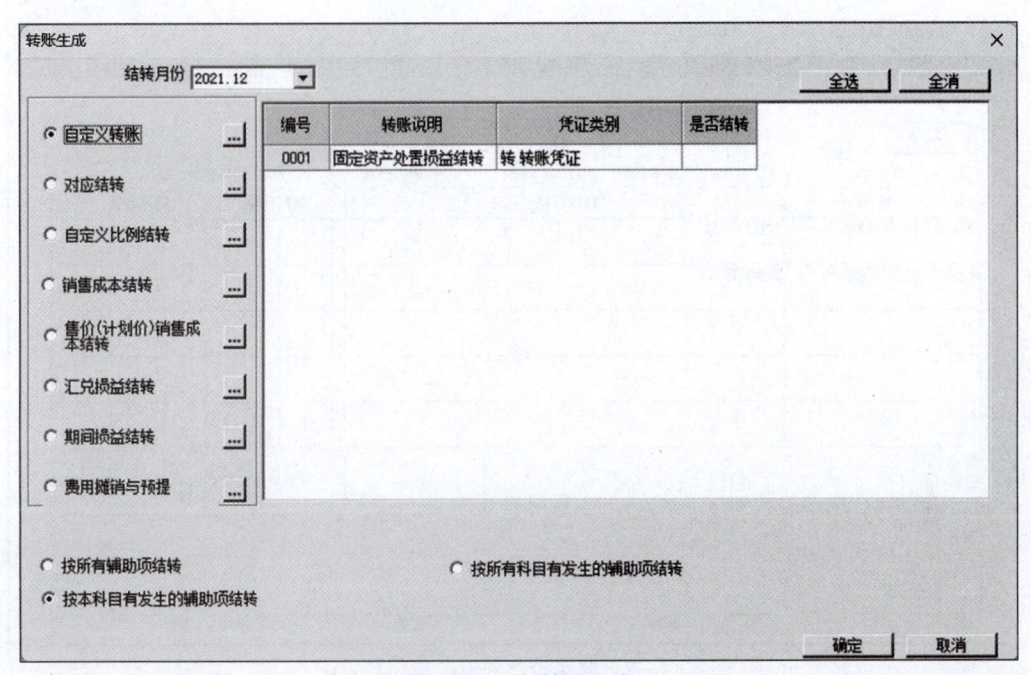

图6-4-5 转账生成

2. 选择"自定义转账"，单击"全选"按钮，再单击"确定"按钮，如图6-4-6所示。

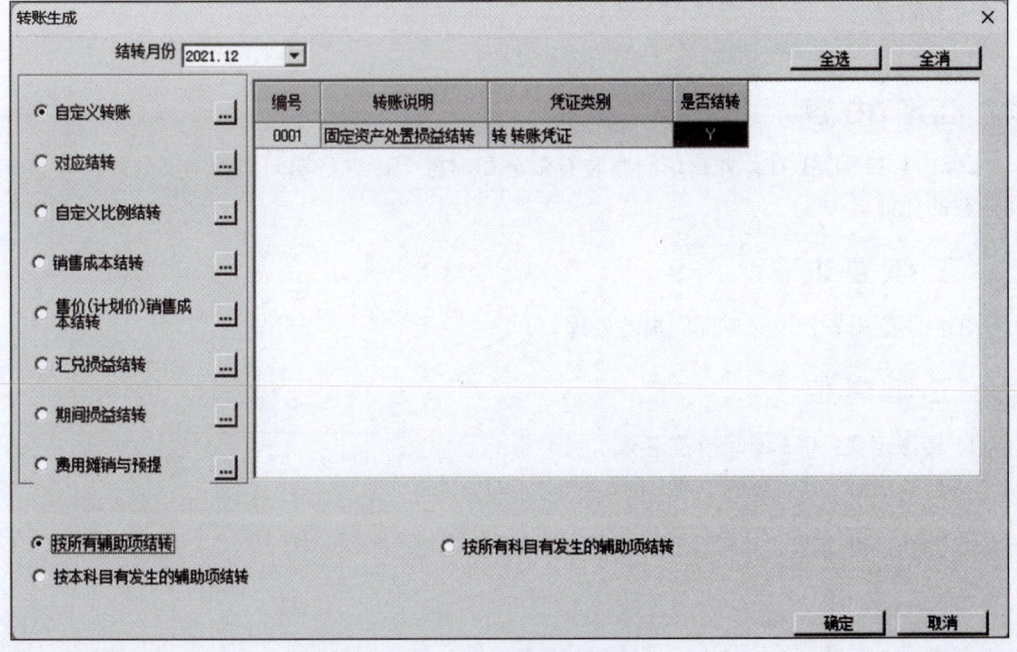

图6-4-6 自定义转账

3. 生成固定资产处置损益结转凭证，单击"保存"，再单击"退出"，如图 6-4-7 所示。

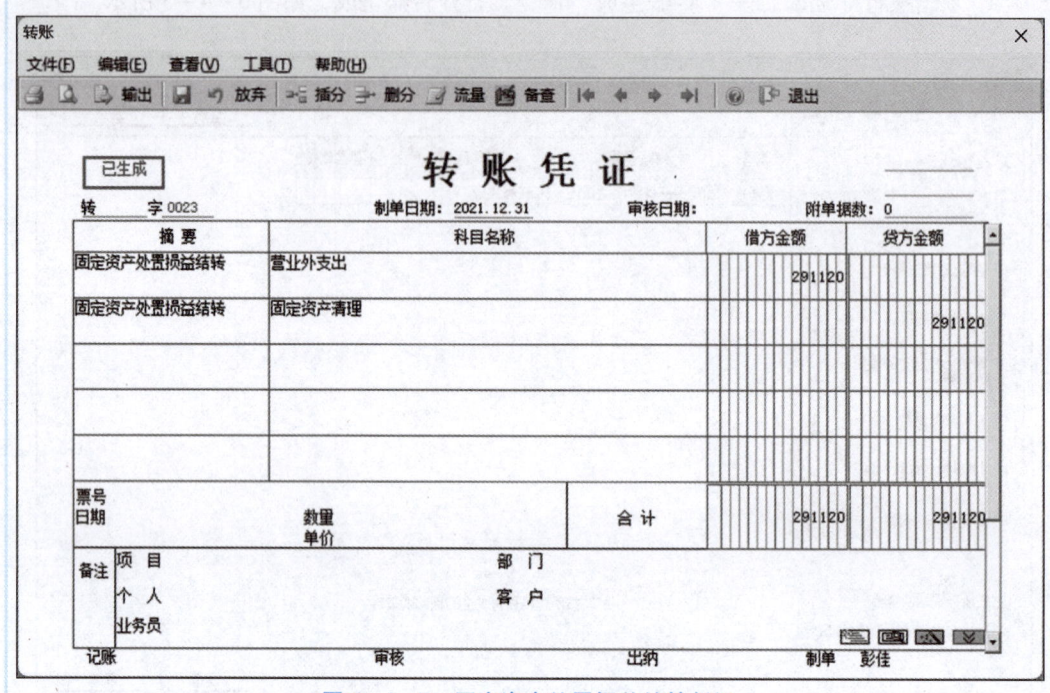

图 6-4-7　固定资产处置损益结转凭证

4. 以"002"身份审核凭证，以"003"身份记账。

任务4.2　处理期间损益

工作内容

2021 年 12 月 31 日，九州华问服装有限公司财务会计进行期间损益定义处理，生成期间损益的凭证。

工作要求

在企业应用平台中完成期间损益处理。

工作岗位

1. 转账定义：003 期间损益定义。
2. 转账生成：003 转账生成；002 审核；003 记账。

工作时间

2021-12-31。

操作规范

步骤一：转账定义

1. 以"003"身份于"2021-12-31"登录企业应用平台。
2. 双击执行"总账"—"期末"—"转账定义"—"期间损益"命令，打开"期间损益结转设置"界面。
3. 在"期间损益结转设置"窗口，凭证类别选择"转"，本年利润科目选择"4103 本年利润"，单击"确定"按钮，如图 6-4-8 所示。

图 6-4-8 期间损益结转设置

步骤二：转账生成

1. 双击执行"总账"—"期末"—"转账生成"命令，打开"转账生成"界面。
   备注：操作前提是业务链模块和财务链模块生成的凭证均已审核和记账。
2. 选择"期间损益结转"，类型选择"收入"，单击"全选"按钮，再单击"确定"按钮，如图 6-4-9 所示。
3. 生成收入类结转的凭证，单击"保存"，再单击"退出"，如图 6-4-10 所示。
4. 回到"转账生成"界面，类型选择"支出"，单击"全选"按钮，再单击"确定"按钮，弹出有未记账凭证提示框（备注：该未记账凭证为刚生成的收入类结转凭证），单击"是"按钮，如图 6-4-11 所示。

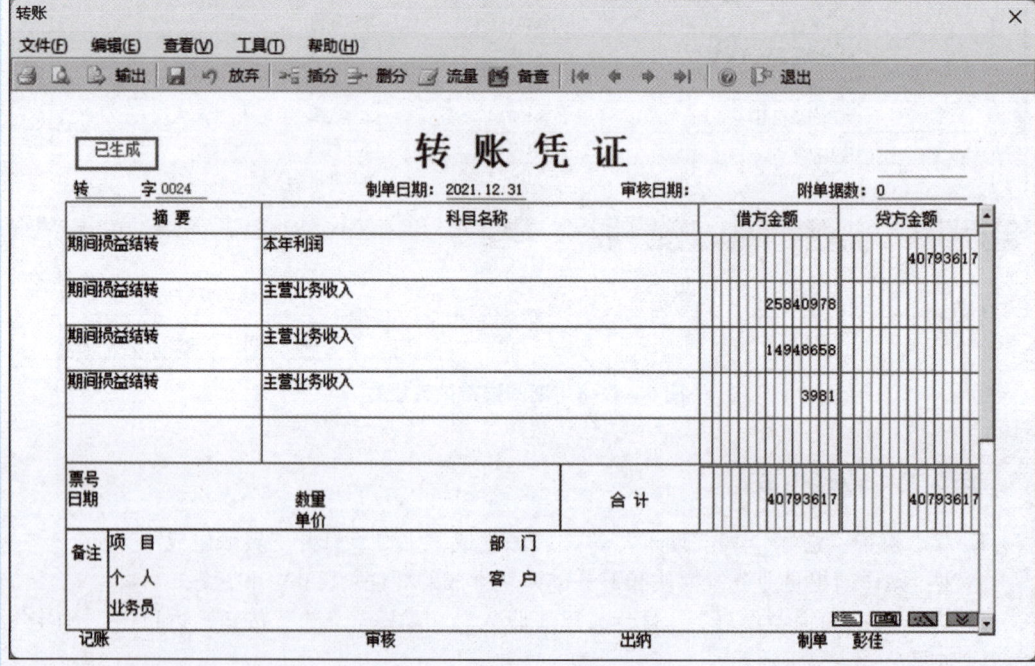

图 6-4-9　期间损益结转

图 6-4-10　收入类转账凭证

5. 生成支出类结转的凭证，单击"保存"，再单击"退出"，如图 6-4-12 所示。
6. 以"002"身份审核凭证，以"003"身份记账。

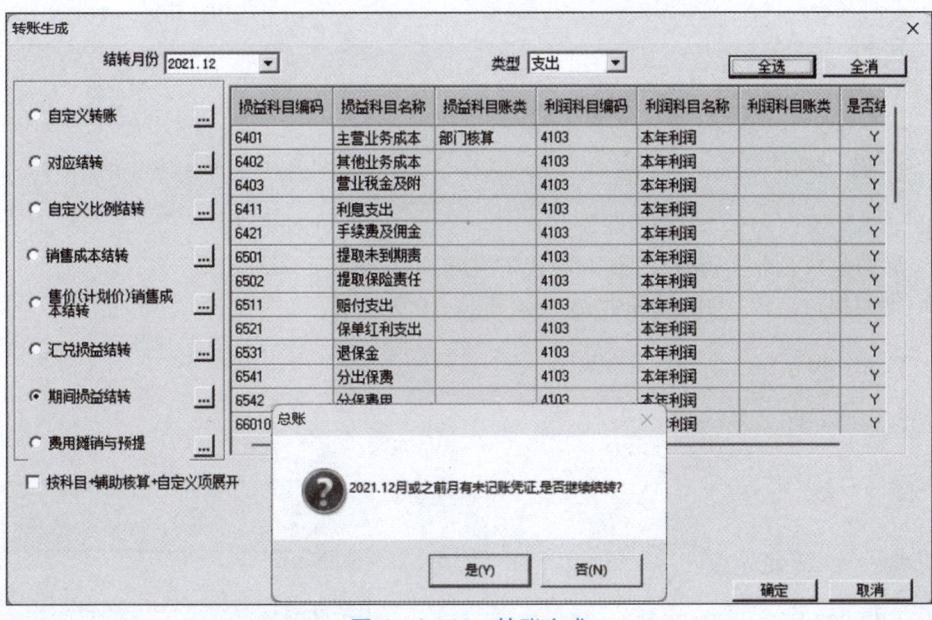

图 6-4-11　转账生成

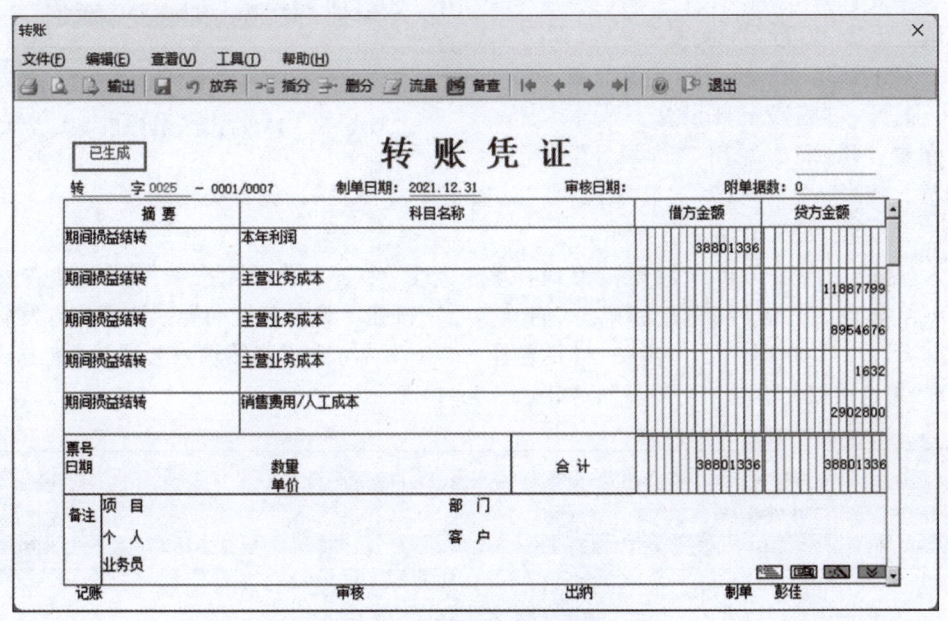

图 6-4-12　支出类结转凭证

任务 4.3　处理计提企业所得税

工作内容

2021年12月31日，九州华问服装有限公司财务会计计提第四季度企业所得税，2021年10—11月利润总额为 64 325.10 元，进行期间损益结转。

工作要求

在企业应用平台中完成计提企业所得税处理。

工作岗位

1. 转账定义：003 自定义转账设置。
2. 转账生成企业所得税凭证：003 转账生成；002 审核；003 记账。
3. 期间损益结转：003 转账生成；002 审核；003 记账。

工作时间

2021 – 12 – 31。

操作规范

步骤一：转账定义

1. 以"003"身份于"2021 – 12 – 31"登录企业应用平台。

2. 双击执行"总账"—"期末"—"转账定义"—"自定义转账"命令，打开"自定义转账设置"界面。

单击"增加"，弹出"转账目录"编辑框，转账序号"0002"，转账说明"计提企业所得税"，凭证类别选择"转"，单击"确定"按钮，如图 6 – 4 – 13 所示。

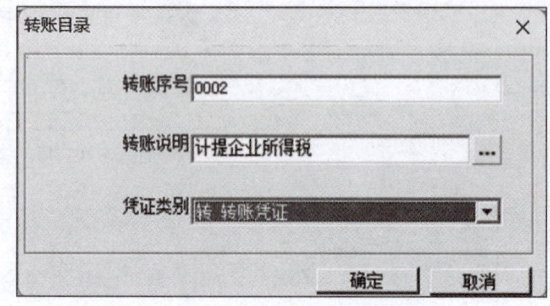

图 6 – 4 – 13　自定义转账目录

3. 返回"自定义转账设置"界面，单击工具栏的"增行"按钮，录入借方科目"6801"，方向为"借"，单击金额公式的"参照"按钮，弹出公式向导，选择贷方发生额公式"FS（）"，单击"下一步"；科目选择"4103"，勾选"继续输入公式"，单击" –（减）"单选按钮，单击"下一步"，如图 6 – 4 – 14 所示。

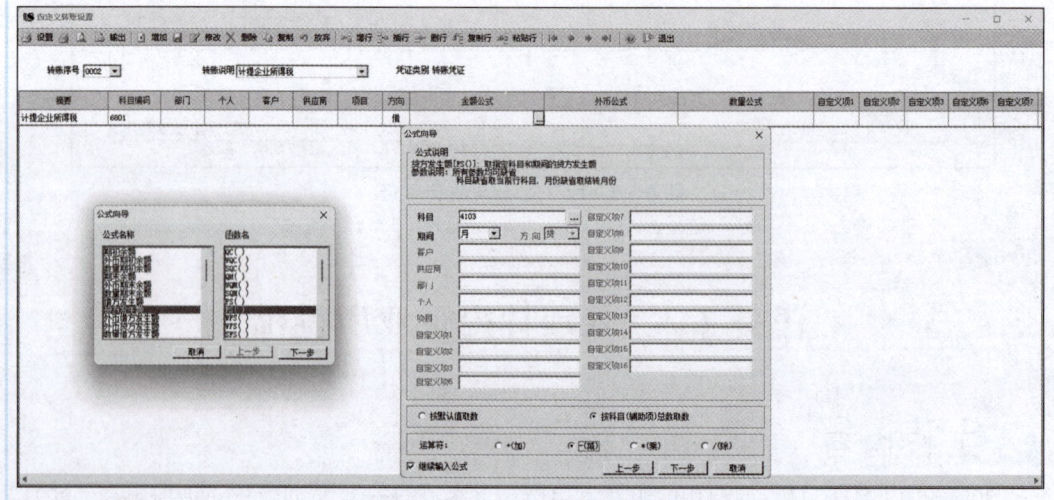

图 6 – 4 – 14　自定义转账设置

4. 返回"公式向导"界面,选择借方发生额公式"FS( )",单击"下一步",科目选择"4103",单击"完成",如图6-4-15所示。

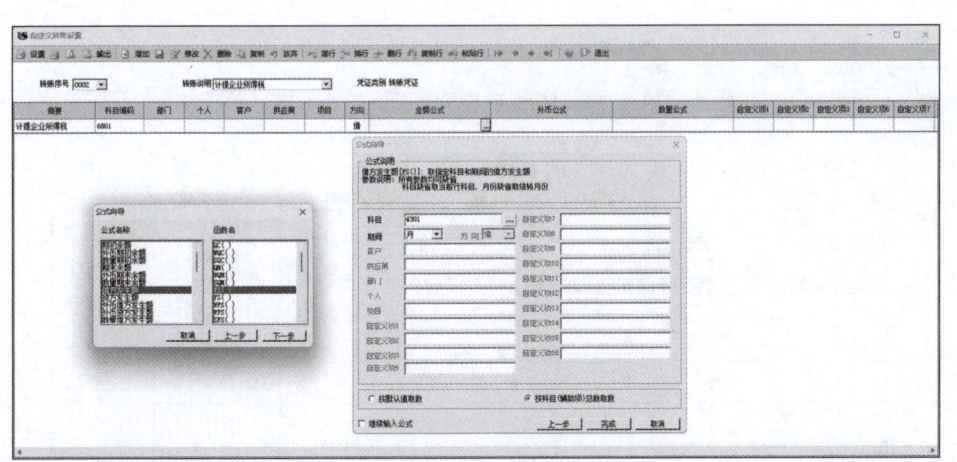

图6-4-15 借方公式向导

5. 用"( )"将金额公式括起来,在公式末尾输入"*0.25",再增加贷方科目和贷方金额公式,单击"保存",如图6-4-16所示。

图6-4-16 贷方科目设置

步骤二:转账生成企业所得税凭证

1. 双击执行"期末"—"转账生成"命令,打开"转账生成"界面。
2. 选择自定义转账,选中0002,再单击"确定"按钮,如图6-4-17所示。

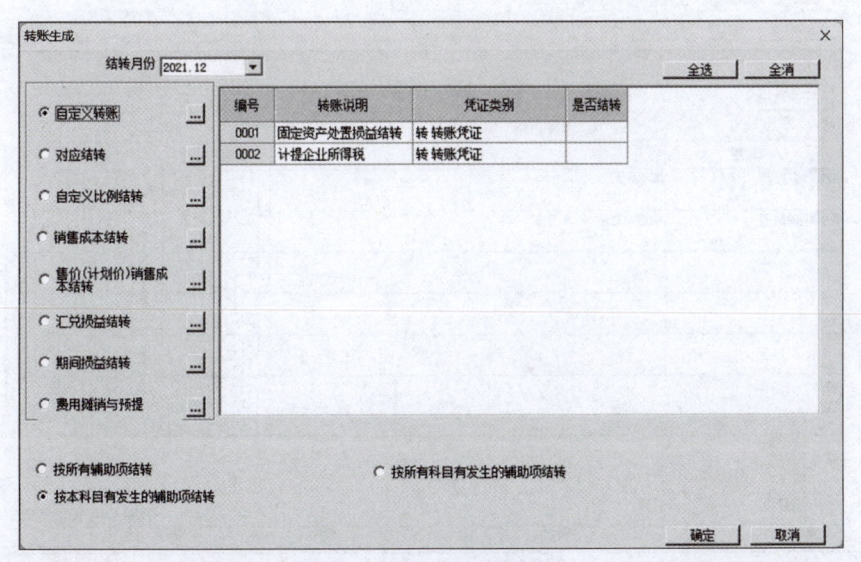

图6-4-17 自定义转账

3. 生成计提企业所得税凭证，单击"保存"按钮，再单击"退出"按钮，如图6-4-18所示。

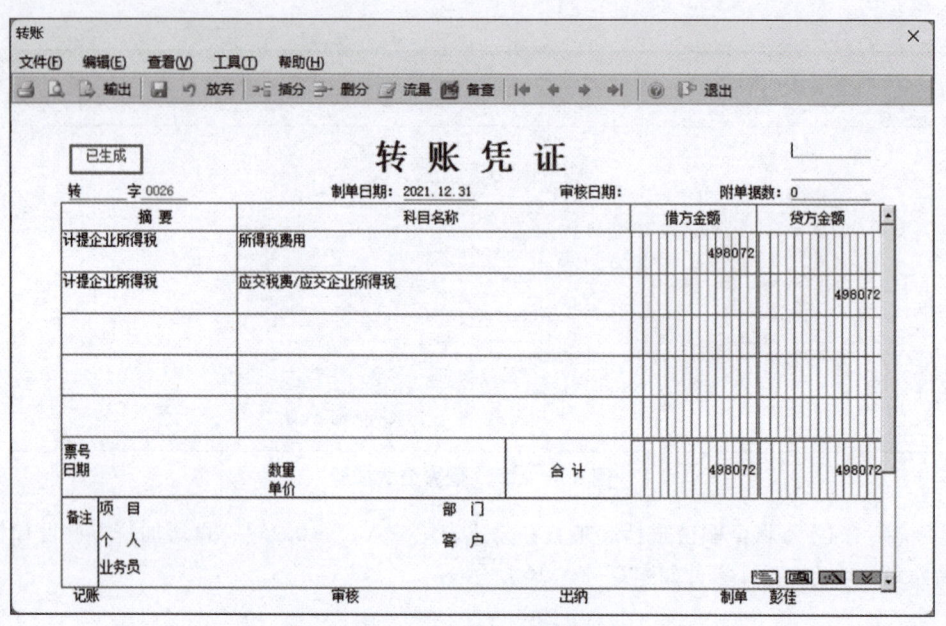

图6-4-18 计提企业所得税凭证

4. 以"002"身份审核凭证，以"003"身份记账。

步骤三：期间损益结转

1. 双击执行"期末"—"转账生成"命令，打开"转账生成"界面，选择"期间损益结转"，类型选择"全部"，单击"全选"按钮，再单击"确定"按钮，生成转账凭证，单击"保存"，再单击"退出"，如图6-4-19所示。

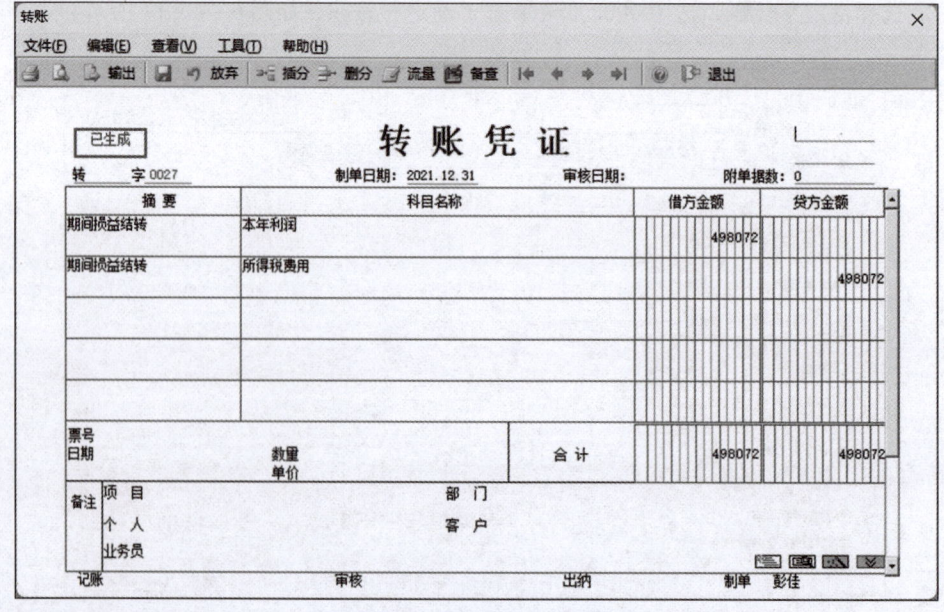

图6-4-19 期间损益结转凭证

2. 以"002"身份审核凭证，以"003"身份记账。

任务4.4 处理结转本年利润

工作内容

2021年12月31日，九州华问服装有限公司财务会计结转本年利润。

工作要求

在企业应用平台中完成结转本年利润处理。

工作岗位

1. 转账定义：003自定义转账设置。
2. 转账生成：003转账生成；002审核；003记账。

工作时间

2021-12-31。

操作规范

步骤一：转账定义

1. 以"003"身份于"2021-12-31"登录企业应用平台。

2. 双击执行"总账"—"期末"—"转账定义"—"自定义转账"命令，打开"自定义转账设置"界面，单击"增加"，弹出编辑框，转账序号"0003"，转账说明"结转本年利润"，凭证类别选择"转"，单击"确定"按钮，如图6-4-20所示。

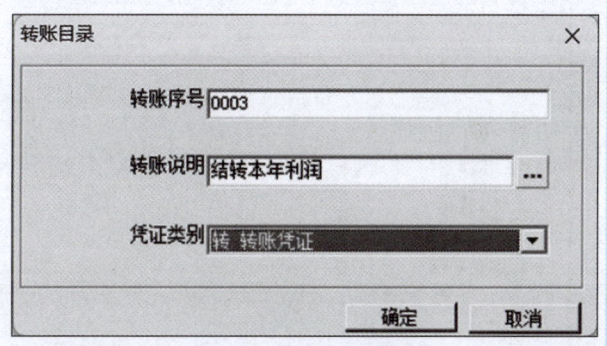

图6-4-20 转账目录

3. 返回"自定义转账设置"界面，单击工具栏的"增行"按钮，录入借方科目"4103"，方向为"借"，单击金额公式的"参照"按钮，弹出公式向导，选择贷方发生额公式"FS()"，单击"下一步"；科目选择"4103"，勾选"继续输入公式"，单击"-（减）"单选按钮，单击"下一步"，如图6-4-21所示。

4. 返回"公式向导"界面，选择借方发生额公式"FS()"，单击"下一步"，科目选择"4103"，单击"完成"，如图6-4-22所示。

5. 单击工具栏的"增行"按钮，录入科目"410401"，方向选择"贷"，金额公式输入"JG()"，单击"保存"，再单击"退出"即可，如图6-4-23所示。

图6-4-21 借方科目公式设置一

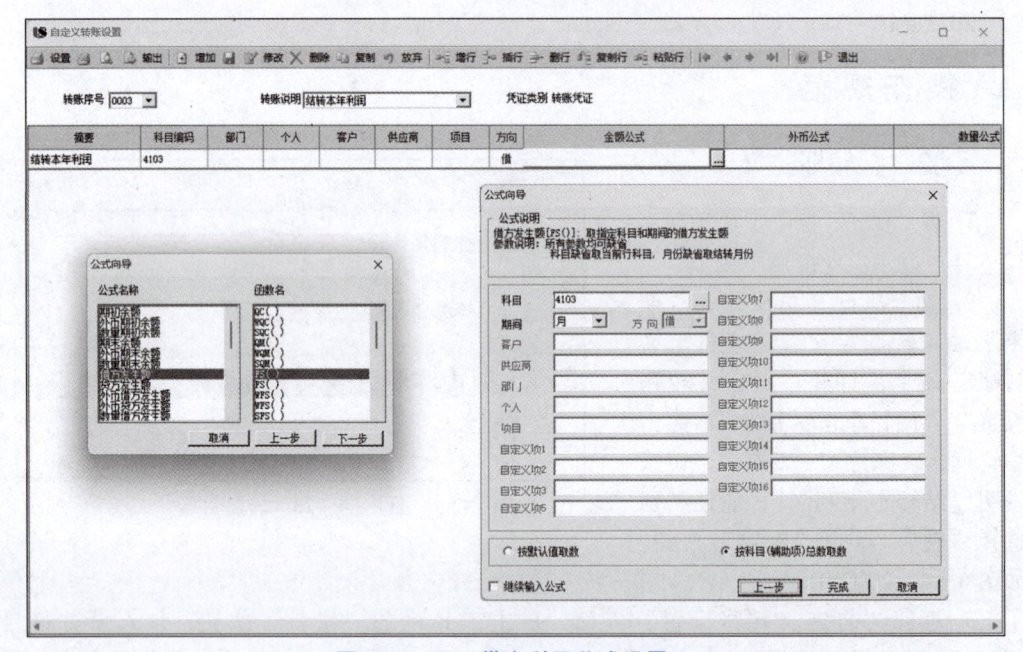

图6-4-22 借方科目公式设置二

图6-4-23 贷方科目公式设置

步骤二：转账生成

1. 双击执行"期末"—"转账生成"命令，打开转账生成界面。
2. 选择"自定义转账"，双击0003，单击"确定"按钮，如图6-4-24所示。

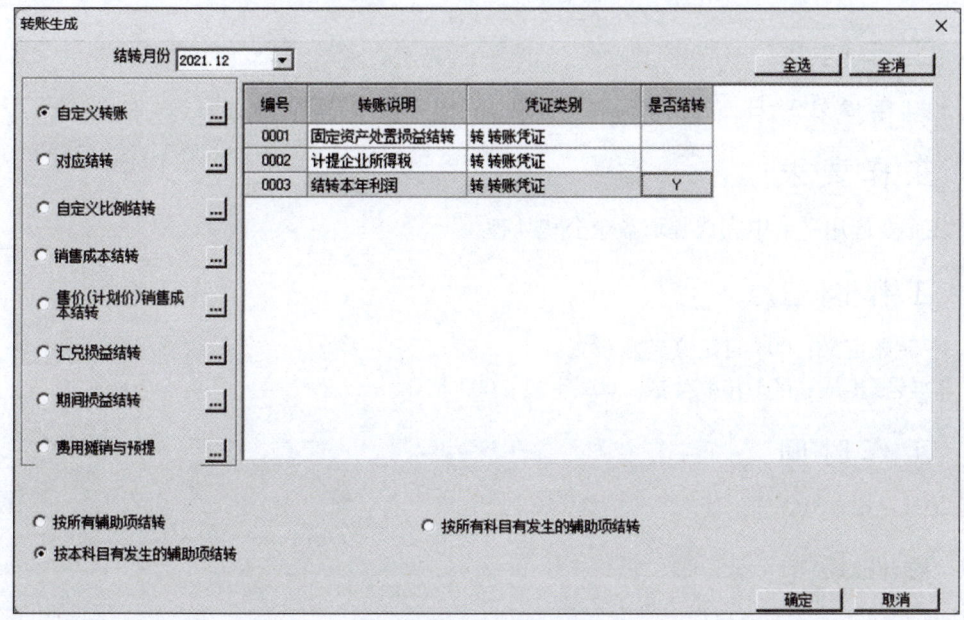

图6-4-24 选择凭证

3. 生成结转本年利润凭证，单击"保存"，再单击"退出"即可，如图6-4-25所示。

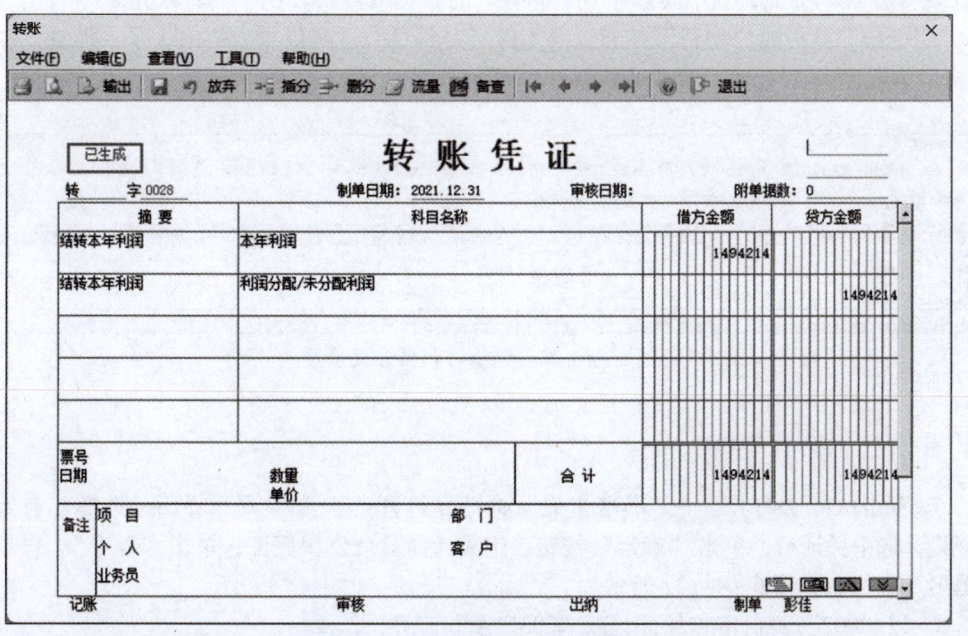

图6-4-25 结转本年利润凭证

4. 以“002”身份审核凭证，以“003”身份记账。

工作笔记

任务4.5　处理提取盈余公积

工作内容

2021年12月31日，九州华问服装有限公司财务会计提取盈余公积。

工作要求

在企业应用平台中完成提取盈余公积处理。

工作岗位

1. 转账定义：003 自定义转账设置。
2. 转账生成：003 转账生成；002 审核；003 记账。

工作时间

2021－12－31。

操作规范

步骤一：转账定义

1. 以“003”身份于“2021－12－31”登录企业应用平台。

2. 双击执行“总账”—“期末”—“转账定义”—“自定义转账”命令，打开“自定义转账设置”界面，新增转账序号“0004”的“提取盈余公积”的转账凭证。

3. 单击工具栏的“增行”按钮，录入借贷方科目，选择借贷方方向，录入借贷方金额公式，单击“保存”即可，如图6－4－26所示。

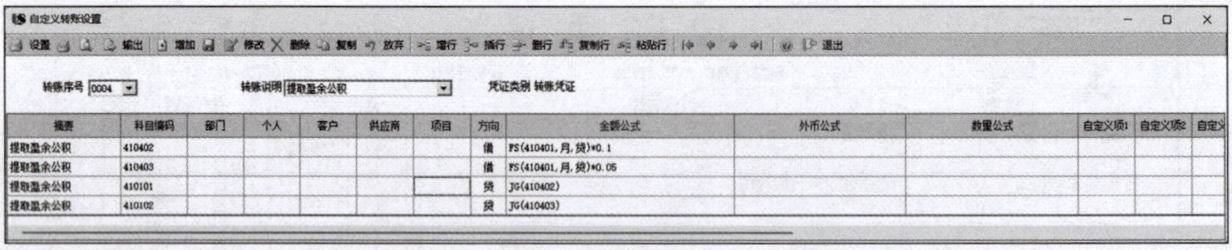

摘要	科目编码	部门	个人	客户	供应商	项目	方向	金额公式	外币公式	数量公式	自定义项1	自定义项2	自定义
提取盈余公积	410402						借	FS(410401,月,贷)*0.1					
提取盈余公积	410403						借	FS(410401,月,贷)*0.05					
提取盈余公积	410101						贷	JG(410402)					
提取盈余公积	410102						贷	JG(410403)					

图6－4－26　借贷方科目公式设置

步骤二：转账生成

1. 双击执行“期末”—“转账生成”命令，打开“转账生成”界面，选择“自定义转账”，选中凭证行，单击“确定”按钮，生成计提盈余公积凭证，单击“保存”，再单击“退出”即可，如图6－4－27所示。

2. 以“002”身份审核凭证，以“003”身份记账。

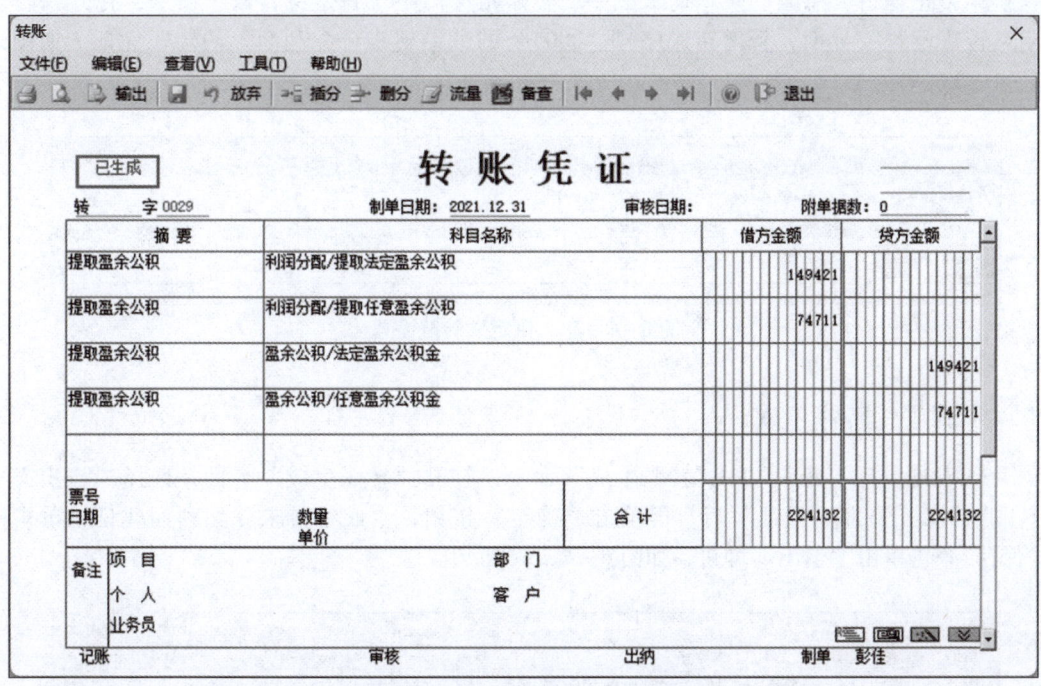

图 6-4-27 计提盈余公积凭证

任务 4.6　处理结转未分配利润

工作内容

2021 年 12 月 31 日，九州华问服装有限公司财务会计结转未分配利润。

工作要求

在企业应用平台中完成结转未分配利润处理。

工作岗位

1. 转账定义：003 自定义转账设置。
2. 转账生成：003 转账生成；002 审核；003 记账。

工作时间

2021 - 12 - 31。

操作规范

步骤一：转账定义

1. 以"003"身份于"2021 - 12 - 31"登录企业应用平台。

2. 双击执行"总账"—"期末"—"转账定义"—"自定义转账"命令,打开"自定义转账设置"界面,新增转账序号"0005"的"结转未分配利润"的转账凭证,如图6-4-28所示。

图6-4-28 自定义转账设置

步骤二:转账生成

1. 双击执行"期末"—"转账生成"命令,打开"转账生成"界面,选择"自定义转账",双击"0005凭证"行,再单击"确定"按钮,生成结转未分配利润凭证,单击"保存",再单击"退出"即可,如图6-4-29所示。

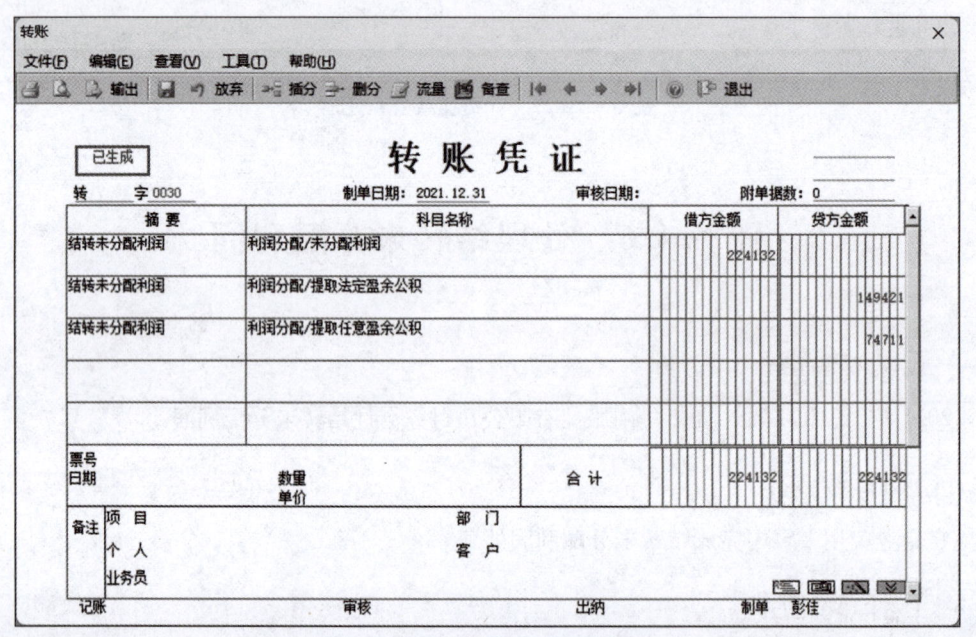

图6-4-29 转未分配利润凭证

2. 以"002"身份审核凭证,以"003"身份记账。

任务4.7 总账期末结账

工作内容

2021年12月31日,九州华问服装有限公司财务经理进行总账结账。

工作要求

在企业应用平台中完成总账结账和反结账处理。

工作岗位

1. 对账：002 陈明。
2. 结账：002 陈明。

工作时间

2021－12－31。

操作规范

步骤一：对账

1. 以"002"身份于"2021－12－31"登录企业应用平台。
2. 双击执行"总账"—"期末"—"对账"命令，打开"对账"界面，如图 6－4－30 所示。

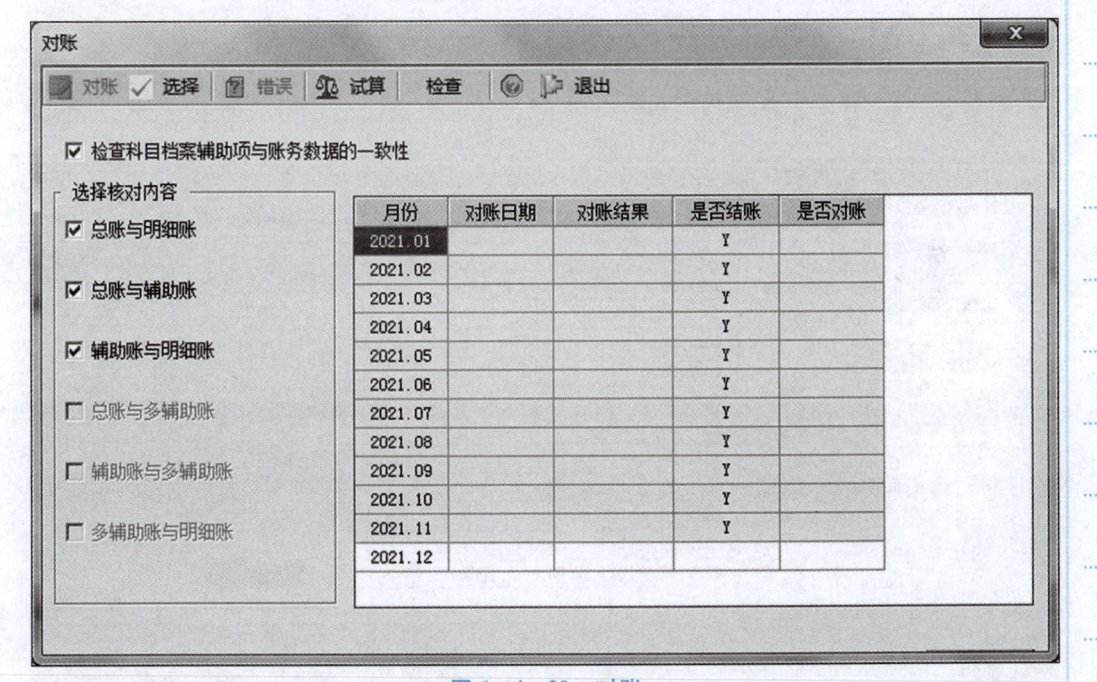

图 6－4－30　对账

3. 单击"选择"按钮，选中需对账的 12 月，单击"对账"按钮，如图 6－4－31 所示。
4. 自动执行对账，对账结束后会显示对账结果，单击"退出"即可，如图 6－4－32 所示。

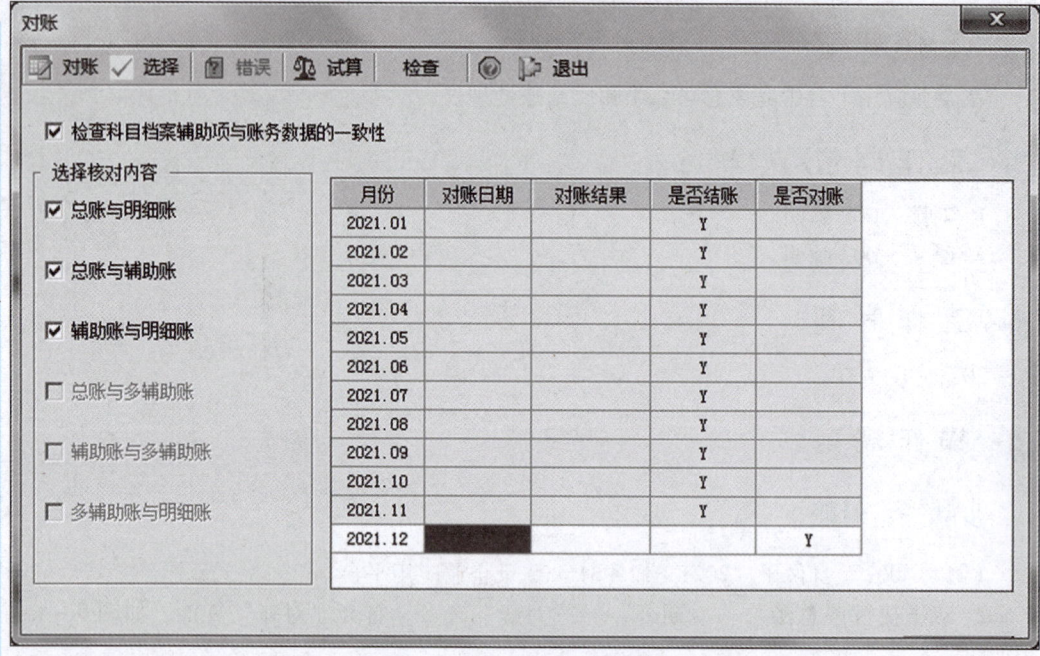

图6-4-31 选择对账月份

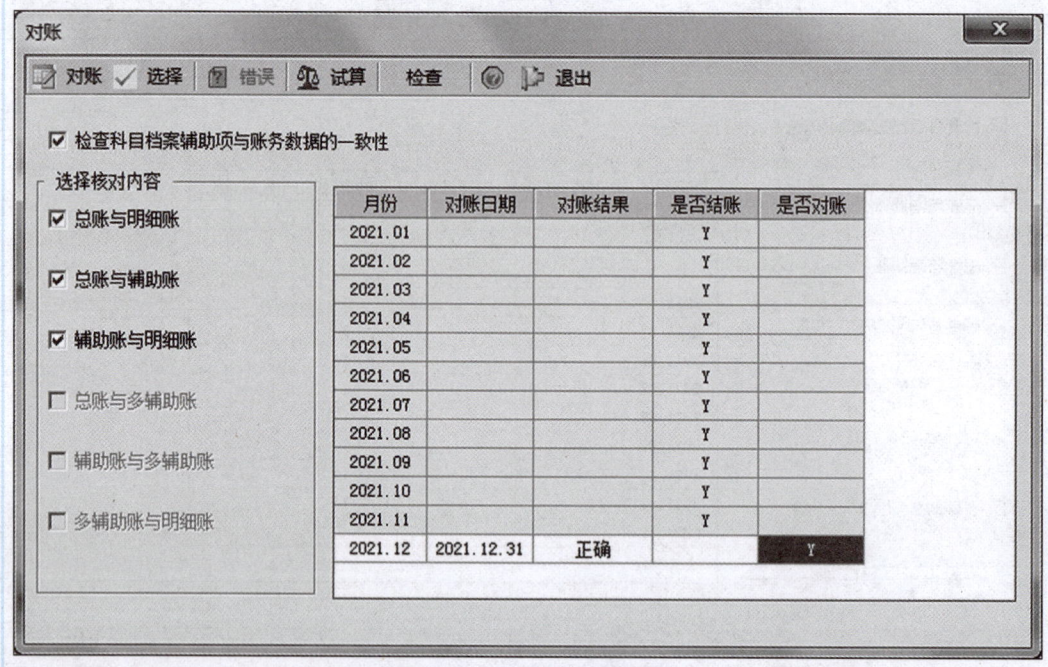

图6-4-32 显示对账结果

步骤二：结账

1. 开始结账：双击执行"期末"—"结账"命令，选择要结账的月份，单击"下一步"，如图6-4-33所示。

2. 核对账簿：单击"对账"，自动再次对账，对账完毕后，单击"下一步"，如图

6-4-34 所示。

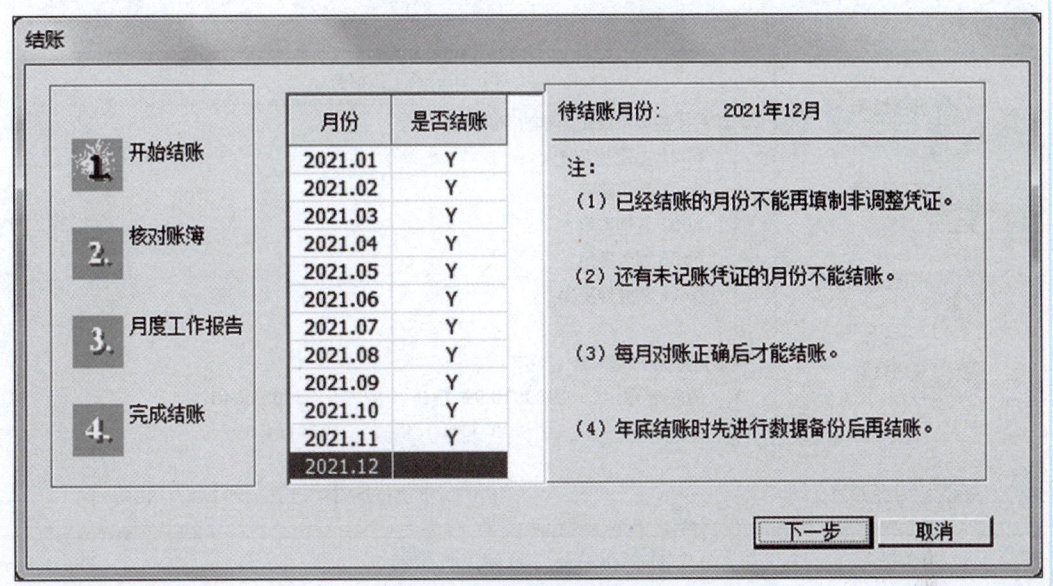

图 6-4-33 开始结账

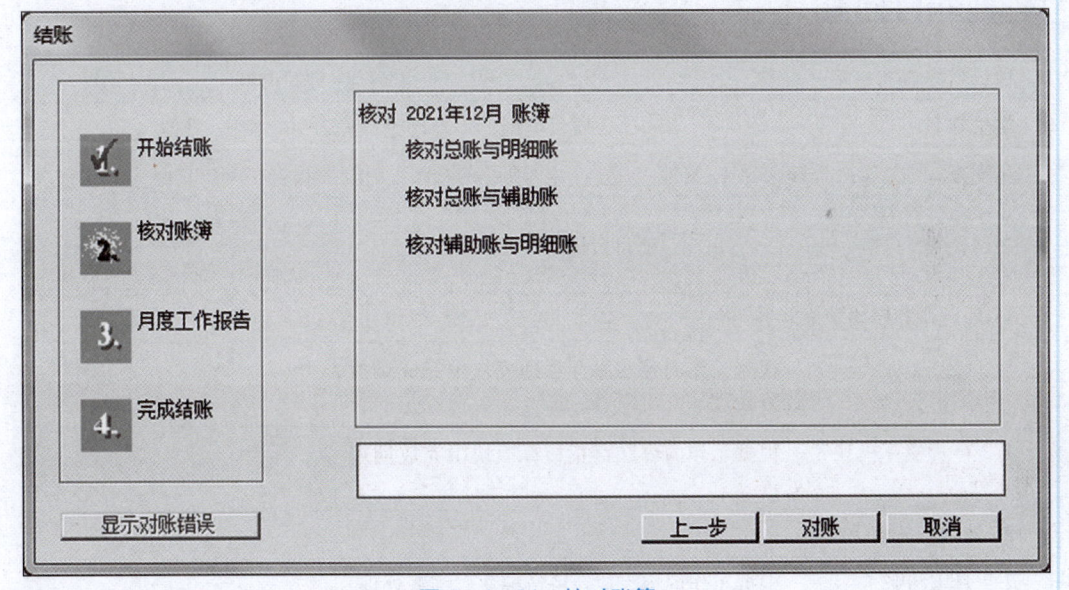

图 6-4-34 核对账簿

3. 月度工作报告：显示 12 月工作报告，逐项检查本月影响结账的项目，其中主要检查凭证是否全部记账、损益类科目是否全部结转、其他子系统是否全部结账完毕，如图 6-4-35 所示。

4. 若检查通过，单击"下一步"，结账完毕。

5. 若检查不通过，则"取消"去将未完成工作完成，再结账。

工作笔记

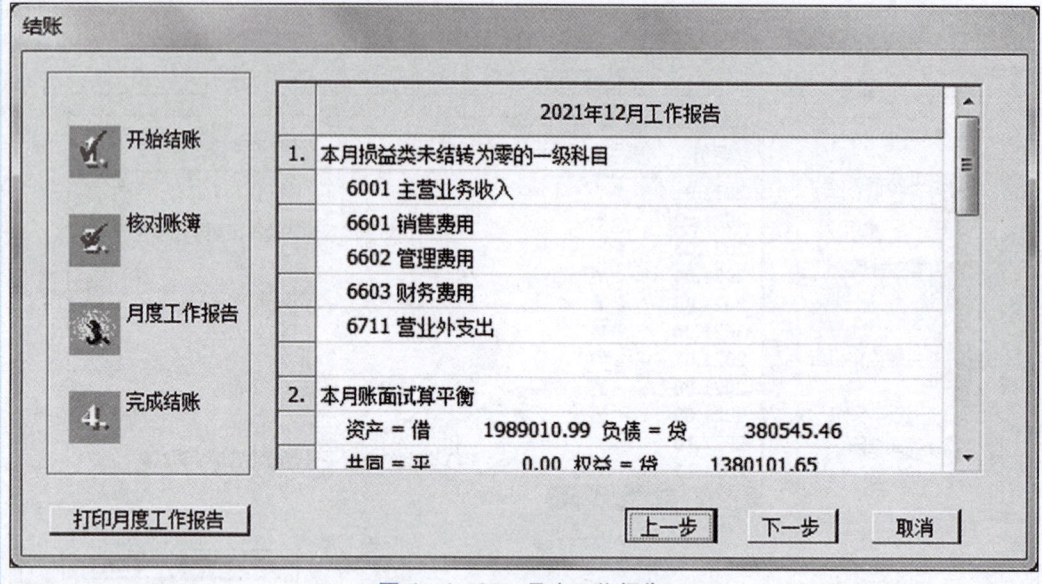

```
结账
┌─────────────────────────────────────────────────┐
│  ┌──────────┐    2021年12月工作报告              │
│  │ 开始结账 │  1. 本月损益类未结转为零的一级科目│
│  └──────────┘     6001 主营业务收入              │
│  ┌──────────┐     6601 销售费用                  │
│  │ 核对账簿 │     6602 管理费用                  │
│  └──────────┘     6603 财务费用                  │
│  ┌──────────┐     6711 营业外支出                │
│  │月度工作报告│                                  │
│  └──────────┘  2. 本月账面试算平衡               │
│  ┌──────────┐     资产 = 借  1989010.99 负债 = 贷   380545.46 │
│  │ 完成结账 │     共同 = 平      0.00  权益 = 贷  1380101.65 │
│  └──────────┘                                    │
│  [打印月度工作报告]        [上一步][下一步][取消]│
└─────────────────────────────────────────────────┘
```

图 6－4－35　月度工作报告

项目评价

项目名称				评价时间		
学生姓名			项目类型	理论/理实一体/实操/其他＿＿＿		
实现方式	实操/讨论/合作/其他＿＿＿		项目成果	作品/报告/方案/其他＿＿＿		
项目任务		项目目标		项目评价		
				优点	缺点	建议
1. 处理业务模块期末业务						
1.1 调拨业务		根据工作内容在库存管理模块中完成调拨业务处理				
1.2 存货核算模块期末处理		根据工作内容在存货核算模块中完成期末处理				
2. 处理业务模块结账						
2.1 月末结账		根据工作内容完成业务链模块群结账处理				
3. 处理财务模块结账						
3.1 处理固定资产模块结账		根据工作内容在固定资产模块中完成结账处理				
3.2 处理应收款模块结账		根据工作内容在应收款管理模块中完成结账处理				
3.3 处理应付款模块结账		根据工作内容在应付款管理模块中完成结账处理				

续表

项目任务	项目目标	项目评价		
		优点	缺点	建议
3.4 处理薪资模块结账	根据工作内容在薪资管理模块中完成期末处理			
4. 处理总账期末业务				
4.1 处理固定资产处置损益	根据工作内容完成固定资产处置损益处理			
4.2 处理期间损益	根据工作内容在企业应用平台中完成期间损益处理			
4.3 处理计提企业所得税	根据工作内容完成计提企业所得税处理			
4.4 处理结转本年利润	根据工作内容完成结转本年利润处理			
4.5 处理提取盈余公积	根据工作内容完成提取盈余公积处理			
4.6 处理结转未分配利润	根据工作内容完成结转未分配利润处理			
4.7 总账期末结账	根据工作内容完成总账结账和反结账处理			

个人评价：

总结与展望：

工作领域小结

本工作领域聚焦于企业期末账务处理的全面管理与优化，作为企业财务信息化的关键环节，其重要性不言而喻。本工作领域致力于通过精细化的业务流程和高效的信息化管理手段，确保企业能够顺利完成每个会计周期的终结，并顺利过渡到下一个周期。

本工作领域的核心工作涵盖了业务链与财务链两大模块的期末业务处理。

业务链模块，专注于调拨业务、单据记账、期末处理及结账操作的精准执行，确保业务数据的准确无误；同时，对采购、销售、库存及存货核算等关键模块实施严格的结账流程，保障业务数据的连续性和一致性。

　　财务链模块，侧重于固定资产管理、薪资管理及应收应付款管理等财务核心模块的结账作业，通过自动化工具与人工审核相结合的方式，提高结账效率与准确性。深入处理期末结转定义、结转凭证的生成与审核记账，以及总账模块的最终结账操作，确保所有财务数据都能够准确无误地反映企业的财务状况，并为企业的战略决策提供有力的数据支持。

　　本工作领域不仅提升了企业财务管理的专业性与效率，还强化了企业内部控制的严密性，为企业的稳健发展奠定了坚实的基础。展望未来，我们将继续深化财务信息化建设，不断优化业务流程，为企业创造更大的价值。

工作领域七

编制报表

本工作领域专注于企业财务报表的编制与管理，涵盖但不限于运用报表系统精准构建资产负债表、利润表等核心财务报表，以及对企业财务状况进行全面分析。

业财一体化平台内置的会计报表系统展现出高度的灵活性与兼容性，既能够作为独立工具高效运作，也能无缝对接平台内其他功能模块，实现数据流转与处理的深度整合。

具体而言，工作职责为以下方面：

一、编制标准财务报表

1. 编制资产负债表。

依托会计报表系统预设的模板框架，精确引用业财链模块群的各项财务数据，高效生成全面反映企业资产、负债及所有者权益状况的资产负债表。

2. 编制利润表。

利用系统内置模板，细致分析并精确引用业财链模块群的企业收入、成本、费用等关键财务数据，精准编制出反映企业盈利能力的利润表。

二、盈利能力深度分析

1. 定制盈利能力分析表格式。

为满足个性化分析需求，精心设计盈利能力分析表的布局，包括表头信息的完善、表体结构的搭建、关键指标的选定与公式设定，确保分析表既直观又具深度。

2. 财务分析表生成。

在格式定制完成后，运用系统强大的数据处理能力，自动汇集并计算各项财务指标，迅速生成直观展现企业盈利状况与潜力的分析报表，为管理层提供决策支持。

综上所述，本工作领域不仅要求相关人员具有扎实的会计专业知识与技能，还需具备良好的数据分析与系统操作能力，以确保财务报表的准确性、时效性及分析的深度与广度。

会计职业道德规范

守正创新

不断适应新形势新要求，与时俱进、开拓创新，努力推动会计事业高质量发展。

会计职业道德故事

商鞅变法

【出处】

《史记·商君列传》："商君佐秦孝公，鞅欲变法，秦人不悦。鞅曰：'夫民不可与虑始，而可与乐成。论至德者不和于俗，成大功者不谋于众。是以圣人苟可以强国，不法其故。'甘龙曰：'不然。缘法而治者，吏习而民安之。'公曰：'善。'鞅曰：'常人安于故俗，学者溺于所闻。以此两者，居官守法可也，非所与论于法之外也。三代不同礼而王，五伯不同法而霸。智者作法，愚者制焉；贤者更礼，不肖者拘焉。'"孝公曰："善。"以卫鞅为左庶长，卒定变法之令。

【概述】

商鞅辅佐秦孝公，打算变法图强，但遭到了秦国贵族的反对。商鞅说："不能与百姓商议开创事业的大计，却可以与他们共享成功的喜悦。讲求高尚道德的人，不附和于俗人的见解；成就伟大功业的人，不与众人商议。因此，贤明的人只要能够强国，就不必拘泥于旧法。"大臣甘龙反驳说："不是这样的。依照旧法来治理国家，官吏熟悉，百姓也安定。"秦孝公说："好。"商鞅说："平庸的人守旧俗，读死书的人拘泥于书本上的见闻。这两种人，可以用来做官守法，但不能同他们讨论变法的事。三代礼制不同而都能称王天下，五霸的法治不同而都能称霸诸侯。聪明的人制定法规政策，愚蠢的人只会受制于人；贤德的人因时而变，无能的人才死守成法。"秦孝公说："讲得好。"便任命商鞅为左庶长，最终颁布了变法的法令。

【思考】

守正，即坚守正道，坚持正确的价值观和原则；创新，则是在坚守正道的基础上，勇于破旧立新，推动事物的发展进步。

在追求个人成长和推动社会发展的过程中，既要坚守正确的价值观和原则，又要勇于破旧立新，不断探索新的思路和方法。

商鞅变法的故事对于我们理解和阐述守正创新具有重要的启示意义。它告诉我们，守正创新是一种既坚守正道又勇于创新的思维方式和行为准则，是推动事物发展进步的重要动力。

必备知识

一、会计报表系统基本概念

1. 报表结构。

报表一般由表名、表头、表体和表尾四个基本要素构成，不同报表的四个基本要素内容是不同的。

2. 格式状态和数据状态。

报表系统将含有数据的报表分为格式设计与数据处理两大部分，格式设计和数据处理是在不同状态下进行的。实现状态切换的是一个特别重要的按钮"格式/数据"按钮，单击这个按钮可以在格式和数据状态之间切换。

格式状态下执行报表的格式设置工作，如表尺寸、行高列宽、单元属性、单元风格、组合单元、关键字、可变区等。报表的公式定义（单元公式、审核公式、舍位平衡公式）也在格式状态下设置。

在格式状态下所做的操作对本报表所有的表页都发生作用。在格式状态下不能进行数据的录入、计算等操作。在格式状态下所看到的是报表的格式，数据均隐藏。

数据状态下执行报表数据的处理工作，如输入数据、增加或删除表页、审核、舍位平衡、做图形、汇总、合并报表等。

在数据状态下不能修改报表的格式，但看到的是报表的全部内容，包括格式和数据。

3. 单元及其类型。

单元是组成报表的最小单位，由所在行、列标识单元名称。行号用数字 1~9 999 表示，列标用字母 A–IU 表示，如：D22 表示第 4 列第 22 行的那个单元。

单元类型包括数值、字符和表样单元三种。

数值单元记录的是报表的数据，在数据状态下输入，内容可以是 15 位以下的有效数字，可直接输入或由单元中存放的单元公式计算而成。建立一个新表时，所有单元的类型缺省为数值。

字符单元记录的是报表的数据，在数据状态下输入，内容可以是 255 个以下的汉字、字母、数字及各种键盘可输入的符号组成的一串字符，可直接输入或由单元中存放的单元公式计算而成。

表样单元是报表的格式，是定义一个没有数据的空表所需的所有文字、符号或数字，表样单元对所有表页都有效。在格式状态下输入和修改，在数据状态下只显示。一个单元中最多可输入 255 个字符。

4. 组合单元。

组合单元是由相邻的两个或更多的单元组成的区域，这些单元必须是同一种单元类型，组合单元在运用中被视为一个单元。可以将单行多列、单列多行或多行多列的平面区域设为一个组合单元。

组合单元的名称可以用区域的名称或区域中单元的名称来表示，如把 B2 到 B3 定义为一个组合单元，这个组合单元可以用"B2""B3"或"B2：B3"表示。

5. 区域。

区域由一张表页上的一组单元组成，自起点至终点单元是一个完整的长方形矩阵。区域是二维的，最大的区域是一个二维表的所有单元，最小的区域是一个单元。

6. 表页。

表页是由若干行（1~9 999 行数）和若干列（1~255 列数）组成的二维表，一张报表最多可容纳 99 999 张表页，每一张表页是由许多单元组成的。一个报表中的所有表页具有相同的格式，但其中的数据不同。

7. 二维表和三维表。

确定某一数据位置的要素称为"维"。"一维"为一条线，"二维"为一平面，"三维"为一空间。

将一个平面表格化，可用行（X 轴）和列（Y 轴）确定某数据，这个平面可视为"二维表"。

若将多个二维表叠在一起，要找到某数据，需增加表页号（Z 轴），这一叠表称为"三维表"。

若将多个三维表叠在一起，要找到某数据，需增加表名（T 轴），三维表中的表间操作即称为"四维运算"。

8. 关键字。

关键字是游离于单元之外的特殊数据单元，用于唯一标识一个表页，以在大量表页中快速选择表页，属于三维表中定位某张表页的"Z 轴"。

UFO 报表提供了六种关键字：单位名称、单位编号、年、季、月、日，还有自定义关键字功能，可用于业务函数中。

格式状态下设置关键字的显示位置，数据状态下录入关键字的值，每个报表可以定义多个关键字。

二、会计报表系统与其他模块间的关系

会计报表系统通过设置取数公式的方式从其他各功能模块取数以编制相关财务报表，进行财务分析。

会计报表系统与其他模块间的关系如图 7-1-1 所示。

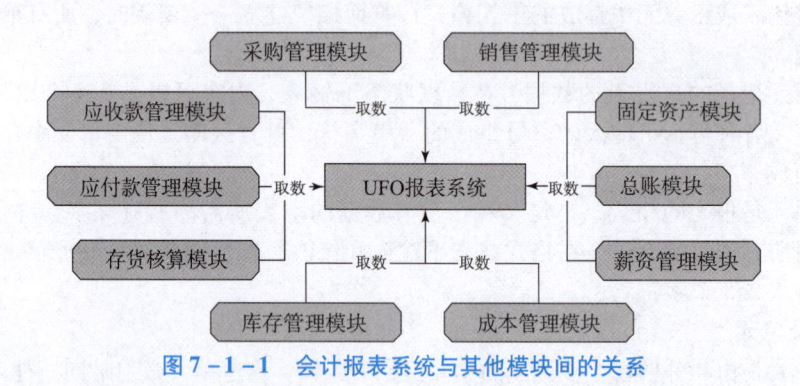

图 7-1-1　会计报表系统与其他模块间的关系

三、会计报表系统主要功能

会计报表系统是真正的三维立体表，实现了三维立体表的四维处理能力。

1. 提供各行业报表模板。

提供 33 个行业的标准财务报表模板，可一键生成常用报表。提供自定义模板的功能，可以根据企业的实际需要个性化定制。

2. 文件管理功能。

提供各类文件管理功能，能够进行不同文件格式的相互转换，如文本文件、Access 文件、Excel 文件等。支持多个窗口同时显示和处理，可同时打开的文件和图形窗口多达 40 个。提供标准财务数据的"导入""导出"功能，可以和其他流行财务软件交换数据。

3. 格式管理功能。

提供丰富的格式设计功能，如设置表尺寸、组合单元、区域画线（包括斜线）、调整行高列宽、设置字体和颜色、设置显示比例等，可制作适应多场景的报表。

4. 数据处理功能。

提供排序、查询、审核、舍位平衡、汇总功能；提供绝对单元公式和相对单元公式，可以方便迅速地定义计算公式；提供丰富的函数，可以从用友平台中提取数据，生成财务报表。

5. 打印功能。

提供"打印"和"打印预览"功能，打印时可以设置页眉页脚、缩放打印、横向或纵向打印等。

6. 二次开发功能。

提供批命令和自定义菜单，自动记录命令窗中输入的多个命令，可将有规律性的操作过程编制成批命令文件。提供 Windows 风格的自定义菜单，综合利用批命令，可以在短时间内开发出本企业的专用系统。

四、会计报表系统操作流程

会计报表系统基本操作流程分为启动系统建立空白报表、格式处理、数据处理、退出系统四个阶段。

会计报表系统操作流程如图 7-1-2 所示。

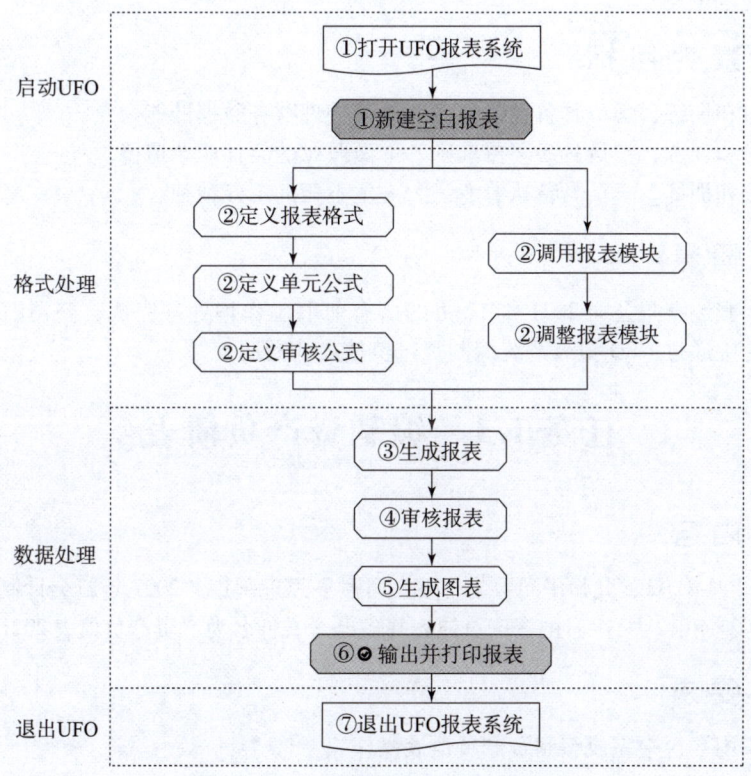

```
启动UFO:
  ①打开UFO报表系统
  ①新建空白报表

格式处理:
  ②定义报表格式        ②调用报表模块
  ②定义单元公式        ②调整报表模块
  ②定义审核公式

数据处理:
  ③生成报表
  ④审核报表
  ⑤生成图表
  ⑥输出并打印报表

退出UFO:
  ⑦退出UFO报表系统
```

图 7-1-2 会计报表系统操作流程

财人微语

"执古之道,以御今之有。能知古始,是谓道纪。"

——《道德经·第十四章》

工作任务1 编制常用报表

职业知识目标

通过学习,学员能掌握会计报表系统基本概念;

通过学习,学员能了解会计报表系统的基本功能;

通过学习,学员能了解会计报表系统与其他模块间的关系;

通过学习,学员能掌握会计报表系统的操作流程。

职业技能目标

通过训练，学员能根据企业业务数据在业财平台中完成资产负债表的编制；

通过训练，学员能根据企业业务数据在业财平台中完成利润表的编制；

通过训练，学员具备独立完成企业会计报表的编制能力，达到胜任基于业财平台财务分析岗位职责的目标。

职业素养目标

通过学习和训练，学员具备在信息化环境下处理财务数据的能力；

通过学习和训练，学员具备坚持准则、不做假账的会计职业道德；

通过学习和训练，学员具备执着专注、一丝不苟的工匠精神。

工作情景

九州华问服装有限公司 2021 年 12 月的所有业财工作均处理完成，公司财务经理在业财一体化平台中通过 UFO 报表系统编制资产负债表和利润表。

任务 1.1　编制资产负债表

工作内容

2021 年 12 月 31 日，九州华问服装有限公司财务经理利用"2007 年新会计制度科目"报表模板生成 2021 年 12 月 31 日的资产负债表并输出（文件名为"资产负债表 202112.rep"）。

工作要求

在企业应用平台中完成编制资产负债表操作。

工作流程

1. 新建：002 - 新建空白报表。
2. 格式：002 - 调用模板；002 - 调整模板。
3. 数据：002 - 生成报表；002 - 审核报表；002 - 输出报表。

工作岗位

财务经理（002 陈明）。

工作时间

2021 - 12 - 31。

操作规范

步骤一：新建

1. 以"002"身份于"2021 - 12 - 31"登录企业应用平台。
2. 双击执行"财务会计"—"UFO 报表"命令，打开"UFO 报表"窗口。

弹出"日积月累"提示框,取消"在开始时启动日积月累"的勾选,再单击"关闭"按钮,进入系统窗口,如图 7-1-3 所示。

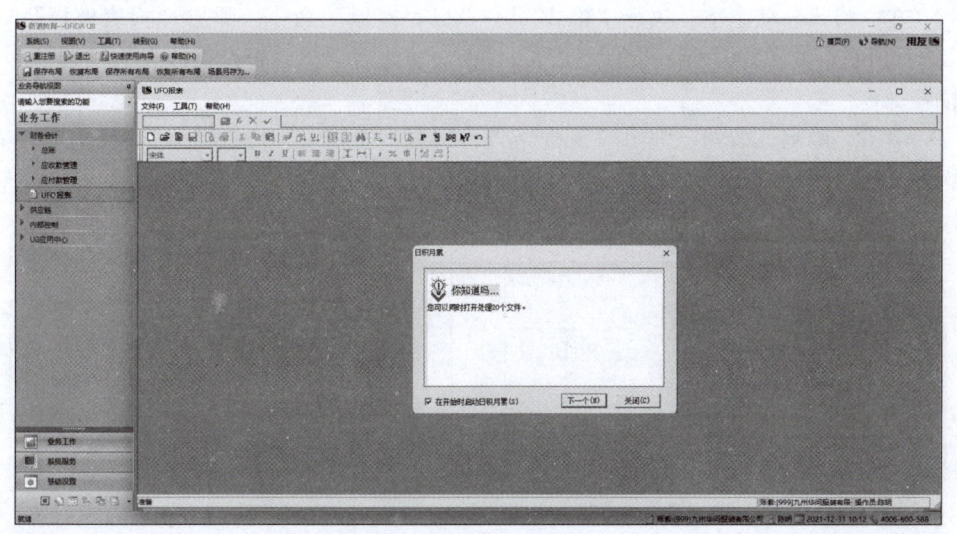

图 7-1-3 系统窗口

3. 单击工具栏的" ▯ "按钮或执行菜单栏的"文件"—"新建"命令或快捷键"Ctrl + N",进入报表窗口,如图 7-1-4 所示。

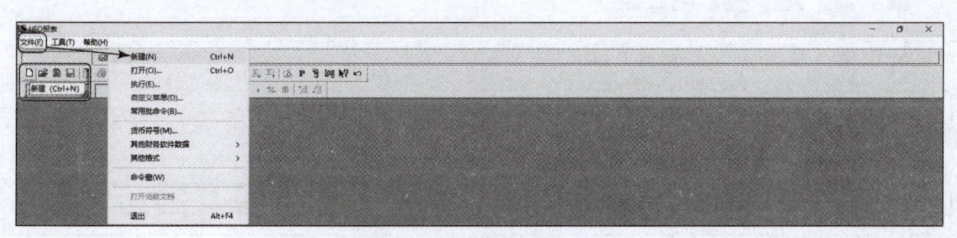

图 7-1-4 报表窗口

4. 在报表窗口自动新建一张空白报表,报表名默认为"report1",如图 7-1-5 所示。

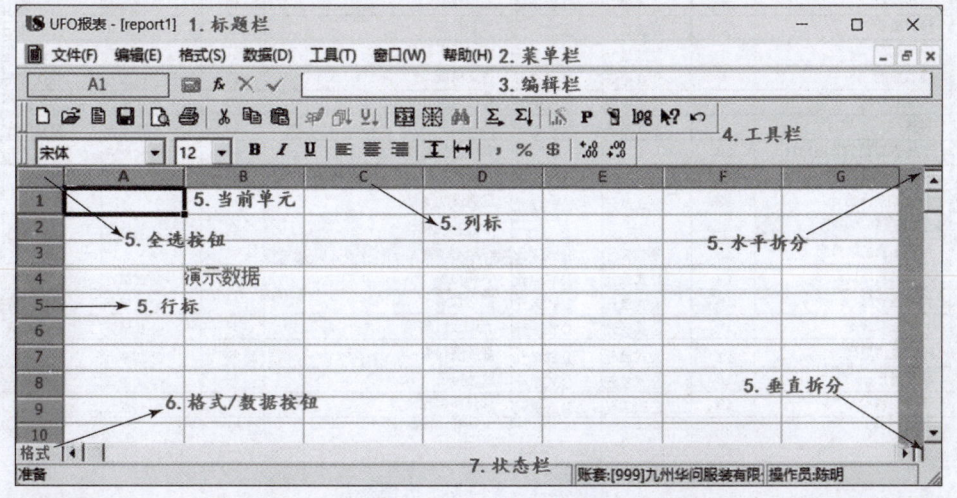

图 7-1-5 空白报表

步骤二：格式

1. 在"格式"状态下，执行"格式"—"报表模板"命令，弹出"报表模板"对话框，选择所在行业"2007年新会计制度科目"，财务报表选择"资产负债表"，如图7－1－6所示。

2. 单击"确定"按钮，弹出"模板格式将覆盖本表格式！是否继续？"提示框，单击"确定"按钮，如图7－1－7所示。

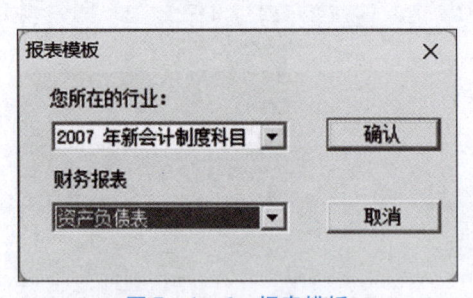

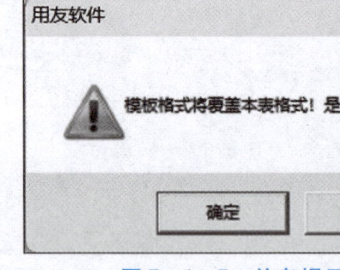

图7－1－6　报表模板

图7－1－7　信息提示框

3. 打开"资产负债表"模板，如图7－1－8所示。

图7－1－8　资产负债表

4. 选中"A3"单元格,将单元格内容"编制单位:"删除,执行菜单栏"数据"—"关键字"—"设置"命令,弹出"设置关键字"选择窗口,如图7-1-9所示。

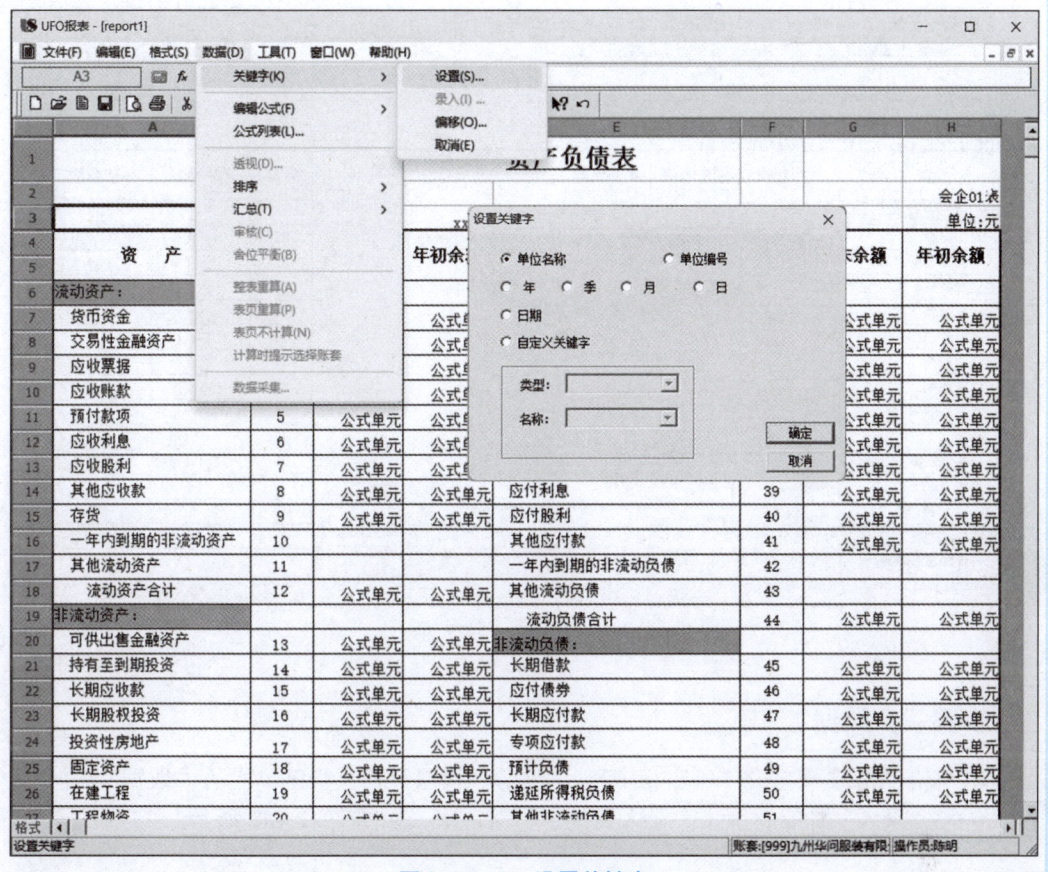

图7-1-9 设置关键字

5. 选择"单位名称",单击"确定"按钮,新增单位名称的关键字,如图7-1-10所示。

图7-1-10 新增关键字

6. 根据实际情况再做其他格式调整。

7. 格式调整好后,单击"保存"按钮,弹出"另存为"对话框,选择保存路径,修改文件名为"资产负债表202112",文件类型默认"*.rep",再单击"另存为"按钮,如图7-1-11所示。

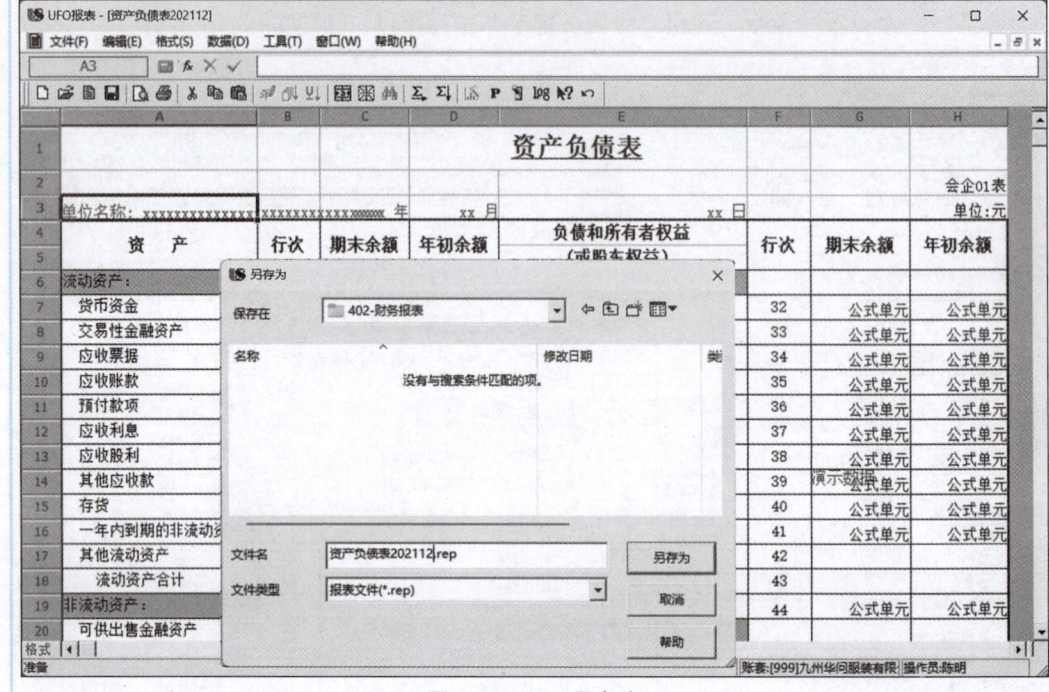

图 7-1-11 另存为

步骤三：数据

1. 单击"格式/数据"按钮，切换到"数据"状态下，执行菜单栏的"数据"—"关键字"—"录入"命令，弹出"录入关键字"对话框，如图 7-1-12 所示。

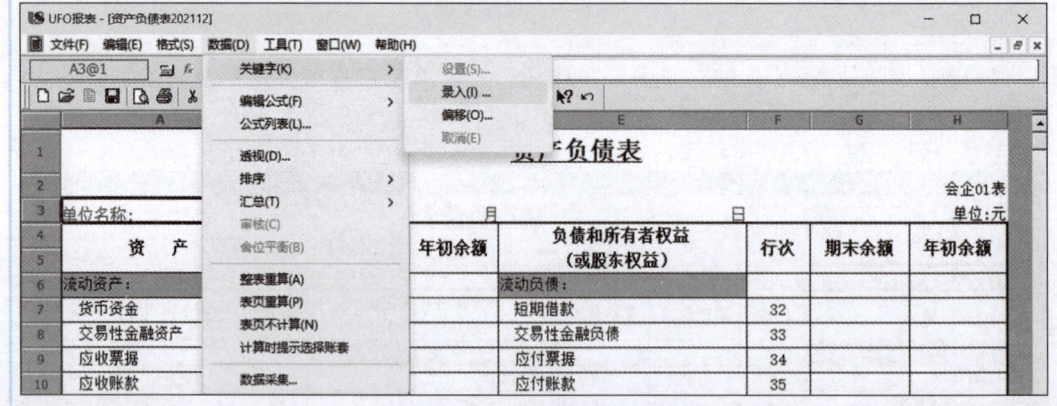

图 7-1-12 录入关键字

2. 输入关键字：单位名称"九州华问服装有限公司"，"2021"年，"12"月，"31"日，单击"确认"按钮，如图 7-1-13 所示。

3. 弹出"是否重算第1页？"提示框，单击"是"按钮，自动计算 12 月数据，输入关键字：单位名称"九州华问服装有限公司"，"2021"年，"12"月，"31"日，单击"确认"按钮，如图 7-1-14 所示。

图 7-1-13　录入关键字

图 7-1-14　自动计算

4. 单击工具栏的"保存"按钮，完成资产负债表的保存。

任务 1.2　编制利润表

工作内容

2021 年 12 月 31 日，九州华问服装有限公司财务经理利用"2007 年新会计制度科目"报表模板生成 2021 年 12 月的利润表并输出（文件名为"利润表202112.rep"）。

工作要求

在企业应用平台中完成编制利润表操作。

工作流程

1. 新建：002－新建空白报表。
2. 格式：002－调用模板；002－调整模板。
3. 数据：002－生成报表；002－审核报表；002－输出报表。

工作岗位

财务经理（002 陈明）。

工作时间

2021－12－31。

操作规范

1. 以"002"身份于"2021－12－31"登录企业应用平台。

2. 新建一空白报表，再参照"资产负债表"编制过程，生成2021年12月31日的利润表，如图7－1－15所示。

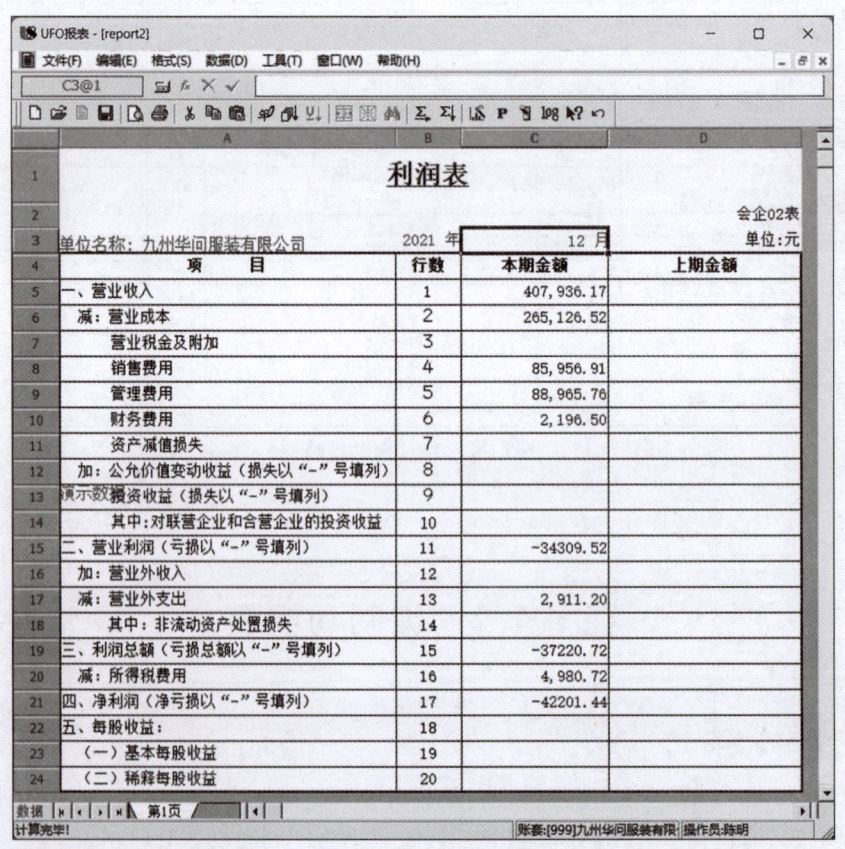

图 7－1－15 利润表

> **财人微语**
>
> "君子和而不同，小人同而不和。"
>
> ——《论语·子路》

工作任务 2　编制盈利能力分析表

职业知识目标

通过学习，学员能掌握会计报表系统基本概念；

通过学习，学员能了解会计报表系统的基本功能；

通过学习，学员能了解会计报表系统与其他模块间的关系；

通过学习，学员能掌握会计报表系统的操作流程。

职业技能目标

通过训练，学员能根据企业业务数据在业财平台中完成盈利能力分析表格式设置；

通过训练，学员能根据企业业务数据在业财平台中完成盈利能力分析表数据生成；

通过训练，学员具备独立完成企业会计报表的编制能力，达到胜任基于业财平台财务分析岗位职责的目标。

职业素养目标

通过学习和训练，学员具备在信息化环境下处理财务数据的能力；

通过学习和训练，学员具备坚持准则、不做假账的会计职业道德；

通过学习和训练，学员具备执着专注、一丝不苟的工匠精神。

工作情景

九州华问服装有限公司 2021 年 12 月的所有业财工作均处理完成，公司财务经理在业财一体化平台中通过 UFO 报表系统编制资产负债表和利润表。

任务 2.1　格式设置

工作内容

2021 年 12 月 31 日，九州华问服装有限公司财务经理进行盈利能力分析，自定义一张盈利能力分析表（见表 7-2-1，文件名为"盈利能力分析表 202112.rep"），并进行单元公式定义。

表 7-2-1 盈利能力分析表

编制单位：九州华问服装有限公司　　　　　　　　　　　　　　2021 年 12 月 31 日

指标	数值
营业净利率	
营业毛利率	
净资产收益率	
成本费用利润率	
总资产净利率	

工作要求

在企业应用平台中完成盈利能力分析表格式设置。

工作流程

1. 新建：002-新建空白报表。
2. 格式：002-表尺寸、组合单元、区域画线、报表项目、单元属性。
3. 关键字：002-设置关键字、偏移关键字。

工作岗位

财务经理（002 陈明）。

工作时间

2021-12-31。

操作规范

步骤一：新建

1. 以"002"身份于"2021-12-31"登录企业应用平台。
2. 双击执行"财务会计"—"UFO 报表"命令，打开 UFO 报表窗口。

单击工具栏的"　"按钮，新建一张空白报表，报表名默认为"report1"。

步骤二：格式

1. 表尺寸设置。

在"格式"状态下，执行"格式"—"表尺寸"命令，弹出"表尺寸"对话框，行数输入"8"，列数输入"2"，单击"确定"按钮，报表文件显示一个 8 行 2 列的区域，如图 7-2-1 所示。

2. 组合单元设置。

选中"A1：B1"单元，执行"格式"—"组合单元"命令或单击工具栏的"　"按钮，弹出"组合单元"对话框，单击"整体组合"或"按行组合"，将第一行组合成一个单元，如图7-2-2所示。

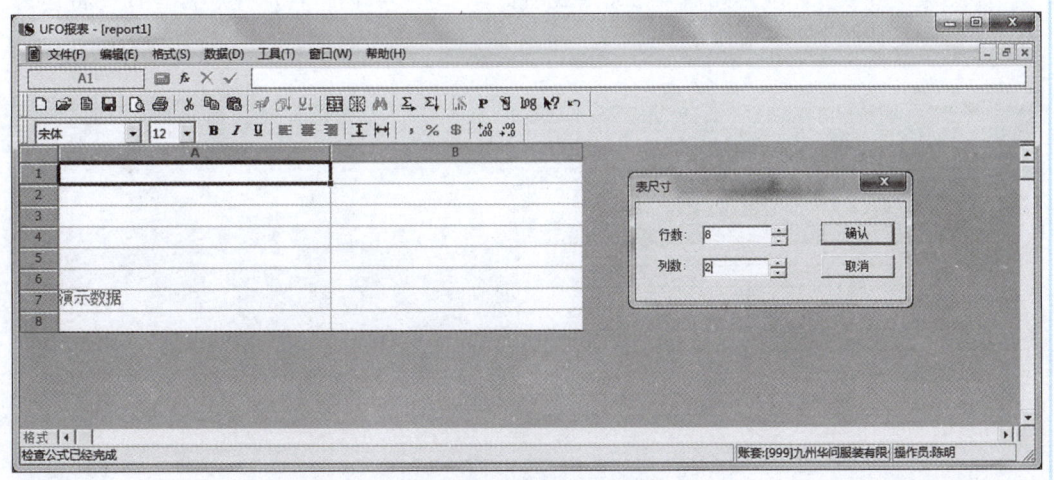

图7-2-1 表尺寸设置

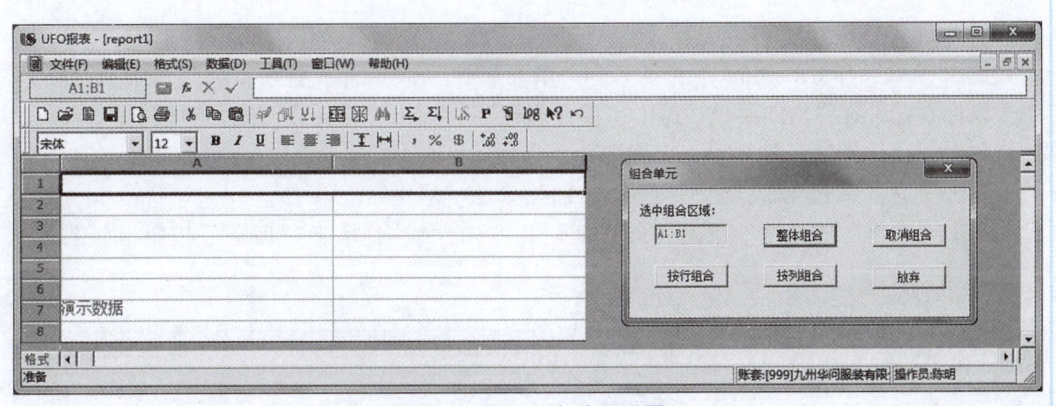

图7-2-2 组合单元设置

3. 区域画线设置。

选中"A3：B8"单元，执行"格式"—"区域画线"命令或单击工具栏的""按钮，弹出"区域画线"对话框，单选"网线"，单击"确认"按钮，如图7-2-3所示。

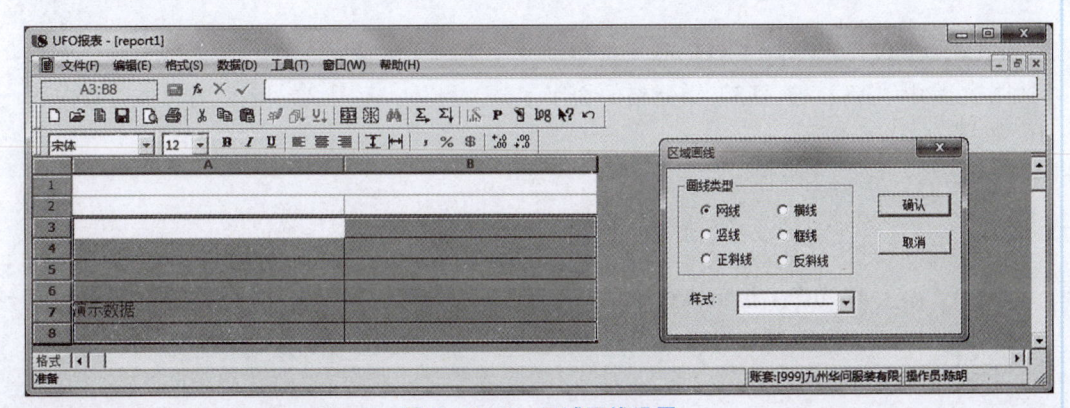

图7-2-3 区域画线设置

4. 输入报表项目。

根据案例样表在相应单元输入相关报表项目,"单位名称"与"年、月、日"将作为关键字处理,如图7-2-4所示。

图7-2-4 报表项目设置

5. 单元属性设置。

选中"A1"单元,执行"格式"—"单元属性"命令(或移动鼠标到选中单元格再单击鼠标右键,在弹出的菜单栏选中"单元属性"),弹出"单元格属性"对话框。

单击"字体图案"选项卡,字体选择"楷体",字型选择"粗体",字号选择"24"。

单击"对齐"选项卡,水平和垂直方向均单选"居中"。

单击"边框"选项卡,单击"外边框"和"内框线",单击"确定"按钮,如图7-2-5所示。

图7-2-5 单元属性设置

6. 同样的操作,设置"A2:B8"区域的文字字体为楷体、字号16、字型为普通、方向居中,其中"A3"与"B3"单元格的文字字体为楷体,字号22,字型为粗体,方向居中,如图7-2-6所示。

步骤三:关键字

1. 关键字设置。

选中"A2"单元格,单击执行菜单栏的"数据"—"关键字"—"设置"命令,弹出"设置关键字"对话框,单选"单位名称",单击"确定"按钮,再选中"B2"单元格,执行相同操作,依次设置"年""月""日"关键字,如图7-2-7所示。

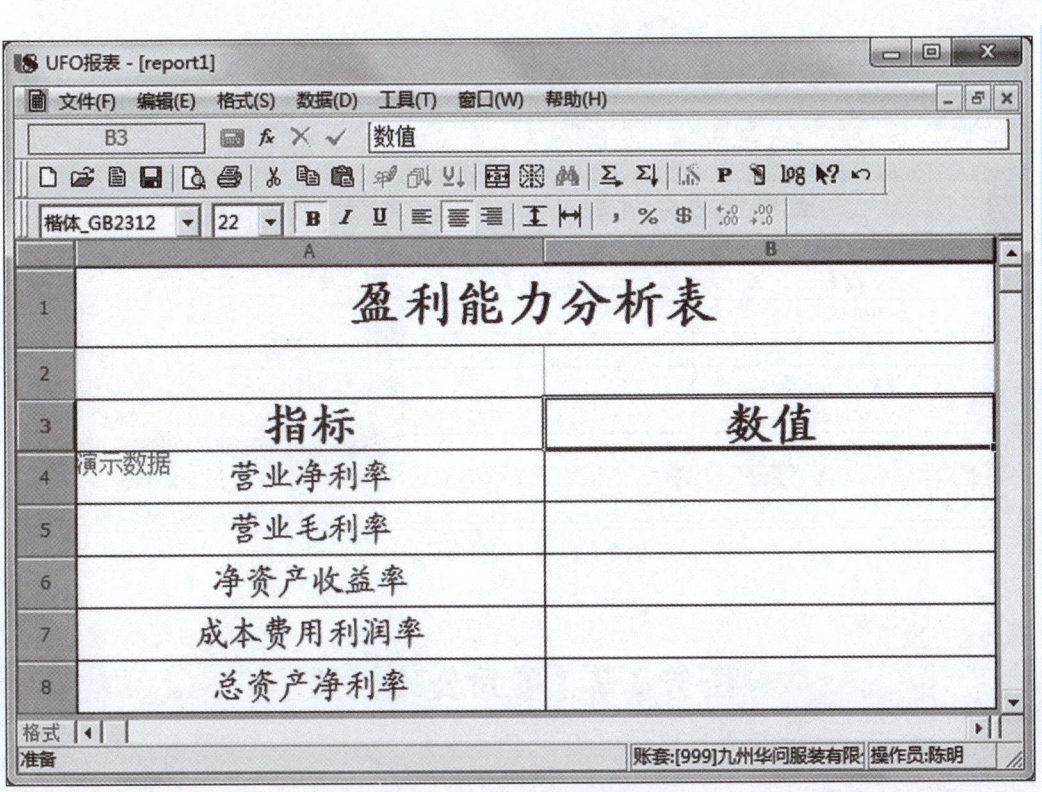

图7-2-6 单元属性设置

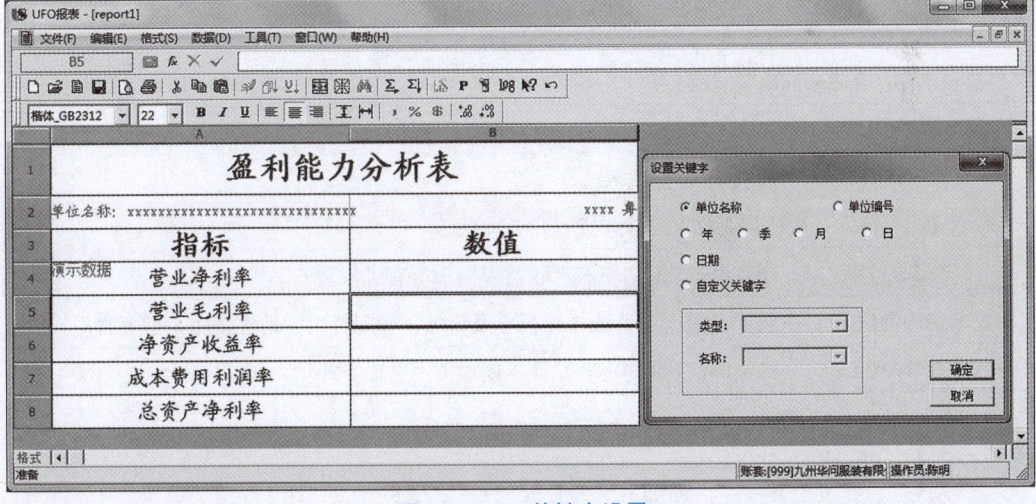

图7-2-7 关键字设置

2. 关键字偏移。

单击执行菜单栏的"数据"—"关键字"—"偏移"命令，弹出"定义关键字偏移"对话框，通过设置关键字的偏移使之美观化，如图7-2-8所示。

3. 单击工具栏的"保存"按钮，完成盈利能力分析表的保存。

工作笔记

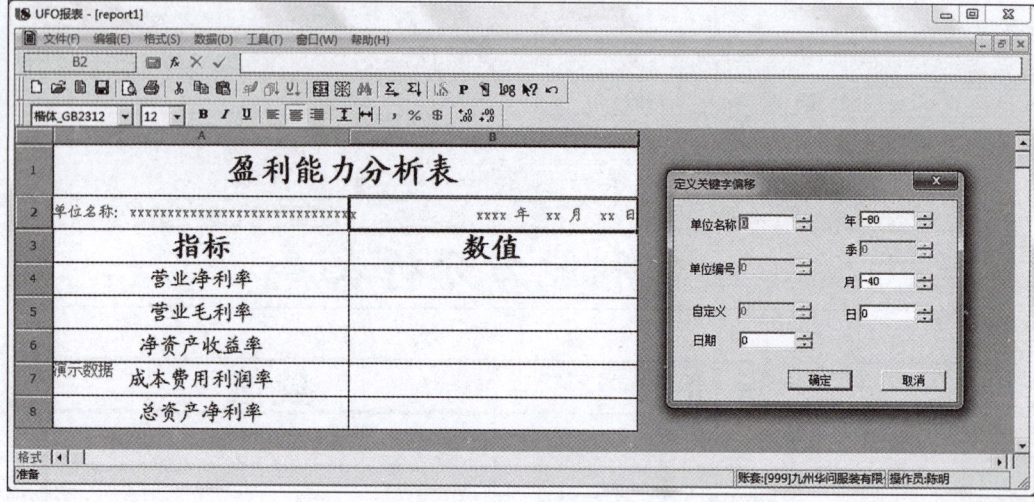

图7-2-8 关键字偏移

任务2.2 单元公式设置

工作内容

2021年12月31日，九州华问服装有限公司财务经理进行盈利能力分析，设置盈利能力分析的计算公式，如表7-2-2所示。

表7-2-2 盈利能力分析表

编制单位：九州华问服装有限公司　　　　　　　　　　　　　　2021年12月31日

指标	计算公式
营业净利率	净利润/营业收入
营业毛利率	（营业收入-营业成本）/营业收入
净资产收益率	净利润/（（期初所有者权益+期末所有者权益）/2）
成本费用利润率	利润总额/（营业成本+税金及附加+管理费用+销售费用+财务费用）
总资产净利率	净利润/（（期初资产总额+期末资产总额）/2）

工作要求

在企业应用平台中完成盈利能力分析表单元公式的设置。

工作流程

格式：002-单元公式设置。

工作岗位

财务经理（002陈明）。

工作时间

2021-12-31。

操作规范

1. 打开盈利能力分析表。

2. 选中需设置单元公式的单元格"B4",单击执行菜单栏的"数据"—"编辑公式"—"单元公式"命令,或单击编辑栏的"f_x"按钮,或敲击键盘的"="键,弹出"定义公式"编辑框,如图7-2-9所示。

图7-2-9 定义公式

3. 单击"关联条件"按钮,关联表名选择保存的利润表,当前关键值和关联关键值任选一项,如图7-2-10所示。

图7-2-10 关联条件

4. 调整公式,B4="D:\利润表202112.rep"->c21/"D:\利润表202112.rep"->c5,单击"确认"按钮,公式设置完毕,如图7-2-11所示。

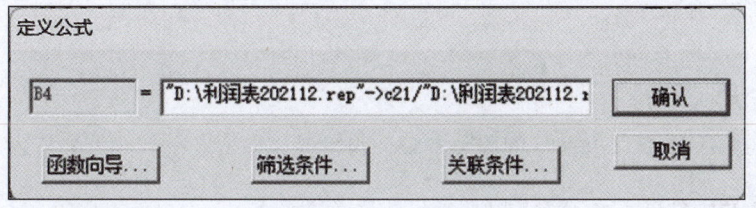

图7-2-11 调整公式

5. 执行同样的操作,完成其他指标的单元公式设置。

B5=("D:\利润表202112.rep"->C5-"D:\利润表202112.rep"->C6)/"D:\利润表202112.rep"->C5。

B6 = "D:\利润表 202112. rep" – > C21 * 2/("D:\资产负债表 202112. rep" – > G36 + "D:\资产负债表 202112. rep" – > H36）。

B7 = "D:\利润表 202112. rep" – > C19/("D:\利润表 202112. rep" – > C6 + "D:\利润表 202112. rep" – > C7 + "D:\利润表 202112. rep" – > C8 + "D:\利润表 202112. rep" – > C9 + "D:\利润表 202112. rep" – > C10）。

B8 = "D:\利润表 202112. rep" – > C21 * 2/("D:\资产负债表 202112. rep" – > C38 + "D:\资产负债表 202112. rep" – > D38）。

6. 设置成功后，单击"保存"按钮，单元公式设置完成，如图 7 – 2 – 12 所示。

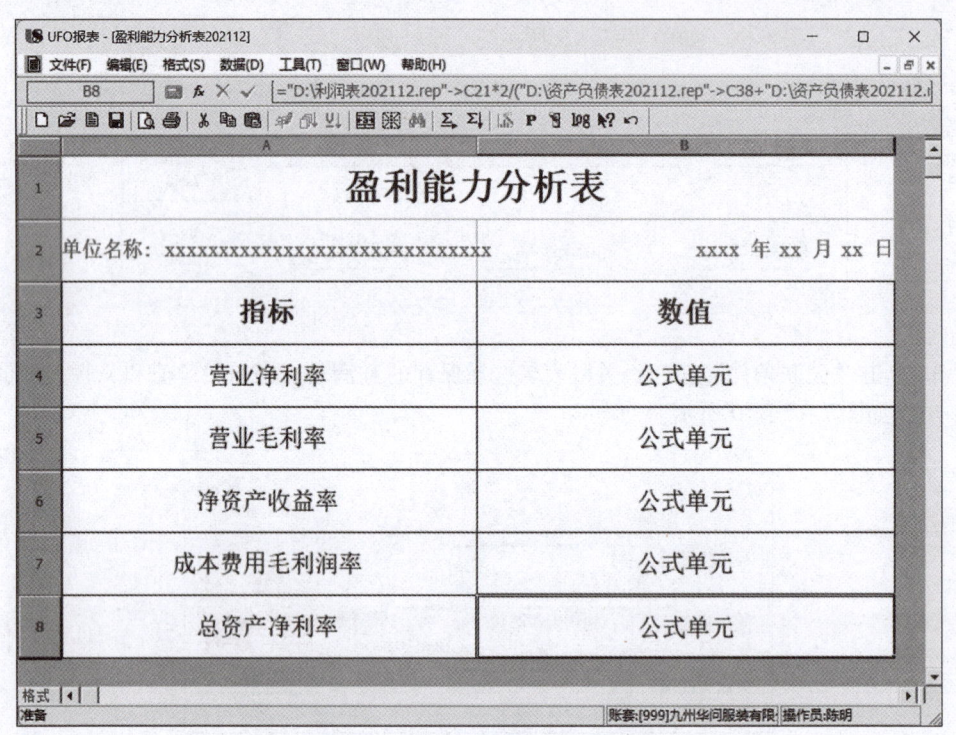

图 7 – 2 – 12　完成单元公式设置

任务 2.3　生成盈利能力分析表

工作内容

2021 年 12 月 31 日，九州华问服装有限公司财务经理生成盈利能力分析表。

工作要求

在企业应用平台中生成盈利能力分析表。

工作流程

数据：002 – 录入关键字；002 – 保存。

工作岗位

财务经理（002 陈明）。

工作时间

2021-12-31。

操作规范

1. 打开盈利能力分析表。

2. 单击左下角的"格式/数据"按钮，由"格式"变为"数据"，执行"数据"—"关键字"—"录入"命令，弹出"录入关键字"编辑框，依序录入单位名称和年、月、日，如图 7-2-13 所示。

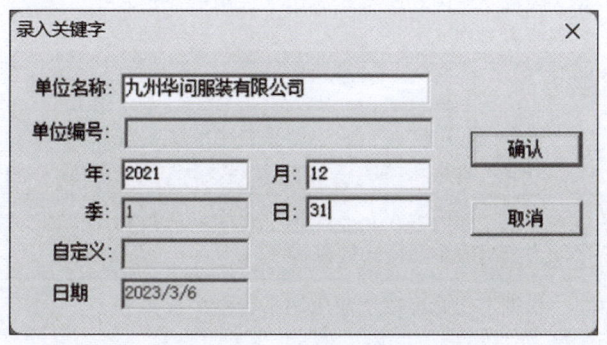

图 7-2-13　录入关键字

3. 单击"确认"按钮，生成 2021 年 12 月 31 日的盈利能力分析表，如图 7-2-14 所示。

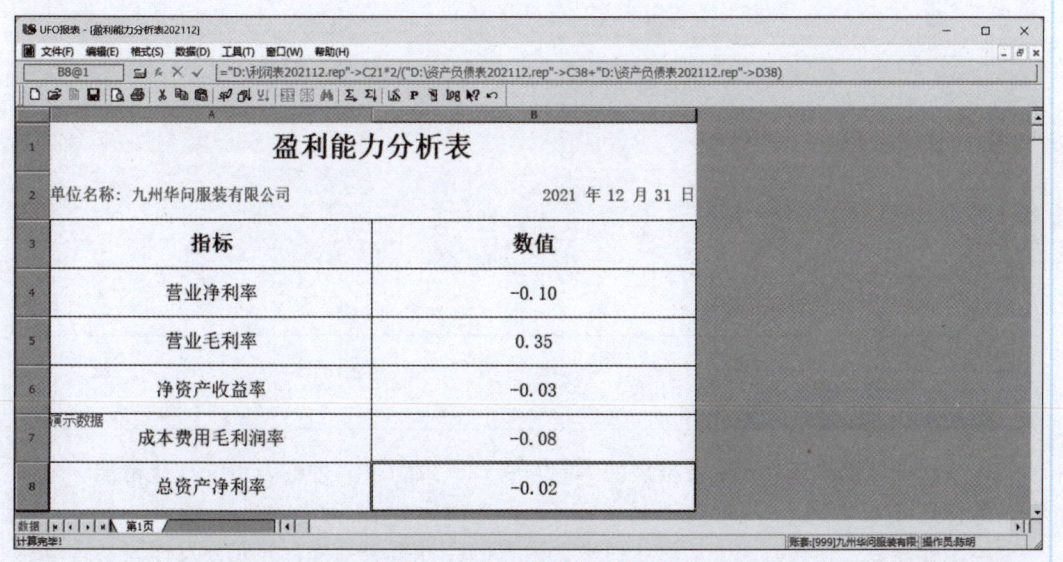

指标	数值
营业净利率	-0.10
营业毛利率	0.35
净资产收益率	-0.03
成本费用毛利润率	-0.08
总资产净利率	-0.02

图 7-2-14　盈利能力分析表

4. 单击"保存"按钮，将生成的盈利能力分析表保存到指定路径。

项目评价

项目名称				评价时间		
学生姓名			项目类型	理论/理实一体/实操/其他_____		
实现方式	实操/讨论/合作/其他_____		项目成果	作品/报告/方案/其他_____		
项目任务		项目目标		项目评价		
				优点	缺点	建议
1. 编制常用报表						
1.1 编制资产负债表		根据工作内容在企业应用平台中完成编制资产负债表操作				
1.2 编制利润表		根据工作内容在企业应用平台中完成编制利润表操作				
2. 编制盈利能力分析表						
2.1 格式设置		根据工作内容在企业应用平台中完成盈利能力分析表格式设置				
2.2 单元公式设置		根据工作内容在企业应用平台中完成盈利能力分析表单元公式的设置				
2.3 生成盈利能力分析表		根据工作内容在企业应用平台中生成盈利能力分析表				

个人评价：

总结与展望：

工作领域小结

本工作领域深耕于企业财务报表的编制与管理，致力于通过报表系统打造精准、全面的财务信息体系。

本工作领域工作核心在于运用业财平台内置的会计报表系统，并充分发挥该系统卓越的灵活性与兼容性，成为企业高效完成任务的得力助手。无论是作为独立工具运行，还是与其他功能模块无缝对接，都能实现数据的无缝流转与深度整合，为企业的财务管理提供了强有力的支撑。

具体而言，本工作领域的工作涵盖了标准财务报表的编制与盈利能力的深度分析两大关键领域。

在编制资产负债表与利润表时，依托系统预设的模板框架，精确引用各项财务数据，确保报表的准确无误，为企业内外部用户提供清晰、全面的财务状况概览。

深入进行企业财务状况的全面分析，通过定制盈利能力分析表格式，精心设计表格布局，选定关键指标并设定计算公式，以直观且具深度的形式展现企业的盈利状况与潜力。

本工作领域不仅要求相关人员具备扎实的会计专业知识与技能，还考验数据分析与系统操作能力。学员需时刻保持对财务数据的敏感度，准确捕捉市场与企业的变化，为管理层提供及时、准确的决策支持。通过不断学习与提升，致力于在这一领域内实现更高的专业水准与价值贡献。

附录

综合模拟实训

一、建账

九州华问服装有限公司基本信息如下：

单位名称：九州华问服装有限公司；单位简称：华问服装；单位地址：九州市南京中路168号；统一社会信用代码：91660188739510178P；法人代表：李佳华；联系电话：011-86668866。

账套号：888；账套名称：九州华问服装有限公司；启用会计期间：2022年1月1日。

企业类型：商业；行业性质：2007年新会计制度科目；账套主管：李佳华；按行业性质预置科目。

基础信息：该企业无外币核算，需要对存货、客户、供应商分类。

分类编码方案：科目：4-2-2-2；部门：2-3；客户分类：2-2；供应商分类：2-2；存货分类：3-3；收发类别：1-2；结算方式：2-2；默认设置数据精度。

系统启用：总账、销售管理、采购管理、存货核算管理、库存管理、应收款管理、应付款管理、固定资产管理、薪资管理等模块。

二、基础信息

操作人员与权限分配见工作领域二系统管理；基础档案见工作领域三维护期初数据。期初余额如附表1-1~附表1-7所示。

附表1-1 2022年1月科目期初余额表   元

科目类别	科目编码	科目名称	期初余额 借方	期初余额 贷方
资产	1001	库存现金	14 832.00	
资产	1002	银行存款	448 996.85	
资产	100201	华夏银行南京路分理处	448 996.85	
资产	1122	应收账款	168 920.00	
资产	1221	其他应收款	6 000.00	
资产	122101	应收个人	6 000.00	
资产	1321	代理业务资产	26 548.68	

续表

科目类别	科目编码	科目名称	期初余额 借方	期初余额 贷方
资产	1405	库存商品	257 993.21	
资产	140501	劳保工作服	102 858.42	
资产	140502	户外运动衫	5 742.67	
资产	140503	文化衫	3 922.40	
资产	140504	加厚军大衣	6 248.22	
资产	140505	西服男套装	44 757.87	
资产	140506	西服女套装	61 979.24	
资产	140507	女衬衫	32 484.39	
资产	1406	发出商品	52 965.20	
资产	1601	固定资产	975 466.06	
资产	160101	房屋及建筑物	819 266.06	
资产	160103	运输设备	49 000.00	
资产	160104	电子设备	107 200.00	
资产	1602	累计折旧		41 025.48
资产	160203	运输设备		10 667.69
资产	160204	电子设备		30 357.79
负债	2202	应付账款		324 749.57
负债	2203	预收账款		102 640.00
负债	2211	应付职工薪酬		94 438.10
负债	221101	工资奖金		74 203.86
负债	221103	社会保险费		16 854.24
负债	22110301	基本养老保险		11 388.00
负债	22110302	基本医疗保险		3 416.40
负债	22110303	失业保险		1 138.80
负债	22110304	工伤保险		455.52
负债	22110305	生育保险		455.52
负债	221104	住房公积金		3 380.00
负债	2221	应交税费	36 407.65	
负债	222101	应交增值税	60 926.35	
负债	22210101	进项税额	536 474.30	
负债	22210104	转出未交增值税	9 264.96	

续表

科目类别	科目编码	科目名称	期初余额 借方	期初余额 贷方
负债	22210106	销项税额		484 812.91
负债	222113	应交企业所得税		24 435.96
负债	222119	应交个人所得税		82.74
负债	2241	其他应付款		9 643.40
负债	224101	应付代扣三险一金		9 643.40
负债	22410101	个人应交养老保险		1 175.20
负债	22410102	个人应交医疗保险		1 138.80
负债	22410103	个人应交失业保险		569.40
负债	22410104	个人应交住房公积金		6 760.00
负债	2314	代理业务负债		26 548.68
权益	4001	实收资本		1 000 000.00
权益	400101	华问集团有限公司		1 000 000.00
权益	4101	盈余公积		58 362.66
权益	410101	法定盈余公积		38 908.44
权益	410102	任意盈余公积		19 454.22
权益	4104	利润分配		330 721.76
权益	410401	未分配利润		330 721.76
合计:			1 988 129.65	1 988 129.65

附表 1-2 2022 年 1 月应收/预收账款期初余额表　　　　　　　元

科目	业务日期	客户名称	币种	期初余额
应收账款	2021/12/04	上海华奇外贸有限公司	人民币	41 960.00
应收账款	2021/12/10	上海云飞贸易有限公司	人民币	24 140.00
应收账款	2021/12/14	广州创鑫服装有限公司	人民币	31 360.00
应收账款	2021/12/19	江西莎莎服饰有限公司	人民币	30 680.00
应收账款	2021/12/23	浙江美琳服装有限公司	人民币	40 780.00
预收账款	2021/12/31	浙江高美服装有限公司	人民币	102 640.00

附表 1-3 2022 年 1 月应付账款期初余额表　　　　　　　元

科目	业务日期	客户名称	币种	期初余额
应付账款	2021/12/01	浙江琪琪服装厂	人民币	125 898.95
应付账款	2021/12/03	深圳美姿服装有限公司	人民币	141 247.74
应付账款	2021/12/05	广东天语服装有限公司	人民币	57 602.88

附表1-4 2022年1月其他应收款——应收个人期初明细表　　　　元

日期	部门	个人	摘要	金额
2021/12/01	零售部	赵琳	门店备用金	3 000.00
2021/12/01	零售部	罗莹	门店备用金	3 000.00

附表1-5 2022年1月库存商品——总仓期初明细表　　　　元

仓库	编码	存货名称	规格型号	单位	数量	单价	金额
总仓	101001	劳保工作服套装	艳兰-160	件	151.000	30.79	4 649.66
总仓	101002	劳保工作服套装	艳兰-165	件	240.000	30.85	7 405.02
总仓	101003	劳保工作服套装	艳兰-170	件	217.000	33.52	7 274.86
总仓	101004	劳保工作服套装	艳兰-175	件	244.000	33.47	8 165.59
总仓	101005	劳保工作服套装	艳兰-180	件	155.000	33.41	5 178.10
总仓	102001	劳保工作服套装	灰色-160	件	253.000	30.84	7 802.80
总仓	102002	劳保工作服套装	灰色-165	件	241.000	30.86	7 436.29
总仓	102003	劳保工作服套装	灰色-170	件	225.000	33.50	7 538.18
总仓	102004	劳保工作服套装	灰色-175	件	236.000	33.48	7 902.28
总仓	102005	劳保工作服套装	灰色-180	件	145.000	33.43	4 847.07
总仓	103001	户外运动衫	迷彩-均码	件	640.000	5.31	3 398.71
总仓	104001	文化衫	均码	件	538.000	5.31	2 857.98
总仓	105001	加厚军大衣	均码	件	118.000	37.87	4 468.97
总仓	106001	西服男套装	黑色-S	件	30.000	87.63	2 628.79
总仓	106002	西服男套装	黑色-M	件	66.000	87.76	5 792.34
总仓	106003	西服男套装	黑色-L	件	58.000	87.88	5 096.97
总仓	106004	西服男套装	黑色-XL	件	45.000	88.10	3 964.32
总仓	106005	西服男套装	黑色-XXL	件	22.000	87.77	1 930.98
总仓	107001	西服女套装-西装领	白+黑-S	件	84.000	57.31	4 814.17
总仓	107002	西服女套装-西装领	白+黑-M	件	16.000	57.33	917.27
总仓	107003	西服女套装-西装领	白+黑-L	件	75.000	57.32	4 298.88
总仓	108001	西服女套装-V领	白+黑-S	件	88.000	57.31	5 043.19
总仓	108002	西服女套装-V领	白+黑-M	件	82.000	57.31	4 699.10
总仓	108003	西服女套装-V领	白+黑-L	件	80.000	57.32	4 585.53
总仓	109001	西服女套装-立领	白+黑-S	件	62.000	57.22	3 547.53
总仓	109002	西服女套装-立领	白+黑-M	件	80.000	57.09	4 567.07
总仓	109003	西服女套装-立领	白+黑-L	件	80.000	57.09	4 567.07

续表

仓库	编码	存货名称	规格型号	单位	数量	单价	金额
总仓	110001	女衬衫-雪纺花边领	S	件	60.000	28.17	1 690.23
总仓	110002	女衬衫-雪纺花边领	M	件	65.000	28.18	1 831.86
总仓	110003	女衬衫-雪纺花边领	L	件	73.000	28.14	2 054.40
总仓	111001	女衬衫-拼接领	S	件	61.000	28.19	1 719.67
总仓	111002	女衬衫-拼接领	M	件	51.000	28.17	1 436.90
总仓	111003	女衬衫-拼接领	L	件	72.000	28.15	2 026.81
总仓	112001	女衬衫-OL翻领	S	件	100.000	28.10	2 810.33
总仓	112002	女衬衫-OL翻领	M	件	75.000	28.15	2 111.42
总仓	112003	女衬衫-OL翻领	L	件	68.000	28.16	1 914.62
		合计			4896.000		152 974.96

附表1-6　2022年1月库存商品——分仓1店期初明细表　　　元

仓库	编码	存货名称	规格型号	单位	数量	单价	金额
分仓1店	101001	劳保工作服套装	艳兰-160	件	71.000	30.17	2 142.29
分仓1店	101002	劳保工作服套装	艳兰-165	件	56.000	30.17	1 689.73
分仓1店	101003	劳保工作服套装	艳兰-170	件	38.000	32.76	1 244.77
分仓1店	101004	劳保工作服套装	艳兰-175	件	40.000	32.76	1 310.30
分仓1店	101005	劳保工作服套装	艳兰-180	件	76.000	32.76	2 489.64
分仓1店	102001	劳保工作服套装	灰色-160	件	79.000	30.17	2 383.66
分仓1店	102002	劳保工作服套装	灰色-165	件	58.000	30.17	1 750.07
分仓1店	102003	劳保工作服套装	灰色-170	件	38.000	32.76	1 244.76
分仓1店	102004	劳保工作服套装	灰色-175	件	29.000	32.76	949.94
分仓1店	102005	劳保工作服套装	灰色-180	件	55.000	32.76	1 801.70
分仓1店	103001	户外运动衫	迷彩-均码	件	228.000	5.27	1 201.75
分仓1店	104001	文化衫	均码	件	128.000	5.27	674.22
分仓1店	105001	加厚军大衣	均码	件	38.000	37.07	1 408.60
分仓1店	106001	西服男套装	黑色-S	件	27.000	86.21	2 327.56
分仓1店	106002	西服男套装	黑色-M	件	26.000	86.20	2 241.33
分仓1店	106003	西服男套装	黑色-L	件	25.000	86.21	2 155.13
分仓1店	106004	西服男套装	黑色-XL	件	32.000	86.21	2 758.59
分仓1店	106005	西服男套装	黑色-XXL	件	35.000	86.21	3 017.23
分仓1店	107001	西服女套装-西装领	白+黑-S	件	25.000	56.54	1 413.56
分仓1店	107002	西服女套装-西装领	白+黑-M	件	24.000	56.82	1 363.79

续表

仓库	编码	存货名称	规格型号	单位	数量	单价	金额
分仓1店	107003	西服女套装－西装领	白＋黑－L	件	15.000	56.66	849.84
分仓1店	108001	西服女套装－V领	白＋黑－S	件	34.000	56.56	1 923.09
分仓1店	108002	西服女套装－V领	白＋黑－M	件	2.000	56.70	113.41
分仓1店	108003	西服女套装－V领	白＋黑－L	件	43.000	56.58	2 433.07
分仓1店	109001	西服女套装－立领	白＋黑－S	件	17.000	56.50	960.52
分仓1店	109002	西服女套装－立领	白＋黑－M	件	6.000	56.42	338.51
分仓1店	109003	西服女套装－立领	白＋黑－L	件	34.000	56.39	1 917.40
分仓1店	110001	女衬衫－雪纺花边领	S	件	6.000	27.79	166.74
分仓1店	110003	女衬衫－雪纺花边领	L	件	19.000	27.76	527.40
分仓1店	111001	女衬衫－拼接领	S	件	34.000	27.79	944.84
分仓1店	111002	女衬衫－拼接领	M	件	22.000	27.77	611.03
分仓1店	111003	女衬衫－拼接领	L	件	36.000	27.81	1 001.12
分仓1店	112001	女衬衫－OL翻领	S	件	46.000	27.77	1 277.60
分仓1店	112002	女衬衫－OL翻领	M	件	13.000	27.79	361.27
分仓1店	112003	女衬衫－OL翻领	L	件	45.000	27.79	1 250.74
		合计			1 500.00		50 245.20

附表1－7　2022年1月库存商品——分仓2店期初明细表　　　　　　　　　元

仓库	编码	存货名称	规格型号	单位	数量	单价	金额
分仓2店	101001	劳保工作服套装	艳兰－160	件	78.000	30.17	2 353.48
分仓2店	101002	劳保工作服套装	艳兰－165	件	52.000	30.17	1 569.02
分仓2店	101003	劳保工作服套装	艳兰－170	件	48.000	32.76	1 572.37
分仓2店	101004	劳保工作服套装	艳兰－175	件	37.000	32.76	1 212.03
分仓2店	101005	劳保工作服套装	艳兰－180	件	63.000	32.76	2 063.78
分仓2店	102001	劳保工作服套装	灰色－160	件	82.000	30.17	2 474.15
分仓2店	102002	劳保工作服套装	灰色－165	件	56.000	30.17	1 689.72
分仓2店	102003	劳保工作服套装	灰色－170	件	45.000	32.76	1 474.11
分仓2店	102004	劳保工作服套装	灰色－175	件	48.000	32.76	1 572.38
分仓2店	102005	劳保工作服套装	灰色－180	件	51.000	32.76	1 670.67
分仓2店	103001	户外运动衫	迷彩－均码	件	217.000	5.26	1 142.21
分仓2店	104001	文化衫	均码	件	74.000	5.27	390.20
分仓2店	105001	加厚军大衣	均码	件	10.000	37.06	370.65
分仓2店	106001	西服男套装	黑色－S	件	33.000	86.21	2 844.81

续表

仓库	编码	存货名称	规格型号	单位	数量	单价	金额
分仓2店	106002	西服男套装	黑色-M	件	30.000	86.20	2 586.14
分仓2店	106003	西服男套装	黑色-L	件	29.000	86.21	2 499.96
分仓2店	106004	西服男套装	黑色-XL	件	20.000	86.20	1 724.08
分仓2店	106005	西服男套装	黑色-XXL	件	37.000	86.21	3 189.64
分仓2店	107001	西服女套装-西装领	白+黑-S	件	47.000	56.54	2 657.22
分仓2店	107002	西服女套装-西装领	白+黑-M	件	21.000	56.83	1 193.51
分仓2店	107003	西服女套装-西装领	白+黑-L	件	32.000	56.60	1 811.04
分仓2店	108001	西服女套装-V领	白+黑-S	件	34.000	56.52	1 921.64
分仓2店	108002	西服女套装-V领	白+黑-M	件	8.000	56.52	452.16
分仓2店	108003	西服女套装-V领	白+黑-L	件	32.000	56.56	1 809.90
分仓2店	109001	西服女套装-立领	白+黑-S	件	15.000	56.49	847.38
分仓2店	109002	西服女套装-立领	白+黑-M	件	25.000	56.40	1 410.08
分仓2店	109003	西服女套装-立领	白+黑-L	件	27.000	56.42	1 523.31
分仓2店	110001	女衬衫-雪纺花边领	S	件	26.000	27.78	722.31
分仓2店	110002	女衬衫-雪纺花边领	M	件	22.000	27.77	610.85
分仓2店	110003	女衬衫-雪纺花边领	L	件	31.000	27.76	860.59
分仓2店	111001	女衬衫-拼接领	S	件	34.000	27.78	944.53
分仓2店	111002	女衬衫-拼接领	M	件	23.000	27.85	640.44
分仓2店	111003	女衬衫-拼接领	L	件	43.000	27.77	1 194.05
分仓2店	112001	女衬衫-OL翻领	S	件	48.000	27.76	1 332.57
分仓2店	112002	女衬衫-OL翻领	M	件	21.000	27.76	583.00
分仓2店	112003	女衬衫-OL翻领	L	件	67.000	27.75	1 859.07
		合计			1 566.00		54 773.05

三、日常业务

任务1：2022年1月1日向浙江琪琪服装厂购入以下服装，服装已入库，入库单号819011001，增值税专用发票票号03163572，含税金额为124 558.79元，发票已收到，货款尚未支付。详情如附表1-8所示。

附表1-8　入库单——劳保工作服套装等　　　　　　　　　　　　　　　元

编码	存货名称	尺码	颜色	单位	数量	单价	不含税金额
101001	劳保工作服套装	160	艳兰	件	250.00	30.97	7 742.50
101002	劳保工作服套装	165	艳兰	件	300.00	30.97	9 291.00
101003	劳保工作服套装	170	艳兰	件	300.00	33.63	10 089.00

续表

编码	存货名称	尺码	颜色	单位	数量	单价	不含税金额
101004	劳保工作服套装	175	艳兰	件	300.00	33.63	10 089.00
101005	劳保工作服套装	180	艳兰	件	250.00	33.63	8 407.50
102001	劳保工作服套装	160	灰色	件	250.00	30.97	7 742.50
102002	劳保工作服套装	165	灰色	件	300.00	30.97	9 291.00
102003	劳保工作服套装	170	灰色	件	300.00	33.63	10 089.00
102004	劳保工作服套装	175	灰色	件	300.00	33.63	10 089.00
102005	劳保工作服套装	180	灰色	件	250.00	33.63	8 407.50
103001	户外运动衫	均码	迷彩	件	1 000.00	5.31	5 310.00
104001	文化衫	均码		件	1 000.00	5.31	5 310.00
105001	加厚军大衣	均码		件	220.00	38.05	8 371.00
合计					5 020.00		110 229.00

任务2：2022年1月1日零售分店1销售商品如下，商品已出库，出库单号0101-20010101，款项4 400.00元通过华夏银行已收。详情如附表1-9所示。

附表1-9 零售分店1出库单——劳保工作服套装 元

编码	存货名称	尺码	颜色	单位	数量	单价	含税金额	不含税金额
101001	劳保工作服套装	160	艳兰	件	5.00	70.00	350.00	309.73
101002	劳保工作服套装	165	艳兰	件	5.00	70.00	350.00	309.73
101003	劳保工作服套装	170	艳兰	件	10.00	75.00	750.00	663.72
101004	劳保工作服套装	175	艳兰	件	10.00	75.00	750.00	663.72
102001	劳保工作服套装	160	灰色	件	5.00	70.00	350.00	309.73
102002	劳保工作服套装	165	灰色	件	5.00	70.00	350.00	309.73
102003	劳保工作服套装	170	灰色	件	10.00	75.00	750.00	663.72
102004	劳保工作服套装	175	灰色	件	10.00	75.00	750.00	663.72
合计					60.00		4 400.00	3 893.80

零售分店2销售商品如下，商品已出库，出库单号0201-20010101，款项4 850.00元通过华夏银行已收。详情如附表1-10所示。

附表1-10 零售分店2出库单——西服套装等 元

编码	存货名称	尺码	颜色	单位	数量	单价	含税金额	不含税金额
103001	户外运动衫	均码	迷彩	件	20.00	15.00	300.00	265.49
104001	文化衫	均码		件	20.00	15.00	300.00	265.49
106003	西服男套装	L	黑色	件	5.00	200.00	1 000.00	884.96
106004	西服男套装	XL	黑色	件	5.00	200.00	1 000.00	884.96
107001	西服女套装-西装领	S	白+黑	件	5.00	150.00	750.00	663.72
107002	西服女套装-西装领	M	白+黑	件	5.00	150.00	750.00	663.72
107003	西服女套装-西装领	L	白+黑	件	5.00	150.00	750.00	663.72
合计					65.00		4 850.00	4 292.06

任务3：2022年1月1日向广东天语服装有限公司购入以下服装，服装已入库，入库单号819011002，增值税专用发票票号02513679，含税金额为68 163.42元，发票已收到，货款尚未支付。详情如附表1－11所示。

附表1－11　入库单——女衬衫　　　　　　　　　　　　　　　　　　　元

编码	存货名称	尺码	颜色	单位	数量	单价	不含税金额
110001	女衬衫－雪纺花边领	S	白＋黑	件	250.00	28.32	7 080.00
110002	女衬衫－雪纺花边领	M	白＋黑	件	250.00	28.32	7 080.00
110003	女衬衫－雪纺花边领	L	白＋黑	件	250.00	28.32	7 080.00
111001	女衬衫－拼接领	S	白＋黑	件	210.00	28.32	5 947.20
111002	女衬衫－拼接领	M	白＋黑	件	210.00	28.32	5 947.20
111003	女衬衫－拼接领	L	白＋黑	件	210.00	28.32	5 947.20
112001	女衬衫－OL翻领	S	白＋黑	件	250.00	28.32	7 080.00
112002	女衬衫－OL翻领	M	白＋黑	件	250.00	28.32	7 080.00
112003	女衬衫－OL翻领	L	白＋黑	件	250.00	28.32	7 080.00
合计					2 130.00		60 321.60

任务4：2022年1月1日，出纳将现金1 420.00元存入华夏银行。

任务5：2022年1月2日，向深圳美姿服装有限公司购入以下服装，服装已入库，入库单号819011003，增值税专用发票票号02518496，含税金额为169 850.09元，发票已收到，货款尚未支付。详情如附表1－12所示。

附表1－12　入库单——西服套装　　　　　　　　　　　　　　　　　　　元

编码	存货名称	尺码	颜色	单位	数量	单价	不含税金额
106001	西服男套装	S	黑色	件	150.00	88.50	13 275.00
106002	西服男套装	M	黑色	件	150.00	88.50	13 275.00
106003	西服男套装	L	黑色	件	150.00	88.50	13 275.00
106004	西服男套装	XL	黑色	件	150.00	88.50	13 275.00
106005	西服男套装	XXL	黑色	件	130.00	88.50	11 505.00
107001	西服女套装－西装领	S	白＋黑	件	160.00	57.52	9 203.20
107002	西服女套装－西装领	M	白＋黑	件	200.00	57.52	11 504.00
107003	西服女套装－西装领	L	白＋黑	件	160.00	57.52	9 203.20
108001	西服女套装－V领	S	白＋黑	件	160.00	57.52	9 203.20
108002	西服女套装－V领	M	白＋黑	件	200.00	57.52	11 504.00
108003	西服女套装－V领	L	白＋黑	件	160.00	57.52	9 203.20
109001	西服女套装－立领	S	白＋黑	件	150.00	57.52	8 628.00
109002	西服女套装－立领	M	白＋黑	件	150.00	57.52	8 628.00
109003	西服女套装－立领	L	白＋黑	件	150.00	57.52	8 628.00
合计					2 220.00		150 309.80

任务6：2022年1月2日通过华夏银行转账支付深圳美姿服装有限公司前期货款，款项金额141 247.74元。

任务7：2022年1月2日华夏银行划扣转账手续费10.50元。

任务8：2022年1月2日零售分店1销售商品如下，商品已出库，出库单号0101-20010201，款项5 160.00元通过华夏银行已收。详情如附表1-13所示。

附表1-13　零售分店1 出库单——西服女套装等　　　　　元

编码	存货名称	尺码	颜色	单位	数量	单价	含税金额	不含税金额
108001	西服女套装-V领	S	白+黑	件	8.00	150.00	1 200.00	1 061.95
108002	西服女套装-V领	M	白+黑	件	8.00	150.00	1 200.00	1 061.95
108003	西服女套装-V领	L	白+黑	件	8.00	150.00	1 200.00	1 061.95
112001	女衬衫-OL翻领	S	白+黑	件	8.00	65.00	520.00	460.18
112002	女衬衫-OL翻领	M	白+黑	件	8.00	65.00	520.00	460.18
112003	女衬衫-OL翻领	L	白+黑	件	8.00	65.00	520.00	460.18
	合计				48.00		5 160.00	4 566.39

零售分店2销售商品如下，商品已出库，出库单号0201-20010201，款项3 900.00元通过华夏银行已收。详情如附表1-14所示。

附表1-14　零售分店2 出库单——女衬衫　　　　　元

编码	存货名称	尺码	颜色	单位	数量	单价	含税金额	不含税金额
110001	女衬衫-雪纺花边领	S	白+黑	件	10.00	65.00	650.00	575.22
110002	女衬衫-雪纺花边领	M	白+黑	件	10.00	65.00	650.00	575.22
110003	女衬衫-雪纺花边领	L	白+黑	件	10.00	65.00	650.00	575.22
111001	女衬衫-拼接领	S	白+黑	件	10.00	65.00	650.00	575.22
111002	女衬衫-拼接领	M	白+黑	件	10.00	65.00	650.00	575.22
111003	女衬衫-拼接领	L	白+黑	件	10.00	65.00	650.00	575.22
	合计				60.00		3 900.00	3 451.32

任务9：2022年1月3日销售给分销商上海华奇外贸有限公司的货品如下，服装已出库，出库单号819015001，增值税专用发票票号01039024，含税金额为46 100.00元，发票已开给分销商，款项尚未收到。详情如附表1-15所示。

附表1-15　出库单——劳保工作服套装等　　　　　元

编码	存货名称	尺码	颜色	单位	数量	单价	含税金额	不含税金额
101001	劳保工作服套装	160	艳兰	件	15.00	56.00	840.00	743.36
101002	劳保工作服套装	165	艳兰	件	10.00	56.00	560.00	495.58
101003	劳保工作服套装	170	艳兰	件	20.00	60.00	1 200.00	1 061.95
101004	劳保工作服套装	175	艳兰	件	20.00	60.00	1 200.00	1 061.95
101005	劳保工作服套装	180	艳兰	件	10.00	60.00	600.00	530.97
102001	劳保工作服套装	160	灰色	件	15.00	56.00	840.00	743.36

续表

编码	存货名称	尺码	颜色	单位	数量	单价	含税金额	不含税金额
102002	劳保工作服套装	165	灰色	件	10.00	56.00	560.00	495.58
102003	劳保工作服套装	170	灰色	件	20.00	60.00	1 200.00	1 061.95
102004	劳保工作服套装	175	灰色	件	20.00	60.00	1 200.00	1 061.95
102005	劳保工作服套装	180	灰色	件	10.00	60.00	600.00	530.97
103001	户外运动衫	均码	迷彩	件	50.00	12.00	600.00	530.97
104001	文化衫	均码		件	50.00	12.00	600.00	530.97
105001	加厚军大衣	均码		件	20.00	68.00	1 360.00	1 203.54
106001	西服男套装	S	黑色	件	15.00	160.00	2 400.00	2 123.89
106002	西服男套装	M	黑色	件	15.00	160.00	2 400.00	2 123.89
106003	西服男套装	L	黑色	件	15.00	160.00	2 400.00	2 123.89
106004	西服男套装	XL	黑色	件	15.00	160.00	2 400.00	2 123.89
106005	西服男套装	XXL	黑色	件	15.00	160.00	2 400.00	2 123.89
107001	西服女套装-西装领	S	白+黑	件	15.00	120.00	1 800.00	1 592.92
107002	西服女套装-西装领	M	白+黑	件	15.00	120.00	1 800.00	1 592.92
107003	西服女套装-西装领	L	白+黑	件	15.00	120.00	1 800.00	1 592.92
108001	西服女套装-V领	S	白+黑	件	10.00	120.00	1 200.00	1 061.95
108002	西服女套装-V领	M	白+黑	件	10.00	120.00	1 200.00	1 061.95
108003	西服女套装-V领	L	白+黑	件	10.00	120.00	1 200.00	1 061.95
109001	西服女套装-立领	S	白+黑	件	10.00	120.00	1 200.00	1 061.95
109002	西服女套装-立领	M	白+黑	件	10.00	120.00	1 200.00	1 061.95
109003	西服女套装-立领	L	白+黑	件	10.00	120.00	1 200.00	1 061.95
110001	女衬衫-雪纺花边领	S	白+黑	件	20.00	52.00	1 040.00	920.35
110002	女衬衫-雪纺花边领	M	白+黑	件	20.00	52.00	1 040.00	920.35
110003	女衬衫-雪纺花边领	L	白+黑	件	20.00	52.00	1 040.00	920.35
111001	女衬衫-拼接领	S	白+黑	件	20.00	52.00	1 040.00	920.35
111002	女衬衫-拼接领	M	白+黑	件	20.00	52.00	1 040.00	920.35
111003	女衬衫-拼接领	L	白+黑	件	20.00	52.00	1 040.00	920.35
112001	女衬衫-OL翻领	S	白+黑	件	25.00	52.00	1 300.00	1 150.44
112002	女衬衫-OL翻领	M	白+黑	件	25.00	52.00	1 300.00	1 150.44
112003	女衬衫-OL翻领	L	白+黑	件	25.00	52.00	1 300.00	1 150.44
合计					645.00		46 100.00	40 796.43

任务10：2022年1月3日零售分店1销售商品如下，商品已出库，出库单号0101-20010301，款项4 750.00元通过华夏银行已收。详情如附表1-16所示。

附表 1-16　零售分店 1 出库单——劳保工作服套装等　　　　　元

编码	存货名称	尺码	颜色	单位	数量	单价	含税金额	不含税金额
101005	劳保工作服套装	180	艳兰	件	10.00	75.00	750.00	663.72
102005	劳保工作服套装	180	灰色	件	10.00	75.00	750.00	663.72
106001	西服男套装	170	艳兰	件	5.00	200.00	1 000.00	884.96
108001	西服女套装-V领	S	白+黑	件	5.00	150.00	750.00	663.72
108002	西服女套装-V领	M	白+黑	件	5.00	150.00	750.00	663.72
108003	西服女套装-V领	L	白+黑	件	5.00	150.00	750.00	663.72
合计					40.00		4 750.00	4 203.56

零售分店 2 销售商品如下，商品已出库，出库单号 0201-20010301，款项 3 920.00 元，其中收到现金 840.00 元，剩余款项通过华夏银行已收。详情如附表 1-17 所示。

附表 1-17　零售分店 2 出库单——西服女套装等　　　　　元

编码	存货名称	尺码	颜色	单位	数量	单价	含税金额	不含税金额
109001	西服女套装-立领	S	白+黑	件	3.00	150.00	450.00	398.23
109002	西服女套装-立领	M	白+黑	件	6.00	150.00	900.00	796.46
109003	西服女套装-立领	L	白+黑	件	5.00	150.00	750.00	663.72
110001	女衬衫-雪纺花边领	S	白+黑	件	6.00	65.00	390.00	345.13
110002	女衬衫-雪纺花边领	M	白+黑	件	12.00	65.00	780.00	690.27
110003	女衬衫-雪纺花边领	L	白+黑	件	10.00	65.00	650.00	575.22
合计					42.00		3 920.00	3 469.03

任务 11：2022 年 1 月 3 日通过华夏银行支付销售货物运输费用 1 638.00 元，收到增值税专用发票票号 00525321#，其中税额为 135.25 元。

任务 12：2022 年 1 月 4 日通过华夏银行支付水电费及物业费总计 2 249.50 元，增值税发票已经收到，部门明细如附表 1-18 所示。

附表 1-18　水电费及物业费的部门明细表　　　　　元

部门	项目	不含税金额	含税金额
行政管理部门	水电费	786.02	888.20
行政管理部门	物业费	360.38	382.00
零售部	水电费	628.58	710.30
零售部	物业费	253.77	269.00
合计		2 028.75	2 249.90

任务 13：2022 年 1 月 4 日通过华夏银行收到分销客户上海华奇外贸有限公司前期销售货款 41 960.00 元。

任务 14：2022 年 1 月 4 日零售分店 1 销售商品如下，商品已出库，出库单号 0101-

20010401，款项 4 075.00 元，全部通过现金收取。详情如附表 1－19 所示。

附表 1－19　零售分店 1 出库单——户外运动衫等　　　　　元

编码	存货名称	尺码	颜色	单位	数量	单价	含税金额	不含税金额
103001	户外运动衫	均码	迷彩	件	20.00	15.00	300.00	265.49
104001	文化衫	均码		件	20.00	15.00	300.00	265.49
105001	加厚军大衣	均码		件	15.00	85.00	1 275.00	1 128.32
106002	西服男套装	M	黑色	件	2.00	200.00	400.00	353.98
106003	西服男套装	L	黑色	件	3.00	200.00	600.00	530.97
106004	西服男套装	XL	黑色	件	5.00	200.00	1 000.00	884.96
106005	西服男套装	XXL	黑色	件	1.00	200.00	200.00	176.99
合计					66.00		4 075.00	3 606.20

零售分店 2 销售商品如下，商品已出库，出库单号 0201－20010401，款项 4 850.00 元通过华夏银行已收。详情如附表 1－20 所示。

附表 1－20　零售分店 2 出库单——劳保工作服套装等　　　　　元

编码	存货名称	尺码	颜色	单位	数量	单价	含税金额	不含税金额
101001	劳保工作服套装	160	艳兰	件	5.00	70.00	350.00	309.73
101002	劳保工作服套装	165	艳兰	件	10.00	70.00	700.00	619.47
101003	劳保工作服套装	170	艳兰	件	20.00	75.00	1 500.00	1 327.43
101004	劳保工作服套装	175	艳兰	件	15.00	75.00	1 125.00	995.58
101005	劳保工作服套装	180	艳兰	件	10.00	75.00	750.00	663.72
105001	加厚军大衣	均码		件	5.00	85.00	425.00	376.11
合计					65.00		4 850.00	4 292.04

任务 15：2022 年 1 月 4 日，出纳将现金 840.00 元存入华夏银行。

任务 16：2022 年 1 月 5 日，通过华夏银行向九州万科物业有限公司支付 1 月行政办公楼租金 5 000.00 元，增值税专用发票已收，票号 01609726#，其中税额 412.84 元；向九州盛园物业有限公司、天恒瑞海物业有限公司分别支付 1 月份零售门店租金各 8 000.00 元，增值税专用发票已收，票号分别为 01698741#、01820586#，其中税额均为 660.55 元。

任务 17：2022 年 1 月 5 日零售分店 1 销售商品如下，商品已出库，出库单号 0101－20010501，款项 4 995.00 元通过华夏银行已收。详情如附表 1－21 所示。

附表 1－21　零售分店 1 出库单——西服女套装等　　　　　元

编码	存货名称	尺码	颜色	单位	数量	单价	含税金额	不含税金额
107001	西服女套装－西装领	S	白＋黑	件	6.00	136.35	818.11	723.99
107002	西服女套装－西装领	M	白＋黑	件	5.00	136.35	681.76	603.33
107003	西服女套装－西装领	L	白＋黑	件	5.00	136.35	681.76	603.33

续表

编码	存货名称	尺码	颜色	单位	数量	单价	含税金额	不含税金额
109001	西服女套装-立领	S	白+黑	件	5.00	136.35	681.76	603.33
109002	西服女套装-立领	M	白+黑	件	4.00	136.35	545.40	482.65
109003	西服女套装-立领	L	白+黑	件	6.00	136.35	818.11	723.99
110001	女衬衫-雪纺花边领	S	白+黑	件	5.00	59.09	295.43	261.44
110002	女衬衫-雪纺花边领	M	白+黑	件	4.00	59.09	236.34	209.15
110003	女衬衫-雪纺花边领	L	白+黑	件	4.00	59.08	236.33	209.14
	合计				44.00		4 995.00	4 420.35

零售分店 2 销售商品如下，商品已出库，出库单号 0201-20010501，款项 4 525.00 元通过华夏银行已收。详情如附表 1-22 所示。

附表 1-22　零售分店 2 出库单——劳保工作服套装等　　　　　　　　元

编码	存货名称	尺码	颜色	单位	数量	单价	含税金额	不含税金额
102001	劳保工作服套装	160	灰色	件	6.00	63.04	378.21	334.70
102002	劳保工作服套装	165	灰色	件	10.00	63.04	630.35	557.83
102003	劳保工作服套装	170	灰色	件	12.00	67.54	810.45	717.21
102004	劳保工作服套装	175	灰色	件	15.00	67.54	1 013.06	896.51
102005	劳保工作服套装	180	灰色	件	8.00	67.54	540.30	478.14
103001	户外运动衫	均码	迷彩	件	20.00	13.51	270.15	239.07
104001	文化衫	均码		件	20.00	13.51	270.15	239.07
105001	加厚军大衣	均码		件	8.00	76.54	612.33	541.88
	合计				99.00		4 525.00	4 004.41

任务 18：2022 年 1 月 6 日零售分店 1 销售商品如下，商品已出库，出库单号 0101-20010601，款项 5 175.00 元通过华夏银行已收。详情如附表 1-23 所示。

附表 1-23　零售分店 1 出库单——劳保工作服套装等　　　　　　　　元

编码	存货名称	尺码	颜色	单位	数量	单价	含税金额	不含税金额
101003	劳保工作服套装	170	艳兰	件	5.00	68.39	341.96	302.62
101004	劳保工作服套装	175	艳兰	件	10.00	68.39	683.92	605.24
101005	劳保工作服套装	180	艳兰	件	2.00	68.39	136.78	121.04
102003	劳保工作服套装	170	灰色	件	5.00	68.39	341.96	302.62
102004	劳保工作服套装	175	灰色	件	10.00	68.39	683.92	605.24
102005	劳保工作服套装	180	灰色	件	2.00	68.39	136.78	121.04
105001	加厚军大衣	均码		件	10.00	77.51	775.11	685.94

续表

编码	存货名称	尺码	颜色	单位	数量	单价	含税金额	不含税金额
111001	女衬衫－拼接领	S	白+黑	件	10.00	59.27	592.73	524.54
111002	女衬衫－拼接领	M	白+黑	件	15.00	59.27	889.10	786.81
111003	女衬衫－拼接领	L	白+黑	件	10.00	59.27	592.74	524.55
合计					79.00		5 175.00	4 579.64

零售分店2销售商品如下，商品已出库，出库单号0201－20010601，款项3 725.00元通过华夏银行已收。详情如附表1－24所示。

附表1－24　零售分店2 出库单——西服男套装等　　　　　　　　　　元

编码	存货名称	尺码	颜色	单位	数量	单价	含税金额	不含税金额
106001	西服男套装	S	黑色	件	2.00	180.61	361.21	319.65
107001	西服女套装－西装领	S	白+黑	件	3.00	135.45	406.36	359.61
107002	西服女套装－西装领	M	白+黑	件	6.00	135.46	812.73	719.23
107003	西服女套装－西装领	L	白+黑	件	5.00	135.45	677.27	599.35
110002	女衬衫－雪纺花边领	M	白+黑	件	5.00	58.70	293.48	259.72
110003	女衬衫－雪纺花边领	L	白+黑	件	3.00	58.70	176.09	155.83
112001	女衬衫－OL翻领	S	白+黑	件	5.00	58.70	293.48	259.72
112002	女衬衫－OL翻领	M	白+黑	件	6.00	58.70	352.18	311.66
112003	女衬衫－OL翻领	L	白+黑	件	6.00	58.70	352.20	311.68
合计					41.00		3 725.00	3 296.45

任务19：2022年1月7日零售分店1销售商品如下，商品已出库，出库单号0101－20010701，款项4 200.00元全部通过现金收取。详情如附表1－25所示。

附表1－25　零售分店1 出库单——西服女套装等　　　　　　　　　　元

编码	存货名称	尺码	颜色	单位	数量	单价	含税金额	不含税金额
108001	西服女套装－V领	S	白+黑	件	5.00	150.00	750.00	663.72
108002	西服女套装－V领	M	白+黑	件	6.00	150.00	900.00	796.46
108003	西服女套装－V领	L	白+黑	件	3.00	150.00	450.00	398.23
109001	西服女套装－立领	S	白+黑	件	5.00	150.00	750.00	663.72
109002	西服女套装－立领	M	白+黑	件	6.00	150.00	900.00	796.46
109003	西服女套装－立领	L	白+黑	件	3.00	150.00	450.00	398.23
合计					28.00		4200.00	3 716.82

零售分店2销售商品如下，商品已出库，出库单号0201－20010701，款项4 145.00元，其中收到现金2 145.00元，剩余款项通过华夏银行已收。详情如附表1－26所示。

附表1-26　零售分店2 出库单——西服男套装等　　　　　　　　　　元

编码	存货名称	尺码	颜色	单位	数量	单价	含税金额	不含税金额
106002	西服男套装	M	黑色	件	2.00	200.00	400.00	353.98
106003	西服男套装	L	黑色	件	5.00	200.00	1 000.00	884.96
106004	西服男套装	XL	黑色	件	3.00	200.00	600.00	530.97
110002	女衬衫-雪纺花边领	M	白+黑	件	3.00	65.00	195.00	172.57
111001	女衬衫-拼接领	S	白+黑	件	4.00	65.00	260.00	230.09
111002	女衬衫-拼接领	M	白+黑	件	6.00	65.00	390.00	345.13
111003	女衬衫-拼接领	L	白+黑	件	6.00	65.00	390.00	345.13
112001	女衬衫-OL翻领	S	白+黑	件	5.00	65.00	325.00	287.61
112002	女衬衫-OL翻领	M	白+黑	件	6.00	65.00	390.00	345.13
112003	女衬衫-OL翻领	L	白+黑	件	3.00	65.00	195.00	172.57
	合计				43.00		4 145.00	3 668.14

任务20：2022年1月7日，出纳将现金4 075.00元存入华夏银行。

任务21：2022年1月8日通过华夏银行转账支付浙江琪琪服装厂前期货款，款项金额125 898.95元。

任务22：2022年1月8日华夏银行划扣转账手续费10.50元。

任务23：2022年1月8日零售分店1销售商品如下，商品已出库，出库单号0101-20010801，款项6 125.00元通过华夏银行已收。详情如附表1-27所示。

附表1-27　零售分店1 出库单——劳保工作服套装等　　　　　　　　元

编码	存货名称	尺码	颜色	单位	数量	单价	含税金额	不含税金额
101001	劳保工作服套装	160	艳兰	件	5.00	70.00	350.00	309.73
101002	劳保工作服套装	165	艳兰	件	8.00	70.00	560.00	495.58
101003	劳保工作服套装	170	艳兰	件	10.00	75.00	750.00	663.72
101004	劳保工作服套装	175	艳兰	件	15.00	75.00	1 125.00	995.58
101005	劳保工作服套装	180	艳兰	件	2.00	75.00	150.00	132.74
102001	劳保工作服套装	160	灰色	件	5.00	70.00	350.00	309.73
102002	劳保工作服套装	165	灰色	件	8.00	70.00	560.00	495.58
102003	劳保工作服套装	170	灰色	件	10.00	75.00	750.00	663.72
102004	劳保工作服套装	175	灰色	件	15.00	75.00	1 125.00	995.58
102005	劳保工作服套装	180	灰色	件	2.00	75.00	150.00	132.74
105001	加厚军大衣	均码		件	3.00	85.00	255.00	225.66
	合计				83.00		6 125.00	5 420.36

零售分店2销售商品如下，商品已出库，出库单号0201-20010801，款项3 590.00元

通过华夏银行已收。详情如附表1-28所示。

附表1-28　零售分店2出库单——户外运动衫等　　　　元

编码	存货名称	尺码	颜色	单位	数量	单价	含税金额	不含税金额
103001	户外运动衫	均码	迷彩	件	21.00	15.00	315.00	278.76
104001	文化衫	均码		件	35.00	15.00	525.00	464.60
106002	西服男套装	M	黑色	件	2.00	200.00	400.00	353.98
106003	西服男套装	L	黑色	件	3.00	200.00	600.00	530.97
106004	西服男套装	XL	黑色	件	5.00	200.00	1 000.00	884.96
107002	西服女套装-西装领	M	白+黑	件	3.00	150.00	450.00	398.23
107003	西服女套装-西装领	L	白+黑	件	2.00	150.00	300.00	265.49
合计					71.00		3 590.00	3 176.99

任务24：2022年1月8日，出纳将现金6 345.00元存入华夏银行。

任务25：2022年1月9日零售分店1销售商品如下，商品已出库，出库单号0101-20010901，款项4 900.00元通过华夏银行已收。详情如附表1-29所示。

附表1-29　零售分店1出库单——劳保工作服套装　　　　元

编码	存货名称	尺码	颜色	单位	数量	单价	含税金额	不含税金额
101002	劳保工作服套装	165	艳兰	件	5.00	70.00	350.00	309.73
101003	劳保工作服套装	170	艳兰	件	10.00	75.00	750.00	663.72
101004	劳保工作服套装	175	艳兰	件	15.00	75.00	1125.00	995.58
101005	劳保工作服套装	180	艳兰	件	3.00	75.00	225.00	199.12
102002	劳保工作服套装	165	灰色	件	5.00	70.00	350.00	309.73
102003	劳保工作服套装	170	灰色	件	10.00	75.00	750.00	663.72
102004	劳保工作服套装	175	灰色	件	15.00	75.00	1125.00	995.58
102005	劳保工作服套装	180	灰色	件	3.00	75.00	225.00	199.12
合计					66.00		4 900.00	4 336.30

零售分店2销售商品如下，商品已出库，出库单号0201-20010901，款项4 475.00元通过华夏银行已收。详情如附表1-30所示。

附表1-30　零售分店2出库单——加厚军大衣等　　　　元

编码	存货名称	尺码	颜色	单位	数量	单价	含税金额	不含税金额
105001	加厚军大衣	均码		件	5.00	85.00	425.00	376.11
106002	西服男套装	M		件	3.00	200.00	600.00	530.97
106003	西服男套装	L		件	5.00	200.00	1 000.00	884.96

续表

编码	存货名称	尺码	颜色	单位	数量	单价	含税金额	不含税金额
106004	西服男套装	XL		件	5.00	200.00	1 000.00	884.96
106005	西服男套装	XXL		件	2.00	200.00	400.00	353.98
108002	西服女套装-V领	M	白+黑	件	5.00	150.00	750.00	663.72
108003	西服女套装-V领	L	白+黑	件	2.00	150.00	300.00	265.49
合计					27.00		4 475.00	3 960.19

任务26：2022年1月10日零售分店1销售商品如下，商品已出库，出库单号0101-20011001，款项4 150.00元全部通过现金收取。详情如附表1-31所示。

附表1-31　零售分店1出库单——西服男套装等　　　　　　　元

编码	存货名称	尺码	颜色	单位	数量	单价	含税金额	不含税金额
106001	西服男套装	S	黑色	件	2.00	200.00	400.00	353.98
108001	西服女套装-V领	S	白+黑	件	5.00	150.00	750.00	663.72
108002	西服女套装-V领	M	白+黑	件	6.00	150.00	900.00	796.46
108003	西服女套装-V领	L	白+黑	件	3.00	150.00	450.00	398.23
109001	西服女套装-立领	S	白+黑	件	6.00	150.00	900.00	796.46
109002	西服女套装-立领	M	白+黑	件	2.00	150.00	300.00	265.49
109003	西服女套装-立领	L	白+黑	件	3.00	150.00	450.00	398.23
合计					27.00		4 150.00	3 672.57

零售分店2销售商品如下，商品已出库，出库单号0201-20011001，款项4 945.00元通过华夏银行已收。详情如附表1-32所示。

附表1-32　零售分店2出库单——西服男套装等　　　　　　　元

编码	存货名称	尺码	颜色	单位	数量	单价	含税金额	不含税金额
106003	西服男套装	L	黑色	件	4.00	200.00	800.00	707.96
106005	西服男套装	XXL	黑色	件	2.00	200.00	400.00	353.98
109001	西服女套装-立领	S	白+黑	件	6.00	150.00	900.00	796.46
109002	西服女套装-立领	M	白+黑	件	5.00	150.00	750.00	663.72
109003	西服女套装-立领	L	白+黑	件	4.00	150.00	600.00	530.97
111001	女衬衫-拼接领	S	白+黑	件	10.00	65.00	650.00	575.22
111002	女衬衫-拼接领	M	白+黑	件	8.00	65.00	520.00	460.18
111003	女衬衫-拼接领	L	白+黑	件	5.00	65.00	325.00	287.61
合计					44.00		4 945.00	4 376.10

任务27：2022年1月11日通过华夏银行收到分销客户上海云飞贸易有限公司前期销售

货款 24 140.00 元。

任务 28：2022 年 1 月 11 日，出纳将现金 4 150.00 元存入华夏银行。

任务 29：2022 年 1 月 11 日销售给分销商上海云飞贸易有限公司的货品如下，服装已出库，出库单号 819015002，增值税专用发票票号 01039025#，含税金额为 28 700.00 元，发票已开给分销商，款项尚未收到。详情如附表 1-33 所示。

附表 1-33　出库单——劳保工作服套装等　　　　　　　　　元

编码	存货名称	尺码	颜色	单位	数量	单价	含税金额	不含税金额
101001	劳保工作服套装	160	艳兰	件	20.00	56.00	1 120.00	991.15
101002	劳保工作服套装	165	艳兰	件	15.00	56.00	840.00	743.36
101003	劳保工作服套装	170	艳兰	件	15.00	60.00	900.00	796.46
101004	劳保工作服套装	175	艳兰	件	15.00	60.00	900.00	796.46
101005	劳保工作服套装	180	艳兰	件	15.00	60.00	900.00	796.46
102001	劳保工作服套装	160	灰色	件	20.00	56.00	1120.00	991.15
102002	劳保工作服套装	165	灰色	件	15.00	56.00	840.00	743.36
102003	劳保工作服套装	170	灰色	件	15.00	60.00	900.00	796.46
102004	劳保工作服套装	175	灰色	件	15.00	60.00	900.00	796.46
102005	劳保工作服套装	180	灰色	件	15.00	60.00	900.00	796.46
103001	户外运动衫	均码	迷彩	件	100.00	12.00	1 200.00	1 061.95
104001	文化衫	均码		件	50.00	12.00	600.00	530.97
105001	加厚军大衣	均码		件	10.00	68.00	680.00	601.77
106001	西服男套装	S	黑色	件	5.00	160.00	800.00	707.96
106002	西服男套装	M	黑色	件	6.00	160.00	960.00	849.56
106003	西服男套装	L	黑色	件	6.00	160.00	960.00	849.56
106004	西服男套装	XL	黑色	件	6.00	160.00	960.00	849.56
106005	西服男套装	XXL	黑色	件	5.00	160.00	800.00	707.96
107001	西服女套装-西装领	S	白+黑	件	5.00	120.00	600.00	530.97
107002	西服女套装-西装领	M	白+黑	件	5.00	120.00	600.00	530.97
107003	西服女套装-西装领	L	白+黑	件	5.00	120.00	600.00	530.97
108001	西服女套装-V领	S	白+黑	件	5.00	120.00	600.00	530.97
108002	西服女套装-V领	M	白+黑	件	5.00	120.00	600.00	530.97
108003	西服女套装-V领	L	白+黑	件	5.00	120.00	600.00	530.97
109001	西服女套装-立领	S	白+黑	件	5.00	120.00	600.00	530.97
109002	西服女套装-立领	M	白+黑	件	5.00	120.00	600.00	530.97
109003	西服女套装-立领	L	白+黑	件	5.00	120.00	600.00	530.97
110001	女衬衫-雪纺花边领	S	白+黑	件	15.00	52.00	780.00	690.27

续表

编码	存货名称	尺码	颜色	单位	数量	单价	含税金额	不含税金额
110002	女衬衫-雪纺花边领	M	白+黑	件	15.00	52.00	780.00	690.27
110003	女衬衫-雪纺花边领	L	白+黑	件	15.00	52.00	780.00	690.27
111001	女衬衫-拼接领	S	白+黑	件	15.00	52.00	780.00	690.27
111002	女衬衫-拼接领	M	白+黑	件	15.00	52.00	780.00	690.27
111003	女衬衫-拼接领	L	白+黑	件	15.00	52.00	780.00	690.27
112001	女衬衫-OL翻领	S	白+黑	件	15.00	52.00	780.00	690.27
112002	女衬衫-OL翻领	M	白+黑	件	15.00	52.00	780.00	690.27
112003	女衬衫-OL翻领	L	白+黑	件	15.00	52.00	780.00	690.27
	合计				528.00		28 700.00	25 398.23

任务30：2022年1月11日零售分店1销售商品如下，商品已出库，出库单号0101-20011101，款项6 940.00元通过华夏银行已收。详情如附表1-34所示。

附表1-34 零售分店1出库单——劳保工作服套装等　　　　　　　元

编码	存货名称	尺码	颜色	单位	数量	单价	含税金额	不含税金额
101001	劳保工作服套装	160	艳兰	件	6.00	70.00	420.00	371.68
101003	劳保工作服套装	170	艳兰	件	15.00	75.00	1125.00	995.58
101004	劳保工作服套装	175	艳兰	件	20.00	75.00	1 500.00	1 327.43
102001	劳保工作服套装	160	灰色	件	6.00	70.00	420.00	371.68
102003	劳保工作服套装	170	灰色	件	15.00	75.00	1125.00	995.58
102004	劳保工作服套装	175	灰色	件	20.00	75.00	1 500.00	1 327.43
105001	加厚军大衣	均码		件	10.00	85.00	850.00	752.21
	合计				92.00		6 940.00	6 141.59

零售分店2销售商品如下，商品已出库，出库单号0201-20011101，款项7 780.00元，其中收到现金1 400.00元，剩余款项通过华夏银行已收。详情如附表1-35所示。

附表1-35 零售分店2出库单——劳保工作服套装等　　　　　　　元

编码	存货名称	尺码	颜色	单位	数量	单价	含税金额	不含税金额
101001	劳保工作服套装	160	艳兰	件	3.00	70.00	210.00	185.84
101002	劳保工作服套装	165	艳兰	件	14.00	70.00	980.00	867.26
101003	劳保工作服套装	170	艳兰	件	21.00	75.00	1 575.00	1 393.81
101004	劳保工作服套装	175	艳兰	件	15.00	75.00	1 125.00	995.58
102001	劳保工作服套装	160	灰色	件	3.00	70.00	210.00	185.84
102002	劳保工作服套装	165	灰色	件	14.00	70.00	980.00	867.26

续表

编码	存货名称	尺码	颜色	单位	数量	单价	含税金额	不含税金额
102003	劳保工作服套装	170	灰色	件	21.00	75.00	1 575.00	1 393.81
102004	劳保工作服套装	175	灰色	件	15.00	75.00	1 125.00	995.58
	合计				106.00		7 780.00	6 884.98

任务31：2022年1月11日通过华夏银行支付销售货物运输费用1 260.00元，增值税专用发票票号00525336#，其中税额为104.04元。

任务32：2022年1月12日零售分店1销售商品如下，商品已出库，出库单号0101-20011201，款项8 730.00元通过华夏银行已收。详情如附表1-36所示。

附表1-36 零售分店1 出库单——户外运动衫等　　　　元

编码	存货名称	尺码	颜色	单位	数量	单价	含税金额	不含税金额
103001	户外运动衫	均码	迷彩	件	25.00	13.60	339.95	300.84
104001	文化衫	均码		件	57.00	13.60	775.09	685.92
106001	西服男套装	S	黑色	件	5.00	181.31	906.54	802.25
106002	西服男套装	M	黑色	件	8.00	181.31	1 450.47	1 283.60
106003	西服男套装	L	黑色	件	10.00	181.31	1 813.08	1 604.50
106004	西服男套装	XL	黑色	件	12.00	181.31	2 175.70	1 925.40
106005	西服男套装	XXL	黑色	件	7.00	181.31	1 269.17	1 123.16
	合计				124.00		8 730.00	7 725.67

零售分店2销售商品如下，商品已出库，出库单号0201-20011201，款项4 540.00元通过华夏银行已收。详情如附表1-37所示。

附表1-37 零售分店2 出库单——劳保工作服套装等　　　　元

编码	存货名称	尺码	颜色	单位	数量	单价	含税金额	不含税金额
101001	劳保工作服套装	160	艳兰	件	12.00	63.06	756.67	669.62
101002	劳保工作服套装	165	艳兰	件	5.00	63.06	315.28	279.01
101003	劳保工作服套装	170	艳兰	件	8.00	67.56	540.48	478.30
102001	劳保工作服套装	160	灰色	件	10.00	67.56	630.56	558.02
109001	西服女套装-立领	S	白+黑	件	5.00	135.12	675.60	597.88
109002	西服女套装-立领	M	白+黑	件	5.00	135.12	675.60	597.88
109003	西服女套装-立领	L	白+黑	件	7.00	135.12	945.81	837.00
	合计				52.00		4 540.00	4 017.71

任务 33：2022 年 1 月 12 日通过华夏银行缴纳上一季度企业所得税 24 435.96 元。

任务 34：2022 年 1 月 12 日通过华夏银行代缴纳上月员工个人所得税 82.74 元。

任务 35：2022 年 1 月 13 日零售分店 1 销售商品如下，商品已出库，出库单号 0101 - 20011301，款项 4 955.00 元，其中收到现金 2 000.00 元，剩余款项通过华夏银行已收。详情如附表 1 - 38 所示。

附表 1 - 38 零售分店 1 出库单——户外运动衫等 单位：元

编码	存货名称	尺码	颜色	单位	数量	单价	含税金额	不含税金额
103001	户外运动衫	均码	迷彩	件	41.00	13.63	558.63	494.36
104001	文化衫	均码		件	38.00	13.63	517.75	458.19
106005	西服男套装	XXL	黑色	件	3.00	181.67	545.00	482.30
109001	西服女套装 - 立领	S	白 + 黑	件	7.00	136.25	953.76	844.04
109002	西服女套装 - 立领	M	白 + 黑	件	5.00	136.25	681.26	602.88
109003	西服女套装 - 立领	L	白 + 黑	件	9.00	136.25	1226.26	1085.19
111002	女衬衫 - 拼接领	M	白 + 黑	件	8.00	59.04	472.34	418.00
合计					111.00		4 955.00	4 384.96

零售分店 2 销售商品如下，商品已出库，出库单号 0201 - 20011301，款项 5 000.00 元通过华夏银行已收。详情如附表 1 - 39 所示。

附表 1 - 39 零售分店 2 出库单——劳保工作服套装等 单位：元

编码	存货名称	尺码	颜色	单位	数量	单价	含税金额	不含税金额
101001	劳保工作服套装	160	艳兰	件	10.00	63.64	636.36	563.15
101003	劳保工作服套装	170	艳兰	件	7.00	68.18	477.27	422.36
102001	劳保工作服套装	160	灰色	件	12.00	63.64	763.64	675.79
102002	劳保工作服套装	165	灰色	件	8.00	63.64	509.09	450.52
102003	劳保工作服套装	170	灰色	件	9.00	68.18	613.64	543.04
106001	西服男套装	S	黑色	件	3.00	181.82	545.45	482.70
106003	西服男套装	L	黑色	件	5.00	181.82	909.09	804.50
106005	西服男套装	XXL	黑色	件	3.00	181.82	545.46	482.71
合计					57.00		5 000.00	4 424.77

任务 36：2022 年 1 月 14 日通过华夏银行转账支付广东天语服装有限公司前期货款，款项金额 57 602.88 元。

任务 37：2022 年 1 月 14 日华夏银行划扣转账手续费 10.50 元。

任务 38：2022 年 1 月 14 日销售给分销商广州创鑫服装有限公司的货品如下，服装已出库，出库单号 819015003，增值税专用发票票号为 01039026#，含税金额为 35 400.00 元，发票已开给分销商，款项尚未收到。详情如附表 1 - 40 所示。

附表1-40　出库单——劳保工作服套装等　　　　　　　元

编码	存货名称	尺码	颜色	单位	数量	单价	含税金额	不含税金额
101001	劳保工作服套装	160	艳兰	件	15.00	56.00	840.00	743.36
101002	劳保工作服套装	165	艳兰	件	15.00	56.00	840.00	743.36
101003	劳保工作服套装	170	艳兰	件	20.00	60.00	1 200.00	1 061.95
101004	劳保工作服套装	175	艳兰	件	20.00	60.00	1 200.00	1 061.95
101005	劳保工作服套装	180	艳兰	件	15.00	60.00	900.00	796.46
102001	劳保工作服套装	160	灰色	件	15.00	56.00	840.00	743.36
102002	劳保工作服套装	165	灰色	件	15.00	56.00	840.00	743.36
102003	劳保工作服套装	170	灰色	件	20.00	60.00	1 200.00	1 061.95
102004	劳保工作服套装	175	灰色	件	20.00	60.00	1 200.00	1 061.95
102005	劳保工作服套装	180	灰色	件	15.00	60.00	900.00	796.46
103001	户外运动衫	均码	迷彩	件	50.00	12.00	600.00	530.97
104001	文化衫	均码		件	50.00	12.00	600.00	530.97
105001	加厚军大衣	均码		件	10.00	68.00	680.00	601.77
106001	西服男套装	S	黑色	件	5.00	160.00	800.00	707.96
106002	西服男套装	M	黑色	件	5.00	160.00	800.00	707.96
106003	西服男套装	L	黑色	件	5.00	160.00	800.00	707.96
106004	西服男套装	XL	黑色	件	5.00	160.00	800.00	707.96
106005	西服男套装	XXL	黑色	件	5.00	160.00	800.00	707.96
107001	西服女套装-西装领	S	白+黑	件	5.00	120.00	600.00	530.97
107002	西服女套装-西装领	M	白+黑	件	10.00	120.00	1 200.00	1 061.95
107003	西服女套装-西装领	L	白+黑	件	10.00	120.00	1 200.00	1 061.95
108001	西服女套装-V领	S	白+黑	件	10.00	120.00	1 200.00	1 061.95
108002	西服女套装-V领	M	白+黑	件	10.00	120.00	1 200.00	1 061.95
108003	西服女套装-V领	L	白+黑	件	10.00	120.00	1 200.00	1 061.95
109001	西服女套装-立领	S	白+黑	件	10.00	120.00	1 200.00	1 061.95
109002	西服女套装-立领	M	白+黑	件	10.00	120.00	1 200.00	1 061.95
109003	西服女套装-立领	L	白+黑	件	10.00	120.00	1 200.00	1 061.95
110001	女衬衫-雪纺花边领	S	白+黑	件	20.00	52.00	1 040.00	920.35
110002	女衬衫-雪纺花边领	M	白+黑	件	20.00	52.00	1 040.00	920.35
110003	女衬衫-雪纺花边领	L	白+黑	件	20.00	52.00	1 040.00	920.35
111001	女衬衫-拼接领	S	白+黑	件	20.00	52.00	1 040.00	920.35
111002	女衬衫-拼接领	M	白+黑	件	20.00	52.00	1 040.00	920.35

续表

编码	存货名称	尺码	颜色	单位	数量	单价	含税金额	不含税金额
111003	女衬衫-拼接领	L	白+黑	件	20.00	52.00	1 040.00	920.35
112001	女衬衫-OL 翻领	S	白+黑	件	20.00	52.00	1 040.00	920.35
112002	女衬衫-OL 翻领	M	白+黑	件	20.00	52.00	1 040.00	920.35
112003	女衬衫-OL 翻领	L	白+黑	件	20.00	52.00	1 040.00	920.35
	合计				570.00		35 400.00	31 327.39

任务39：2022 年 1 月 14 日零售分店 1 销售商品如下，商品已出库，出库单号 0101-20011401，款项 5 980.00 元，通过华夏银行已收。详情如附表 1-41 所示。

附表 1-41 零售分店 1 出库单——女衬衫-雪纺花边领等　　　　　元

编码	存货名称	尺码	颜色	单位	数量	单价	含税金额	不含税金额
110001	女衬衫-雪纺花边领	S	白+黑	件	12.00	65.00	780.00	690.27
110002	女衬衫-雪纺花边领	M	白+黑	件	18.00	65.00	1 170.00	1 035.40
110003	女衬衫-雪纺花边领	L	白+黑	件	16.00	65.00	1 040.00	920.35
112001	女衬衫-OL 翻领	S	白+黑	件	12.00	65.00	780.00	690.27
112002	女衬衫-OL 翻领	M	白+黑	件	18.00	65.00	1170.00	1035.40
112003	女衬衫-OL 翻领	L	白+黑	件	16.00	65.00	1 040.00	920.35
	合计				92.00		5 980.00	5 292.04

零售分店 2 销售商品如下，商品已出库，出库单号 0201-20011401，款项 4 500.00 元全部通过现金收取。详情如附表 1-42 所示。

附表 1-42 零售分店 2 出库单——西服女套装-V 领等　　　　　元

编码	存货名称	尺码	颜色	单位	数量	单价	含税金额	不含税金额
108001	西服女套装-V 领	S	白+黑	件	6.00	150.00	900.00	796.46
108002	西服女套装-V 领	M	白+黑	件	9.00	150.00	1350.00	1194.69
108003	西服女套装-V 领	L	白+黑	件	6.00	150.00	900.00	796.46
109001	西服女套装-立领	S	白+黑	件	4.00	150.00	600.00	530.97
109002	西服女套装-立领	M	白+黑	件	2.00	150.00	300.00	265.49
109003	西服女套装-立领	L	白+黑	件	3.00	150.00	450.00	398.23
	合计				30.00		4 500.00	3 982.30

任务40：2022 年 1 月 14 日，出纳将现金 3 400.00 元存入华夏银行。

任务41：2022 年 1 月 14 日，通过华夏银行支付社会保险费，总计 23 117.64 元，详细清单如附表 1-43 所示。

附表 1-43　社会保险费的详细清单

项目/分摊	企业部分	个人部分
基本养老保险	11 388.00	4 555.20
基本医疗保险	3 871.92	1 138.80
失业保险	1 138.80	569.40
工伤保险	455.52	—
合计	16 854.24	6 263.40

任务 42：2022 年 1 月 14 日，通过华夏银行支付住房公积金，总计 6 760.00 元，其中企业部分 3 380.00 元，个人部分 3 380.00 元。

任务 43：2022 年 1 月 15 日通过华夏银行支付销售货物运输费用 1 320.00 元，增值税专用发票票号为 00525347#，其中税额为 108.99 元。

任务 44：2022 年 1 月 15 日通过华夏银行收到分销客户广州创鑫服装有限公司前期销售货款 31 360.00 元。

任务 45：2022 年 1 月 15 日通过华夏银行支付 2021 年 12 月员工工资，总计 74 203.86 元。

任务 46：2022 年 1 月 15 日零售分店 1 销售商品如下，商品已出库，出库单号 0101-20011501，款项 6 000.00 元，通过华夏银行已收。详情如附表 1-44 所示。

附表 1-44　零售分店 1 出库单——西服男套装　　元

编码	存货名称	尺码	颜色	单位	数量	单价	含税金额	不含税金额
106001	西服男套装	S	黑色	件	5.00	200.00	1 000.00	884.96
106002	西服男套装	M	黑色	件	5.00	200.00	1 000.00	884.96
106003	西服男套装	L	黑色	件	7.00	200.00	1 400.00	1 238.94
106004	西服男套装	XL	黑色	件	10.00	200.00	2 000.00	1 769.91
106005	西服男套装	XXL	黑色	件	3.00	200.00	600.00	530.97
合计					30.00		6 000.00	5 309.74

零售分店 2 销售商品如下，商品已出库，出库单号 0201-20011501，款项 5 400.00 元通过华夏银行已收。详情如附表 1-45 所示。

附表 1-45　零售分店 2 出库单——西服女套装-西装领等　　元

编码	存货名称	尺码	颜色	单位	数量	单价	含税金额	不含税金额
107001	西服女套装-西装领	S	白+黑	件	6.00	150.00	900.00	796.46
107002	西服女套装-西装领	M	白+黑	件	4.00	150.00	600.00	530.97
107003	西服女套装-西装领	L	白+黑	件	5.00	150.00	750.00	663.72
108001	西服女套装-V 领	S	白+黑	件	5.00	150.00	750.00	663.72

续表

编码	存货名称	尺码	颜色	单位	数量	单价	含税金额	不含税金额
108003	西服女套装-V领	L	白+黑	件	4.00	150.00	600.00	530.97
109002	西服女套装-立领	M	白+黑	件	6.00	150.00	900.00	796.46
109003	西服女套装-立领	L	白+黑	件	6.00	150.00	900.00	796.46
合计					36.00		5 400.00	4 778.76

任务47：2022年1月15日，出纳将现金4 500.00元存入华夏银行。

任务48：2022年1月15日，零售门店林立报销交通费32.00元，出纳已通过现金支付给员工。

任务49：2022年1月16日零售分店1销售商品如下，商品已出库，出库单号0101-20011601，款项5 590.00元，通过华夏银行已收。详情如附表1-46所示。

附表1-46　零售分店1 出库单——西服女套装-西装领等　　　　元

编码	存货名称	尺码	颜色	单位	数量	单价	含税金额	不含税金额
107001	西服女套装-西装领	S	白+黑	件	8.00	150.00	1 200.00	1 061.95
107002	西服女套装-西装领	M	白+黑	件	12.00	150.00	1 800.00	1 592.92
107003	西服女套装-西装领	L	白+黑	件	6.00	150.00	900.00	796.46
112001	女衬衫-OL翻领	S	白+黑	件	8.00	65.00	520.00	460.18
112002	女衬衫-OL翻领	M	白+黑	件	12.00	65.00	780.00	690.27
112003	女衬衫-OL翻领	L	白+黑	件	6.00	65.00	390.00	345.13
合计					52.00		5 590.00	4 946.91

零售分店2销售商品如下，商品已出库，出库单号0201-20011601，款项5 550.00元通过华夏银行已收。详情如附表1-47所示。

附表1-47　零售分店2 出库单——西服男套装等　　　　元

编码	存货名称	尺码	颜色	单位	数量	单价	含税金额	不含税金额
106001	西服男套装	S	黑色	件	5.00	200.00	1 000.00	884.96
106002	西服男套装	M	黑色	件	6.00	200.00	1 200.00	1 061.95
106005	西服男套装	XXL	黑色	件	4.00	200.00	800.00	707.96
107001	西服女套装-西装领	S	白+黑	件	3.00	150.00	450.00	398.23
107002	西服女套装-西装领	M	白+黑	件	4.00	150.00	600.00	530.97
107003	西服女套装-西装领	L	白+黑	件	5.00	150.00	750.00	663.72
108001	西服女套装-V领	S	白+黑	件	5.00	150.00	750.00	663.72
合计					32.00		5 550.00	4 911.51

任务50：2022年1月17日销售给分销商江西莎莎服饰有限公司的货品如下，服装已出库，出库单号819015004，增值税专用发票票号01039027#，含税金额为37 600.00元，发票

已开给分销商，款项尚未收到。详情如附表1-48所示。

附表1-48　出库单——劳保工作服套装等　　　　　　　　元

编码	存货名称	尺码	颜色	单位	数量	单价	含税金额	不含税金额
101001	劳保工作服套装	160	艳兰	件	20.00	56.00	1 120.00	991.15
101002	劳保工作服套装	165	艳兰	件	20.00	56.00	1 120.00	991.15
101003	劳保工作服套装	170	艳兰	件	20.00	60.00	1 200.00	1 061.95
101004	劳保工作服套装	175	艳兰	件	20.00	60.00	1 200.00	1 061.95
101005	劳保工作服套装	180	艳兰	件	20.00	60.00	1 200.00	1 061.95
102001	劳保工作服套装	160	灰色	件	20.00	56.00	1 120.00	991.15
102002	劳保工作服套装	165	灰色	件	20.00	56.00	1 120.00	991.15
102003	劳保工作服套装	170	灰色	件	20.00	60.00	1 200.00	1 061.95
102004	劳保工作服套装	175	灰色	件	20.00	60.00	1 200.00	1 061.95
102005	劳保工作服套装	180	灰色	件	20.00	60.00	1 200.00	1 061.95
103001	户外运动衫	均码	迷彩	件	100.00	12.00	1 200.00	1 061.95
104001	文化衫	均码		件	50.00	12.00	600.00	530.97
105001	加厚军大衣	均码		件	20.00	68.00	1 360.00	1 203.54
106001	西服男套装	S	黑色	件	10.00	160.00	1 600.00	1 415.93
106002	西服男套装	M	黑色	件	10.00	160.00	1 600.00	1 415.93
106003	西服男套装	L	黑色	件	10.00	160.00	1 600.00	1 415.93
106004	西服男套装	XL	黑色	件	10.00	160.00	1 600.00	1 415.93
106005	西服男套装	XXL	黑色	件	10.00	160.00	1 600.00	1 415.93
107001	西服女套装-西装领	S	白+黑	件	5.00	120.00	600.00	530.97
107002	西服女套装-西装领	M	白+黑	件	5.00	120.00	600.00	530.97
107003	西服女套装-西装领	L	白+黑	件	5.00	120.00	600.00	530.97
108001	西服女套装-V领	S	白+黑	件	5.00	120.00	600.00	530.97
108002	西服女套装-V领	M	白+黑	件	5.00	120.00	600.00	530.97
108003	西服女套装-V领	L	白+黑	件	5.00	120.00	600.00	530.97
109001	西服女套装-立领	S	白+黑	件	5.00	120.00	600.00	530.97
109002	西服女套装-立领	M	白+黑	件	5.00	120.00	600.00	530.97
109003	西服女套装-立领	L	白+黑	件	5.00	120.00	600.00	530.97
110001	女衬衫-雪纺花边领	S	白+黑	件	20.00	52.00	1 040.00	920.35
110002	女衬衫-雪纺花边领	M	白+黑	件	20.00	52.00	1 040.00	920.35
110003	女衬衫-雪纺花边领	L	白+黑	件	20.00	52.00	1 040.00	920.35
111001	女衬衫-拼接领	S	白+黑	件	20.00	52.00	1 040.00	920.35

续表

编码	存货名称	尺码	颜色	单位	数量	单价	含税金额	不含税金额
111002	女衬衫–拼接领	M	白+黑	件	20.00	52.00	1 040.00	920.35
111003	女衬衫–拼接领	L	白+黑	件	20.00	52.00	1 040.00	920.35
112001	女衬衫–OL 翻领	S	白+黑	件	20.00	52.00	1 040.00	920.35
112002	女衬衫–OL 翻领	M	白+黑	件	20.00	52.00	1 040.00	920.35
112003	女衬衫–OL 翻领	L	白+黑	件	20.00	52.00	1 040.00	920.35
	合计				570.00		37 600.00	33 274.29

任务 51：2022 年 1 月 17 日零售分店 1 销售商品如下，商品已出库，出库单号 0101 – 20011701，款项 5 600.00 元，通过华夏银行已收。详情如附表 1 – 49 所示。

附表 1 – 49　零售分店 1 出库单——劳保工作服套装　　　　　　　　　　　元

编码	存货名称	尺码	颜色	单位	数量	单价	含税金额	不含税金额
101001	劳保工作服套装	160	艳兰	件	20.00	70.00	1 400.00	1 238.94
101002	劳保工作服套装	165	艳兰	件	20.00	70.00	1 400.00	1 238.94
102001	劳保工作服套装	160	灰色	件	20.00	70.00	1 400.00	1 238.94
102002	劳保工作服套装	165	灰色	件	20.00	70.00	1 400.00	1 238.94
	合计				80.00		5 600.00	4 955.76

零售分店 2 销售商品如下，商品已出库，出库单号 0201 – 20011701，款项 4 850.00 元通过现金收取。详情如附表 1 – 50 所示。

附表 1 – 50　零售分店 2 出库单——加厚军大衣等　　　　　　　　　　　元

编码	存货名称	尺码	颜色	单位	数量	单价	含税金额	不含税金额
105001	加厚军大衣	均码		件	10.00	85.00	850.00	752.21
106001	西服男套装	S	黑色	件	3.00	200.00	600.00	530.97
106002	西服男套装	M	黑色	件	5.00	200.00	1 000.00	884.96
106003	西服男套装	L	黑色	件	7.00	200.00	1 400.00	1 238.94
106004	西服男套装	XL	黑色	件	3.00	200.00	600.00	530.97
106005	西服男套装	XXL	黑色	件	2.00	200.00	400.00	353.98
	合计				30.00		4 850.00	4 292.03

任务 52：2022 年 1 月 18 日零售分店 1 销售商品如下，商品已出库，出库单号 0101 – 20011801，款项 4 975.00 元，通过华夏银行已收。详情如附表 1 – 51 所示。

附表 1 – 51　零售分店 1 出库单——户外运动衫等　　　　　　　　　　　元

编码	存货名称	尺码	颜色	单位	数量	单价	含税金额	不含税金额
103001	户外运动衫	均码	迷彩	件	50.00	15.00	750.00	663.72
104001	文化衫	均码		件	65.00	15.00	975.00	862.83
105001	加厚军大衣	均码		件	10.00	85.00	850.00	752.21

续表

编码	存货名称	尺码	颜色	单位	数量	单价	含税金额	不含税金额
106001	西服男套装	S	黑色	件	4.00	200.00	800.00	707.96
106003	西服男套装	L	黑色	件	5.00	200.00	1 000.00	884.96
106005	西服男套装	XXL	黑色	件	3.00	200.00	600.00	530.97
合计					137.00		4 975.00	4 402.65

零售分店 2 销售商品如下，商品已出库，出库单号 0201－20011801，款项 4 720.00 元通过华夏银行收取。详情如附表 1－52 所示。

附表 1－52 零售分店 2 出库单——西服女套装－V 领等　　　　元

编码	存货名称	尺码	颜色	单位	数量	单价	含税金额	不含税金额
108001	西服女套装－V 领	S	白＋黑	件	5.00	150.00	750.00	663.72
108002	西服女套装－V 领	M	白＋黑	件	6.00	150.00	900.00	796.46
108003	西服女套装－V 领	L	白＋黑	件	5.00	150.00	750.00	663.72
109001	西服女套装－立领	S	白＋黑	件	4.00	150.00	600.00	530.97
109002	西服女套装－立领	M	白＋黑	件	3.00	150.00	450.00	398.23
109003	西服女套装－立领	L	白＋黑	件	5.00	150.00	750.00	663.72
112003	女衬衫－OL 翻领	L	白＋黑	件	8.00	65.00	520.00	460.18
合计					36.00		4 720.00	4 177.00

任务 53：2022 年 1 月 18 日，出纳将现金 4 850.00 元存入华夏银行。

任务 54：2022 年 1 月 19 日零售分店 1 销售商品如下，商品已出库，出库单号 0101－20011901，款项 4 735.00 元，全部现金收取。详情如附表 1－53 所示。

附表 1－53 零售分店 1 出库单——加厚军大衣等　　　　元

编码	存货名称	尺码	颜色	单位	数量	单价	含税金额	不含税金额
105001	加厚军大衣	均码		件	5.00	76.88	384.41	340.19
110001	女衬衫－雪纺花边领	S	白＋黑	件	13.00	58.79	764.29	676.36
110002	女衬衫－雪纺花边领	M	白＋黑	件	14.00	58.79	823.09	728.40
110003	女衬衫－雪纺花边领	L	白＋黑	件	10.00	58.79	587.92	520.28
111001	女衬衫－拼接领	S	白＋黑	件	7.00	58.79	411.54	364.19
112001	女衬衫－OL 翻领	S	白＋黑	件	8.00	58.79	470.33	416.22
112002	女衬衫－OL 翻领	M	白＋黑	件	10.00	58.79	587.92	520.28
112003	女衬衫－OL 翻领	L	白＋黑	件	12.00	58.79	705.50	624.34
合计					79.00		4 735.00	4 190.26

零售分店 2 销售商品如下，商品已出库，出库单号 0201－20011901，款项 4 950.00 元通过华夏银行收取。详情如附表 1－54 所示。

附表1-54　零售分店2 出库单——西服男套装等　　　　元

编码	存货名称	尺码	颜色	单位	数量	单价	含税金额	不含税金额
106002	西服男套装	M	黑色	件	4.00	181.65	726.61	643.02
106003	西服男套装	L	黑色	件	5.00	181.65	908.26	803.77
106004	西服男套装	XL	黑色	件	2.00	181.65	363.30	321.50
106005	西服男套装	XXL	黑色	件	2.00	181.65	363.30	321.50
107001	西服女套装-西装领	S	白+黑	件	7.00	136.24	953.67	843.96
107002	西服女套装-西装领	M	白+黑	件	9.00	136.24	1 226.15	1 085.09
107003	西服女套装-西装领	L	白+黑	件	3.00	136.24	408.71	361.69
合计					32.00		4 950.00	4 380.53

任务55：2022年1月20日，出纳用现金支付电话费788.99元，增值税专用发票票号01567748#，已收，其中税额为71.01元。

任务56：2022年1月20日通过华夏银行支付销售货物运输费用1 293.00元，增值税专用发票票号00525358#，其中税额为106.76元。

任务57：2022年1月20日零售分店1销售商品如下，商品已出库，出库单号0101-20012001，款项4 865.00元，通过华夏银行已收。详情如附表1-55所示。

附表1-55　零售分店1 出库单——西服男套装等　　　　元

编码	存货名称	尺码	颜色	单位	数量	单价	含税金额	不含税金额
106001	西服男套装	S	黑色	件	6.00	181.36	1088.16	962.97
106002	西服男套装	M	黑色	件	5.00	181.36	906.80	802.48
107001	西服女套装-西装领	S	白+黑	件	6.00	136.02	816.12	722.23
107002	西服女套装-西装领	M	白+黑	件	6.00	136.02	816.12	722.23
111002	女衬衫-拼接领	M	白+黑	件	10.00	58.94	589.42	521.61
111003	女衬衫-拼接领	L	白+黑	件	11.00	58.94	648.38	573.79
合计					44.00		4 865.00	4 305.31

零售分店2销售商品如下，商品已出库，出库单号0201-20012001，款项4 920.00元通过华夏银行收取。详情如附表1-56所示。

附表1-56　零售分店2 出库单——文化衫等　　　　元

编码	存货名称	尺码	颜色	单位	数量	单价	含税金额	不含税金额
104001	文化衫	均码		件	39.00	13.62	531.03	469.94
106001	西服男套装	S	黑色	件	4.00	181.55	726.20	642.65
106002	西服男套装	M	黑色	件	2.00	181.55	363.10	321.33
109001	西服女套装-立领	S	白+黑	件	5.00	136.16	680.81	602.49
109002	西服女套装-立领	M	白+黑	件	5.00	136.16	680.81	602.49

续表

编码	存货名称	尺码	颜色	单位	数量	单价	含税金额	不含税金额
109003	西服女套装-立领	L	白+黑	件	6.00	136.16	816.97	722.98
110002	女衬衫-雪纺花边领	M	白+黑	件	10.00	59.00	590.04	522.16
110003	女衬衫-雪纺花边领	L	白+黑	件	9.00	59.00	531.04	469.95
	合计				80.00		4 920.00	4 353.99

任务58：2022年1月21日零售分店1销售商品如下，商品已出库，出库单号0101-20012101，款项5 100.00元，通过华夏银行已收。详情如附表1-57所示。

附表1-57 零售分店1 出库单——西服男套装等　　　　元

编码	存货名称	尺码	颜色	单位	数量	单价	含税金额	不含税金额
106001	西服男套装	S	黑色	件	3.00	200.00	600.00	530.97
106002	西服男套装	M	黑色	件	5.00	200.00	1 000.00	884.96
106003	西服男套装	L	黑色	件	3.00	200.00	600.00	530.97
106004	西服男套装	XL	黑色	件	4.00	200.00	800.00	707.96
106005	西服男套装	XXL	黑色	件	3.00	200.00	600.00	530.97
107001	西服女套装-西装领	S	白+黑	件	4.00	150.00	600.00	530.97
107002	西服女套装-西装领	M	白+黑	件	6.00	150.00	900.00	796.46
	合计				28.00		5 100.00	4 513.26

零售分店2销售商品如下，商品已出库，出库单号0201-20012101，款项4 350.00元，全部通过现金收取。详情如附表1-58所示。

附表1-58 零售分店2 出库单——西服男套装等　　　　元

编码	存货名称	尺码	颜色	单位	数量	单价	含税金额	不含税金额
106004	西服男套装	XL	黑色	件	3.00	200.00	600.00	530.97
107002	西服女套装-西装领	M	白+黑	件	5.00	150.00	900.00	796.46
107003	西服女套装-西装领	L	白+黑	件	3.00	150.00	750.00	663.72
108001	西服女套装-V领	S	白+黑	件	4.00	150.00	750.00	663.72
108002	西服女套装-V领	M	白+黑	件	3.00	150.00	600.00	530.97
108003	西服女套装-V领	L	白+黑	件	4.00	150.00	750.00	663.72
	合计				28.00		4 350.00	3 849.56

任务59：2022年1月21日，出纳将现金4 735.00元存入华夏银行。

任务60：2022年1月22日零售分店1销售商品如下，商品已出库，出库单号0101-20012201，款项4 130.00元，全部通过现金收取。详情如附表1-59所示。

附表1-59　零售分店1出库单——加厚军大衣等　　　　　元

编码	存货名称	尺码	颜色	单位	数量	单价	含税金额	不含税金额
105001	加厚军大衣	均码		件	8.00	85.00	680.00	601.77
107001	西服女套装-西装领	S	白+黑	件	3.00	150.00	450.00	398.23
107002	西服女套装-西装领	M	白+黑	件	2.00	150.00	300.00	265.49
107003	西服女套装-西装领	L	白+黑	件	4.00	150.00	600.00	530.97
108001	西服女套装-V领	S	白+黑	件	4.00	150.00	600.00	530.97
108002	西服女套装-V领	M	白+黑	件	5.00	150.00	750.00	663.72
108003	西服女套装-V领	L	白+黑	件	5.00	150.00	750.00	663.72
合计					31.00		4 130.00	3 654.87

零售分店2销售商品如下，商品已出库，出库单号0201-20012201，款项4 975.00元通过华夏银行收取。详情如附表1-60所示。

附表1-60　零售分店2出库单——西服女套装-西装领等　　　　　元

编码	存货名称	尺码	颜色	单位	数量	单价	含税金额	不含税金额
105001	西服女套装-西装领	S	白+黑	件	5.00	150.00	750.00	340.19
110001	女衬衫-雪纺花边领	S	白+黑	件	6.00	65.00	390.00	676.36
110002	女衬衫-雪纺花边领	M	白+黑	件	9.00	65.00	585.00	728.40
110003	女衬衫-雪纺花边领	L	白+黑	件	5.00	65.00	325.00	520.28
112001	女衬衫-OL翻领	S	白+黑	件	12.00	65.00	780.00	416.22
112002	女衬衫-OL翻领	M	白+黑	件	16.00	65.00	1 040.00	520.28
112003	女衬衫-OL翻领	L	白+黑	件	17.00	65.00	1 105.00	624.34
合计					70.00		4 975.00	4 402.66

任务61：2022年1月22日，出纳将现金4 350.00元存入华夏银行。

任务62：2022年1月23日零售分店1销售商品如下，商品已出库，出库单号0101-20012301，款项5 100.00元，通过华夏银行已收。详情如附表1-61所示。

附表1-61　零售分店1出库单——西服女套装-V领等　　　　　元

编码	存货名称	尺码	颜色	单位	数量	单价	含税金额	不含税金额
108001	西服女套装-V领	S	白+黑	件	8.00	150.00	1 200.00	1 061.95
108002	西服女套装-V领	M	白+黑	件	3.00	150.00	450.00	398.23
108003	西服女套装-V领	L	白+黑	件	5.00	150.00	750.00	663.72
109001	西服女套装-立领	S	白+黑	件	6.00	150.00	900.00	796.46
109002	西服女套装-立领	M	白+黑	件	5.00	150.00	750.00	663.72
109003	西服女套装-立领	L	白+黑	件	7.00	150.00	1 050.00	929.20
合计					34.00		5 100.00	4 513.28

零售分店2销售商品如下，商品已出库，出库单号0201-20012301，款项4 940.00元通过华夏银行收取。详情如附表1-62所示。

附表1-62　零售分店2出库单——劳保工作服套装　　　　　　　　　元

编码	存货名称	尺码	颜色	单位	数量	单价	含税金额	不含税金额
101001	劳保工作服套装	160	艳兰	件	8.00	70.00	560.00	495.58
101002	劳保工作服套装	165	艳兰	件	8.00	70.00	560.00	495.58
101004	劳保工作服套装	175	艳兰	件	10.00	75.00	750.00	663.72
101005	劳保工作服套装	180	艳兰	件	8.00	75.00	600.00	530.97
102001	劳保工作服套装	160	灰色	件	8.00	70.00	560.00	495.58
102002	劳保工作服套装	165	灰色	件	8.00	70.00	560.00	495.58
102004	劳保工作服套装	175	灰色	件	10.00	75.00	750.00	663.72
102005	劳保工作服套装	180	灰色	件	8.00	75.00	600.00	530.97
合计					68.00		4 940.00	4 371.70

任务63：2022年1月23日，出纳将现金4 130.00元存入华夏银行。

任务64：2022年1月24日通过华夏银行收到分销客户江西莎莎服饰有限公司前期销售货款30 680.00元。

任务65：2022年1月24日销售给分销商浙江美琳服装有限公司的货品如下，服装已出库，出库单号819015005，增值税专用发票票号01039028#，含税金额为40 780.00元，发票已开给分销商，款项尚未收到。详情如附表1-63所示。

附表1-63　出库单——劳保工作服套装等　　　　　　　　　元

编码	存货名称	尺码	颜色	单位	数量	单价	含税金额	不含税金额
101001	劳保工作服套装	160	艳兰	件	15.00	56.00	840.00	743.36
101002	劳保工作服套装	165	艳兰	件	15.00	56.00	840.00	743.36
101003	劳保工作服套装	170	艳兰	件	20.00	60.00	1 200.00	1 061.95
101004	劳保工作服套装	175	艳兰	件	20.00	60.00	1 200.00	1 061.95
101005	劳保工作服套装	180	艳兰	件	15.00	60.00	900.00	796.46
102001	劳保工作服套装	160	灰色	件	15.00	56.00	840.00	743.36
102002	劳保工作服套装	165	灰色	件	15.00	56.00	840.00	743.36
102003	劳保工作服套装	170	灰色	件	20.00	60.00	1 200.00	1 061.95
102004	劳保工作服套装	175	灰色	件	20.00	60.00	1 200.00	1 061.95
102005	劳保工作服套装	180	灰色	件	15.00	60.00	900.00	796.46
103001	户外运动衫	均码	迷彩	件	35.00	12.00	420.00	371.68
104001	文化衫	均码		件	35.00	12.00	420.00	371.68
105001	加厚军大衣	均码		件	15.00	68.00	1020.00	902.65

续表

编码	存货名称	尺码	颜色	单位	数量	单价	含税金额	不含税金额
106001	西服男套装	S	黑色	件	11.00	160.00	1 760.00	1 557.52
106002	西服男套装	M	黑色	件	11.00	160.00	1 760.00	1 557.52
106003	西服男套装	L	黑色	件	11.00	160.00	1 760.00	1 557.52
106004	西服男套装	XL	黑色	件	11.00	160.00	1 760.00	1 557.52
106005	西服男套装	XXL	黑色	件	11.00	160.00	1 760.00	1 557.52
107001	西服女套装-西装领	S	白+黑	件	10.00	120.00	1 200.00	1 061.95
107002	西服女套装-西装领	M	白+黑	件	10.00	120.00	1 200.00	1 061.95
107003	西服女套装-西装领	L	白+黑	件	10.00	120.00	1 200.00	1 061.95
108001	西服女套装-V领	S	白+黑	件	10.00	120.00	1 200.00	1 061.95
108002	西服女套装-V领	M	白+黑	件	10.00	120.00	1 200.00	1 061.95
108003	西服女套装-V领	L	白+黑	件	10.00	120.00	1 200.00	1 061.95
109001	西服女套装-立领	S	白+黑	件	10.00	120.00	1 200.00	1 061.95
109002	西服女套装-立领	M	白+黑	件	10.00	120.00	1 200.00	1 061.95
109003	西服女套装-立领	L	白+黑	件	10.00	120.00	1 200.00	1 061.95
110001	女衬衫-雪纺花边领	S	白+黑	件	20.00	52.00	1 040.00	920.35
110002	女衬衫-雪纺花边领	M	白+黑	件	20.00	52.00	1 040.00	920.35
110003	女衬衫-雪纺花边领	L	白+黑	件	20.00	52.00	1 040.00	920.35
111001	女衬衫-拼接领	S	白+黑	件	20.00	52.00	1 040.00	920.35
111002	女衬衫-拼接领	M	白+黑	件	20.00	52.00	1 040.00	920.35
111003	女衬衫-拼接领	L	白+黑	件	20.00	52.00	1 040.00	920.35
112001	女衬衫-OL翻领	S	白+黑	件	20.00	52.00	1 040.00	920.35
112002	女衬衫-OL翻领	M	白+黑	件	20.00	52.00	1 040.00	920.35
112003	女衬衫-OL翻领	L	白+黑	件	20.00	52.00	1 040.00	920.35
合计					580.00		40 780.00	36 088.47

任务66：2022年1月24日零售分店1销售商品如下，商品已出库，出库单号0101-20012401，款项4 585.00元，全部通过现金收取。详情如附表1-64所示。

附表1-64 零售分店1 出库单——西服女套装-西装领等   元

编码	存货名称	尺码	颜色	单位	数量	单价	含税金额	不含税金额
107001	西服女套装-西装领	S	白+黑	件	6.00	150.00	900.00	796.46
107002	西服女套装-西装领	M	白+黑	件	7.00	150.00	1 050.00	929.20
107003	西服女套装-西装领	L	白+黑	件	5.00	150.00	750.00	663.72
110001	女衬衫-雪纺花边领	S	白+黑	件	8.00	65.00	520.00	460.18

续表

编码	存货名称	尺码	颜色	单位	数量	单价	含税金额	不含税金额
110003	女衬衫-雪纺花边领	L	白+黑	件	6.00	65.00	390.00	345.13
111001	女衬衫-拼接领	S	白+黑	件	15.00	65.00	975.00	862.83
	合计				47.00		4 585.00	4 057.52

零售分店2销售商品如下,商品已出库,出库单号0201-20012401,款项5 000.00元,全部通过现金收取。详情如附表1-65所示。

附表1-65 零售分店2出库单——西服男套装 元

编码	存货名称	尺码	颜色	单位	数量	单价	含税金额	不含税金额
106001	西服男套装	S	黑色	件	6.00	200.00	1 200.00	1 061.95
106002	西服男套装	M	黑色	件	5.00	200.00	1 000.00	884.96
106003	西服男套装	L	黑色	件	3.00	200.00	600.00	530.97
106004	西服男套装	XL	黑色	件	7.00	200.00	1 400.00	1 238.94
106005	西服男套装	XXL	黑色	件	4.00	200.00	800.00	707.96
	合计				47.00		5 000.00	4 424.78

任务67:2022年1月25日零售分店1销售商品如下,商品已出库,出库单号0101-20012501,款项5 070.00元,通过华夏银行已收。详情如附表1-66所示。

附表1-66 零售分店1出库单——户外运动衫等 元

编码	存货名称	尺码	颜色	单位	数量	单价	含税金额	不含税金额
103001	户外运动衫	均码	迷彩	件	65.00	15.00	975.00	862.83
104001	文化衫	均码		件	83.00	15.00	1245.00	1101.77
108001	西服女套装-V领	S	白+黑	件	8.00	150.00	1 200.00	1 061.95
108002	西服女套装-V领	M	白+黑	件	5.00	150.00	750.00	663.72
108003	西服女套装-V领	L	白+黑	件	6.00	150.00	900.00	796.46
	合计				167.00		5 070.00	4 486.73

零售分店2销售商品如下,商品已出库,出库单号0201-20012501,款项5 400.00元,通过华夏银行已收。详情如附表1-67所示。

附表1-67 零售分店2出库单——劳保工作服套装 元

编码	存货名称	尺码	颜色	单位	数量	单价	含税金额	不含税金额
101003	劳保工作服套装	170	艳兰	件	6.00	75.00	450.00	398.23
101004	劳保工作服套装	175	艳兰	件	16.00	75.00	1 200.00	1 061.95
101005	劳保工作服套装	180	艳兰	件	14.00	75.00	1 050.00	929.20
102003	劳保工作服套装	170	灰色	件	6.00	75.00	450.00	398.23

续表

编码	存货名称	尺码	颜色	单位	数量	单价	含税金额	不含税金额
102004	劳保工作服套装	175	灰色	件	16.00	75.00	1 200.00	1 061.95
102005	劳保工作服套装	180	灰色	件	14.00	75.00	1 050.00	929.20
	合计				72.00		5 400.00	4 778.76

任务68：2022年1月25日，出纳将现金9 585.00元存入华夏银行。

任务69：2022年1月26日零售分店1销售商品如下，商品已出库，出库单号0101-20012601，款项5 065.00元，通过华夏银行已收。详情如附表1-68所示。

附表1-68　零售分店1出库单——劳保工作服套装等　　　　　　元

编码	存货名称	尺码	颜色	单位	数量	单价	含税金额	不含税金额
101002	劳保工作服套装	165	艳兰	件	12.00	63.71	764.53	676.58
101003	劳保工作服套装	170	艳兰	件	10.00	68.26	682.61	604.08
101004	劳保工作服套装	175	艳兰	件	6.00	68.26	409.57	362.45
103001	户外运动衫	均码	迷彩	件	35.00	13.65	477.83	422.86
106002	西服男套装	M	黑色	件	5.00	182.03	910.15	805.44
106003	西服男套装	L	黑色	件	7.00	182.03	1274.21	1127.62
106004	西服男套装	XL	黑色	件	3.00	182.03	546.10	483.27
	合计				78.00		5065.00	4482.30

零售分店2销售商品如下，商品已出库，出库单号0201-20012601，款项5 505.00元，通过华夏银行已收。详情如附表1-69所示。

附表1-69　零售分店2出库单——劳保工作服套装　　　　　　元

编码	存货名称	尺码	颜色	单位	数量	单价	含税金额	不含税金额
101002	劳保工作服套装	165	艳兰	件	12.00	63.12	757.44	670.30
101003	劳保工作服套装	170	艳兰	件	8.00	67.63	541.03	478.79
101004	劳保工作服套装	175	艳兰	件	15.00	67.63	1 014.43	897.73
101005	劳保工作服套装	180	艳兰	件	5.00	67.63	338.14	299.24
102002	劳保工作服套装	165	灰色	件	12.00	63.12	757.44	670.30
102003	劳保工作服套装	170	灰色	件	11.00	67.63	743.92	658.34
102004	劳保工作服套装	175	灰色	件	15.00	67.63	1 014.43	897.73
102005	劳保工作服套装	180	灰色	件	5.00	67.63	338.17	299.27
	合计				83.00		5 505.00	4 871.70

任务70：2022年1月27日零售分店1销售商品如下，商品已出库，出库单号0101-20012701，款项4 770.00元，通过华夏银行已收。详情如附表1-70所示。

附表1-70 零售分店1 出库单——劳保工作服套装等　　　　　元

编码	存货名称	尺码	颜色	单位	数量	单价	含税金额	不含税金额
101002	劳保工作服套装	165	艳兰	件	8.00	63.36	506.87	448.56
101003	劳保工作服套装	170	艳兰	件	10.00	67.88	678.84	600.74
101004	劳保工作服套装	175	艳兰	件	15.00	67.88	1 018.26	901.12
102002	劳保工作服套装	165	灰色	件	8.00	63.36	506.87	448.56
102003	劳保工作服套装	170	灰色	件	10.00	67.88	678.84	600.74
102004	劳保工作服套装	175	灰色	件	15.00	67.88	1 018.26	901.12
106001	西服男套装	S	黑色	件	2.00	181.03	362.06	320.41
合计					68.00		4 770.00	4 221.25

零售分店2销售商品如下，商品已出库，出库单号0201-20012701，款项4 605.00元，全部现金收取。详情如附表1-71所示。

附表1-71 零售分店2 出库单——户外运动衫等　　　　　元

编码	存货名称	尺码	颜色	单位	数量	单价	含税金额	不含税金额
103001	户外运动衫	均码	迷彩	件	35.00	13.53	473.58	419.10
104001	文化衫	均码		件	32.00	13.53	432.99	383.18
105001	加厚军大衣	均码		件	10.00	76.68	766.75	678.54
106003	西服男套装	L	黑色	件	5.00	180.41	902.06	798.28
106005	西服男套装	XXL	黑色	件	3.00	180.41	541.23	478.96
107001	西服女套装-西装领	S	白+黑	件	5.00	135.31	676.54	598.71
107002	西服女套装-西装领	M	白+黑	件	6.00	135.31	811.85	718.45
合计					96.00		4 605.00	4 075.22

任务71：2022年1月28日零售分店1销售商品如下，商品已出库，出库单号0101-20012801，款项7 820.00元，通过华夏银行已收。详情如附表1-72所示。

附表1-72 零售分店1 出库单——劳保工作服套装　　　　　元

编码	存货名称	尺码	颜色	单位	数量	单价	含税金额	不含税金额
101001	劳保工作服套装	160	艳兰	件	28.00	70.00	1 960.00	1 734.51
101002	劳保工作服套装	165	艳兰	件	15.00	70.00	1 050.00	929.20
101003	劳保工作服套装	170	艳兰	件	12.00	75.00	900.00	796.46
102001	劳保工作服套装	160	灰色	件	28.00	70.00	1 960.00	1 734.51
102002	劳保工作服套装	165	灰色	件	15.00	70.00	1 050.00	929.20
102003	劳保工作服套装	170	灰色	件	12.00	75.00	900.00	796.46
合计					110.00		7 820.00	6 920.34

零售分店 2 销售商品如下，商品已出库，出库单号 0201-20012801，款项 5 085.00 元，通过华夏银行已收。详情如附表 1-73 所示。

附表 1-73　零售分店 2 出库单——劳保工作服套装等　　　　　　　　元

编码	存货名称	尺码	颜色	单位	数量	单价	含税金额	不含税金额
101002	劳保工作服套装	165	艳兰	件	15.00	70.00	1 050.00	929.20
101003	劳保工作服套装	170	艳兰	件	8.00	75.00	600.00	530.97
101004	劳保工作服套装	175	艳兰	件	10.00	75.00	750.00	663.72
103001	户外运动衫	均码	迷彩	件	46.00	15.00	690.00	610.62
104001	文化衫	均码		件	65.00	15.00	975.00	862.83
105001	加厚军大衣	均码		件	12.00	85.00	1 020.00	902.65
合计					156.00		5 085.00	4 499.99

任务 72：2022 年 1 月 28 日通过华夏银行支付销售货物运输费用 2 301.00 元，增值税专用发票票号 00525388#，其中税额为 189.99 元。

任务 73：2022 年 1 月 28 日，出纳将现金 4 605.00 元存入华夏银行。

任务 74：2022 年 1 月 29 日通过华夏银行收到分销客户浙江美琳服装有限公司前期销售货款 40 780.00 元。

任务 75：2022 年 1 月 29 日零售分店 1 销售商品如下，商品已出库，出库单号 0101-20012901，款项 6 450.00 元，通过华夏银行已收。详情如附表 1-74 所示。

附表 1-74　零售分店 1 出库单——西服女套装-西装领　　　　　　　　元

编码	存货名称	尺码	颜色	单位	数量	单价	含税金额	不含税金额
107001	西服女套装-西装领	S	白+黑	件	12.00	150.00	1 800.00	1 592.92
107002	西服女套装-西装领	M	白+黑	件	16.00	150.00	2 400.00	2 123.89
107003	西服女套装-西装领	L	白+黑	件	15.00	150.00	2 250.00	1 991.15
合计					43.00		6 450.00	5 707.96

零售分店 2 销售商品如下，商品已出库，出库单号 0201-20012901，款项 4 615.00 元，通过华夏银行已收。详情如附表 1-75 所示。

附表 1-75　零售分店 2 出库单——女衬衫-雪纺花边领等　　　　　　　　元

编码	存货名称	尺码	颜色	单位	数量	单价	含税金额	不含税金额
110001	女衬衫-雪纺花边领	S	白+黑	件	15.00	65.00	975.00	862.83
110002	女衬衫-雪纺花边领	M	白+黑	件	10.00	65.00	650.00	575.22
110003	女衬衫-雪纺花边领	L	白+黑	件	8.00	65.00	520.00	460.18
111001	女衬衫-拼接领	S	白+黑	件	10.00	65.00	650.00	575.22

续表

编码	存货名称	尺码	颜色	单位	数量	单价	含税金额	不含税金额
111002	女衬衫－拼接领	M	白＋黑	件	12.00	65.00	780.00	690.27
111003	女衬衫－拼接领	L	白＋黑	件	10.00	65.00	650.00	575.22
112002	女衬衫－OL翻领	M	白＋黑	件	6.00	65.00	390.00	345.13
合计					71.00		4 615.00	4 084.07

任务76：2022年1月30日网店销售1件文化衫，总仓已经出库，售价15.00元，已现金收取。

任务77：2022年1月30日零售分店1销售商品如下，商品已出库，出库单号0101－20013001，款项4 920.00元，通过华夏银行已收。详情如附表1－76所示。

附表1－76　零售分店1出库单——西服女套装－立领等　　　　　　元

编码	存货名称	尺码	颜色	单位	数量	单价	含税金额	不含税金额
109002	西服女套装－立领	M	白＋黑	件	6.00	150.00	900.00	796.46
109003	西服女套装－立领	L	白＋黑	件	6.00	150.00	900.00	796.46
110002	女衬衫－雪纺花边领	M	白＋黑	件	8.00	65.00	520.00	460.18
111001	女衬衫－拼接领	S	白＋黑	件	13.00	65.00	845.00	747.79
111003	女衬衫－拼接领	L	白＋黑	件	10.00	65.00	650.00	575.22
112001	女衬衫－OL翻领	S	白＋黑	件	12.00	65.00	780.00	690.27
112002	女衬衫－OL翻领	M	白＋黑	件	5.00	65.00	325.00	287.61
合计					60.00		4 920.00	4 353.99

零售分店2销售商品如下，商品已出库，出库单号0201－20013001，款项5 300.00元，通过华夏银行已收。详情如附表1－77所示。

附表1－77　零售分店2出库单——西服男套装等　　　　　　元

编码	存货名称	尺码	颜色	单位	数量	单价	含税金额	不含税金额
106001	西服男套装	S	黑色	件	5.00	200.00	1 000.00	884.96
106002	西服男套装	M	黑色	件	4.00	200.00	800.00	707.96
106005	西服男套装	XXL	黑色	件	4.00	200.00	800.00	707.96
108002	西服女套装－V领	M	白＋黑	件	6.00	150.00	900.00	796.46
108003	西服女套装－V领	L	白＋黑	件	3.00	150.00	450.00	398.23
109001	西服女套装－立领	S	白＋黑	件	5.00	150.00	750.00	663.72
109002	西服女套装－立领	M	白＋黑	件	4.00	150.00	600.00	530.97
合计					31.00		5 300.00	4 690.26

任务78：2022年1月30日，现金支付网店销售商品邮寄快递费5.00元。

任务79：2022年1月31日网店销售2件文化衫，总仓已经出库，售价30.00元，已现金收取。

任务80：2022年1月31日零售分店1销售商品如下，商品已出库，出库单号0101－

20013101，款项 5 925.00 元，通过华夏银行已收。详情如附表 1-78 所示。

附表 1-78　零售分店 1 出库单——劳保工作服套装　　　　元

编码	存货名称	尺码	颜色	单位	数量	单价	含税金额	不含税金额
101001	劳保工作服套装	160	艳兰	件	15.00	70.00	1 050.00	929.20
101005	劳保工作服套装	180	艳兰	件	25.00	75.00	1 875.00	1 659.29
102003	劳保工作服套装	170	灰色	件	15.00	75.00	1 125.00	995.58
102005	劳保工作服套装	180	灰色	件	25.00	75.00	1 875.00	1 659.29
	合计				80.00		5 925.00	5 243.36

零售分店 2 销售商品如下，商品已出库，出库单号 0201-20013101，款项 3 990.00 元，全部现金收取。详情如附表 1-79 所示。

附表 1-79　零售分店 2 出库单——劳保工作服套装　　　　元

编码	存货名称	尺码	颜色	单位	数量	单价	含税金额	不含税金额
101001	劳保工作服套装	160	艳兰	件	6.00	70.00	420.00	371.68
101003	劳保工作服套装	170	艳兰	件	16.00	75.00	1 200.00	1 061.95
101005	劳保工作服套装	180	艳兰	件	5.00	75.00	375.00	331.86
102001	劳保工作服套装	160	灰色	件	6.00	70.00	420.00	371.68
102003	劳保工作服套装	170	灰色	件	16.00	75.00	1 200.00	1 061.95
102005	劳保工作服套装	180	灰色	件	5.00	75.00	375.00	331.86
	合计				54.00		3 990.00	3 530.98

任务 81：2022 年 1 月 31 日，现金支付网店销售商品邮寄快递费 8.00 元。

任务 82：2022 年 1 月 31 日，银联 POS 手续费结算，总计 2 361.60 元，全部通过华夏银行划扣。

任务 83：2022 年 1 月 31 日，浙江高美服装有限公司销售退回条款到期，确认收入，销售明细如下，增值税专用发票票号 01039023#，已开给分销客户。详情如附表 1-80 所示。

附表 1-80　销售明细表　　　　元

编码	存货名称	尺码	颜色	单位	数量	单价	含税金额	不含税金额
101001	劳保工作服套装	160	艳兰	件	50.00	56.00	2 800.00	2 477.88
101002	劳保工作服套装	165	艳兰	件	50.00	56.00	2 800.00	2 477.88
101003	劳保工作服套装	170	艳兰	件	50.00	60.00	3 000.00	2 654.87
101004	劳保工作服套装	175	艳兰	件	50.00	60.00	3 000.00	2 654.87
101005	劳保工作服套装	180	艳兰	件	50.00	60.00	3 000.00	2 654.87
102001	劳保工作服套装	160	灰色	件	50.00	56.00	2 800.00	2 477.88
102002	劳保工作服套装	165	灰色	件	50.00	56.00	2 800.00	2 477.88
102003	劳保工作服套装	170	灰色	件	50.00	60.00	3 000.00	2 654.87

续表

编码	存货名称	尺码	颜色	单位	数量	单价	含税金额	不含税金额
102004	劳保工作服套装	175	灰色	件	50.00	60.00	3 000.00	2 654.87
102005	劳保工作服套装	180	灰色	件	50.00	60.00	3 000.00	2 654.87
103001	户外运动衫	均码	迷彩	件	50.00	12.00	600.00	530.97
104001	文化衫	均码		件	50.00	12.00	600.00	530.97
105001	加厚军大衣	均码		件	50.00	68.00	3 400.00	3 008.85
106001	西服男套装	S	黑色	件	10.00	160.00	1 600.00	1 415.93
106002	西服男套装	M	黑色	件	10.00	160.00	1 600.00	1 415.93
106003	西服男套装	L	黑色	件	10.00	160.00	1 600.00	1 415.93
106004	西服男套装	XL	黑色	件	10.00	160.00	1 600.00	1 415.93
106005	西服男套装	XXL	黑色	件	10.00	160.00	1 600.00	1 415.93
107001	西服女套装-西装领	S	白+黑	件	50.00	120.00	6 000.00	5 309.73
107002	西服女套装-西装领	M	白+黑	件	50.00	120.00	6 000.00	5 309.73
107003	西服女套装-西装领	L	白+黑	件	50.00	120.00	6 000.00	5 309.73
108001	西服女套装-V领	S	白+黑	件	50.00	120.00	6 000.00	5 309.73
108002	西服女套装-V领	M	白+黑	件	50.00	120.00	6 000.00	5 309.73
108003	西服女套装-V领	L	白+黑	件	50.00	120.00	6 000.00	5 309.73
109001	西服女套装-立领	S	白+黑	件	30.00	120.00	3 600.00	3 185.84
109002	西服女套装-立领	M	白+黑	件	30.00	120.00	3 600.00	3 185.84
109003	西服女套装-立领	L	白+黑	件	30.00	120.00	3 600.00	3 185.84
110001	女衬衫-雪纺花边领	S	白+黑	件	30.00	52.00	1 560.00	1 380.53
110002	女衬衫-雪纺花边领	M	白+黑	件	30.00	52.00	1 560.00	1 380.53
110003	女衬衫-雪纺花边领	L	白+黑	件	30.00	52.00	1 560.00	1 380.53
111001	女衬衫-拼接领	S	白+黑	件	30.00	52.00	1 560.00	1 380.53
111002	女衬衫-拼接领	M	白+黑	件	30.00	52.00	1 560.00	1 380.53
111003	女衬衫-拼接领	L	白+黑	件	30.00	52.00	1 560.00	1 380.53
112001	女衬衫-OL翻领	S	白+黑	件	30.00	52.00	1 560.00	1 380.53
112002	女衬衫-OL翻领	M	白+黑	件	30.00	52.00	1 560.00	1 380.53
112003	女衬衫-OL翻领	L	白+黑	件	30.00	52.00	1 560.00	1 380.53
合计					1 360.00		102 640.00	90 831.85

任务84：2022年1月31日，分销客户浙江高美服装有限公司销售退回条款到期，确认成本52 965.20元。

任务85：2022年1月31日，浙江朝歌服饰有限公司委托代销商品给九州优衣服装有限公司，总计20 000.00元，增值税专用发票票号01039029#已开，款项通过华夏银行已经收取。详情如附表 1-81 所示。

附表 1-81　代销明细表

编码	存货名称	尺码	颜色	单位	数量	单价	含税金额	不含税金额
113001	领带		黑色	条	148.00	100.00	14 800.00	13 097.35
113002	领结		黑色	个	52.00	100.00	5 200.00	4 601.77

任务 86：2022 年 1 月 31 日，收到委托方浙江朝歌服饰有限公司开具的增值税专用发票，票号 03495728#，含税金额 20 000.00 元，税额 2 300.88 元。

任务 87：结转代销商品成本 17 699.12 元。

任务 88：代销商品结算 20 000.00 元，其中通过华夏银行支付浙江朝歌服饰有限公司货款 17 000.00，代销手续费 3 000.00 元。

任务 89：按照下表计提 2022 年 1 月员工工资。详情如附表 1-82 所示。

附表 1-82　员工工资表　　　　　　　　　　　　　　　　　　　　元

序号	部门		工资	代扣个人三险一金及个税				
				养老保险	医疗保险	失业保险	住房公积金	个人所得税
1	行政管理部门		35 475.83	1 576.80	394.20	197.10	1 170.00	82.74
2	销售部	零售部	29 533.33	1 927.20	481.80	240.90	1 430.00	
3	销售部	分销部	10 080.00	525.60	131.40	65.70	390.00	
4	销售部	电商部	10 100.00	525.60	131.40	65.70	390.00	

任务 90：按照下表计提代扣个人三险一金及个税。详情如附表 1-83 所示。

附表 1-83　个人三险一金及个税　　　　　　　　　　　　　　　　元

序号	部门		工资	代扣个人三险一金及个税				
				养老保险	医疗保险	失业保险	住房公积金	个人所得税
1	行政管理部门		35 475.83	1 576.80	394.20	197.10	1 170.00	82.74
2	销售部	零售部	29 533.33	1 927.20	481.80	240.90	1 430.00	
3	销售部	分销部	10 080.00	525.60	131.40	65.70	390.00	
4	销售部	电商部	10 100.00	525.60	131.40	65.70	390.00	

任务 91：按照下表计提企业承担社会保险费。详情如附表 1-84 所示。

附表 1-84　企业承担社会保险费　　　　　　　　　　　　　　　　元

序号	部门		养老保险	医疗保险	失业保险	工伤保险
1	行政管理部门		3 942.00	1 340.28	394.20	157.68
2	销售部	零售部	4 818.00	1 638.12	481.80	192.72
3	销售部	分销部	1 314.00	446.76	131.40	52.56
4	销售部	电商部	1 314.00	446.76	131.40	52.56

任务 92：按照下表计提企业承担住房公积金。详情如附表 1-85 所示。

附表 1-85　企业承担住房公积金表　　　　　　　　　　　元

序号	部门		住房公积金
1	行政管理部门		1 170.00
2	销售部	零售部	1 430.00
3	销售部	分销部	390.00
4	销售部	电商部	390.00

任务 93：按照下表计提本月固定资产折旧。详情如附表 1-86 所示。

附表 1-86　固定资产折旧清单（2022.1.31）　　　　　　元

类别	固定资产名称	规格	原值	购置日期	数量	折旧年限	残值率	月折旧额	上月累计	使用部门
房屋及建筑物	商铺		819 266.06	2019.12.31	1	20	5%	3 242.93	0	零售部
运输设备	面包车	五菱之光	49 000.00	2019.1.28	1	4	5%	969.79	10 667.69	零售部
电子设备	电脑	联想	70 000.00	2019.1.15	20	3	5%	1 847.22	20 319.42	公司总部
电子设备	打印机	惠普	8 400.00	2019.1.16	3	3	5%	221.67	2 438.37	公司总部
电子设备	空调	格力	28 800.00	2019.2.08	9	3	5%	760.00	7 600.00	公司总部
合计			975 466.06					7 041.61	41 025.48	

任务 94：根据全月平均法存货核算方法核算本月分销网店已售产品成本。
任务 95：根据全月平均法存货核算方法核算本月零售门店已售产品成本。
任务 96：期末期间损益结转（收入类）。
任务 97：期末期间损益结转（费用类）。

四、期末业务

根据以上数据，编制九州华问服装有限公司 2022 年 1 月份资产负债表和利润表。

参 考 文 献

［1］会计信息化工作规范. 中华人民共和国财政部.
［2］会计软件基本功能和服务规范. 中华人民共和国财政部.
［2］新道科技股份有限公司. 业财一体信息化应用：中级［M］. 北京：高等教育出版社，2020.
［3］汪刚. 会计信息系统实验：用友 ERP－U8V10.1 版［M］. 北京：高等教育出版社，2020.
［4］王忠孝. 会计信息系统应用：用友 ERP－U8V10.1 版［M］. 北京：高等教育出版社，2021.
［5］钟爱军. 会计信息系统应用：用友 ERP－U8V10.1 版［M］. 北京：高等教育出版社，2021.
［6］牛永芹. 会计信息系统应用：用友 U8 V10.1 版［M］. 3 版. 北京：高等教育出版社，2022.